CAPSTONE DESIGN

Capstone design 구현을 위한 Proteus 기반

아두이노 시뮬레이션

ARDUINO SIMULATION

구민사

저자소개

김근식 iskskim@gmail.com
경력 : 국방과학연구소, 한국자동차연구원, 아주자동차대학교 교수
현) 선문대학교 미래자동차공학부 교수

이충성 leecstar@gmail.com
경력 : 한국기계연구원, ㈜만도
현) 선문대학교 미래자동차공학부 교수

Capstone design 구현을 위한 Proteus 기반

아두이노 시뮬레이션

초판 인쇄 2024년 10월 01일
초판 발행 2024년 10월 10일

저 자 김근식, 이충성
발 행 인 조규백
발 행 처 도서출판 **구민사**
(07293) 서울시 영등포구 문래북로 116, 604호(트리플렉스 604호)
전 화 (02)701-7421
팩 스 (02)3273-9642
홈페이지 www.kuhminsa.co.kr
신고번호 제2012-000055호(1980년 2월4일)
I S B N 979-11-6875-433-1 (93500)
정 가 28,000원

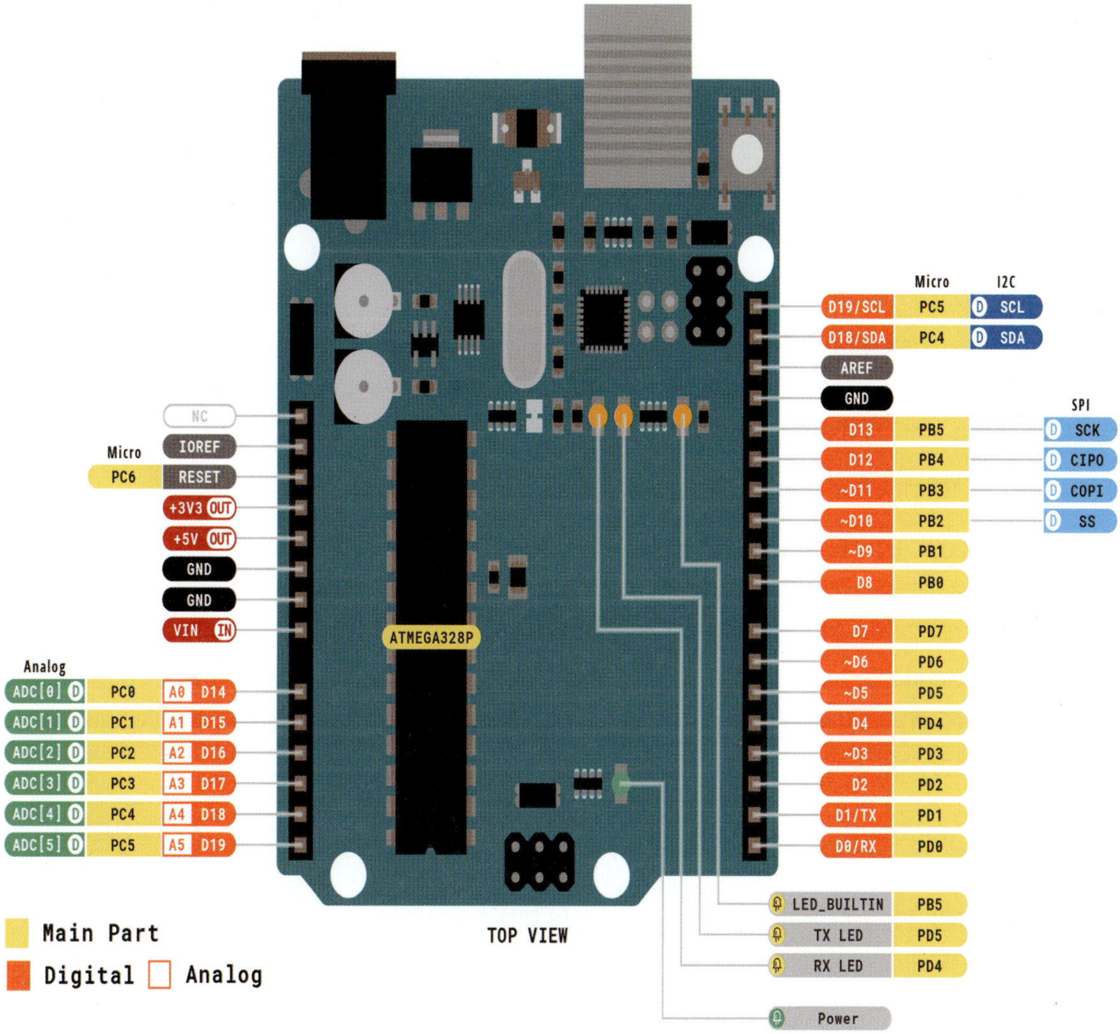

Micro
I2C
D19/SCL
PC5
SCL
D18/SDA
PC4
SDA
AREF
GND
SPI
D13
PB5
SCK
D12
PB4
CIPO
~D11
PB3
COPI
~D10
PB2
SS
~D9
PB1
D8
PB0
D7
PD7
~D6
PD6
~D5
PD5
D4
PD4
~D3
PD3
D2
PD2
D1/TX
PD1
D0/RX
PD0
LED_BUILTIN
PB5
TX LED
PD5
RX LED
PD4
Power
NC
IOREF
Micro
PC6
RESET
+3V3 OUT
+5V OUT
GND
GND
VIN IN
ATMEGA328P
Analog
ADC[0] PC0 A0 D14
ADC[1] PC1 A1 D15
ADC[2] PC2 A2 D16
ADC[3] PC3 A3 D17
ADC[4] PC4 A4 D18
ADC[5] PC5 A5 D19
Main Part
Digital
Analog
TOP VIEW

• C, C++언어를 Arduino에 적용하여 확실히 공부하고 싶은 학생,

• Arduino와 같은 마이크로컨트롤러를 체계적으로 공부하고 싶은 학생,

• 나만의 아이디어를 센서 입력, 정보 디스플레이, 모터 구동 등 통합 제어 구현으로 Capstone Design을 완성하고 싶은 학생들을 위하여.

세상의 모든 것은 주어진 형상을 유지하다가 조건이 성립하면 달라지며, 달라지는 그 속에서 해결해야 할 문제들이 늘 우리 주변에 나타난다. 인간은 그들이 가진 힘찬 자유의지를 발휘하여 다양한 방법으로 드러난 문제를 해결하고 그 속에서 만족감을 느끼며 살아간다. 여러 가지 문제 중 공학적인 문제를 해결하는 과정에서 문제를 분석한 후 여러 사람과 팀을 편성하여 각자 역할을 나누어 해답을 찾아가는 Capstone Design 수업은 공학교육에서 현장 적응형 인력을 양성하는 데 매우 중요한 교육과정 중의 하나이다.

주어진 환경으로부터 정보를 수집하는 센서, 센서로부터 들어온 정보를 디지털로 변환시키는 A/D 변환 과정, 변환된 디지털 데이터를 가공하여 우리가 목표로 하는 모터 등 액추에이터로 동작 제어 명령 출력, 그 결과를 표시하는 디스플레이 그리고 외부와 정보를 송수신하는 무선통신 기술은 공학적 문제를 해결해 나가는 대부분의 Capstone Design 수업에서 필요한 요소기술이다.

2000년 중반부터 시작된 교육부가 주도하는 산학협력 중심대학 사업과 후속 사업인 LINC 사업을 통해 Capstone Design 교육과정은 공학계열에서 필수 교육과정으로 도입되었으며, 지금은 대부분의 대학교에서 공학 분야뿐만 아니라 인문 사회나 예술 분야에서도 다양한 형태로 운영되고 있다. Capstone Design 수업에서 대다수 학생들은 주어진 문제를 해결하는 Tool로써 C, C++ 언어로 프로그램을 개발하는 Arduino(Arduino) 통합환경에서 ATmega328을 기반으로 하는 Arduino를 사용하고 있다.

Arduino와 같은 마이크로컨트롤러에 인터페이스 회로를 구현하고 제어 프로그래밍을 코딩함으로써 목표로 하는 하드웨어 제어를 구현하는 것을 Firmware라고 하며, Arduino는 현재 교육용으로 프로그래밍 코딩을 하고 이러한 목적을 실현하는 데 매우 중요한 수단 중의 하나로 인식되어 광범위하게 사용되고 있다.

Firmware 구현에 대한 체계적인 학습 경험이 없이 Capstone Design 구현에 필요한 센서융합 등의 요소기술을 체계적으로 익히지 않으면 인터넷 등에서 블록 단위로 일부 프로그램을 복사하여 입출력 동작을 구현함으로써 LED(Light Emitting Diode, 발광다이오드) 몇 개를 점등하거나 센서 몇 가지를 사용하여 물리량을 입력받아 인식하고, 이 정보를 디스플레이하는 정도에 지나지 않는다.

이처럼 현재 Arduino를 이용한 Capstone Design 교육과정은 학생들이 개발하고자 하는 시스템의 일부 목표를 구현하는 데 중점을 두고 있으며, 학생들이 개발하고자 하는 전체 시스템 목표를 체계적으로 구현함으로써 다른 공학 응용문제를 해결할 수 있는 능력을 갖추게 하는 것이 한계가 있다. 이러한 현재의 Capstone Design 교육 한계가 필자가 지난 20여 년간 수업을 운영하면서 깨달은 교육 상황이다.

현재, 제조공장에서는 다양한 로봇들이 생산공정에 적용되고 있으며, 청소 로봇이나 음식점 배달 로봇 등은 우리 주변에서 쉽게 접할 수 있다. 또한 단계별 자율주행 자동차 시대가 도래하면서 자동차에서는 섀시 및 편의 시스템 등의 전장부품 사용이 급증하고 있다. 섀시 시스템에서는 전·후륜 능동 방향 제어, 회생 제동 제어 및 회생 능동 현가 제어 등이 그 대표적인 전자제어 기술로 사용되고 있다. 또한 편의 시스템에서는 능동형 헤드램프 위치제어 및 차량 의자 높낮이와 회전 제어가 적용되고 있다. 이처럼 자동차에서 전장부품을 기반으로 한 Actuator의 사용은 Level 5를 만족하는 자율주행 자동차에 대한 주행 안정성 및 편의 기능 확보를 위해 계속하여 증가하고 있다.

본서는 공학적인 문제를 체계적으로 해결하기 위한 Capstone Design 수업을 효율적으로 수행하기 위하여 먼저 Arduino 통합환경에서 동작하는 C 언어를 체계적으로 익히고 센서 등 각종 모듈 부품을 동작시키기 위한 전용 라이브러리 사용법 등을 기술한다. 그리고 일반 직류 모터, BLDC 모터 등 로봇이나 차량에 적용되는 각종 모터의 제어 원리를 실습으로 습득하도록 함을 목표로 한다. 현재의 Arduino 통합환경에서 이러한 목적을 수행하기 위해서는 Arduino 인터페이스 회로를 브레드보드에 별도로 구현하고 Arduino 통합개발 Tool인 스케치(sketch) 환경에서 코딩하여 프로그램을 실행하는 방법이 일반적인 방법이다.

또 다른 방법은 전용 소프트웨어를 이용하여 PC 화면에 Arduino와 인터페이스 회로를 구현하고 프로그래밍 코딩과 연계하여 시뮬레이션하는 방법이다. 후자의 방법은 소프트웨어를 구매하여야 하지만, 전자의 방법과 같이 일일이 각종 모듈을 연결하여 C 코딩으로 확인하는 등의 시간과 노력이 많이 필요하지 않고, 다양한 인터페이스 회로를 쉽게 구현할 수 있어서 풍부한 실습으로 학습 효율을 높일 수 있는 장점이 있다. 본서는 시뮬레이션 소프트웨어인 Proteus 환경에서 Arduino 인터페이스 회로를 구현하고 제어 프로그램을 코딩하여 통합 시뮬레이션하는 내용을 중심으로 교재를 집필하였으며, 교육 내용은 한 학기 13주 차 기준 분량으로 구성하였다. 또한 공유대학 등과 같이 원격으로 수강하는 학습 환경을 고려하였다.

제1장에서는 Arduino 시뮬레이션 전용 소프트웨어인 Proteus의 통합환경 구성과 기본적인 사용법을 다루고, 제2장에서는 Arduino에서 기본 언어로 사용하고 있는 C, C++ 언어에 대하여 필자의 오랜 경험을 바탕으로 한 핵심적인 내용을 중심으로 실습으로 이해하도록 구성하였다.

제3장에서는 센서 융합 신호처리를 위해 다양한 신호의 입력과 신호 변환 방법 그리고 액추에이터 제어에서 필수 요소로 적용되는 PWM 제어, 신호 생성, interrupt를 다루며, 데이터 display 방법을 다룬다. 추가로 외부와 통신을 위한 직렬 통신, 블루투스 통신, 짧은 거리의 통신을 위한 SPI 통신, I2C 통신에 대하여 학습하고, 자동제어 기법 중 가장 많이 사용하는 3-term controller인 discrete PID 제어에 관하여 제어 기법을 다루고 프로그래밍 실습을 한다.

제4장에서는 직류 모터에 대하여 다룬다. 브러시가 있는 일반 직류 모터의 속도와 방향제어 그리고 모빌리티, 로봇 분야에서 많이 사용하는 Step 모터와 서보 모터, BLDC 모터에 대하여도 속도와 방향을 제어하는 동작 원리를 설명하고, 실습을 통해 제어기 설계 능력을 확보할 수 있도록 한다.

끝으로 본서가 출판되기까지 Proteus 관련 기술정보를 아낌없이 지원해 준 (주)프로랩 천명기 기술부장님과 본서를 기꺼이 출간하도록 도움을 주신 도서출판 구민사 조규백 대표님과 임직원 여러분께 감사드리며, 진리를 탐구하는 사랑하는 나의 학생들에게 지혜를 듬뿍 보냅니다.

저자 일동

CONTENTS

1 통합환경 구성

1-1 Arduino 통합환경(IDE) ··· 5
1-2 Proteus 통합환경 ··· 12
1-3 Arduino 핀 기능 ··· 40

2 C언어 요약

2-1 C언어 기본요소 ··· 50
2-2 제어문 ··· 94
2-3 반복문 ··· 112
2-4 포인터와 배열 ··· 123
2-5 동적 메모리 할당 ··· 142
2-6 함수 ··· 147
2-7 Class와 Library ··· 172
2-8 헝가리언 표기법, ASCII 코드 ··· 178

3 Arduino 센서 융합 신호처리

3-1 ADC ··· 183
3-2 shiftIn() 함수를 이용한 멀티 데이터 입력 ··· 189
3-3 puseln() 함수를 이용한 펄스 측정 ··· 198
3-4 PWM 신호생성 ··· 205
3-5 디스플레이(LCD) ··· 216
3-6 디스플레이(FND) ··· 224
3-7 Transistor 스위칭 회로 ··· 230
3-8 외부 Interrupt ··· 238
3-9 Timer ··· 244
3-10 직렬통신 ··· 258
3-11 소프트웨어 직렬통신 ··· 273
3-12 SPI 통신 ··· 281
3-13 I2C 통신 ··· 300
3-14 Bluetooth 통신 ··· 309
3-15 PID 제어 ··· 321

4 직류 모터 제어

4-1 일반 직류 모터 제어 ··· 341
4-2 Step 모터 제어 ··· 362
4-3 서보 모터 제어 ··· 383
4-4 BLDC 제어 ··· 391

CONTENTS

시뮬레이션 실습 프로그램 목차

Project201 화면 출력 ···· 60
Project202 문자열 배열처리 ···· 68
Project203 문자열 string.h 이용 ···· 70
Project204 문자열 포인터 이용 ···· 71
Project205 문자열 String class 이용 ···· 73
Project206 shift 연산 ···· 82
Project207 bit 연산 ···· 85
Project208 ~ 연산 ···· 87
Project209 증감연산자 ···· 89
Project210 if 조건문 ···· 100
Project211 if- else if 조건문 ···· 104
Project212 switch - case ···· 108
Project213 while 반복문 ···· 115
Project214 for 반복문 ···· 117
Project215 분기명령 ···· 120
Project216 참조자 ···· 125
Project217 주소 연산자와 포인터 ···· 129
Project218 1차원 배열 ···· 132
Project219 배열과 포인의 관계 ···· 136
Project220 동적 메모리 할당과 해제 ···· 144
Project221 값 호출방식 함수 ···· 150
Project222 데이터 화면으로 출력 ···· 152
Project223 참조 호출방식 함수 ···· 156
Project224 포인터 호출방식 함수 ···· 159
Project225 함수 오버로딩 ···· 163
Project226 변수의 사용범위 ···· 166
Project227 LiquidCrystal_I2C 라이브러리 사용 예 ···· 177

Project301 ADC ··· 187
Project302 shiftIn( ) 함수 ··· 195
Project303 pulseIn() 함수 ··· 202
Project304 PWM 신호 생성 ··· 211
Project305 50% Duty 펄스 신호 생성 ··· 214
Project306 Text LCD ··· 221
Project307 FND ··· 227
Project308 Transistor 스위칭 회로 ··· 237
Project309 외부 Interrupt ··· 241
Project310 SimpleTimer 응용 실습 ··· 249
Project311 T/C2 timer 응용 실습 ··· 256
Project312 Serial 직렬통신 실습(숫자/문자 1개 통신) ··· 266
Project313 Serial 직렬통신 실습(정수 데이터 직렬통신) ··· 268
Project314 Serial 직렬통신 실습(문자열 데이터 직렬통신) ··· 269
Project315 Serial 직렬통신 실습(Interrupt 방식) ··· 270
Project316 Software 직렬통신 실습 ··· 277
Project317 SPI 직렬통신(DAC) ··· 288
Project318 SPI 직렬통신(도트매트릭스) ··· 296
Project319 I2C 직렬통신(온습도 센서, text LCD) ··· 306
Project320 Bluetooth 직렬통신 ··· 313
Project321 PID 온도제어(라이브러리 응용) ··· 330
Project322 PID 온도제어(증분형 수식 응용) ··· 334

Project401 직류 모터 속도 제어 ··· 348
Project402 직류 모터 방향 및 속도 제어 ··· 358
Project403 Step 모터 제어 ··· 372
Project404 Step 모터 각도 제어 ··· 374
Project405 28BYJ-48 Step 모터 각도 제어 ··· 380
Project406 서보 모터 각도 제어 ··· 388
Project407 BLDC 모터 속도 제어 ··· 401
Project408 제어기 내장형 BLDC 모터 속도 제어 ··· 407

1

통합환경 구성

1 통합환경 구성

제 4차 산업혁명이 무르익어 가고 있는 현대문명에서 전자공학 기술이 인류의 삶에 중심적인 역할을 수행하고 있다는 것은 누구나 인지하고 있는 사실이다. 심지어는 예술 분야 등에까지 이 기술이 접목되어 그들에게도 자신의 창조 작업에 활용되고 있는 추세이다. 이런 길을 열어준 중요한 사건 중의 하나가 Arduino의 탄생과 보급이다.

2005년에 이탈리아 북부 이브레아(Ivrea)라는 작은 도시에 있는 인터렉션 디자인 대학교(Interaction Design Institute Ivrea)에서 소프트웨어 설계 전문가인 마시모 반지(Massimo Banzi) 교수는 공학도가 아닌 예술 분야 전공 학생들을 위하여 마이크로컨트롤러 기술을 예술에 적용하고 싶었다. 그가 이러한 목적으로 저렴한 교육용 제품을 연구 · 개발하여 탄생시킨 것이 바로 Arduino이다.

반지 교수는 Arduino가 기본적으로 C언어를 사용할 수 있으며 별도의 운용 소프트웨어를 구입하지 않고 인터넷을 통해 무료로 내려받아 사용할 수 있도록 설계하였다. 또한 그는 PC로부터 Arduino에 별도의 업로드 장비를 연결하지 않고 케이블만 연결하면 Arduino에 프로그램이 업로드가 가능할 뿐만 아니라 동작용 전원이 공급되도록 고안하였다. Arduino는 다양한 스위치나 센서로부터 입력 정보를 받아들이고 LED나 모터와 같은 사물을 동작하도록 하여 인간과 환경이 개체로서 상호작용을 구현될 수 있도록 하였다. 또한 간단한 로봇 구동, 온습도계, 동작 감지기, 음악 및 사운드 장치, 스마트 홈 구현, 유아용 장난감이나 로봇 교육 프로그램 등과 같은 다양한 제품들도 Arduino를 기반으로 개발이 되고 있다. 현재 Arduino는 제어 회로와 프로그램이 오픈 소스로 공개되어 있으므로 누구나 쉽게 하드웨어 보드를 직접 만들 수 있으며, 프로그램을 쉽게 수정할 수 있다. 심지어 최근에 개발되어 출시되고 있는 고성능의 센서들은 Arduino를 기반으로 라이브러리와 소스 코드가 공개되어 더욱 유용하게 사용하기 편리해졌다. 이러한 Arduino가 갖고 있는 장점이 대학에서 Capstone Design 수업을 위한 교육용 Tool로써 전공 불문하고 Arduino를 가장 많이 사용하는 이유이다.

Arduino는 범용 마이크로프로세서인 ATmega를 기반으로 구현되는데, 이는 사용자가 마이크로컨트롤러를 좀 더 쉽게 접근할 수 있도록 고안된 일종의 소형 컴퓨터인 8bit 마이크로컨트롤러이다. 따라서 Arduino의 동작 개념을 정확히 습득하면 여타 마이크로프로세서를 공부하는 데 큰 도움을 준다. 물론 기존 ATmega 프로세서를 어느 정도 다루어 본 독자라면 ATmega 마이크로프로세서에 적용하는 코드를 별다른 수정 없이 Arduino 프로그래밍 코딩과 혼합하여 사용하여도 정상적으로 동작한다. 본서에서는 Arduino 응용 단원에서 이를 일부 혼합하여 효율적으로 사용하는 방법을 추가로 기술하였다.

Arduino를 이용하여 입출력 회로를 구현하고 프로그래밍하여 기능을 학습하는 방법은 크게 2가지가 있다. 일반적인 방법으로 브레드보드에 실제의 전자부품 등을 인터페이스 회로로 구성하고 Arduino와 인터페이스 회로를 연결한다. 그리고 전용 소프트웨어를 사용하여 프로그래밍하고 그 결과를 Arduino에 업로드하여 Firmware를 구현하는 방법이다. 이 경우는 Arduino 전용 통합개발환경 소프트웨어를 무료로 다운받아서 사용하는 방법이다.

다른 방법은 통합 소프트웨어를 구입하여 Arduino와 전자부품들을 PC 화면에 구현하고 프로그래밍 코드를 작성하여 시뮬레이션으로 동작 실험을 하는 방법이다. 후자는 시행착오를 줄이고 개발 시간과 비용을 줄일 수 있으며 교육용으로도 다양한 인터페이스 회로를 PC 화면에서 손쉽게 구현할 수 있어 많은 교육효과를 얻을 수 있다. 후자의 기능을 수행할 수 있도록 출시된 제품이 Proteus라는 마이크로컨트롤러 개발용 통합환경 소프트웨어이다. 본 교재는 각각의 경우에 대하여 통합환경을 구축하는 방법을 기술하고 주로 Arduino 프로그래밍은 Proteus 통합환경에서 시뮬레이션할 수 있도록 한다.

1.1 Arduino 통합환경(IDE)

학습목표

- Capstone Design 수업의 중요성을 이해할 수 있다.
- 센서융합 Capstone Design 수업에서 필요한 요소기술을 설명할 수 있다.
- 범용 Tool을 사용하는 이유와 다루는 주제를 파악할 수 있다.
- Arduino의 기능에 대하여 대략적으로 설명할 수 있다.
- Arduino 통합환경(IDE)을 설치하고 환경을 설정할 수 있다.

학습내용

- Capstone Design 수업 이해와 다루는 요소기술
- Capstone Design 구현을 위한 범용 Tool
- Arduino와 인터페이스 시뮬레이션 프로그램
- Arduino 소개와 기능
- Arduino 통합환경(IDE) 설치

브레드보드에 스위치나 센서 등의 전자부품을 결선하여 인터페이스 회로를 구현하고 이를 Arduino와 연결한 후 PC에서 프로그래밍하여 실행하기 위해서는 전용 통합 개발환경(Integrated Development Environment, IDE)이 필요하다. Arduino IDE는 인터넷에서 무료로 내려받아 PC에 설치하여 구축할 수 있다. 여기서 Arduino IDE를 스케치(sketch)라고 부른다. 스케치에서 코딩에 사용되는 언어는 기본적으로 C언어를 배경으로 C++ 기능이 추가되어 있으며, 스케치로 작성한 프로그램을 Arduino에 업로드하기 위해서는 PC와 Arduino를 연결해 주는 드라이버가 필요하다. 요약하면 필수 구성품으로는 Arduino라는 마이크로컨트롤러, 이 Arduino가 동작하도록 PC에서 프로그램 코딩에 필요한 Arduino IDE 스케치 환경 그리고

Arduino에 실행 결과를 업로드하기 위한 드라이버 소프트웨어가 있어야 한다. 먼저 Arduino IDE 소프트웨어와 드라이버를 설치하는 방법을 기술한다.

① Arduino IDE 설치

☞ 이 책에서는 전자회로, 마이크로컨트롤러 시뮬레이터인 Proteus를 이용하여 Arduino 사용 방법을 기술하기 때문에 인터넷에서 Arduino IDE 소프트웨어를 내려받기 전에 [설정－시스템－정보－장치 사양]에서 컴퓨터 장치 이름이 반드시 영문으로 되어 있어야 한다. 시스템에서 장치 이름이 영문인지 확인하고, 만약 영문이 아니면 영문으로 변경한다.

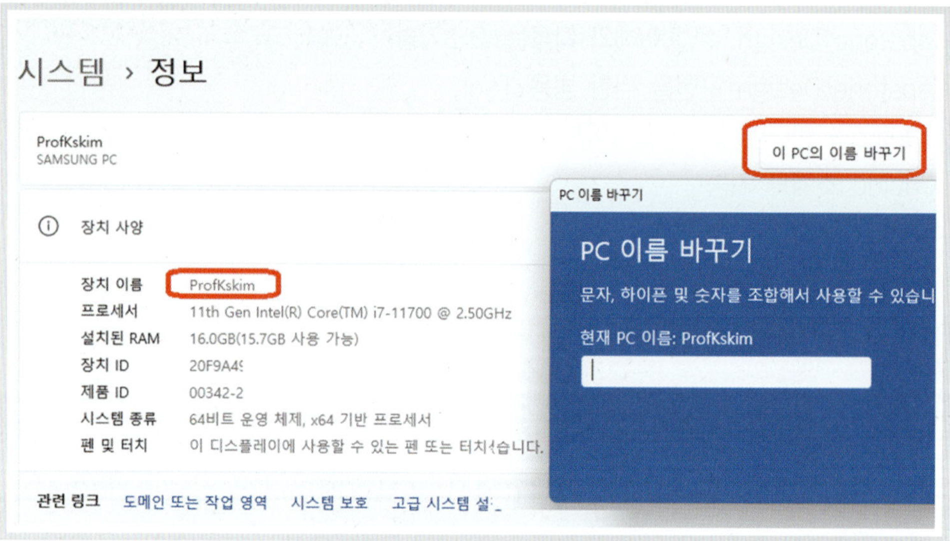

| 그림 1-1 | 장치 이름변경

Arduino를 설치하기 위하여 https://www.arduino.cc에 접속한다. 그림 1-2와 같이 [Downloads]를 찾는다. 이 교재를 집필하는 시점에서는 Arduino IDE 2.3.1 버전을 기준으로 소프트웨어를 내려받아 설치하였으며, 이 버전을 중심으로 기술하며 버전에 따라 다운로드 화면으로 접근하는 방법이 조금씩 다르다.

| 그림 1-2 | Arduino IDE 설치

다음 화면에서 기부할 것인지를 묻는다. 여러분은 학생이므로 [JUST DOWNLOAD]를 선택한다. 반복해서 물으면 또다시 [JUST DOWNLOAD]를 선택한다. 그러면 다운로드 폴더에 설치프로그램이 다운되어 있는 것을 확인할 수 있다.

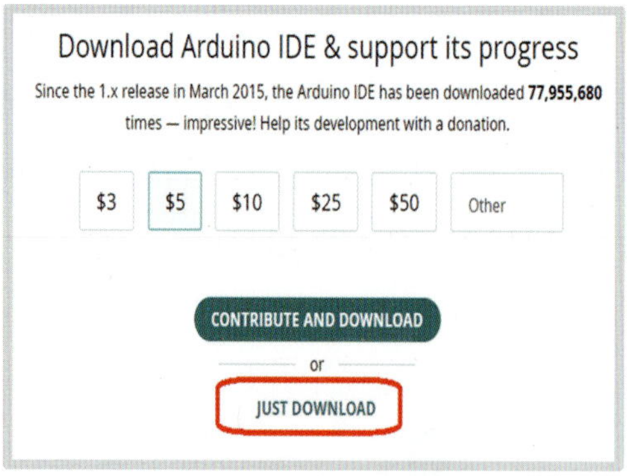

| 그림 1-3 | IDE 다운로드

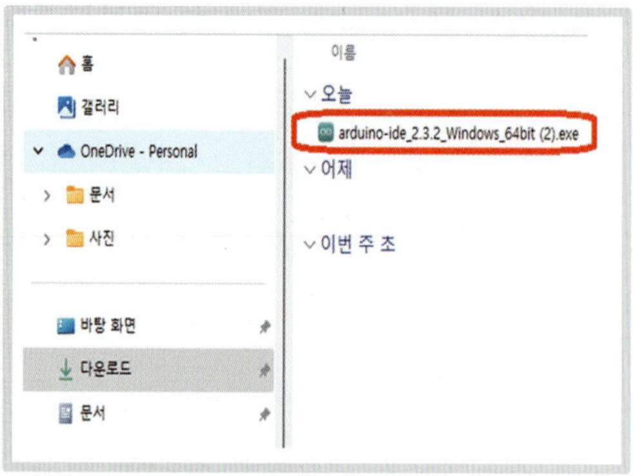

| 그림 1-4 | 설치프로그램

설치프로그램을 실행하여 Arduino IDE 프로그램을 설치한다. Arduino IDE 프로그램인 스케치를 실행하고 추가로 USB 드라이버 등을 설치하라는 화면이 나오면 모두 설치한다. 그림 1-5는 설치가 완료된 Arduino IDE 스케치이다. Arduino를 사용하기 위해서는 기본적으로 몇 가지를 먼저 수행하여야 한다.

① 사용자가 작성한 소스 프로그램 파일 뿐만 아니라 공개용 라이브러리 파일들도 자동으로 추가할 폴더를 생성한다.
  - C:₩ArduinoWork(본 교재에서 사용하는 폴더)
  - [File－Preferences－Settings]를 선택하여 Sketchbook location 변경

| 그림 1-5 | Arduino IDE 화면

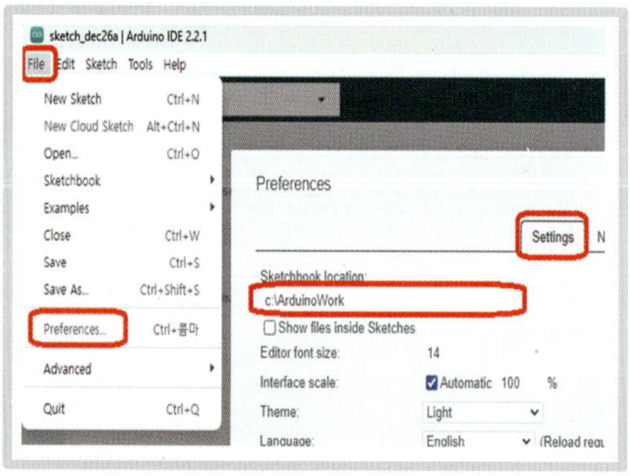

| 그림 1-6 | 소스 코드 저장 위치 설정

② 사용할 Arduino를 설정하는 단계이다. 본서는 Arduino Uno를 기준으로 설명한다.

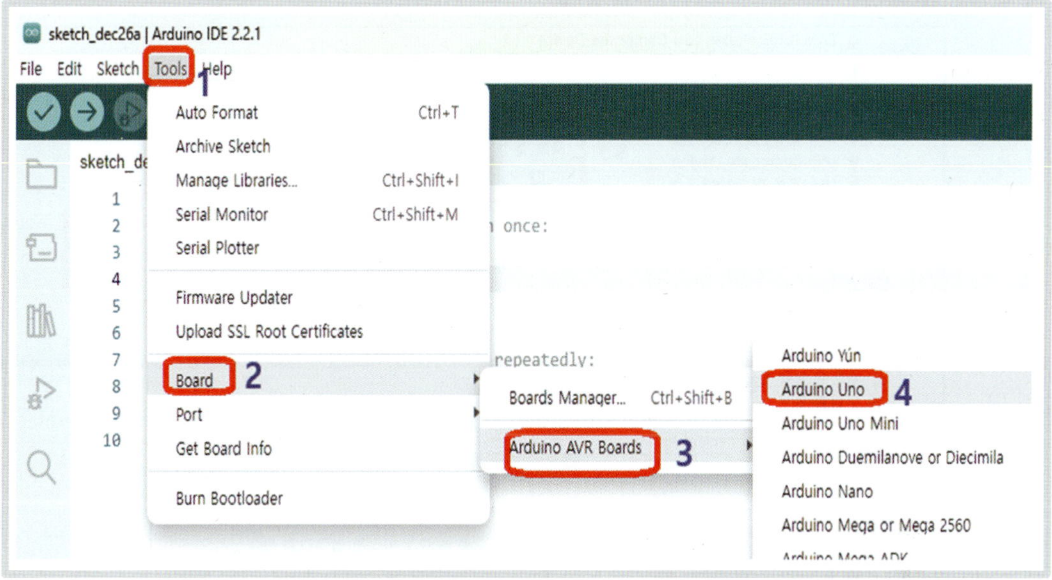

| 그림 1-7 | Arduino Uno 설정

③ Arduino Uno를 PC USB 포트에 꽂으면 설치한 드라이버가 PC와 Arduino Uno를 자동으로 연결해 준다. 여기서 자동으로 연결되어 있는지는 Arduino IDE에서 메뉴 [Tool - Port]를 통해 확인할 수 있다. 만약 연결 포트를 바꾸거나 연결이 안 되어 있거나 다른 포트와 충돌이 일어나 있으면 포트를 변경해 줄 필요가 있는 경우에는 [제어판-장치관리자-포트-속성]에서 수동으로 변경해 줄 수 있다.

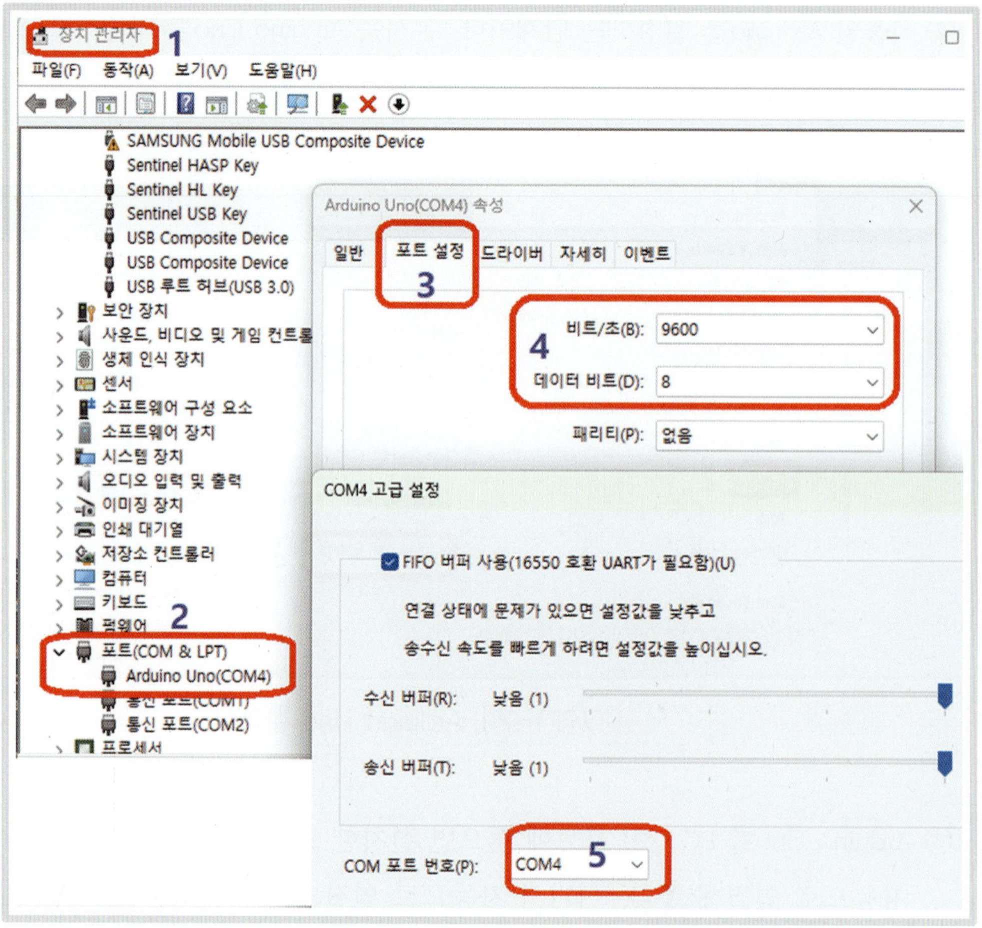

| 그림 1-8 | Arduino 포트 변경

이제 Arduino가 정상으로 동작하는지 첫걸음을 떼보자. 그림 1-9와 같이 예제 프로그램을 불러온다. 참고로 Arduino가 정상 동작하는지를 확인하기 위해서 매 수업 시간 시작과 동시에 지금 수행 blink 예제를 실행하여 점검하기를 권장한다.

Blink라는 예제 프로그램은 Arduino에 기본적으로 장착된 LED가 깜박거리도록 하는 프로그램이다. 실행을 위해 그림 1-10에 제시된 아이콘 [실행+업로드] ➔ 버튼 또는 단축키 [Ctrl+U]를 눌러 컴파일하고, 에러가 없으면 그 결과를 업로드하여 LED가 깜박이는지 확인한다. 사용자가 코드 파일을 저장하거나 불러오기는 그림 1-9와 같이 [File－Save]와 [File－Open] 메뉴를 이용한다.

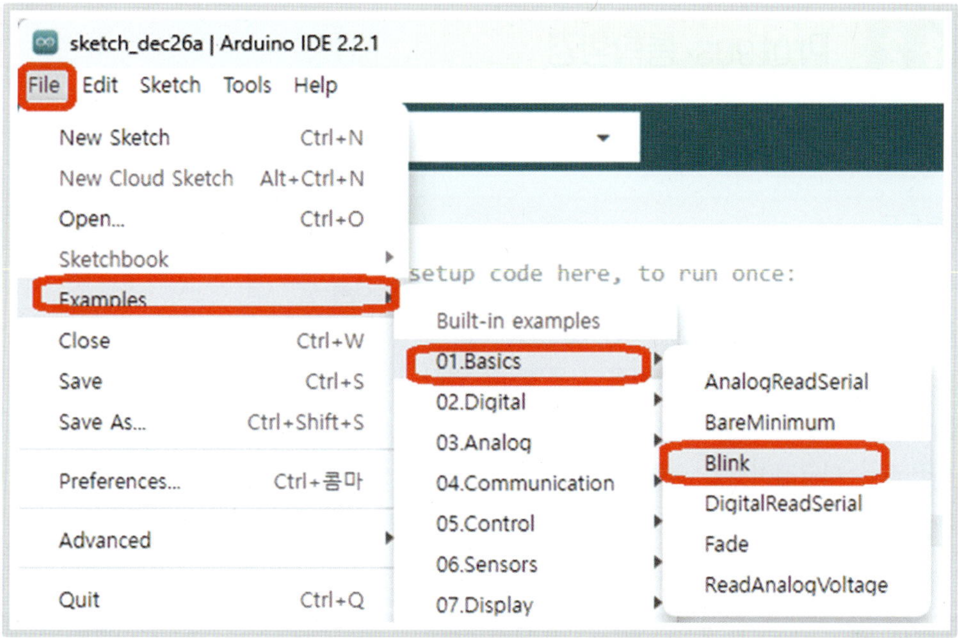

| 그림 1-9 | 초기 프로그램 불러오기

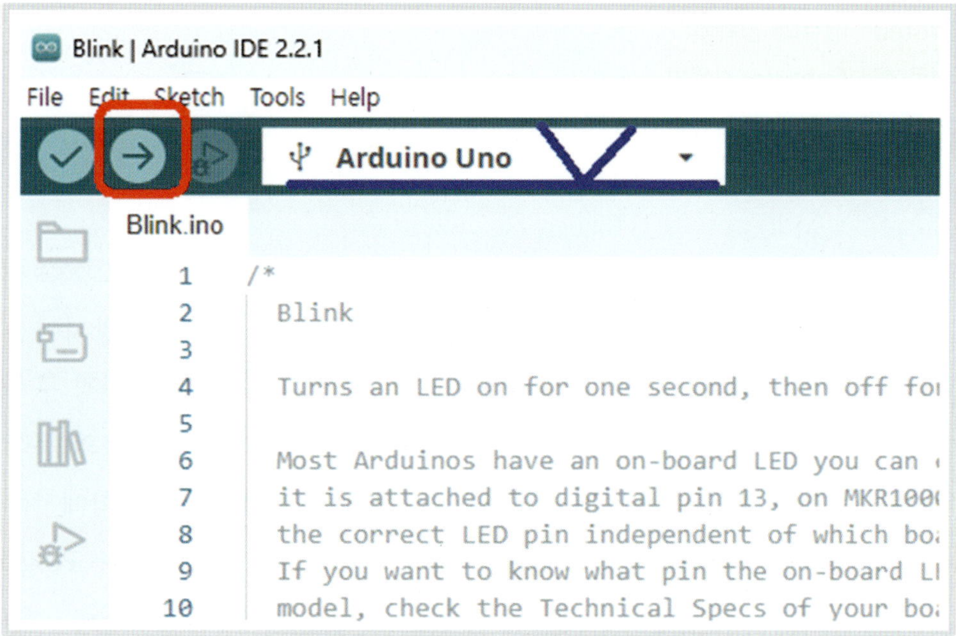

| 그림 1-10 | 프로그램 컴파일 및 업로드

1.2 Proteus 통합환경

학습목표

- 마이크로컨트롤러 시뮬레이션 툴인 Proteus 통합환경을 구축할 수 있다.
- Proteus 통합환경을 설정할 수 있다.
- Proteus 주요 메뉴와 단축키를 사용할 수 있다.
- Proteus Capture 용지에 전자 회로도를 그릴 수 있다.
- Arduino 시뮬레이션을 위한 Proteus 통합환경을 구축할 수 있다.
- Proteus 환경에서 Arduino 프로그램을 시뮬레이션할 수 있다.

학습내용

- Proteus VME 통합환경(IDE) 구축
- Proteus 통합환경 설정
- Proteus 메뉴와 단축키
- 회로설계 Capture 사용법
- Proteus 환경에서 Arduino 시뮬레이션

이 단원에서는 실제의 Arduino와 인터페이스 회로를 구현하는 방식이 아닌, PC 상에서 이를 구현하고 프로그램을 코딩하여 시뮬레이션하는 통합환경 구축과 사용법에 대하여 기술한다. 전자회로를 설계하는 과정에서 PC에서 회로의 동작 특성을 확인하는 일은 매우 중요한 과정 중의 하나이다. 1973년 버클리대학에서는 아날로그 회로를 해석하기 위한 시뮬레이션 소프트웨어 SPICE(Simulation Program with Integrated Circuit Emphasis)를 출시하였다. 1985년에 미국 Oregon에서 John Durbetaki 등 3명의 엔지니어가 전자회로 설계 CAD(Computer Aided Design) tool인 Schematic Design Tools를 개발하고, 다음 해에 전자회로 시뮬레이션 Tool을 이어서 출시하면서 현대의 OrCAD(Oregon CAD) 기본 소프트웨어 플랫폼을 구축하였다. 이어서 NI(National Instruments) 사에서는 비슷한 기능을 수행하는 Multisim과 같은 전자회로 시뮬레이션 Tool을 출시하였다. Proteus는 이상에서 언급한 소프트웨어 중의 하나로 영국의 Labcenter 사 제품이다.

❶ Proteus software 특징

Proteus는 1988년 MS-DOS(MicoroSoft Disk Operating System) 용으로 John Jameson이 PC-B라는 제품을 개발하였다. 1990년에 전자회로 CAD 기능을 수행하는 Schematic Capture를 추가하고, 1996년에 SPICE 시뮬레이션 기능을 포함하였다. 1998년에는 다른 제품과 차별화되는 주요 기능으로 마이크로컨트롤러 시뮬레이션 기능을 Proteus에 도입하였다. 이와 같이 Proteus는 PC에서 전자회로 해석을 위한 SPICE 시뮬레이션 기능, 전자회로 CAD 기능 그리고 마이크로컨트롤러의 제어 프로그래밍 코딩과 시뮬레이션 기능을 포함한 전자회로 및 제어용 설계와 해석을 위한 통합 소프트웨어 플랫폼이라고 할 수 있다. 또한 옵션으로 Capture PCB 레이아웃을 선택하면 회로 시뮬레이션 결과로 검증된 전자회로에 대하여 PCB 도면으로 쉽게 변환할 수 있는 장점도 포함하고 있다.

현재 Labcenter 사는 전자회로 CAD, 회로해석 시뮬레이션인 SPICE, 마이크로컨트롤러 코딩 시뮬레이션과 PCB(Printed Circuit Board) 설계 등을 통합한 전자회로 가상 시스템 모델링 Tool로, Proteus VSM(Virtual System Modeling)이란 이름으로 소프트웨어를 보급하고 있다. Proteus VSM은 하드웨어 및 Firmware 설계를 하는데 매우 유용한 도구로서 회로설계를 하고 시제품을 제작하기 전에 Proteus VSM을 이용하여 Firmware 설계와 프로그래밍에 대한 시험평가를 수행할 수 있는 장점이 있다. 이는 SPICE 회로 검증과 마이크로컨트롤러 코드를 동시에 시뮬레이션할 수 있는 기능을 제공한다는 것이다.

Proteus VSM은 전자회로에 대한 SPICE 시뮬레이션을 수행하고 회로 특정 위치마다 전류 및 전압 등의 물리량을 가상의 측정장치를 이용하여 측정이 가능할 뿐만 아니라 마이크로컨트롤러에 Firmware 제어 프로그래밍을 작성하고 LED, LCD(Liquid Crystal Display, 액정디스플레이)와 스위치, 버튼, 액추에이터 등 주변 인터페이스 회로를 포함하는 통합회로를 동시에 시뮬레이션할 수 있는 기능을 제공한다.

이때 사용하는 범용 마이크로컨트롤러용 프로그래밍 언어는 C, C++ 언어이며, Raspberry Pi 용으로는 python 언어를 사용하여 프로그램 코딩을 할 수 있는 등 광범위한 디버깅 기능을 제공한다. 프로그램 코드가 출력 데이터를 포트에 쓰면 회로의 논리 레벨에 따라 변경되어 표시되고, 디지털 데이터가 입력되면 실제와 마찬가지로 프로그램 코드에서 이 값을 볼 수가 있다. 이와 같이 VSM CPU(Central Processing Unit) 모델은 지원되는 각 마이크로컨트롤러에 있는 I/O(Input/Output) 포트, 인터럽트, 타이머, USART(Universal Synchronous and Asynchronous Receiver and Transmitter), 아날로그 디지털 변환 및 기타 모든 주변 장치를 완벽하게 시뮬레이션할 수 있다. 이러한 모든 주변 장치와 외부 회로의 상호작용과 더불어 파형 레벨까지 통합으로 모델링되어 전체 시스템을 시뮬레이션할 수 있다. 실시간 시뮬레이션을 실행하는 Proteus VSM은 프로그램 코드 단계별(step-by-step)로도 이러한 시뮬레이션을 수행할 수 있다.

Proteus VSM에는 오실로스코프, 로직 분석기, 함수 생성기, 패턴 생성기, 카운터 타이머와 가상 터미널은 물론 간단한 전압계 및 전류계를 포함한 다양한 가상 계측기가 포함되어 있다. 또한 SPI(Serial Peripheral Interface) 및 I2C(Inter Integrated Circuit)용 전용 마스터/슬레이브/모니터 모드 프로토콜 분석기도 제공한다. 이를 직렬통신 회선에 연결하면 시뮬레이션 중에 실시간으로 데이터를 모니터링하거나 상호작용을 할 수 있다.

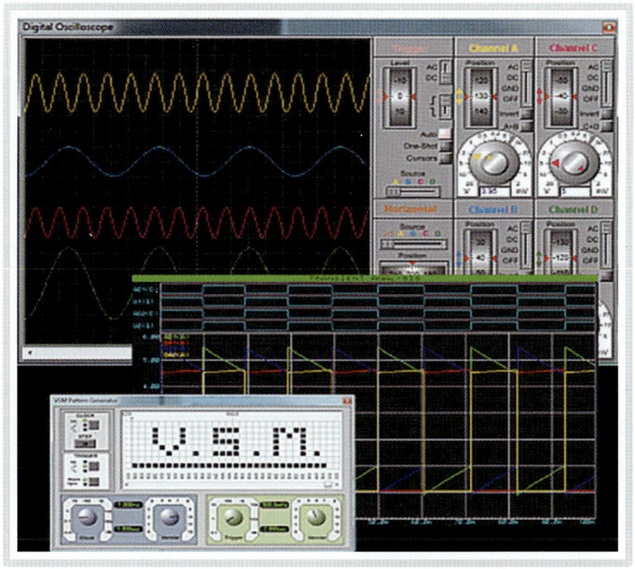

| 그림 1-11 | VSM 측정도구

② Proteus 툴 설치

Arduino 마이크로컨트롤러를 Proteus에서 사용할 때는 Proteus VSM 8.17 이후에 출시된 버전은 이미 설치된 Arduino IDE와 자동으로 연결하여 동작한다. 그러나 Proteus VSM은 이전 버전 Arduino IDE와 연결하여야 한다.[1)]

Proteus는 Local 버전과 Cloud network 버전이 있는데, Local 버전은 정해진 특정 PC에 프로그램을 설치하여 사용한다. 따라서 외부에서 사용하려면 네트워크 관리자로부터 이 PC에 접근할 수 있는 네트워크 접속 허가를 받아야 한다. 반면에 Cloud 버전은 각자의 PC에 프로그램을 설치하고 관리자로부터 접근 허가된 ID를 입력하여 사용하는 방식이다. Local 버전은 설치함에 있어서 특별한 제약조건이 없으므로 본서는 Cloud network 버전을 중심으로 설치하는 과정을 기술한다. 물론

1) Proteus VSM 8·17 이전 버전은 Proteus compiler 환경설정에서 제공해 주는 Arduino IDE 기본 버전인 Arduino AVR과 연결하거나 Arduino 1.8.19 버전을 추가로 먼저 설치하고 Proteus VSM을 설치하여야 한다.

PC에서 회로를 설계하고 시뮬레이션하는 측면에서 두 방식은 동일하다. 본 교재는 Proteus 8.13 버전을 사용할 것이며 관리자가 배포한 설치파일을 PC에 설치하는 과정은 다음과 같다.

① 그림 1-12와 같이 proteus8.13.SP1.exe 설치파일을 실행한다.

| 그림 1-12 | Proteus 설치파일

② 설치 허용 여부를 묻는 메시지 창이 열리면 [예]를 클릭한다.

③ Setup Wizard 열리면 [Next]를 클릭한다.

④ 라이센스 동의에 체크하고 [Next]를 클릭한다.

⑤ 그림 1-13과 같이 "◉Use a cloud or server based license key"를 선택하고 [Next]를 클릭한다.

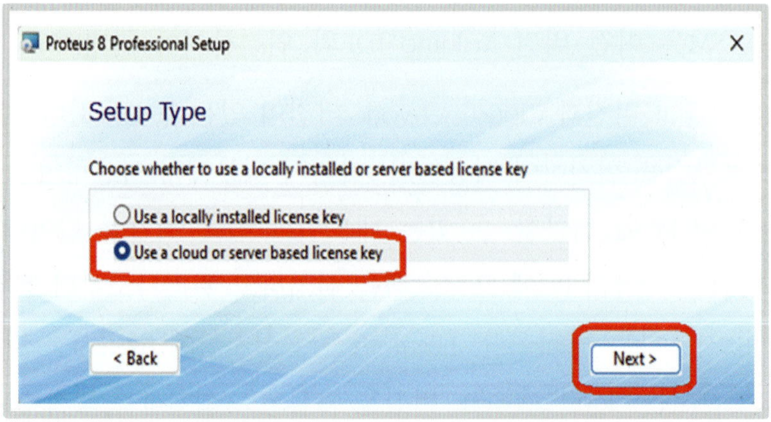

| 그림 1-13 | Cloud 버전 선택

⑥ 그림 1-14와 같이 Server Address 입력란에 관리자로부터 제공받은 Server Address를 입력한다. Server Address가 잘못 입력되면 프로그램 설치 완료 후 프로그램이 실행되지 않으므로 정확하게 입력하여야 한다. 소프트웨어 관리자가 제공하는 문자열을 복사와 붙여넣기 하기를 권장한다.

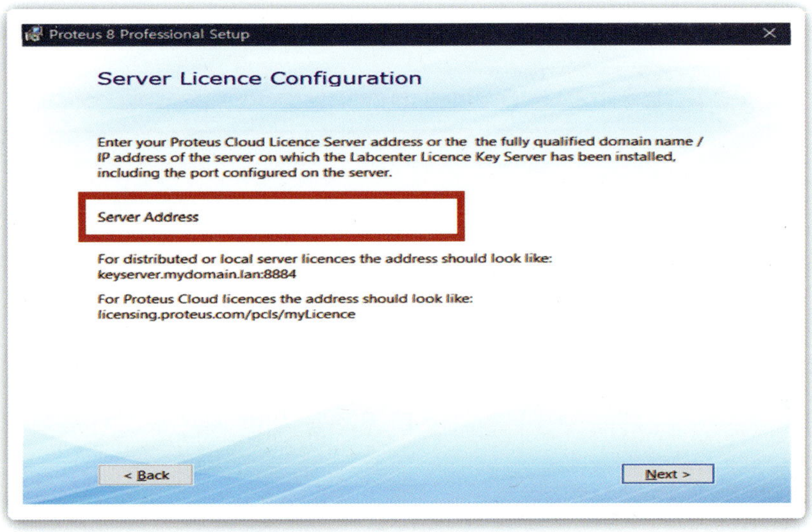

| 그림 1-14 | Server Address 입력

⑦ 그림 1-15와 같이 다음 화면에서 모두 체크를 해제하고 [Next]를 클릭한다.

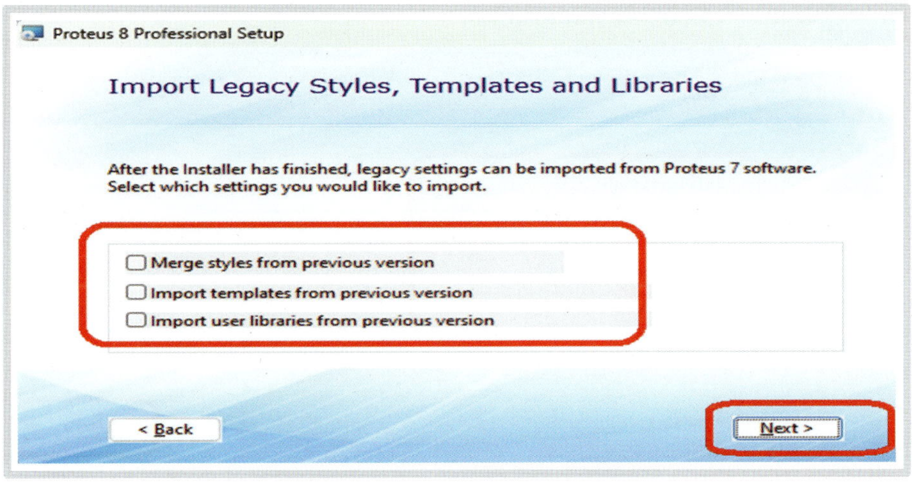

| 그림 1-15 | 추가 옵션 해제

⑧ 이어서 설치 위치를 변경하기 위하여 [Custom]을 선택한다.

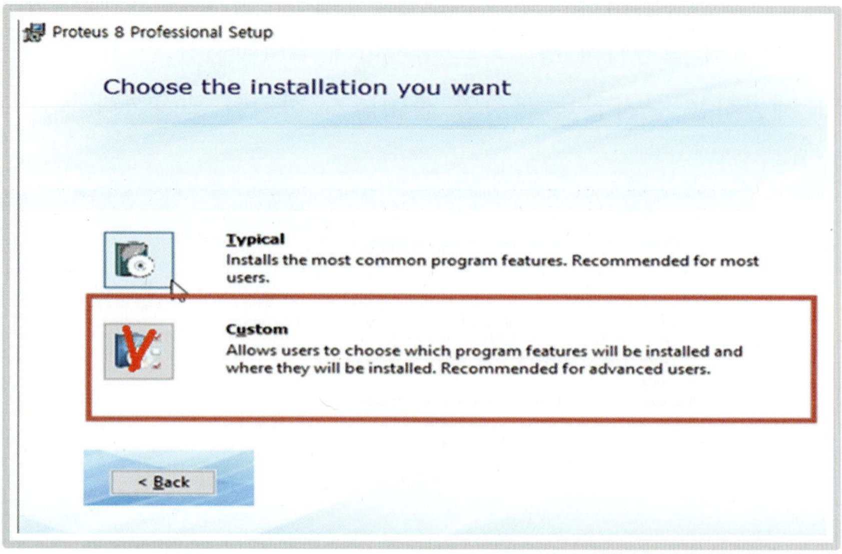

| 그림 1-16 | 설치 폴더 입력을 위한 사용자 설치 클릭

⑨ 설치 경로를 Proteus 사용의 편리성을 위하여 [C:₩Proteus 8₩]로 입력하고 [Next]를 클릭한다.

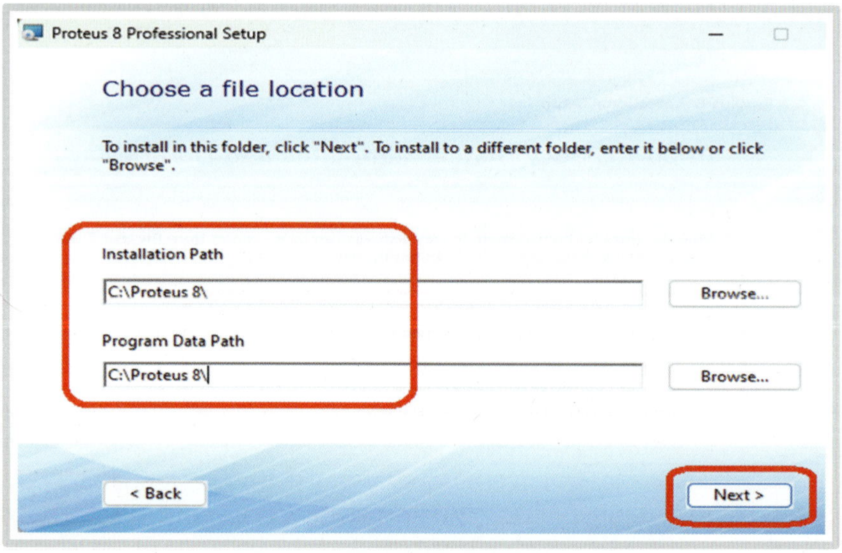

| 그림 1-17 | 프로그램 설치 경로 입력

⑩ 이어지는 "Custom Setup" 화면과 "Select the Start Menu Shortcuts Folder"에서도 변경 없이 [Next]를 클릭한다.

⑪ 그림 1-18과 같이 "Begin installation of Proteus 8 Professional" 화면이 나오면 [Install] 버튼을 눌러 설치를 시작한다.

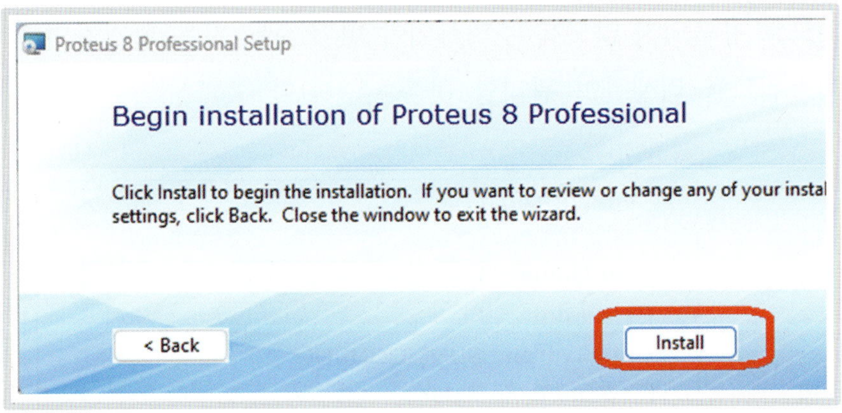

| 그림 1-18 | 설치시작 화면

⑫ 설치가 모두 완료되었다는 메시지(Proteus 8 Professional has been successfully installed)가 나오면 [Close] 버튼을 클릭한다.

⑬ 바탕화면에 다음과 같이 Proteus 8 Professional 실행 단축 아이콘이 생성되는지를 확인한다.

| 그림 1-19 | Proteus 실행 단축 아이콘

⑭ Proteus 실행 단축 아이콘을 누르면 사용자 이름과 패스워드 입력 창이 열린다. 사용자 이름과 패스워드는 소프트웨어 관리자(Division Admin)로부터 제공받아 입력받는다. 사용자 이름과 패스워드는 학교 등 특정 단체에서 구입한 라이센스 사용 권한으로 외부에 사용자 이름과 패스워드가 노출되면 사용할 수 있는 라이센스 사용인원이 초과되어 실제로 필요한 학생이 프로그램을 사용할 수 없게 되므로 유출되지 않도록 주의하여야 한다. 관리자는 학기가 바뀌면 아이디와 패스워드를 리셋하여 관리할 것을 추천한다.

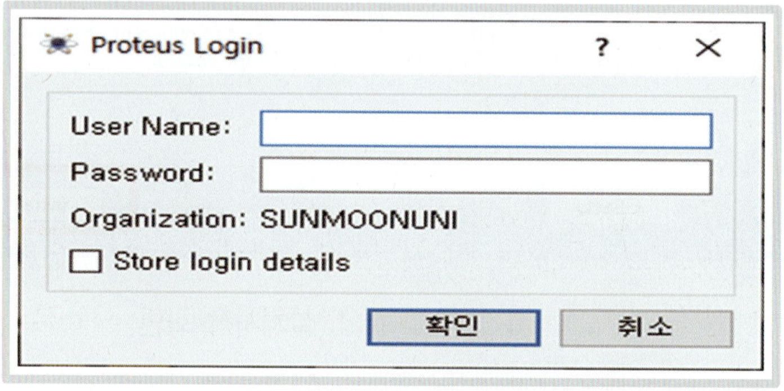

| 그림 1-20 | 사용자 이름과 패스워드 입력 창

⑮ 정확하게 아이디와 패스워드를 입력하고 [OK]를 클릭하면 Proteus 프로그램이 실행된다. Proteus 프로그램이 실행되면 화면 좌측 하단에 그림 1-21과 같이 활성화된 라이센스 정보가 표시된다.

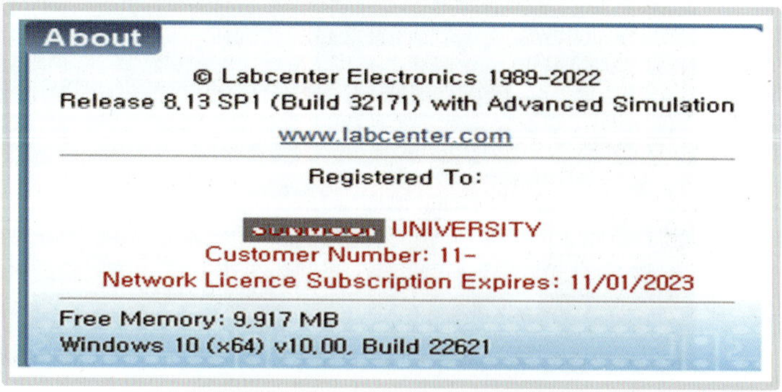

| 그림 1-21 | 프로그램 활성화

⑯ 그림 1-21과 같이 학교명과 라이센스 번호를 확인하였다면 Proteus 프로그램을 종료한다.

⑰ Proteus 프로그램을 다시 실행하여 사용자 이름과 패스워드를 입력하고 그림 1-20에서 ☑ Store login details 체크상자를 선택한다. 이후부터는 Proteus를 실행할 때 사용자 이름과 패스워드가 입력하지 않아도 자동으로 인식해서 실행된다.

초기 로그인이 완료되면 다음과 같이 초기 화면이 생성된다. 이 화면을 Proteus Design Suite라고 부른다.

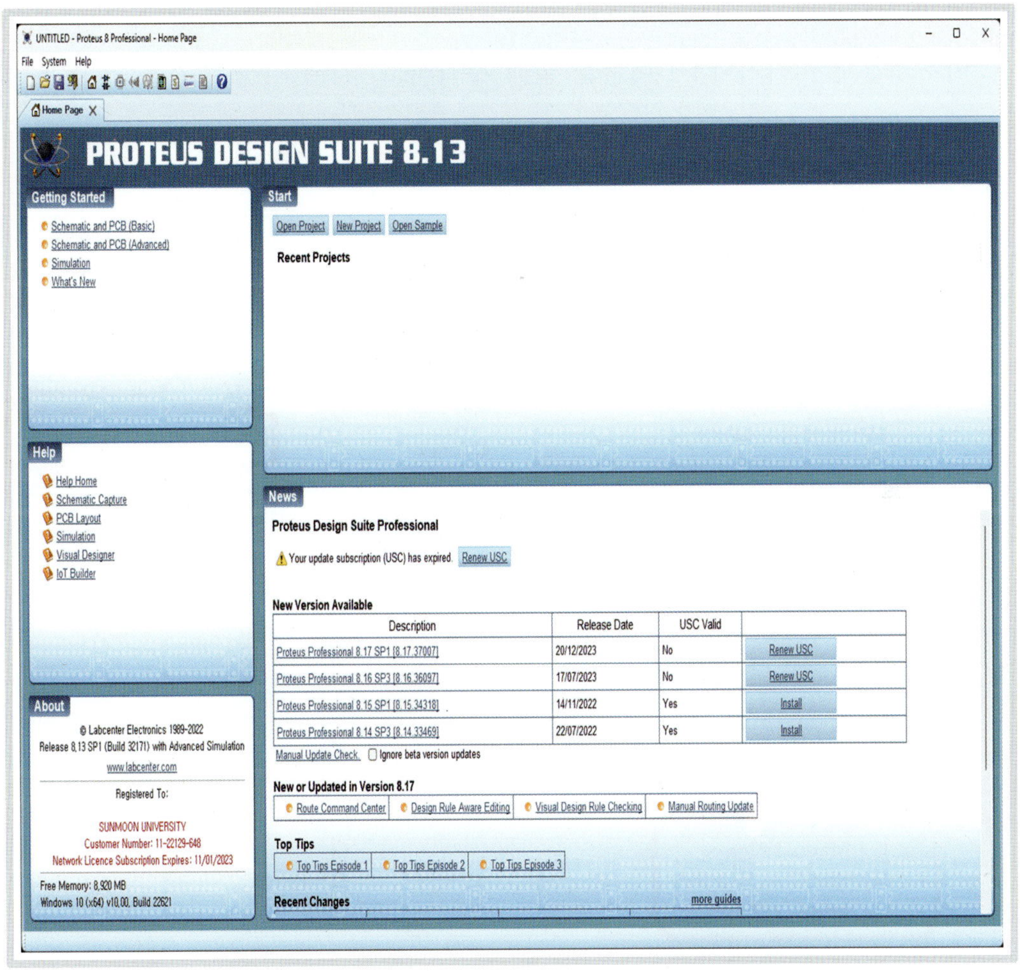

| 그림 1-22 | Proteus Design Suite 초기 화면

③ Proteus 툴 삭제

Proteus VSM Studio 삭제 절차는 일반 소프트웨어를 삭제하는 방법과 같은 방법으로 PC의 제어판에서 프로그램 삭제 기능을 이용하면 된다. 단, 제어판을 이용하여 프로그램을 삭제하고 나면 반드시 재설치를 위하여 프로그램이 설치되었던 폴더와 남아있는 정보를 모두 삭제해 주어야 한다. 그렇지 않으면 새로 설치할 때 폴더 위치가 바뀌면 라이브러리 등이 기존 폴더와 자동으로 연결되어 있어서 전자 부품 등의 라이브러리를 사용할 수 없는 문제가 발생할 수 있다.

만약 재설치과정에서 문제가 발생하였다면 그림 1-23과 같이 5개의 위치를 살펴보고 위치가 다르면 새로 설치한 폴더 위치로 재설정해 주어야 한다. 재설정 방법은 마우스를 클릭하거나 [+] 버튼을 눌러 추가하고, 기존 지정 위치를 [-] 버튼을 눌러 제거해 주면 된다.

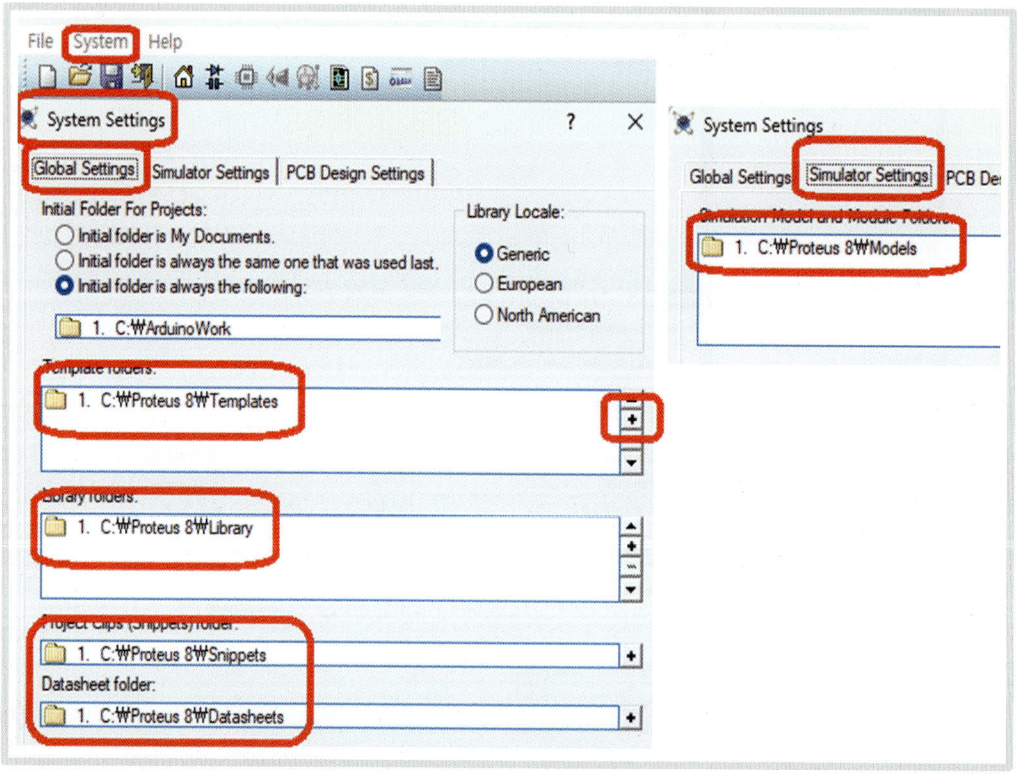

| 그림 1-23 | Proteus Design Suite 초기 화면

④ 통합환경 설정

초기 설정은 메뉴의 [System→System Settings]를 이용한다. 그림 1-24는 초기화를 설정하기 위한 팝업 창이다.

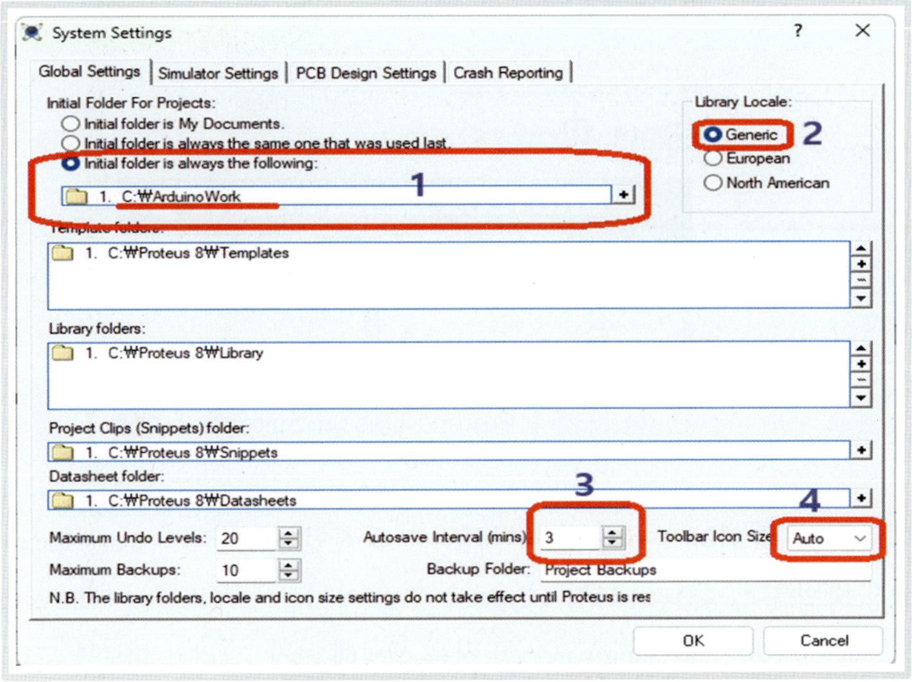

| 그림 1-24 | System Settings 화면

팝업 창에서는 일반적으로 Global Setting만 수정하여 사용하는데, 그림 1-24의 시스템 설정 화면의 주요 기능과 설정 방법은 다음과 같다.

① 프로젝트 파일을 오픈할 때 기본 폴더 설정

② 저항과 같은 소자 그림을 미국식, 유럽식 표시 방법 설정, Generic은 둘 다 사용하고자 하는 경우(권장)

③ 자동 저장 최소 시간

④ 아이콘 크기

Proteus Design Suite 시작은 그림 1-25와 같이 전자회로 시뮬레이션 기능인 PSPICE와 마이크로컨트롤러 포함 시뮬레이션 기능으로 나누어 시작한다.

① Proteus Design Suits에서 전자회로 PSPICE 시뮬레이션 : ①번 아이콘

② 마이크로컨트롤러를 포함한 시뮬레이션이 필요한 경우 : ②번 사용.

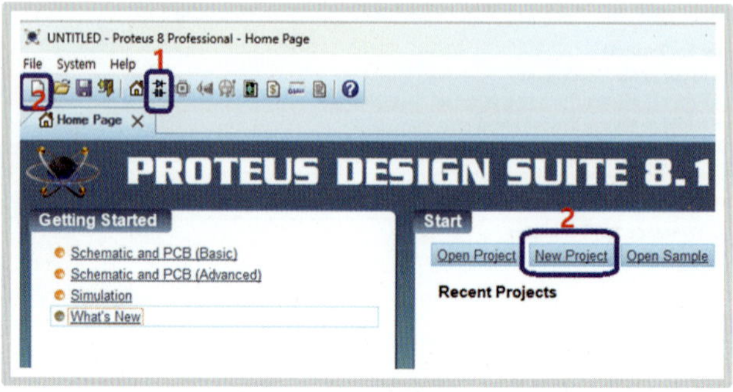

| 그림 1-25 | Proteus Design Suite 초기 화면

시뮬레이션을 위하여 전자 및 제어회로 CAD 작업을 위한 Schematic Capture의 기본 설정 방법을 설명한다. 그림 1-26에서 ①번 아이콘을 클릭하여 Schematic Capture 화면인 전자 용지(Working window) 창을 생성해 보자. 그리고 회로를 그리기 편리하도록 그림 1-26에서 ②번 Template 메뉴를 이용하여 구성을 변경할 수 있다.

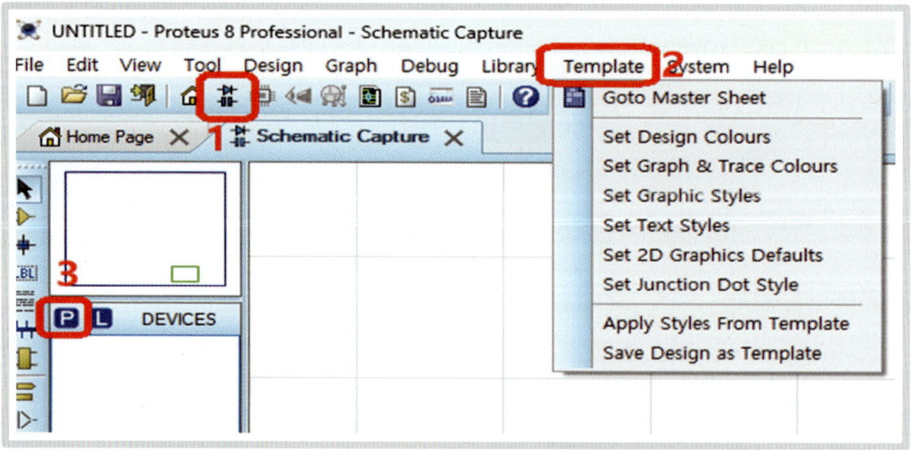

| 그림 1-26 | Schematic Capture 기본 설정

① 바탕 색깔 설정 : [Template－Set Design Colors]

권장 : 흰색

② 선끼리 결선 표시 : [Template－Set Junction Dot Style]

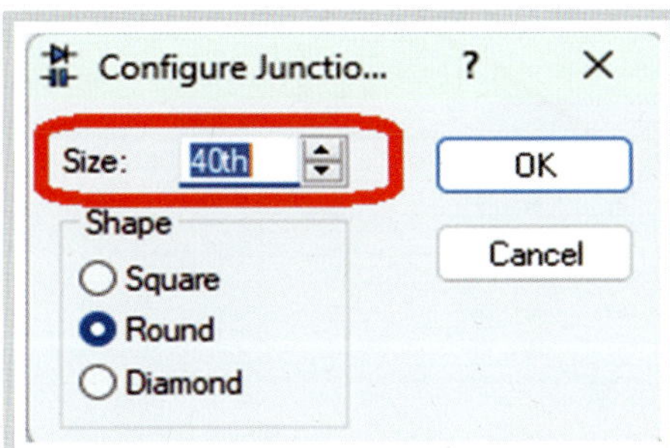

Size 40th

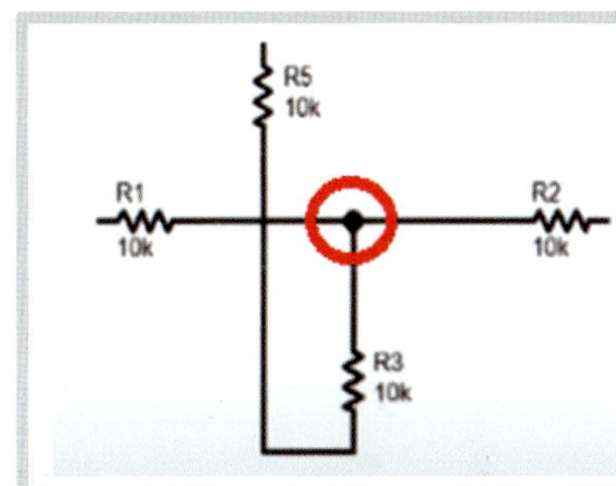

| 그림 1-27 | 연결선 표시

그리고 전자 용지에 격자 표시 Toggle은 다음 단축 아이콘을 마우스 클릭하여 표시와 제거를 반복적으로 바꿀 수 있다.

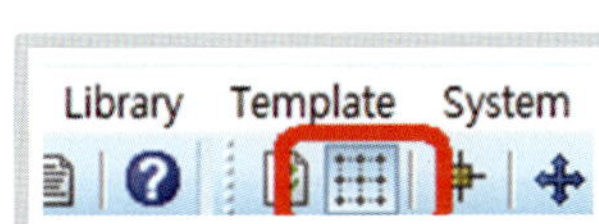

지금까지 설정한 기본 Template은 메뉴 [Template－Save Design as Template]에서 반드시 저장하여야 계속해서 사용할 수 있다. 이 경우 템플릿 파일 제목은 한글, 영문자와 무관하게 저장할 수 있다. 새로운 Schematic Capture를 만들어 화면이 새롭게 구성되었다면 저장한 Template를 사용할 수 있다. 이때는 [Template－Applied Style From Template]을 클릭하여 저장한 템플릿을 적용하면 된다.

⑤ Schematic Capture 기본 사용법

Proteus Design Suite 초기 화면에서 Schematic Design Capture 아이콘 을 이용하여 Schematic 초기 화면을 생성한다. 초기에 생성된 용지의 크기는 A4용지이며 언제든지 [System−Set Sheet Size]를 클릭하여 용지 크기를 변경할 수 있다.

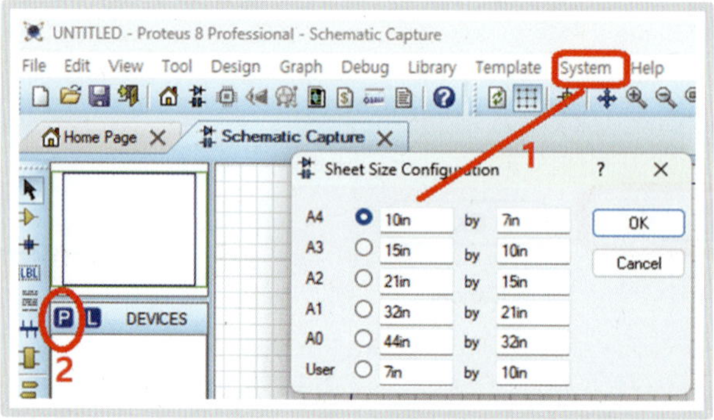

| 그림 1-28 | 화면 용지 크기 설정 및 부품 선택

Schematic Capture에 생성된 전자 용지에 각종 회로의 부품을 배치하는 과정은 다음과 같다. 그림 1-29 화면에서 ①번 [Component Mode] ② Pick Devices 아이콘 을 누르면 부품을 선택할 수 있는 별도의 팝업 창이 생성된다.

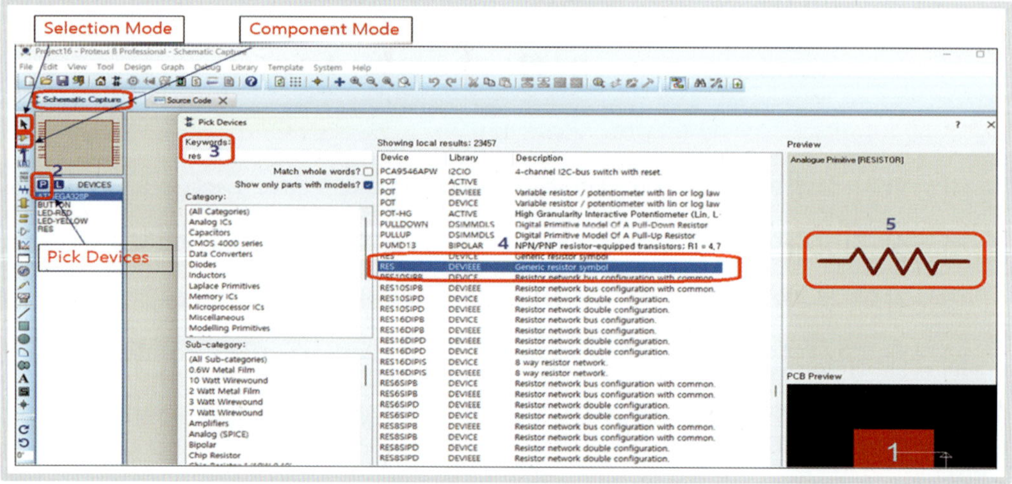

| 그림 1-29 | 화면 용지 크기 설정 및 부품 선택

☞ 만약 그림 1-29의 화면에서 Category 등이 빈칸으로 되어 있는 경우는 이어지는 설계절차를 계속할 수 없다. 이러한 경우는 Proteus VSM을 삭제하고 다시 재설치하였을 때 위치가 기존에 설치되었을 때와 다른 경우에 발생한다. 이 경우에는 그림 1-23 Proteus 삭제/재설치를 참조하여 설정 변경하여야 한다.

자주 사용하는 저항을 선택하기 위해서는 그림 1-29의 화면에서 Keywords 창 ③번에 저항 약어 [res]를 치면 다양한 형태의 저항이 ④번 창에 출력되고, 마우스를 움직이면 ⑤번과 같이 부품의 모양이 나타나는 것을 알 수 있다. 저항을 선택하고 엔터 또는 [확인] 버튼을 누르면 전자 용지에 저항 부품을 배치할 수 있도록 ②번 아래 창에 [RES]가 등록된다. 등록된 [RES]를 선택하고 전자 용지 특정 위치에서 마우스를 클릭하면 저항을 배치할 수 있다. 이러한 방법으로 저항 5개를 배치해 보자. 부품 배치를 마치려면 그림 1-27 화면에서 [Selection Mode] 아이콘 을 사용한다. 부품의 이동, 좌우회전, 복사, 삭제 등을 부품에 마우스를 위치시키고 그림 1-30과 같이 오른쪽 마우스 버튼을 클릭하여 필요한 기능을 실행하면 된다.

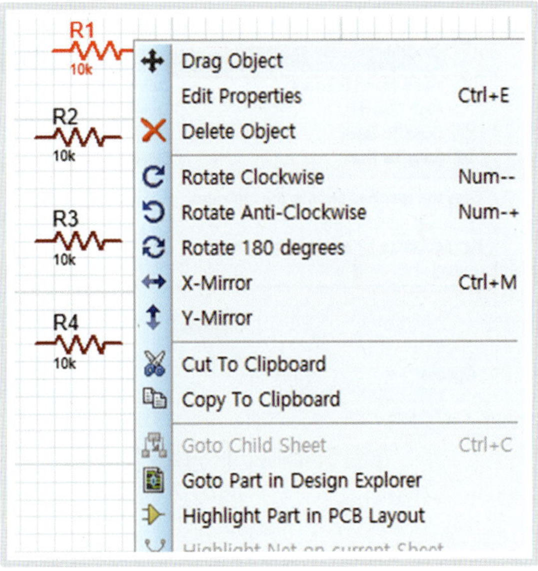

| 그림 1-30 | 부품 context 팝업메뉴

일반적인 소프트웨어와는 달리 Proteus Schematic Caputre에서는 부품을 복사, 붙여넣기할 때 단축키 [Ctrl+C] [Ctrl+V]가 기본적으로 설정되어 있지 않다. 이때 단축키를 설정하는 방법은 메뉴 [System – Set Keyboard Mapping]을 선택하고 그림 1-31의 절차에 따라 Command Groups에서 [Schematic Window(Edit Menu)]의 리스트에서 해당 부분을 찾아 설정할 수 있다.

또한 부품의 회전이 필요한 경우, Proteus 기본 설정인 Num-+보다는 일반적으로 단축키 [R]을 사용한다. 이를 적용하기 위해서는 그림 1-31의 ①번에서 [Orientation Context Commands]에서 Orient Clockwise의 단축기를 [R]로 수정하여 사용하면 된다. 필자는 부품을 이동시키는 드래그 기능을 위해서 단축기 [Ctrl+D]를 추가로 설정하여 사용한다. 각자 수정해 보기 바란다.

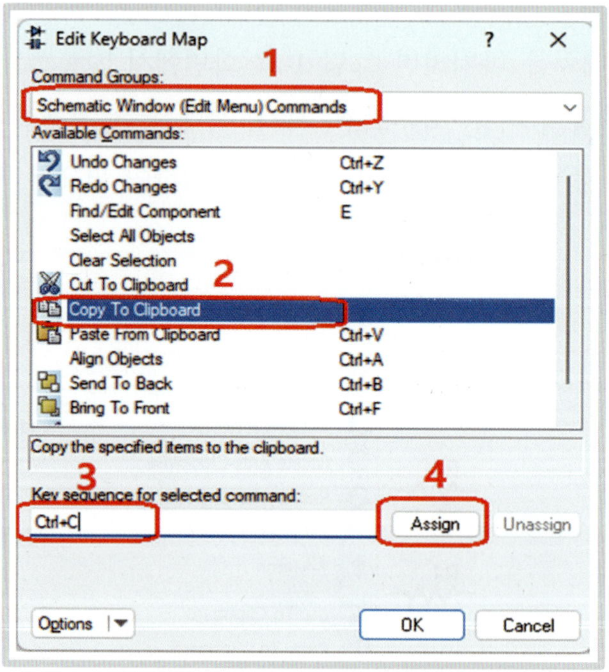

| 그림 1-31 | 단축키 바꾸기

부품과 부품 사이를 이어주는 방법은 부품의 끝에 마우스를 가져가면 연필 모양으로 마우스 아이콘으로 변하는데, 이때 연결이 필요한 부품끼리 마우스로 드래그하

면 부품들을 연결할 수 있다. 이상에서 설명한 부분은 "Proteus Korea"[2] YouTube 채널에서 복습할 수 있으며 더 많은 사용법을 학습할 수 있다.

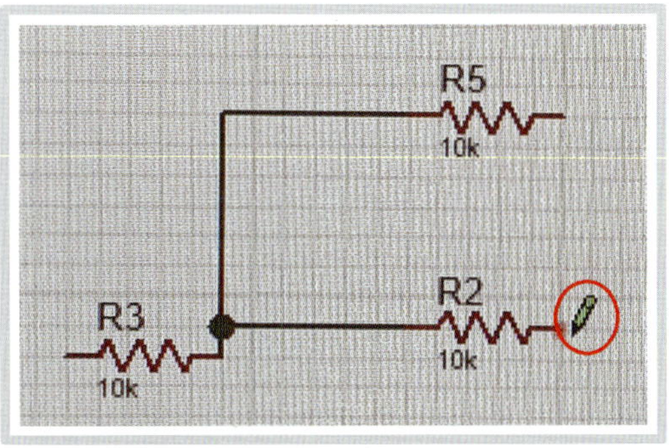

| 그림 1-32 | 부품간 선 연결

⑥ 통합환경 시뮬레이션

이 단원에서는 PC 상에서 마이크로컨트롤러 중의 하나인 Arduino를 기반으로 센서 융합 제어회로를 설계하고 이를 시뮬레이션하기 위하여 사용하는 Proteus VSM Studio의 사용 방법을 설명한다. Arduino와 같은 마이크로컨트롤러를 사용하려면 반드시 [New Project]를 이용하여 프로젝트를 만들어야 하며, 프로젝트를 구성할 때 Arduino 보드가 자동으로 Schematic 전자 용지에 불러오도록 선택하여야 한다. 다음은 프로젝트를 생성하는 절차이다.

1) 프로젝트 만들기

새로운 프로젝트를 생성하는 방법은 다음의 3가지 중 하나를 사용하여야 하며, 프로젝트를 생성하기 위한 다이얼로그 상자가 그림 1-33과 같이 나타난다.

① [File－New Project] 클릭

2) https://www.youtube.com/@proteuskorea7327

② 시작하기(Start)에서 [New Project] 선택

③ 단축키 [Ctrl+N]

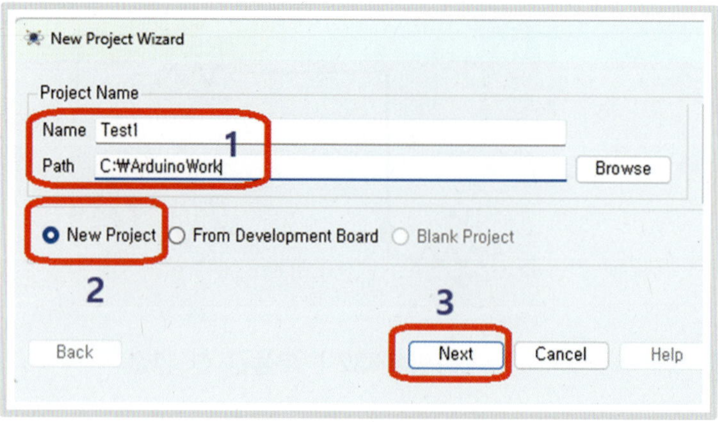

| 그림 1-33 | New project 생성을 위한 다이얼로그 상자

①번을 이용하여 프로젝트 이름을 작성하고 프로젝트를 저장할 위치를 지정한다. 사용할 마이크로컨트롤러를 선택하는 방법은 [New Project]를 선택하는 방법과 [From Development Board]를 이용하여 선택하는 방법이 있다.

먼저 New Project를 이용하는 방법을 설명한다. 그림 1-34와 같이 ②번 [New Project]를 선택하고 ③ [Next] 버튼을 누르면 전자 용지 크기를 선택하라는 메시지가 표시

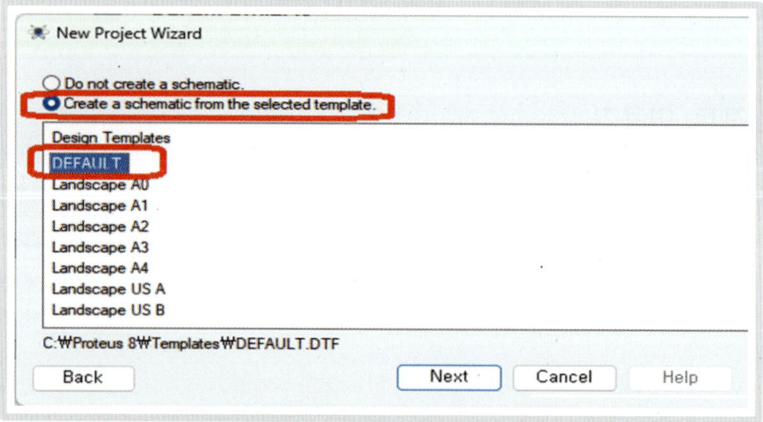

| 그림 1-34 | 전자 용지 생성 다이얼로그 상자

된다. 여기서는 기본적으로 [DEFAULT]를 선택하고 다음으로 넘어간다.

만약 옵션으로 PCB 설계를 구매한 경우라면, PCB 레이아웃 선택 다이얼로그 상자가 보일 것이다. 이 경우에는 [Do not create a PCB layout]를 누르고 다음으로 넘어간다. 이어서 Arduino 보드를 선택할 수 있는 다이얼로그 상자가 보일 것이다. 여기서 그림 1-35와 같이 ① [Create Firmware Project]를 선택하고 Compiler에서는 Arduino 응용 센서 제품들을 사용할 수 있도록 Arduino AVR(Proteus)가 아닌 ② [Arduino AVR]을 선택한다. Proteus 8.17 버전 이후 최근 버전의 Arduino가 이미 설치되었다면 [Arduino AVR IDE 2]를 선택한다. 그리고 ③번과 같이 체크상자를 선택한다.

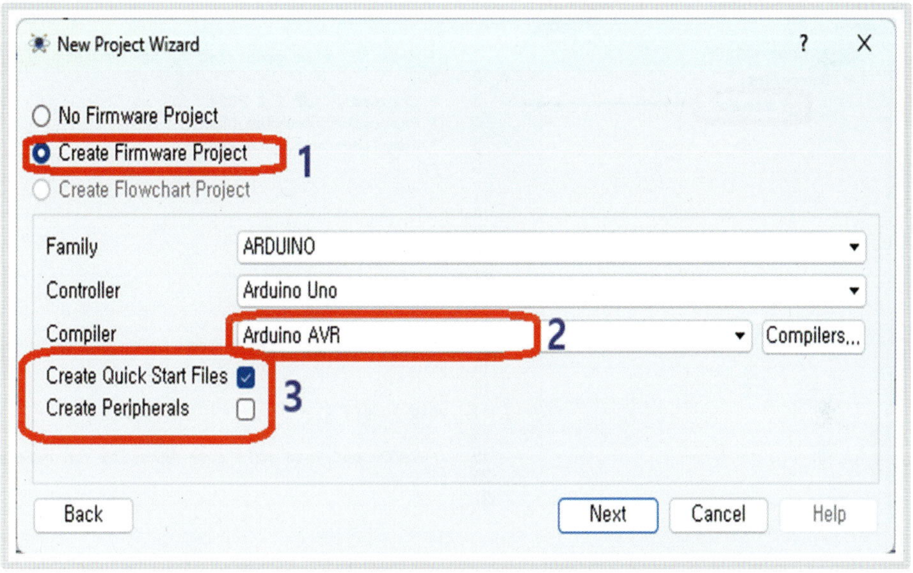

| 그림 1-35 | 마이크로컨트롤러 선택 다이얼로그 상자

그리고 [Create Quick Start Files] 옵션을 선택하면, 프로젝트가 생성되면서 “main.ino” 소스 시작 파일이 자동으로 생성되어 사용자가 프로그래밍을 코딩하는데 편리하게 사용할 수 있도록 구성되어 있다. [Create Peripherals] 옵션은 Proteus에서 구현해 놓은 별도의 기능을 사용할 수 있도록 하는 옵션인데 체크하지 않아도

사용에는 제한이 없으므로 이를 권장한다. 이어서 Arduino [Next] 버튼을 누르고 이어 [Finish] 버튼을 누르면 프로젝트 생성을 위한 작업을 마치게 된다.

이러한 과정을 통해 프로젝트 생성을 마치면 통합환경이 초기 코드를 자동으로 생성해 준다. 이때 그림 1-36과 같이 2개의 탭이 보일 것이다. 각각의 탭을 눌러 보면 하나는 [Schematic Capture] 회로도를 작성하는 전자 용지 화면이고, 다른 하나는 [Source Code]로 프로그래밍을 코드하는 입력 화면이다.

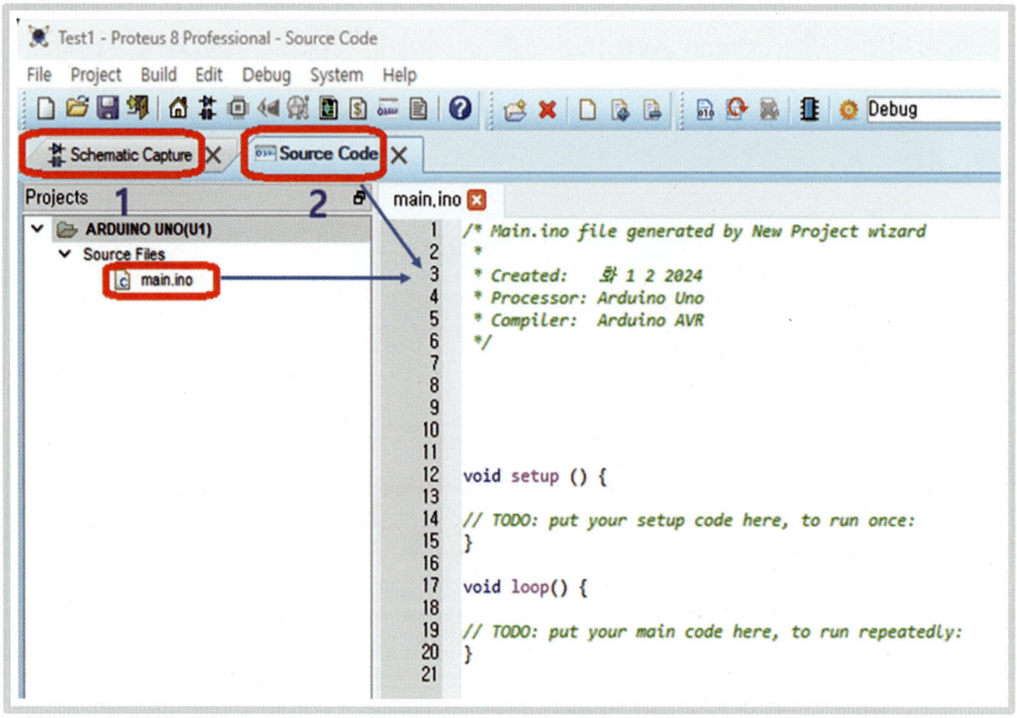

| 그림 1-36 | 개발화면 선택

이어서 프로젝트를 만드는 두 번째 방법인 [From Development Board]를 이용하는 과정을 기술한다. 그림 1-37과 같이 ①번을 먼저 선택하고 이어서 Development Board 리스트에서 [Arduino 328]을 선택한다. 그리고 [프로젝트명]을 입력한 후에 마친다.

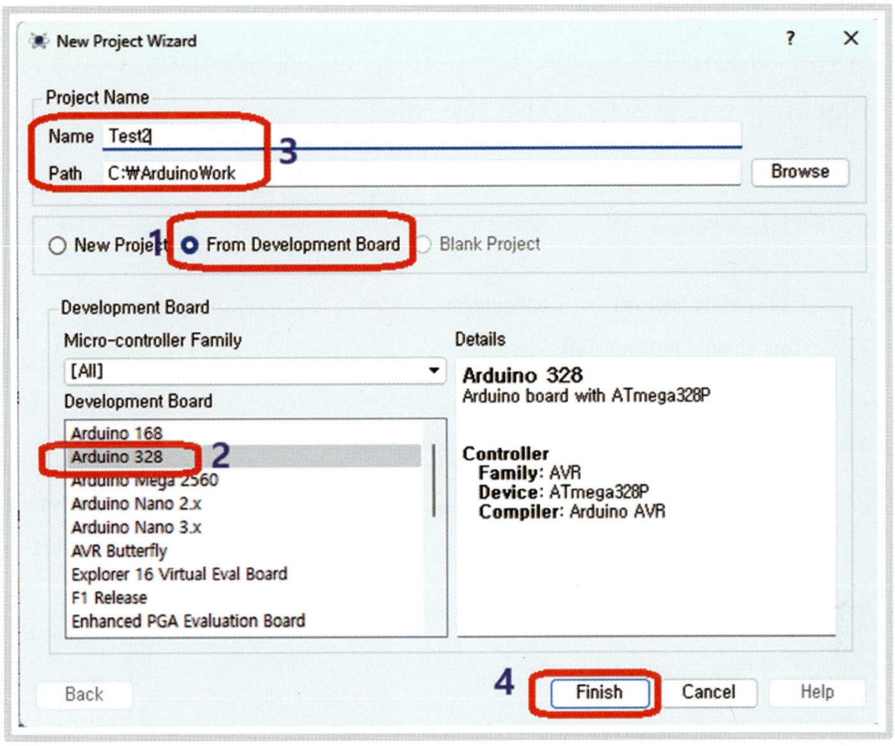

| 그림 1-37 | Arduino 직접 선택 화면

[From Development Board]를 이용하여 프로젝트를 만든 후 코딩을 실행하면 delay 명령 등에서 Warning 신호가 나타날 것이다. 이는 실제 시뮬레이션 동작에는 문제가 없다. 만약 Warning 신호가 보기 귀찮으면 [Source Code] 탭에서 메뉴[Project－Project Settings]를 클릭하고 그림 1-38처럼 [Options－ CC － O]의 Optimization 수준을 1 이상으로 설정하면 해결된다. 이는 첫 번째 방법인 [New Project]로 시작하는 경우 Compiler 선택 시에 Arduino AVR(Proteus)을 선택하면 나타나지 않으나, 센서 제품들이 제공하는 기능을 활용하기 위하여 [Arduino AVR]을 선택하면 이 Warning 신호가 나타나며 앞에서 언급한 방법으로 해결할 수 있다.

[New Project]를 선택하는 방법과 [From Development Board]를 이용한 프로젝트 생성 방법의 다른 점 중에 하나는 [New Project]를 이용할 때 주어진 폴더에서 새 프로젝트로 기존 프로젝트를 덮어쓰기가 되어 파일 관리가 불편하다. 그러나 [From

Development Board]를 이용하는 경우 지정된 폴더 위치에서 프로젝트명으로 새로운 폴더가 생성되어 프로젝트가 저장된다. 본서에서는 [From Development Board]를 이용하여 프로젝트를 생성하기로 한다.

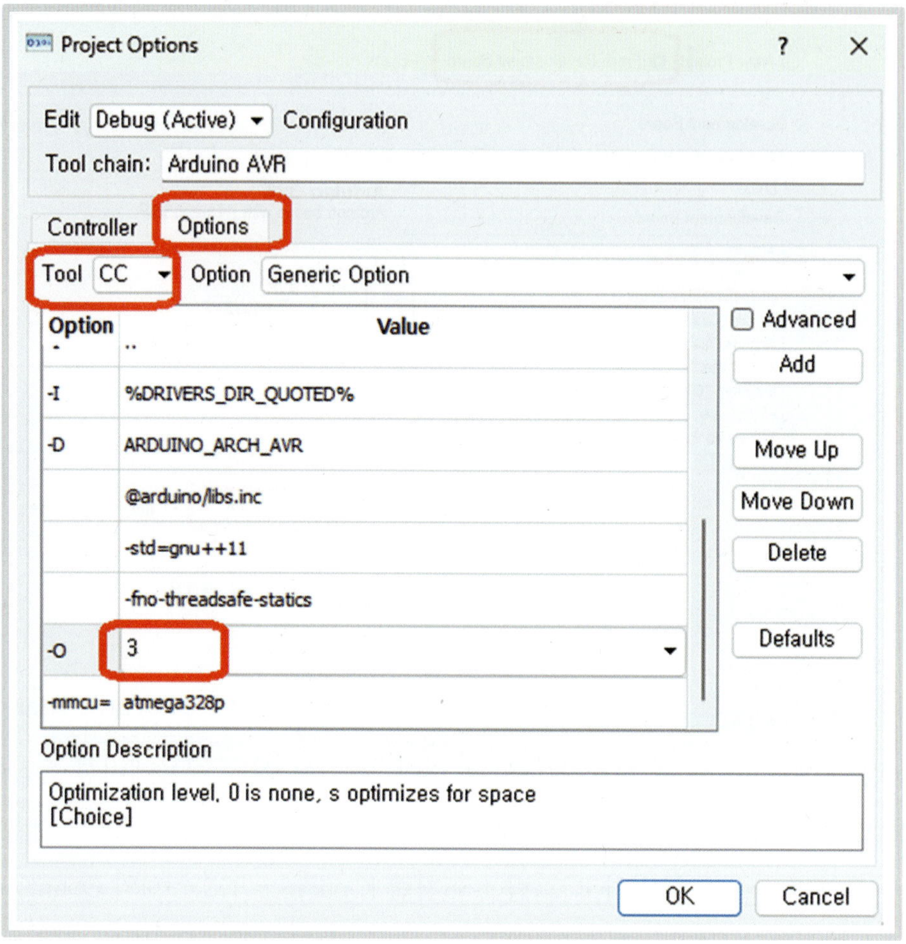

| 그림 1-38 | 컴파일 Optimization 수준 선택

2) 프로젝트 실행

1-1절에서 살펴보았듯이 Arduino 보드의 핀 13번에 LED가 기본적으로 연결되어 있다. 그림 1-39과 같이 Schematic Capture에서 자동으로 생성한 Arduino 보드에서 13번 핀에 연결된 LED를 동작시키는 프로그램을 작성해 보자.

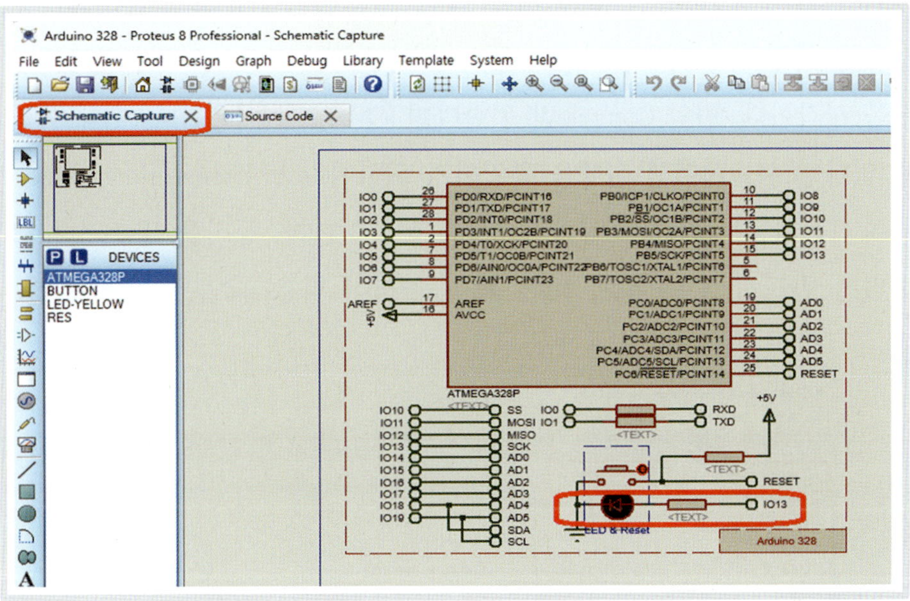

| 그림 1-39 | 핀 13번 LED 점등 기본 회로

[Source Code] 입력 탭에서 500[ms] 간격으로 LED를 깜박이게 하는 프로그램을 다음과 같이 입력한다.

```
//Arduino 예제 : LED 출력

void setup ()
{
    pinMode(13, OUTPUT);
}

void loop()
{
    digitalWrite(13, HIGH); delay(500);
    digitalWrite(13, LOW); delay(500);
}
```

그림 1-40과 같이 ②번 play 버튼 ▶을 클릭하거나 [F12]을 누르면 방금 작성한 코드를 실행하기 위해 Compile 동작이 이루어지고 Compile이 완료되면 시뮬레이션을 시작한다. 만약 Compile만 원한다면 [Ctrl+F7]를 이용한다. 이때 에러가 화면처럼 없다면 시뮬레이션 실행을 확인하기 위하여 ③번 [Schematic Capture] 탭을 클릭하여 LED가 정상적으로 깜박거리는지를 확인한다. 동작을 멈추거나 코드를 변경하려면 반드시 ④번 정지 버튼 ■을 눌러야 다음 작업을 이어서 할 수 있다.

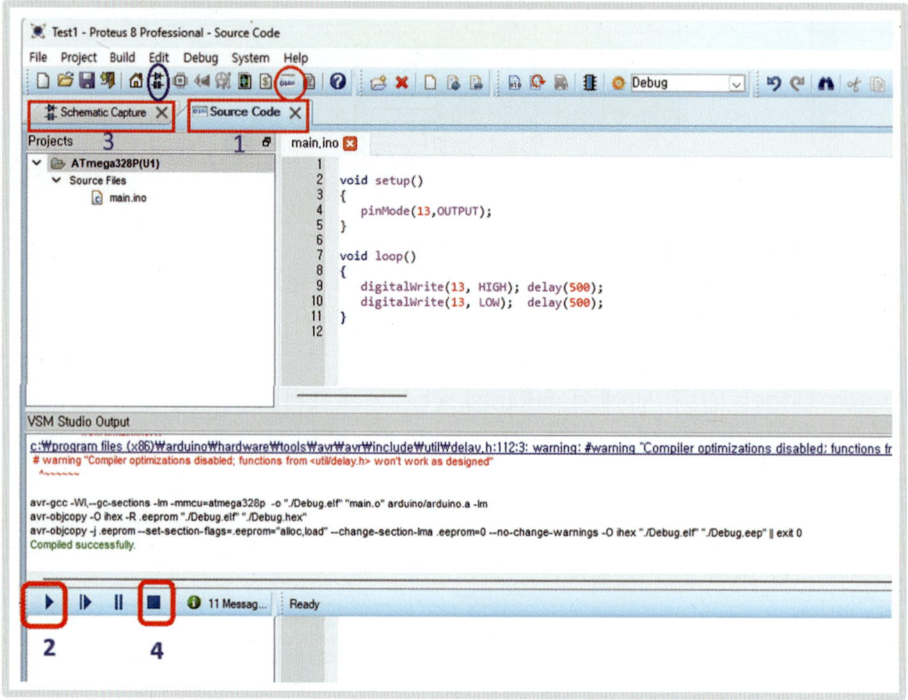

| 그림 1-40 | Proteus VSM Studio 실행하기

참고로 Proteus VSM Studio를 사용 중에 [Schematic Capture] 회로 화면이나 [Source Code] 입력창이 사라졌다면 그림 1-40에서 ①번과 ③번에 각각 연결된 각 탭 아이콘을 누르면 다시 생성된다.

만약 시뮬레이션이 실행되지 않으면 에러가 있거나 Arduino 프로그램이 연결되어 있지 않은 경우이다. 에러가 있는 경우에는 Arduino VSM Studio 하단에 그림 1-41과 같이 에러가 표시된다. 그리고 에러로 표시된 줄을 마우스로 클릭하면 해당 위치코드가 노란색으로 지정된다. 에러 정보를 읽어보고 에러를 수정하면 된다. 에러 정보 창은 마우스로 창 분리자(Seperator)에 마우스를 올려놓고 표시가 나타나면 정보 창의 상단을 끌어 올릴 수 있다.

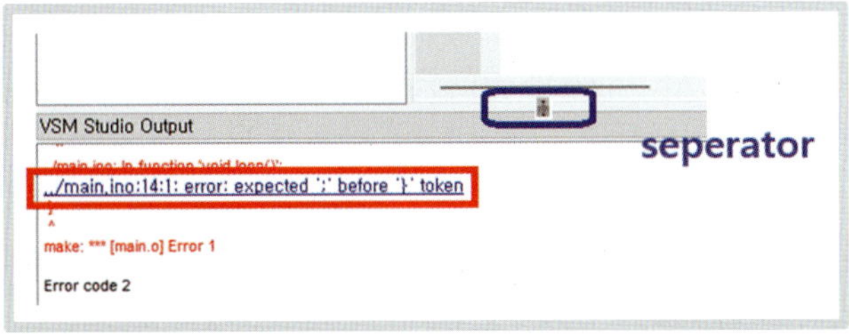

| 그림 1-41 | VSM Studio Output 에러 표시

> ☞ 에러가 없음에도 불구하고 실행이 안되는 경우는 [Source Code] 입력 탭에서 메뉴 [System - Compilers Configuration]을 클릭하고 [Arduino AVR]이 [Yes]로 Installed 상태인지 확인한다. 만약 설치가 안 된 경우라면 [Download] 상태로 표시될 것이다. 이 버튼을 눌러 Arduino를 설치하고 하단 [Check]을 클릭하고 실행하면 정상적으로 동작할 것이다.

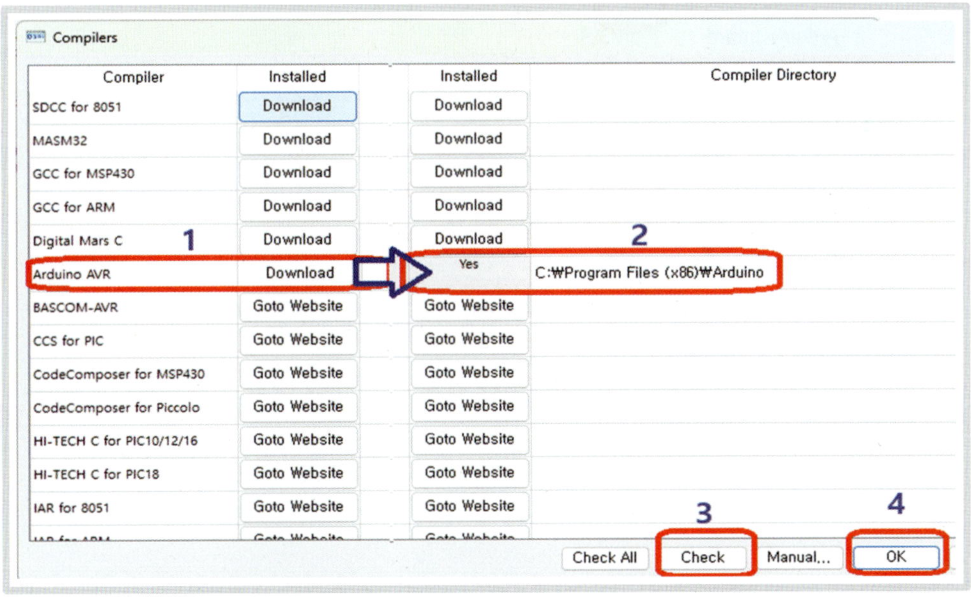

| 그림 1-42 | VSM Studio와 Arduino 연결

3) 업로드

Proteus VMS Studio를 이용하여 시뮬레이션을 마쳤을 때 실제 Arduino에 시뮬레이션한 결과를 실제의 Arduino에 업로드하는 방법을 소개한다. 먼저 실제의 Arduino를 USB를 이용하여 PC에 연결한다. [Source Code] 입력 탭에서 [Project – Project Settings]를 클릭하면 다음과 같이 업로드 대상인 Hex 파일을 생성하도록 하는 환경설정 창이 생성된다. Arduino와 연결된 통신 포트를 확인하고 그림 1-43처럼 설정한다.

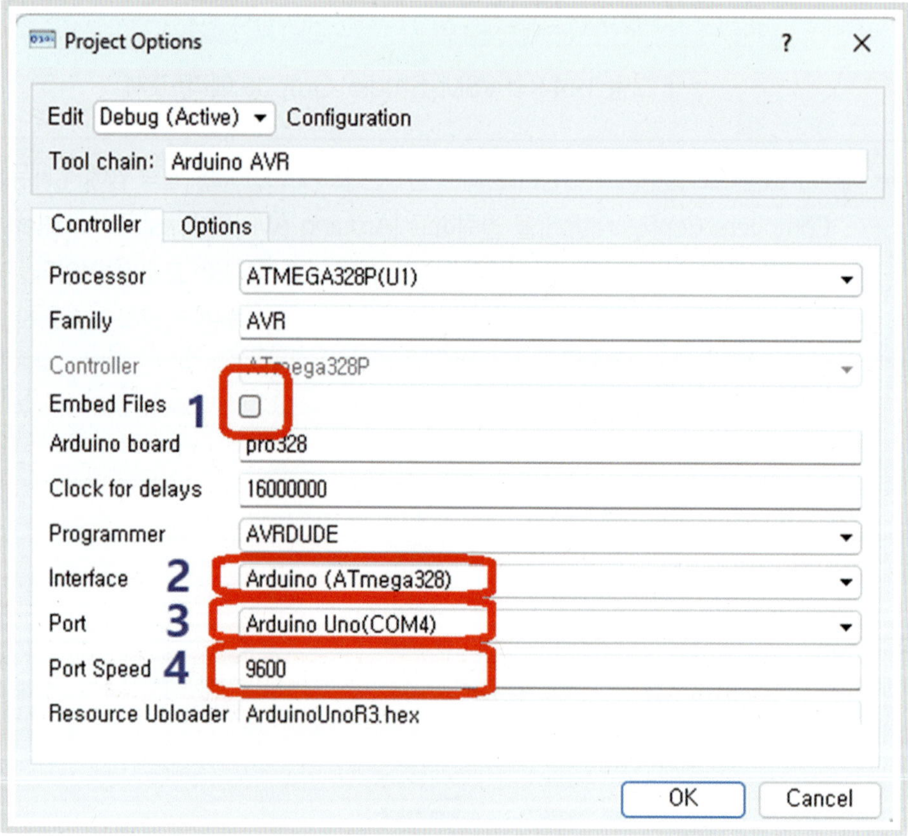

| 그림 1-43 | Firmware Upload 환경설정

②번은 Arduino Uno를 선택하여도 좋다. [OK] 버튼을 누르고 다시 한 번 [Ctrl+F7]을 이용하여 프로그램을 Compile한다. Compile이 성공적으로 완료되었으면 멈춤 버

튼을 누른다. 메뉴에서 그림 1-44와 같이 [Build－Upload]를 클릭하여 실제의 Arduino에 실행 파일을 업로드할 수 있다.

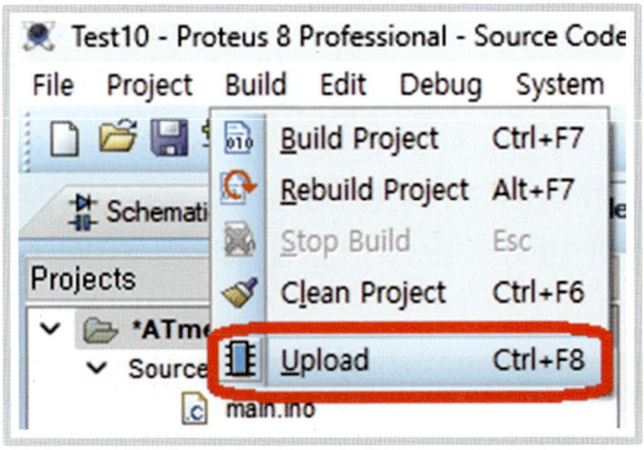

| 그림 1-44 | Firmware Upload 실행

실제의 Arduino 마이크로컨트롤러에 업로드가 완료되면 그림 1-45와 같이 완료되었음을 알리는 메시지가 보인다. 실제의 Arduino에서 시뮬레이션 결과와 마찬가지로 정상적으로 동작하는지 확인해 보자.

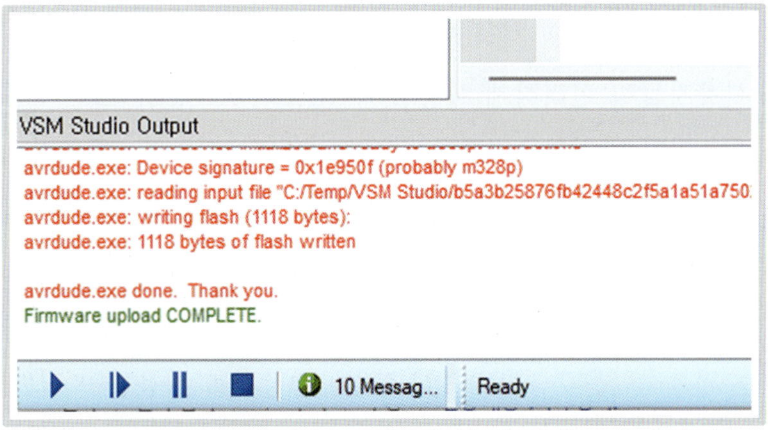

| 그림 1-45 | Firmware Upload 완료 메시지

1.3 Arduino 핀 기능

학습목표

- Arduino에서 이용할 수 있는 핀의 기능을 이해할 수 있다.
- Arduino Uno와 ATmega328 간에 핀 mapping을 설명할 수 있다.
- Arduino를 이용하여 1[bit]와 1[byte] 디지털 데이터를 처리할 수 있다.

학습내용

- Arduino 핀 기능
- Arduino Uno와 ATmega328 핀 매핑
- Arduino를 디지털 데이터 입출력

본서는 Arduino 제품 중에서 Uno 제품을 중심으로 기술한다. Arduino Uno는 Microchips 사의 ATmega 시리즈 중 그림 1-33에서 보인 바와 같이 이탈리아 반지 교수가 사용자들이 편리하게 사용할 수 있도록 ATmega 328 마이크로프로세서를 기본으로 고안한 마이크로컨트롤러 모듈이다. Arduino는 기본적으로 USB를 통해 5[V]의 직류전원을 공급받아 동작하며, 각 포트로부터 출력할 수 있는 전류는 40[mA]까지 출력된다. 만약 이 이상의 전류를 요구하는 부하는 드라이버 회로를 별도로 구현하여 사용하여야 한다. 시뮬레이션을 마치고 별도 전원으로 구동하기 위해서는 외부전원은 7~12[VDC]의 전원공급장치를 사용하여 전원을 공급하면 된다. ATmega328을 Arduino Uno로 매핑한 핀의 구성[3)]은 그림 1-46과 같다.

---

3) 출처 : https://www.arduino.cc/

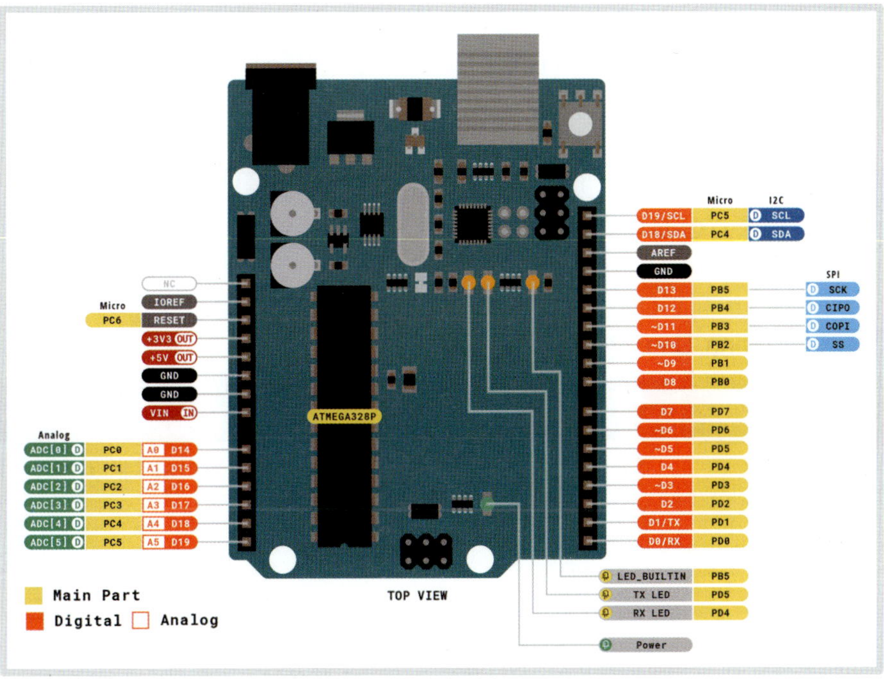

| 그림 1-46 | Arduino Uno 핀 매핑

Proteus VME에서는 핀 이름인 D0..D19 핀을 IO0..IO19 핀으로 표기하고 있으며, A0..A5 핀을 AD0..AD5 핀으로 표기하고 있어서 본서에서는 두 가지를 혼용으로 사용한다.

ATmega 마이크로프로세서는 일반적으로 1[byte, 8bit] 단위로 병렬로 디지털 포트를 제어하는데 Arduino는 1[bit] 단위로 디지털 핀 1개씩 제어하도록 고안되어 있다. 따라서 필요에 따라서는 Arduino를 1[byte] 단위로 포트에서 입출력 제어하여도 좋다. 1[byte] 단위로 포트를 제어하면 병렬 제어이기 때문에 보다 빠른 속도로 제어할 수 있으며 1[bit] 단위로 핀을 제어하면 동시 동작하는 핀 간에 간섭을 고려하지 않아도 되므로 사용하기 쉬운 장점이 있다.

전원 핀을 제외한 Arduino의 모든 핀은 digital 데이터(0, 1)를 입출력할 수 있는 기능으로 동작하며, 이 기능에 핀마다 특정 기능을 추가로 수행하도록 설계된 마이크로컨트롤러이다. 예를 들어, Arduino A0..A5번 핀은 기본적으로 digital 데이터를 입출력할 수 있는 기능을 가졌지만, Analog 신호 입력용으로도 사용할 수 있다. 또한 물결(~) 표시가 있는 ~D3, ~D5, ~D6, ~D9, ~D10, ~D11 핀은 digital 데이터 입출력 기능뿐만 아니라 PWM 출력용으로 사용할 수 있다. 여기서 PWM에 대해서는 3장에서 다룰 예정이다. 지금까지 설명한 ATmega328을 Arduino Uno로 매핑한 핀의 구성을 요약하면 표 1-1과 같다.

표 1-1 Arduino Uno 각 핀의 기본 기능

ATmega328	Arduino Uno	설 명
PORTB 0 .. 5	D8 .. D13	8 .. 13 : digital 데이터 입출력
	~D9, ~D10, ~D11	9,10,11 : PWM 출력
PORTC 0 .. 5	D14 .. D19	14 .. 19 : digital 데이터 입출력
	A0 .. A5	아날로그 신호 입력
	D18(SDA), D19(SCL)	I2C 통신 입출력
PORTD 0 .. 7	D0 .. D7	0 .. 7 : digital 데이터 입출력
	~D3, ~D5, ~D6	3,5,6 : PWM 신호 출력
	D2, D3	외부 인터럽트 입력
	D0(RX), D1(TX)	직렬통신 송수신, 기본적으로 모니터와 연결되어 사용

먼저 Arduino의 특정 핀을 사용하여 bit 단위로 digital 데이터를 입출력하기 위한 방법을 기술한다. digital 데이터는 프로그램으로 1과 0으로 표현하지만, 하드웨어 포트에서는 5[V]와 0[V]가 출력된다는 점을 기억해 두어야 한다. 이때 특정 핀에 digital 데이터를 입출력하는 데 사용하려면 반드시 사용하는 핀을 입력으로 사용할 것인지, 출력으로 사용할 것인지를 미리 선언하여야 하며 프로그램 중간에 입출력 선언을 변경하여 사용할 수도 있다. digital 데이터 입출력 이외에 데이터 처리 방법은 해당 단원에서 설명한다. 먼저 개별 핀 단위로 1bit씩 digital로 선언하여 사용하는 방법을 정리하면 다음과 같다.

ex 1-1 1개 pin에 digital 값을 입출력하는 방법 1(bit 단위)

■ 입출력 선언: pinMode(pin, mode);

- pin : 핀 번호(0 ~ 19번), 14~19번은 A0~A7 표기로도 사용 가능
- mode
  - INPUT : 입력으로 사용 선언
  - OUTPUT : 출력으로 사용 선언
  - INPUT_PULL UP : Arduino 내부 pull up 저항을 사용하는 경우
    외부에 어떤 것도 연결이 없으면 "High",
    외부가 접지와 연결될 때는 "Low"가 입력됨.

■ 데이터 입력

변수명=digitalRead(pin); //지정한 pin에서 데이터를 읽어서 변수에 저장

■ 데이터 출력: digitalWrite(pin, 데이터);

```
[example]
void setup()
{
  pinMode(13, OUTPUT);     // pin 13을 출력으로 설정
  pinMode(A0, OUTPUT);     // pin 14(A0)를 출력으로 설정
}

void loop()
{
  digitalWrite(13, HIGH);   // pin 13에 1( 5[V] ) 출력
  delay(500);               // 500[ms] 대기
  digitalWrite(13, LOW);    // pin 13에 0( 0[V] ) 출력
  delay(500);               // 500[ms] 대기
  digitalWrite(A0, LOW);    //  pin 14(A0)에 0 출력
}
```

다음은 1[byte](8bit) 단위의 병렬 방식으로 digital 데이터를 한꺼번에 처리하는 방법을 소개한다.

ex 1-2 여러 개 pin에 digital 데이터를 병렬로 입출력하는 방법 1(byte 단위)

■ 입출력 선언: DDRport = mode;

- port : B, C, D Port //Arduino Uno는 B,C,D 포트가 있음.
- mode
  - 0 : 입력으로 사용
  - 1 : 출력으로 사용

■ 데이터 입력

변수명=PINport; //지정한 port에서 데이터를 읽어서 저장

■ 데이터 출력

PORTport = value; //port로 8bit 데이터 출력

```
[example]
void setup()
{
  DDRB=0x3E;      // 0011 1110 <== 0x3E
                  //  B7,B6 input, B5..B1 output, B0 input 모드
  PORTB=0xC1;    //  1100 0001
                 //  입력핀에 Arduino 내부 pull up 저항을 사용하는 경우
                 //  입력핀 bufffer에 초깃값으로 High(1)를 출력하여야 함.

  DDRD=0xf0;     //  상위 4bit 출력모드, 하위 4bit 입력모드
  PORTD=0x0f     //  입력핀 초깃값 설정
}
 // 다음 쪽 계속
```

```
void loop()
{
  PORTB=0x3E;    delay(500);    // 출력핀 모두 1 출력
  PORTB=0x00;    delay(500);    // 출력핀 모두 0 출력
  byte nValue = PINB;           // Port B로부터 데이터 입력하여 저장
}
```

2

C언어 요약

2 C언어 요약

1972년, 미국의 벨 연구소에서는 컴퓨터 운영체계의 하나인 UNIX를 개발하면서 다른 기종들의 컴퓨터와 호환성 측면에서 큰 불편을 해소하고자 시스템 프로그래머인 Dennis Ritchie가 C언어를 개발하였다. 리치는 하버드 대학교 물리학과에서 응용수학을 전공하고, 1967년부터는 AT&T가 설립한 '벨 연구소'에서 근무하였다. 벨 연구소에서 리치와 그의 동료인 켄 톰슨, 더글라스 매킬로이가 컴퓨터 범용 운영체제인 유닉스를 개발하고 있었는데, 운영체제인 유닉스가 서로 다른 하드웨어 시스템에서도 별다른 코드 수정 없이 동작하기를 원했다. 이는 당시 프로그램 대부분은 특정 하드웨어에서만 작동할 수 있도록 설계되어 있었기 때문이다. 이 때문에 사용자는 늘 새로운 플랫폼이 등장하면 새롭게 프로그램으로 구현하는 데 많은 시간을 할애하여야만 했다. 리치가 C언어를 개발한 것도 바로 이 때문이다. 이후 C언어는 하드웨어를 직접 제어할 수 있는 장점 등의 이유로 사용자가 급속히 증가하였다.

C언어는 순서대로 동작하는 절차적 프로그래밍인데, 프로그램 코드가 복잡해질수록 오류를 찾아내기 힘든 한계를 극복하기 위하여 덴마크 컴퓨터 과학자 비야네 스트룹(Bjarne Stroustrup)은 C언어에서 객체의 개념으로 사용되고 있는 구조체를 확장하여 class라는 새로운 설계도 개념을 도입하였다. 이 개념을 토대로 class에서

실제 실행하는 코드를 생성하는 객체 지향형 프로그램인 C++ 언어로 발전한다.

본서에서 다루는 내용은 C언어 수준에서 대부분 문제를 해결할 수 있어서 기본적으로는 C언어를 사용하지만, Arduino IDE가 C++ 언어를 상당부분 지원하므로 필요에 따라서는 C++ 문법을 적용하여 더욱 손쉽게 활용할 수 있도록 하였다. 우리가 사용하는 C언어의 특징을 요약하면 다음과 같은 장점을 가지고 있다.

① 프로그램 명령이 순서에 따라 절차적으로 동작하며 구조체와 함수 등을 포함하고 있어서 프로그램을 구현하기가 수월하다.

② 하드웨어를 직접 제어할 수 있는 강력한 언어이며, C++, 윈도프로그램 등 고급 프로그램을 구현하기 위하여 절차적으로 동작하는 프로그램 코드로 사용된다.

③ C언어는 Window, Linux 등 거의 모든 운영체제(OS)의 환경으로부터 영향을 받지 않고 자유롭게 사용할 수 있으며, 센서 데이터 취득, 자율주행 미니카와 로봇 제어 등 Arduino와 같은 마이크로컨트롤러의 Firmware 구현을 위한 프로그램 코드를 작성하고 실행하는데 특별한 변형 없이 사용할 수 있다.

④ 메모리를 효율적으로 관리하고 메모리에 저장된 데이터를 메모리 주소만으로도 수월하게 접근할 수 있도록 하는 포인터 기능이 있어서 대규모 데이터 처리를 위한 메모리 관리에 유용하다.

2.1 C언어 기본요소

학습목표

- C언어 기본 구성 및 기본 구성을 요약할 수 있다.
- C언어 자료형 변수의 사용 bit 수와 범위를 표현할 수 있다.
- 1[byte] 데이터 처리를 위해 16진수를 이용할 수 있다.
- Proteus Virtual Terminal에 각종 데이터를 출력하는 프로그램을 구현할 수 있다.
- 많이 사용하는 인터페이스 회로를 불러와 사용하기 위하여 Project clip으로 저장할 수 있다.
- 문자열을 변수를 다루기 위한 4가지 방법을 설명하고 응용할 수 있다.
- 산술, 대입 연산자를 이용하여 데이터를 연산하고 저장할 수 있다.
- 관계 연산의 기능을 설명할 수 있다.
- Shift 연산자를 이용하여 데이터를 이동시킬 수 있다.
- bit 데이터끼리 AND, OR, XOR 연산을 이용하여 데이터를 masking 처리할 수 있다.
- Complementary 연산자(~)를 이용하여 데이터를 반전시킬 수 있다.
- 대입 연산자와 할당 연산자를 합성하여 표현할 수 있다.
- 증감 연산자의 선후 차이를 설명할 수 있다.

학습내용

- C언어 기본 구성과 문법
- C언어 자료형 선언의 의미와 메모리 할당
- 1[byte] 데이터와 16진수 변환
- 화면 출력 Serial 맴버함수 문법
- Project clip 저장 및 불러오기
- 문자열 변수의 처리 코드 방식과 사용법
- 산술, 대입, 관계 연산자 기능
- Shift 연산자의 하드웨어 적용
- 데이터 처리를 위한 masking 기법
- Complementary 연산자(~)
- 대입 할당 연산자 표현
- 증감 연산자 표현과 데이터 변환 순서

❶ 기본 구성

C 프로그램의 기본 구성은 다음과 같다.

① C언어에서 main( ) 함수가 반드시 하나는 있어야 하며, main( ) 함수에서 프로그램은 순서대로 절차에 따라 실행이 시작된다. 그런데 Arduino IDE에서는 setup()이 먼저 실행되고 main() 함수 대신에 loop( ) 함수가 무한 반복하여 실행된다.

② C언어는 기본적으로 함수들의 집합이다. 함수는 프로그램에서 함수명 다음에 ( )로 시작된다. 예를 들어, main(), loop(), setup(), sum(int a, int b) 등과 같은 형식이며 모든 함수에서 프로그램은 블록 '{' 에서 기능을 시작하고 블록 '}'에 이르면 메모리에서 해제되어 그 기능을 마친다.

③ C언어에서는 반드시 프로그램의 맨 처음 부분에 #include 헤더파일을 넣어야 한다. 단, Arduino 스케치에서 동작하는 기본 프로그램은 #include 헤더파일을 내재하고 있어서 특수한 경우에만 추가한다.

④ 각각의 명령어는 ; 로 구분되며, 편집 창에서 한 줄에 여러 개의 명령어를 ; 으로 구분하여 사용해도 좋다. 다만, 다음의 문장 마지막에는 ; 을 붙이지 않는다.
- 문장 앞에 #이 붙는 경우(#include, #define)
- 함수명 뒤 (예 : main())

이상의 원칙을 고려한 C언어 기본 프로그램의 구성은 다음과 같다.

//C, C++언어 기본 틀 | Keypoint

```
#include <stdio.h>
int main( )       //main 함수, 함수 결과를 반환되는 데이터 형식 int
{                 // 프로그램의 시작 부분
        :
  프로그램 명령어
        :
  return 0;      // 반환되는 데이터
}                 // 프로그램의 마지막 부분
```

Arduino IDE에서는 앞서 언급한 바와 같이 main() 함수 대신에 프로그램 초기에 무조건 동작하는 setup() 함수와 무한히 반복하는 loop() 함수가 자동으로 생성되어 프로그램의 기본 단위를 구성한다.

//Arduino 통합환경에서 C 기본 틀 | Keypoint

```
void setup()
{
  // put your setup code here, to run once:
  초기 조건 설정 프로그램 코딩
}

void loop()
{
  // put your main code here, to run repeatedly:
  무한 반복 프로그램 코딩(명령어)
    :
    :
}
```

한편 C언어 프로그램의 명령문을 작성할 때는 다음과 같은 문자를 사용한다.

① 숫자 : 0 1 2 3 4 5 6 7 8 9

② 영문자 : a b c d … z, A B C D .... Z

③ 특수 문자 : + - * / = _ ( ) [ ] & % ! ^ | 〈 〉 # . , ' " ₩ ~ ? : ; $

④ 기타 : 빈칸(blank)

이때 C, C++ 프로그램에서 대문자와 소문자는 전혀 별개의 문자로 취급되며, 일반적으로 소문자를 많이 사용하는데, 최근 C++ 이상의 고급 언어에서는 사용자가 만드는 함수나 변수는 첫 문자는 대문자로 하고 나머지 문자는 소문자로 하며, 새로운 단어를 연결할 때 C언어에서는 전통적으로 _ 를 많이 사용하였는데, 고급편을 공부할수록 _ 보다는 문자열과 문자열의 연결을 대문자로 연결하여 사용하는 경향이 늘어나고 있다.

```
Arduino Type → ArduinoType
function_name() → FunctionName()
```

이상에서 언급한 C언어의 기본 문법을 정리하면 표 2-1과 같다.

표 2-1 C언어 기본문법 정리

문법 기본	설 명
#include 〈 ****.h〉	컴파일러가 기본으로 제공하는 header file 사용 선언
#include " ****.h"	사용자가 정의하여 생성한 header file 사용 선언
#define A B	A를 B로 할당 (예 #define A 10 〈-- A를 10으로 할당)
typedef LongCommand a;	긴 명령어 LongCommand를 a로 약칭하여 사용
Name( )	Name이라는 이름을 가진 함수
{	명령어(함수 포함)가 영향을 미치는 범위 시작 블록 선언된 변수 등에 대하여 메모리에 할당 시작

문법 기본	설 명
}	명령어의 영향이 미치는 범위의 끝 블록 선언된 변수 등에 대하여 메모리에서 해제
// 명령어 또는 설명	// 이하는 실행하지 않음, 설명문
/* 명령어 또는 설명 */	/* */사이에 명령문은 실행하지 않음, 설명문
;	1개의 명령이 완료되었음을 표시 단, #명령어, 함수명() 다음은 예외
\n	printf 명령에서 출력 결과가 다음 줄에 표시

② 자료형

C언어에서 숫자나 문자의 형식을 지정하는 자료형은 변수(variables)와 상수(constants)가 기본적으로 사용된다. 변수는 데이터를 지정된 메모리에 저장하여 사용하다가 저장된 데이터를 필요에 따라 바꾸어 저장할 수 있는 자료형을 말한다. 상수는 한 번 메모리에 기억시킨 데이터를 저장하면 그 데이터를 바꿀 수 없는 자료형이다. 변수를 사용하기 위해서는 데이터가 정수인지 혹은 실수, 문자인지 등 그 형태를 구분하고 필요한 메모리 공간을 확보하여야 하는데 이를 자료형 선언이라고 한다.

이처럼 변수는 메모리에서 임의의 공간을 차지하며 해당 위치에 데이터를 저장하기도 하고, 그 위치에서 데이터를 가져오기도 한다. 이때 데이터가 저장된 메모리의 위치를 메모리 주소라고 부르며, 변수를 선언하는 것, 즉 독립적인 고유의 메모리 공간을 확보하는 작용을 인스턴스(Instance)라고 부른다. 자료형을 선언하는 기본 형식은 다음과 같다.

```
자료형  변수명1, 변수명2, 변수명3, .......;
예)
int nData, nNumber;
```

자료형은 앞서 언급한 바와 같이 메모리 크기와 관련된다. 변수명은 사용자가 이해하기 좋게 이름을 정하면 된다. 그런데 변숫값이 정수일 때에는 일반적으로 이름 앞에 n자를 붙이고, 실수일 때에는 f, 문자일 경우에는 ch, 문자열일 때에는 str을 붙여 변수명만 보고도 어떤 자료형으로 선언되었는지를 쉽게 이해할 수 있도록 선언한다. 이를 헝가리안 표기법이라고 부른다. 상기의 예에서 int는 [integer]라고 읽으며, Arduino와 같은 마이크로컨트롤러에서는 16bit, 윈도 응용 프로그램에서는 32bit 변수를 선언할 때 사용된다. 위 예에서 Arduino에서 최대 16비트 데이터를 갖는 변수를 2개 선언하였으며, 이를 선언하는 순간에 '컴퓨터의 주 메모리에 16×2=32비트(4Byte)의 메모리 공간을 확보'하라는 인스턴스(Instance) 명령이다.

변수를 여러 개 선언할 때는 예에서 보인 바와 같이 , 로 구분하며 마지막에는 변수 선언이 완료되었음을 알리기 위하여 ; 을 해주어야 한다. 다음의 예제는 변수를 선언하여 메모리를 확보한 후 메모리에 데이터를 저장하는 방법을 나타내었다. 이때 변수 선언과 동시에 초깃값을 넣을 수 있다.

```
예)
int nData, nNumber;              // 정수형 변수 2개 선언
nData=100;                       // nData 메모리 공간에 100 저장
nNumber=200;                     //  또는
int nValue=100, nData=200;       //  또는
int nValue(100), nData(200)      //C++ 에서 추가된 기능
```

프로그래밍 언어에서 주의하여야 할 개념은 = 의 의미는 '같다'는 의미가 아니고, '오른쪽에서 왼쪽으로 값을 대입하라'는 의미이다. 즉, nValue=100; 의 의미는 100을

nValue라는 기억장소에 대입하여 저장하라는 저장 명령이다.

자료형에서 16비트 데이터 등과 같이 비트 데이터값이란 2진수를 의미하며 10진수로 변환할 때는 다음과 같이 적용된다.

비트자리	....	11	10	9	8	7	6	5	4	3	2	1
10진수 값		1024	512	256	128	64	32	16	8	4	2	1

예

비트자리	....	11	10	9	8	7	6	5	4	3	2	1
10진수 값		1024	512	256	128	64	32	16	8	4	2	1
2진수 값		0	1	0	0	0	1	1	0	0	0	1

2진수 1000110001 = 십진수 512+32+16+1=561

반대로 10진수를 2진수로 변환하려면 거꾸로 개념을 이용하면 더욱 편리하다. 예를 들어, 211이라는 10진수를 상정해 보자. 211을 구현할 수 있는 비트 자리에서 10진수의 최댓값부터 찾으면 된다. 최댓값 128을 쉽게 찾을 수 있다. 128 위치의 비트 자리에 1을 표시하고, 이어서 211에서 선택한 128을 뺀 결과인 83으로부터 이상에서 언급한 과정을 다시 반복하여 최종 2진수를 구할 수 있다.

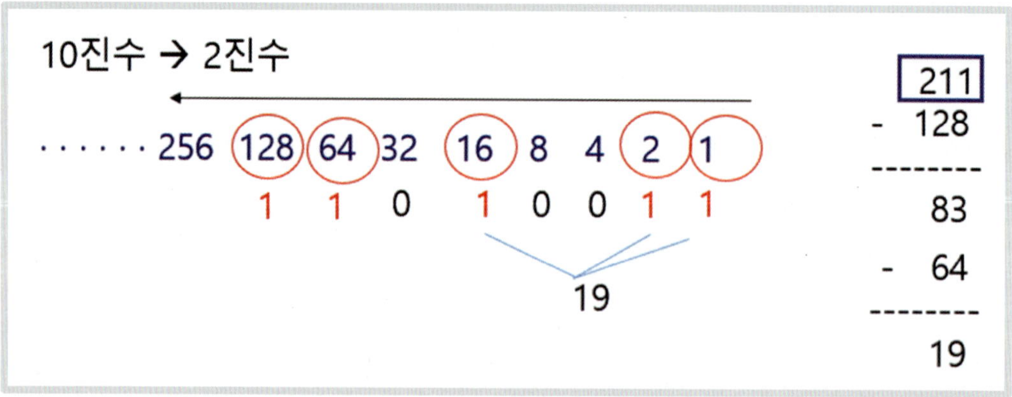

마이크로컨트롤러는 일반적으로 1[byte] 단위로 8개의 bit 데이터를 병렬로 동시에 처리하기 때문에 4자리씩 2개의 묶음으로 데이터를 처리하는 16진수를 사용하여 프로그램에서 주로 표기한다. 이는 4자리 비트의 2진수는 10진수로 0~15까지 표현할 수 있기 때문이다. 여기서 16진수는 0..9, a(10), b(11), c(12), d(13), e(14), f(15)까지 총 16개로 값을 표현한다. 다음의 예에서는 색깔 있는 부분을 1로 표현할 때 이를 16진수로 변환하는 과정을 나타낸 것이다, 16진수는 10진수와 구별하기 위하여 숫자 앞에 0×를 붙인다.

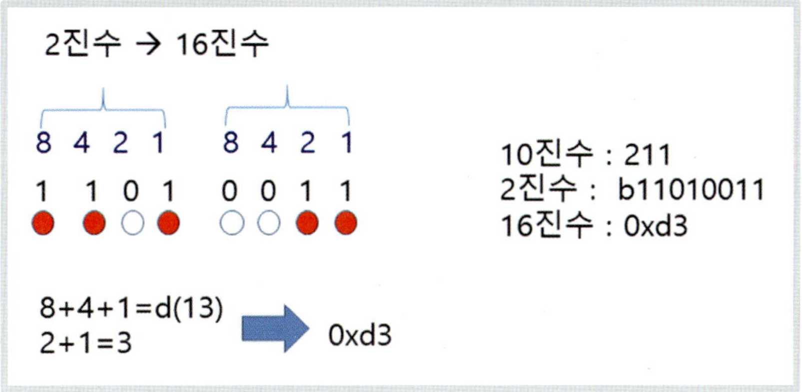

C언어를 사용하는 Arduino에서 데이터를 저장하는 변수의 지정 형태에 따라 저장되는 데이터의 범위는 다음과 같으며, 이 값을 벗어나면 데이터가 손실되어 전혀 다른 값이 저장된다. 표 2-2에 변수 지정 형태에 따른 사용 가능한 데이터의 범위를 표시하였다.

표 2-2 Arduino에서 변수의 데이터 저장 범위

종류	변수형	바이트	데이터 범위
정수형 또는 문자형	char	1	-128 ~ 127 또는 ASCII 문자
	unsigned char, uint8_t	1	0 ~ 255 또는 ASCII 문자
정수형	int	2	-32,768 ~ 32,767
	unsigned int, uint16_t	2	0 ~ 65,535
	long	4	-2,147,483,648 ~2,147,483,647
	unsigned long, uint32_t	4	0 ~ 4,294,967,295
실수형	float	4	$\pm 3.4 \cdot 10^{-38}$ ~ $\pm 3.4 \cdot 10^{+38}$
	double[4)]	8	$\pm 1.7 \cdot 10^{-308}$ ~ $\pm 1.7 \cdot 10^{+308}$

주) 문자형 데이터는 ASCII(American Standard Code for Information Interchange) 문자를 저장할 수 있을 뿐만 아니라, 8Bit 정숫값을 저장할 수 있다.

사용자에게 변수 선언을 좀 더 편히 사용하도록 Arduino sketch에서는 몇 가지 자료형이 추가되었다. 물론 Arduino 소프트웨어를 사용하는 Proteus에서도 동일하다. 이 추가된 변수 사용법은 다음과 같다.

표 2-3 Arduino sketch에서 추가된 변수 선언

명령	바이트	설명	사용 예
bool	1	참, 거짓	bool bRunning = false;
byte	1	= unsigned char, uint8_t	byte nNumber = 250;
word	2	= unsigned int, uint16_t	word nNumber = 30000;
String	글자수	문자열로 변환	String strOne = "Hello"; String strTwo = String(strOne+" HI ");

4) Arduino Uno ATmega 기반 보드에서 double은 4바이트를 차지하므로 float과 동일하며, Arduino Due에서만 64bit로 데이터 처리한다.

③ 데이터 화면 출력

일반적인 C, C++ 언어에서는 문자열이나 숫자 등 데이터를 화면에 출력하기 위해서는 printf() 함수나 cout과 같은 스트림 명령을 사용한다. Arduino sketch의 경우에는 **print()** 혹은 **println()** 함수를 사용한다. 물론 프로그램 내에서 LCD 출력 등 특수 용도로 사용할 때는 printf() 함수를 이용하는 예도 일부 있다. Arduino에서 처리된 데이터를 눈으로 확인하기 위하여 Arduino와 연결된 PC 모니터를 사용한다. 이 기능을 수행하는 명령이 Serial 객체 내에 있는 println() 함수이다.

```
• Serial.print(데이터, 형식);
• Serial.print("문자열 또는 형식");
• Serial.println(데이터, 형식);          //화면 출력 후 다음 줄로 커서 이동
• Serial.println("문자열 또는 형식");    //형식 : 10진수 DEC (생략가능), 16진수 HEX, 2진수 BIN
```

프로젝트201 예제를 수행하면서 화면에 숫자 혹은 문자를 출력함수의 기능을 익혀 보자. 먼저 예제 프로젝트를 수행하기 위하여 [New Project]를 선택하고 [From Development Board]에서 Arduino 328을 선택한다. 그리고 학교 수업에서 본 교재를 사용하는 경우 Proteus의 프로젝트명을 "학번Project순번"으로 생성하는 것을 권한다. 이어지는 예제는 "학번ProjectNumber"로 처리하면 과제 관리가 편리하기 때문이다(예 2021083Project201).

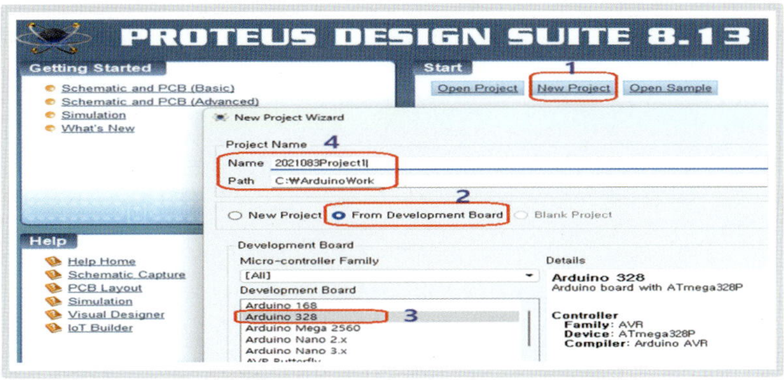

| 그림 2-1 | 실습용 프로젝트 생성

예제 Project201은 숫자를 증가시켜 가면서 Virtual Terminal 화면에 10진수값과 16진수값을 출력하는 프로그래밍 코드이다.

Project 201 화면 출력

```
int nData = 1;
void setup()
{
  Serial.begin(9600);
  Serial.print("decimal");
  Serial.print("    ");
  Serial.println("HEX");
}

void loop()
{
   Serial.print(nData);
   Serial.print("      0x");
   Serial.println(nData, HEX);
   delay(300);
   nData=nData+1;
}
```

Proejct201 예제에서 사용된 프로그램에 대하여 코드 line에 맞추어 각각의 명령에 대한 기능을 정리하면 다음과 같다.

4	Arduino와 Virtual Terminal 간에는 직렬통신으로 데이터가 전송되는데 데이터를 전송하는 속도를 지정하는 것이다. 본서에서는 9600[bps]를 사용하기로 한다. 9,600[bps]란 초당 9,600bit의 데이터에 대하여 9,600bit/8bit = 1,200byte, 즉 초당 1,200개의 숫자 혹은 문자를 전송할 수 있다는 의미이다.
5	"decimal"이라는 문자를 Virtual Terminal 전송하고
6	이어서 빈칸을 전송하라는 의미이다.
7	"HEX"라는 문자를 전송하고 커서를 다음 줄로 옮기라는 명령이다.
12	'nData 값을 모니터에 출력하라'는 명령이며
14	1부터 nData 값을 모니터에 출력하라는 명령이다.
15	300[ms] 기다렸다가 다음 명령을 수행하라는 명령이며, 이 프로그램은 300[ms] 간격으로 loop() 블록 전체를 반복적으로 실행하는 프로그램이다.

Project201 예제 프로그램 코드를 Arduino에 연결하여 시뮬레이션하기 위하여 [Schematic Capture] 입력 탭에서 그림 2-2와 같이 PC 모니터 기능을 수행하는 Virtual Terminal을 생성한다. Virtual Terminal을 생성하는 순서는 다음과 같다.

① 좌측 중앙 아이콘 [Virtual Instruments Mode] 클릭

② [VIRTUAL TERMINAL] 선택하고

③ 전자용지에 연필 모양의 마우스 클릭하여 Virtual Terminal 생성

④ 마우스를 [Selection Mode]로 바꾸고

⑤ 0,1번 통신단자와 연결된 핀 2개 복사

⑥ Virtual Terminal 주변에 붙여넣기 하고 결선, 이때 Arduino의 RXD(수신) 단자는 Virtual Terminal의 TXD (송신)단자에 연결하고, Arduino의 TXD 단자는 Virtual Terminal의 RXD 단자에 연결하여야 한다.

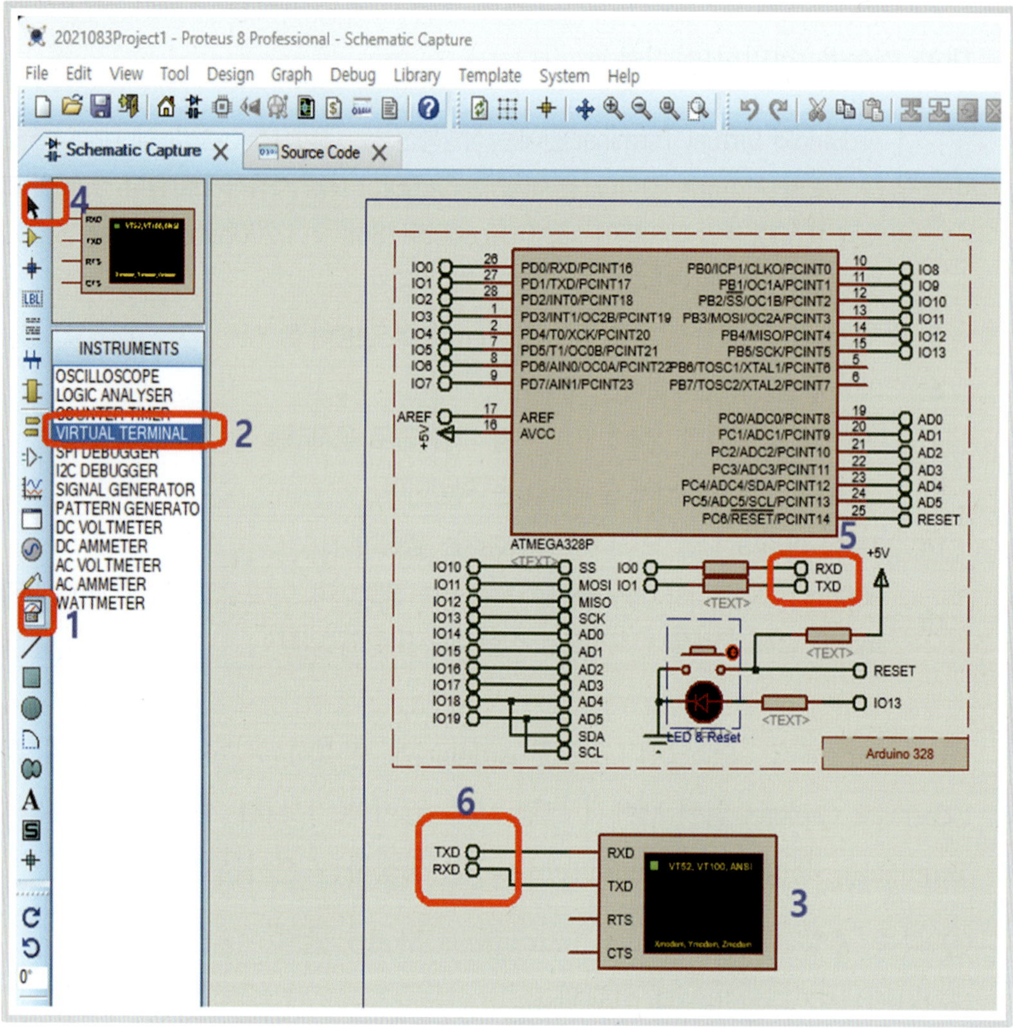

| 그림 2-2 | Project201 실습용 Schematic Capture

회로도가 완성되었으면 [Source Code] 입력 탭으로 변경하여 코드 입력 화면에서 프로젝트명 Project201의 프로그램 코드를 입력한다. 입력이 완료되었으면 화면의 좌측 하단에 있는 play 버튼 ▶을 클릭하거나 [F12]를 누르면 Compile을 수행하고 시뮬레이션이 진행된다. 시뮬레이션이 시작되면 그림 2-3의 ①번과 같이 Virtual Terminal 창이 생성되며 데이터가 출력된다. 여기서 Virtual Terminal 창에서 [오른쪽 마우스 버튼]을 눌러 속성 창을 열고 ②번을 이용하여 글씨체와 글씨 크기를

조정할 수 있다. Virtual Terminal 속성 창에는 지우기 멈춤, 화면복사 등의 추가적인 기능이 있다. 좌측 하단 정지 버튼 ■을 클릭하거나 [Shift+Pause]를 눌러 마쳐야만 프로그램의 수정 등을 이어갈 수 있다.

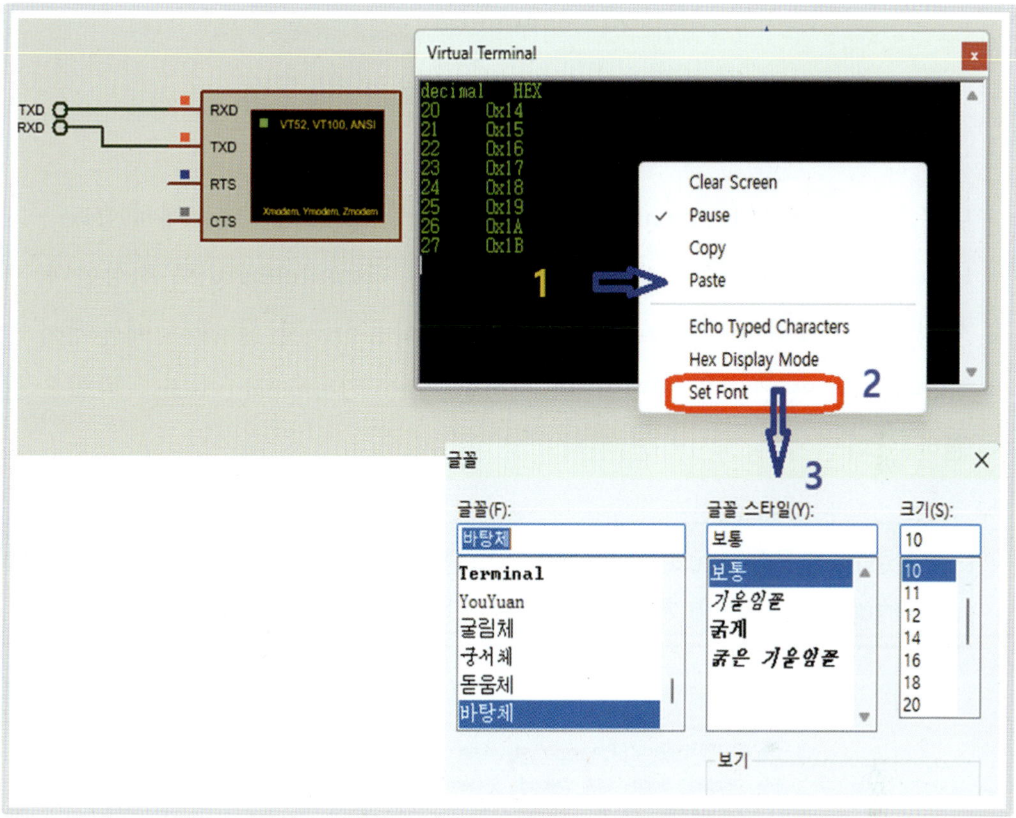

| 그림 2-3 | Virtual Terminal 속성

본 교재에서 사용하는 예제는 Virtual Terminal 창을 계속 사용할 것이다. 그때마다 반복적인 Virtual Terminal 창 생성과 핀 연결을 반복적으로 수행하는 것은 피곤한 일이다. 이를 해소하는 방안으로 현재 생성된 Virtual Terminal 창과 연결핀을 저장하고 필요에 따라 불러 쓰는 것이다. 먼저 그림 2-4와 같이 마우스를 [Selection Mode] 에 클릭하고 Virtual Terminal 창을 드래그한다.

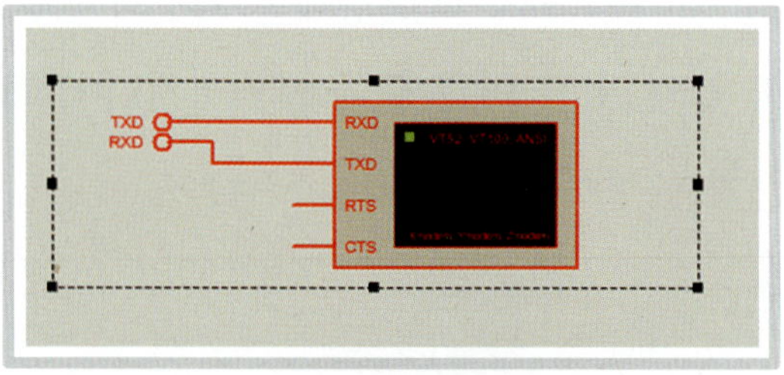

| 그림 2-4 | Virtual Terminal 선택

마우스로 Virtual Terminal과 연결 핀을 선택하였으면 메뉴에서 [File – Export Project Clip]을 선택한다. 그리고 파일이름을 "VirtualTerminal"로 저장한다. 이후에 생성되는 프로젝트에서 Virtual Terminal을 사용하고자 할 때는 메뉴에서 [File – Import Project Clip]을 선택한 후 저장한 "VirtualTerminal.pdsclip" 파일을 불러와 원하는 화면에 위치시키면 된다.

☞ 시뮬레이션 도중 Virtual Terminal이 보이지 않으면 시뮬레이션 동작에서 메뉴 [Debug]에서 Virtual Terminal이 체크되었는지 확인한다.

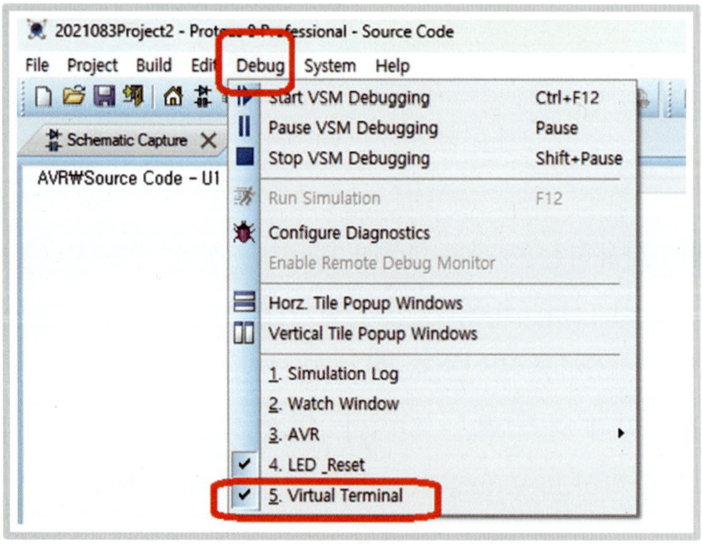

| 그림 2-5 | Virtual Terminal 표시 확인

④ 문자열 변수

C언어에서 문자열(string) 데이터는 1개 이상의 문자를 의미하는데, 이를 표현하기 위해서는 이중 인용부호(" ")를 사용한다. 본 절에서는 문자열 변수를 선언하고 이 변수에 문자열을 저장하는 방법을 공부하기로 한다. 영문자는 흔히들 ASCII code로 표현되는데 총 128개로 정의된다(인터넷 검색어 "아스키코드표" 참조). 이는 영어를 표기하기 위한 인코딩 방식으로 한글(대한민국), 가나(일본), 한자(중국)와 같이 영어와 다른 문자들은 128개로 표현할 수 없다. 여기서 인코딩(Encoding)이란 문자 집합을 컴퓨터 프로그램의 컴파일러가 인식하도록 코드로 변환하는 것을 말한다. 이러한 인코딩하는 방식은 '유니코드(unicode) 인코딩'과 '멀티바이트(muitibyte) 인코딩' 등 크게 2가지 방식으로 구분된다.

멀티바이트 인코딩 방식은 MS사의 Visual Studio에 적용되는 방식이다. 이는 문자 인코딩에 대한 국제 표준이 이루어지기 전에 MS사에서 자체적으로 사용하기 시작한 방식이다. 멀티바이트 인코딩 방식과는 달리 유니코드 인코딩 방식은 각종 문자를 인코딩할 수 있도록 정해진 국제 표준이다. 유니코드에는 UTF-8, UTF-16, UTF-32 방식이 있는데, 이는 글자 하나가 차지하는 bit의 크기를 말한다. 각각의 인코딩 방식에 따른 메모리 크기를 요약하면 다음과 같다.

문자열 처리 유니코드 | Keypoint

- UTF-8
  - 영문자 : 1[byte](8bit)
  - 가변길이 인코딩 방식 : 영문 이외에 문자는 대부분 3byte 이내
  - 대부분의 PC 환경에서 가장 많이 사용하는 유니코드

- UTF-16
  - 영문자 : 2byte(16bit)
  - 가변길이 인코딩 방식 : 영문 이외에 글자는 2byte 또는 4byte

- MS Compiler에서 사용하는 방식
- Java 기반의 환경에서 사용하는 유니코드 방식

• UTF-32
  - 모든 글자를 4byte(32bit) 기반으로 처리

메모리에서 문자열의 마지막에는 다음 문자열과 구분하기 위하여 널(NULL) 문자('₩0')가 자동으로 1[byte] 추가된다. 문자열의 끝을 인식하는데 널 문자가 자주 사용된다. 주의할 점은 빈칸(스페이스 바)도 문자열에 포함되며 NULL 문자와는 구분된다.

참고로 윈도프로그램 개발용 통합환경인 Visual studio에서 유니코드 방식으로 문자열을 지정하는 경우, (L"문자열") 사용하고 멀티바이트로 표현하고자 할 때는 단순히 "문자열"로만 사용하면 된다. 유니코드로 개발된 프로그램을 멀티바이트로 인식하려면 문자열의 표현 방식을 모두 수정해 주어야 하는데, 이를 해결하는 방법이 문자열을 따옴표로 감싸고 유니코드에서 사용한 'L' 대신 '_T'를 사용하게 되면 자동으로 코드가 변환되어 컴파일된다. 이 부분은 C++ 이후 C++ 응용 과정인 윈도프로그래밍 과목에서 공부하기를 권장한다. 문자열을 변수로 지정하는 방법은 크게 다음과 같이 4가지 방법을 사용할 수 있다.

문자열 처리 방법 | Keypoint

① char 배열
② string.h 함수
③ pointer
④ String class 함수 // C++ 추가 기능

1) char 배열을 사용하는 방법

배열을 이용하는 방법으로 NULL 문자를 고려하는데 문자가 저장되는 메모리 byte의 개수보다 1개 크게 배열의 개수를 설정하여 문자열을 저장하는 방법이다. 배열의 크기는 영문자를 포함한 ASCII 문자는 (글자수 x 1)+1[byte]의 크기를, UTF-8을 사용하는 일반적인 인터넷 프로그램에서는 한글은 (글자수 x 3)+1[byte]의 메모리 크기를 지정하면 된다. 다음 예제 Project202를 통해 char 배열을 이용하여 문자열을 처리하는 방법을 실행해 보고 의미를 정리하자.

```
char 변수명[문자의 개수 +1]="문자열";
```

만일 문자의 개수를 정하지 않으면 문자 개수가 자동으로 들어가므로 생략할 수 있다. 문자의 개수보다 1 크게 저장 공간을 확보하는 것은 앞서 언급한 대로 문자열 마지막에 NULL 문자가 자동으로 추가되어 들어가기 때문이다.

다음의 Project202 예제는 char 배열을 이용하여 문자열을 처리하는 프로그래밍이다. 각각의 명령에 대한 설명을 참조 바란다.

Project 202 문자열 배열처리

```
void setup()
{
  Serial.begin(9600);
}

void loop()
{
   char strData1[6]="Seoul";     // 메모리 6byte 공간에 5개 문자 저장
   char strData2[]="Korea";     // 메모리 공간을 지정하지 않으면 자동지정

   Serial.print(strData1);        // 문자열 "Seoul" 화면에 출력
   Serial.print("  ");
   Serial.print(strData2);        // 문자열 "Korea" 화면에 출력
   Serial.print("  ");
   Serial.print(strData1[0]);    // 문자열 "Seoul"의 0번째 요솟값 출력
   Serial.print("  ");
   Serial.println(strData2[2]); // 문자열 "Korea"의 2번째 요솟값 출력하고
                                 // 커서 다음 줄 이동
   delay(500);
}
```

| 그림 2-6 | Project202 실행 결과

2) string.h 함수를 사용하는 방법

C언어에서 제공되는 헤더파일 중 string.h을 이용하여 문자열을 처리 방법 중 기본적인 내용만 다룬다. 더 자세한 사항은 인터넷 검색어 "c string.h"를 통해 추가로 학습하길 바란다. Arduino IDE에서 문자열을 다루는 String class를 사용할 수 있어서 string.h의 기능을 사용하는 빈도는 줄어 들었지만, 그래도 유용한 몇 가지 기능들이 있어서 살펴볼 필요가 있다. string.h에서 제공하는 함수 중 가장 많이 사용하는 기능은 다음과 같다. 이 기능을 이용하는 Project203 예제에서 보인다.

strcpy(문자열1, 상수 문자열2)
- 원형 : char* strcpy(char* dest, const char* origin);
- 의미 : 문자열1에 상수로 지정된 문자열을 복사

strcat(문자열1, 상수 문자열2)
- 원형 : char* strcat(char* dest, const char* origin);
- 문자열1 뒤쪽에 문자열2를 이어붙여 문자열1에 저장

다음의 Project203 예제는 C언어에서 기본으로 제공된 문자열 처리 라이브러리 string.h에서 가장 많이 사용하는 strcpy()을 이용하여 문자열을 초기화하고, strcat() 함수를 이용하여 문자열끼리 붙이기 기능을 다루는 실습이다. 실습을 진행하면서 기능을 익힌다.

Project 203 문자열 string.h 이용

```
#include <string.h>

void setup()
{
    Serial.begin(9600);
}

void loop()
{
    char strData1[6]="Seoul"; //크기 6byte를 갖는 strData1에 "Seoul" 저장
    char strData2[12];      // 크기 12byte를 갖는 메모리 공간 strData2 할당

    Serial.print(strData1);      Serial.print("  ");

    strcpy(strData2, "Korea");  //strData2 에 "Korea" 초기화
    Serial.println(strData2);

    strcat(strData2, strData1); // "Korea" + "Seoul" -> strData2에 저장
    Serial.println(strData2);
    delay(500);
}
```

| 그림 2-7 | Project203 실행 결과

3) pointer를 이용하는 방법

Pointer 선언을 이용하여 문자열을 지정할 때는 상수로 지정된 문자열을 사용할 때 주로 사용한다. 선언할 때도 const라는 상수 키워드를 사용한다. 문자열을 1차원 배열로 선언하는 방법과 비교하면 pointer로 문자열을 선언하면 배열의 차수가 1개 감소하는 특징을 가지고 있다. 포인터에 대하여는 포인터를 다루는 절에서 더욱 상세하게 공부할 예정이다. Project204 예제에서는 포인터를 이용하여 문자열을 처리하는 과정을 다룬다. 여기서 strlen()함수는 메모리 크기를 출력하는 명령이다.

```
const char *변수 명="문자열";
```

Project 204 문자열 포인터 이용

```
#include <string.h>
void setup()
{
    Serial.begin(9600);
}
void loop()
{
    const char *pstrData1="대한민국";
    const char *pstrData2="Korea";

    Serial.print(pstrData1);
    Serial.print("메모리 크기 : ");  Serial.println(strlen(pstrData1));

    Serial.print(pstrData2);
    Serial.print("메모리 크기 : ");  Serial.println(strlen(pstrData2));
    delay(500);
}
```

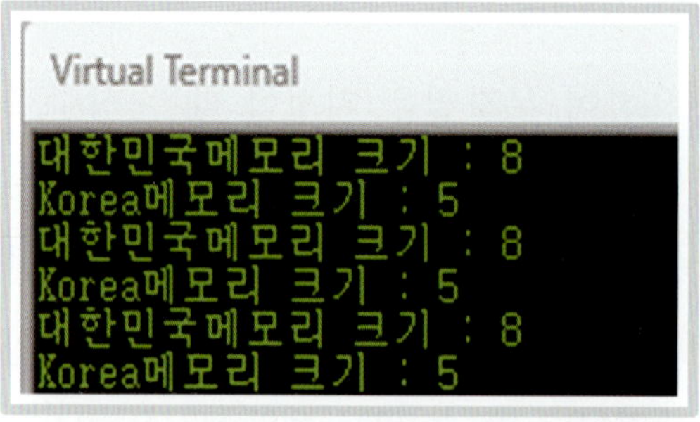

| 그림 2-8 | Project204 실행 결과

4) string class를 사용하는 방법

LCD에 숫자를 표시하려면 숫자를 문자열로 바꾸어 출력하여야 한다. 이때 숫자를 문자열로 바꾸는 방법을 정리하면 다음과 같다.

Arduino	String class 이용 : String(숫자, 형식)
일반 C언어	정수 : sprint(문자열 배열 변수, " 문자열 %d", 정수); 실수 : sprint(문자열 배열 변수, " 문자열 %f", 정수);
일반 C++언어	string class 이용 : to_string(숫자);

C++에서 제공하고 있는 기본 string class 라이브러리 멤버 함수들은 문자열을 더욱 쉽게 사용할 수 있도록 한다. Arduino에서는 일반 C++언어에서 사용하는 string class 이름을 String class 대문자로 표현하며 멤버 함수도 일부 달라져서 기능을 제공하고 있으므로 Arduino 홈페이지에서 String() 멤버 함수의 기능을 별도로 찾아 보기를 권장한다. class는 무엇인가를 만들기 위한 설계도라고 이해하면 된다. 건축물과 비교하면 건축 도면은 class이며 이 도면을 토대로 아파트를 짓게 되는데, 이때 각각의 집을 객체하고 부른다. 실제로 우리가 살아가는 집이와 같은 설계도를 근거로 건축되었다면 지어진 집들은 같은 구조이지만, 각각의 집은 구성원이 다를 것이다. C++에서는 이러한 객체지향 프로그램을 집중적으로 다룬다. 본서에서는 범위를 벗어나므로 추가적인 내용은 생략한다. Arduino에서는 문자열을 다루기

위하여 미리 설계된 String class를 기반으로 객체를 생성하고 제공된 기능을 사용하여야 한다. 생성된 각각의 객체는 같은 구조를 갖지만, 객체에 저장된 문자열은 독립적으로 다르다. 또한 문자열과 객체, 객체와 객체 간에 합치기 연산자 기능이 있어서 문자열을 다루기에 매우 편리하다.

String class를 이용한 문자열 처리 | Keypoint

```
String 객체1, 객체2, 객체3, 객체 4, 객체 5;  //String class 객체 생성

  객체1=“문자열 1”;                // 객체1에 문자열 저장
  객체2=String(“문자열 2”);        // String class 생성자 이용, 초기화
  객체3 = 객체 1 + 객체2;          // 문자열 합치기 연산
  객체4= “문자열 3 ” + 객체3;      //  문자열 합치기 연산
  객체4[n];    객체4.at(n);        // 객체 4의 문자열 n번째 요솟값
  객체5=String(숫자, 형식);        // 숫자를 문자로 변환, class 생성자 이용
                                   // 형식, 16진수 HEX, 실수는 소숫점 자리수
```

Project205 예제는 Arduino IDE용 String class를 이용하여 문자열 합치기 연산과 숫자를 문자로 변환하여 출력하는 기능을 다룬다.

Project 205 문자열 String class 이용

```
int distance(10);      // 16bit 정수 메모리 할당, 초깃값 10 저장

void setup()
{
   Serial.begin(9600);
}
   // 다음 쪽 계속
```

```
void loop()
{
    String strData1="Car 주행연비";      // 객체 strData1 생성, 문자열 초기화
    String strData2, strData3, strData4;  // 3개의 객체 생성
    double fuel = distance/10.0;    // 실수 데이터 생성
    strData2= String(fuel,2);  // 실수 데이터를 문자열로 초기화, 소숫점 2자리
    strData3=strData1+ " 계산 : " + strData2; // 객체 문자열과 문자열 합치기
    Serial.println(strData3);
    strData1=String("문자열 원소 2 문자 : "); //문자열 class생성자 초기화
    strData4=strData1+strData3[2];  // 객체1 문자열 + 객체3의 2번째 요소 문자
    Serial.println(strData4);
    distance=distance+1;
    delay(500);
}

```

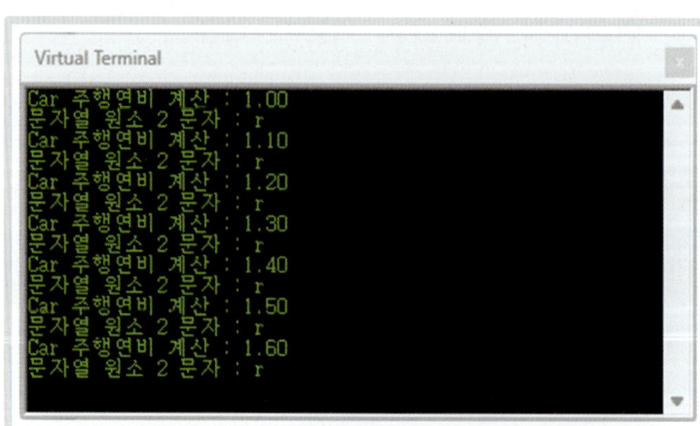

| 그림 2-9 | Project205 실행 결과

⑤ 연산자

C, C++에서 연산자란 데이터를 사칙 연산하는 것을 비롯해 데이터 간에 비교는 물론 각 데이터 bit 단위의 연산을 통칭한다. 특히 하드웨어를 제어하는 마이크로컨트롤러에서는 bit 단위로 데이터를 이동시키거나 비교하는 기능이 있어서 이러한 기능들을 숙지하면 매우 편리하게 하드웨어를 제어할 수 있다. 이러한 연산자를 요약하면 다음과 같다.

연산자 | Keypoint

- **산술 연산자 :** +, -, *, /, %, ++, --
- **대입 연산자 :** =
- **관계 연산자 :** 〈, 〈=, ==, 〉=, 〉, !=
- **bit 연산자 :** ~ & |, ^, 〈〈, 〉〉
- **대입 할당 연산자 :** +=, -=, *=, /=, %=, &=, |=, ^=, 〈〈=, 〉〉=
- **논리 연산자 :** &&, ||, !

1) 산술 연산자

사칙연산, 즉 더하기, 빼기, 곱하기, 나누기를 위한 연산자는 다음과 같다.

- +, - , *, / : 더하기, 빼기, 곱하기, 나누기
- ++, -- : 숫자 1 증감 연산자

  nA=10;

  nA++;   // nA값은 11
- % : 정수/정수의 나머지

2) 대입 연산자

- A = B ; // 데이터 B값을 A에 저장하라!

  − **nA = 10;** (O) ☜ 10을 변수 a에 할당.

– nB = nA + 10; (O)

– nA = nB = nC = 10; (O)

– nA + 10 = nB; (X)

– 2 = nB; (X)

3) 관계 연산자

분기명령(if 등)이나 반복문(for, while 등)에서 조건을 검색할 때 조건이 성립하는지 혹은 성립하지 않는지를 판정하기 위한 명령어를 관계 연산자라고 한다. 관계 연산자는 수학에서 사용하는 방법과 거의 유사하다.

표 2-4 관계 연산자

연산자	의 미	사 용 예	설 명	비고
>	초과	A>B	A가 B보다 큰가?	
<	미만	A<B	A가 B보다 작은가?	
==	같다	A==B	A가 B와 같은가?	
>=	이상	A>=B	A가 B보다 같거나 큰가?	A=>B (X)
<=	이하	A<=B	A가 B보다 같거나 작은가?	A=<B (X)
!=	같지 않다	A!=B	A가 B와 비교하여 다른가?	A=!B (X)

4) 비트 연산자

2진수의 형태로 저장된 byte 단위의 데이터를 bit 단위로 좌우 이동시키거나 2개의 byte 단위의 데이터 간에 각각의 bit끼리 비교 연산 등을 수행하는 연산자이다. 한 예로 마이크로컨트롤러에서 8개의 led가 병렬로 특정 포트에 연결되어 있다면 "On"되어 있는 LED를 하나씩 좌 또는 우로 이동시키고자 할 때 사용한다. 또한 특정 bit들을 모두 0 또는 1의 데이터로 일괄 변환하거나 외부에서 디지털 센서값을 읽어올 때 사용하며, 특정 bit의 값을 제거(masking)할 때도 사용된다.

① shift 연산자

먼저 byte 단위의 데이터를 이동시키는 shift 연산자에 대하여 살펴보자. shift 연산자는 정숫값을 2진수로 변환하였을 때의 2진수 데이터값을 좌측(〈〈) 혹은 우측(〉〉) 방향으로 주어진 비트 수만큼 이동시키는 것이다. 만약 데이터가 8bit 데이터라면 양끝단을 넘어서는 데이터는 손실되고 새로 추가되는 데이터는 0으로 채워진다.

표 2-5 shift 연산자

연산자	의 미	사용 예	설 명
《	비트를 좌로 이동	B = A《2;	A 데이터를 2비트 좌로 이동시켜 B에 대입한다.
》	비트를 우로 이동	B = A》2;	A 데이터를 2비트 우로 이동시켜 B에 대입한다.

예)

```
byte A=150;
A=A<<2;
```

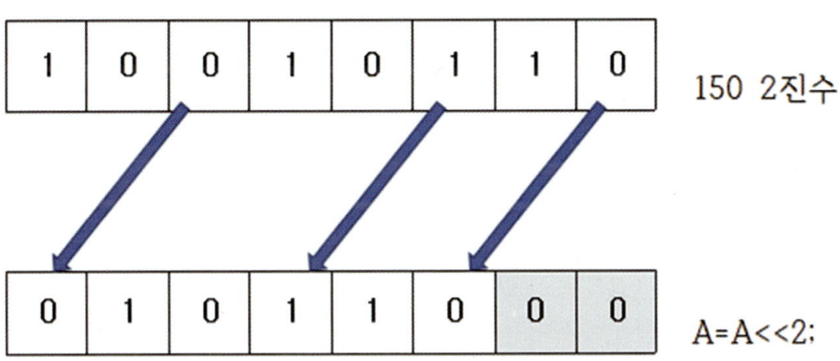

연산자 기능을 공부하기 위하여 먼저 LED의 기본 특성을 알아보자. 이에 대한 기본 특성은 다음과 같다.

- 동작전류 : 최대 I = 20[mA], 통상 소모전류는 10~20[mA]로 설정하여 설계.
- 동작전압(색깔별)

- Red, Yellow : Vd=2.0[V]
- Green, White, Blue : Vd=3.0[V]

• LED 동작을 위한 저항 선택 : $R = \frac{V}{I} = \frac{Vr}{I} = \frac{Vcc - Vd}{I}[\Omega]$

예 1 Green LED 구동, 5[V], 전류 10[mA] 공급

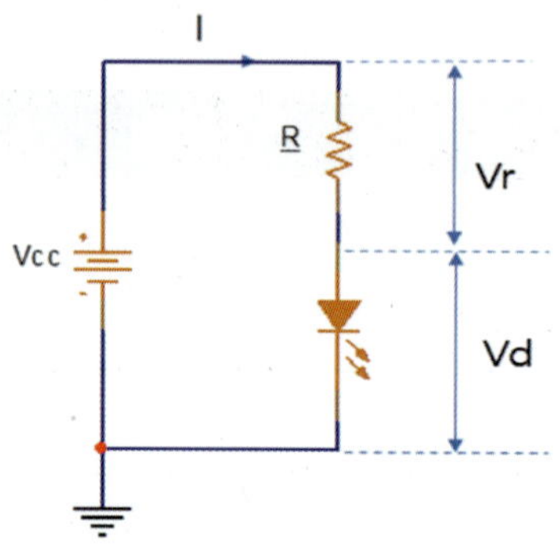

$$R = \frac{5V - 3V}{10mA} = \frac{2}{10}[k\Omega] = 200[\Omega]$$

| 그림 2-10 | LED 구동회로

예 2 직렬로 2개의 LED를 12[V] 인가하여 LED 최대 밝기 20[mA]로 구동하는 경우

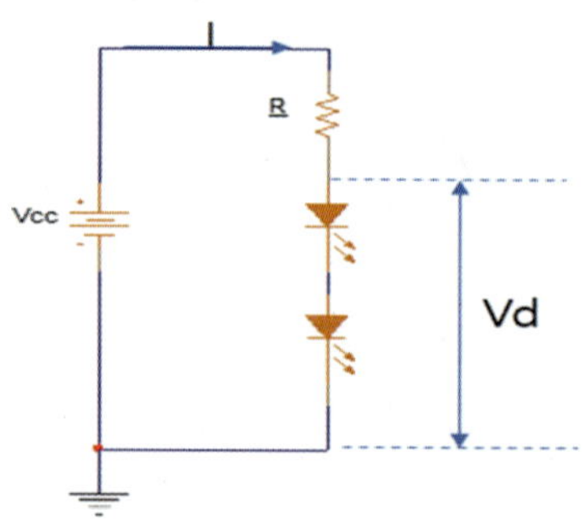

$$R = \frac{12V - (2+2)V}{20mA} = \frac{8}{20}[k\Omega] = 400[\Omega]$$

| 그림 2-11 | 직렬 LED 구동회로

Arduino의 8번 핀부터 13번 핀까지 6개의 핀은 ATmega328의 PORTB를 매핑한 것이다. 6개의 핀에 LED를 연결하고 좌우로 비트 이동하는 실습을 위해 그림 1-33에서 보인 ATmega328을 Arduino로 매핑한 상태를 다시 한 번 표현한다.

표 2-6 ATmega328 PORT B 매핑 Arduino 핀

Arduino	D13	D12	D11	D10	D9	D8
ATmega328	PORTB 5	PORTB 4	PORTB 3	PORTB 2	PORTB 1	PORTB 0
16진수 변환 bit 값	2	1	8	4	2	1

6개의 PORT B를 출력(1)으로 사용하려면 1[byte] 8개의 자리 중 상위 2개 bit는 사용하지 않으므로 0 처리하고, 나머지 6자리는 모두 출력(1)으로 설정하여야 한다.

```
DDRB=0×3F;      <======0011 1111
```

Project206 예제는 데이터를 좌측으로 1개씩 이동시키는 프로그램이다. 초깃값 nLED는 0×01, 0000 0001이며, 이 값이 PORTB에 출력된다. 이어지는 LED 동작 순서를 그림 2-12에 표현하였다.

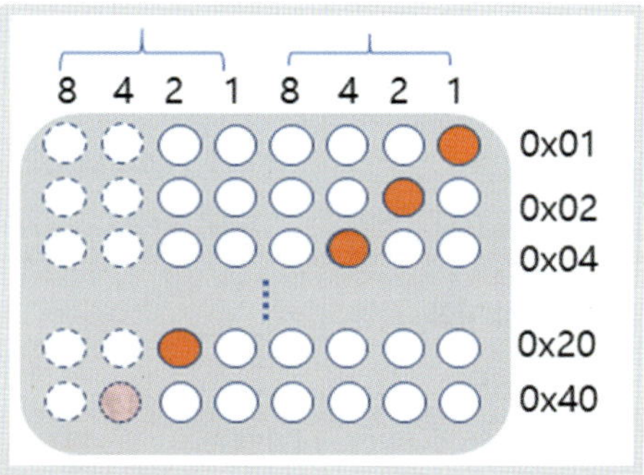

| 그림 2-12 | Project206 동작 순서

실습을 위해 Project206을 만들고 그림 2-13의 LED와 저항 회로를 Schematic Capture 전자 용지에 설계한다. 먼저 표 2-7의 설계 방법에 따라 LED 모듈 하나를 설계하고 나머지 5개를 복사한다. 그리고 IO13 ~ IO8까지 Label을 각각 수정한다.

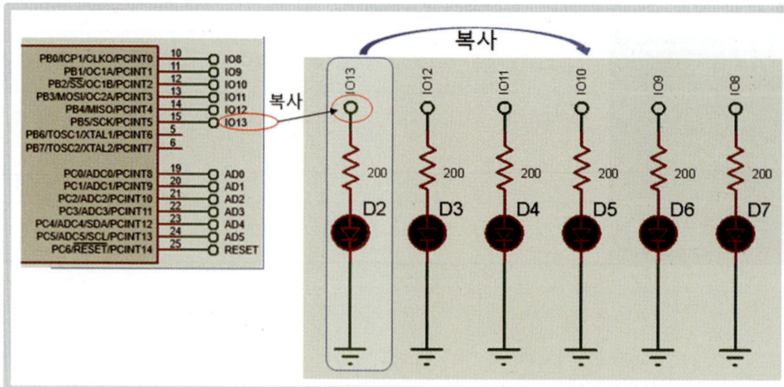

| 그림 2-13 | 시뮬레이션용 LED 구동회로

표 2-7 부품 특성표(그림 2-13 회로)

부품명	Mode	Edit Properties	비고
저항	① Component Mode ② Pick Symbol ③ 검색 : res	• [저항선택] 우측 마우스 버튼 • Edit Properties 선택 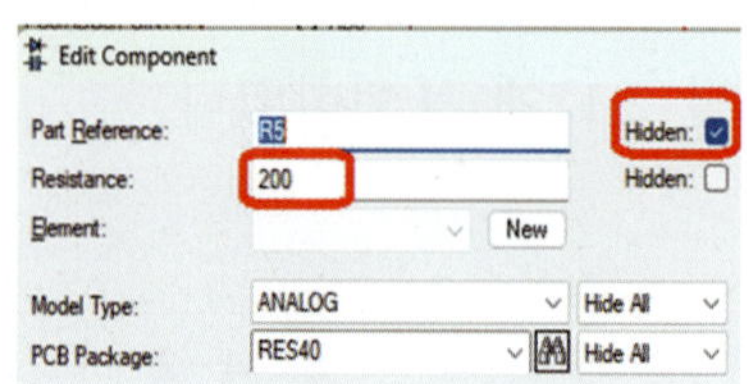 • Part Reference : Hidden Check	R=(5-2)/15 =200[Ω]
LED	① Component Mode ② Pick Symbol ③ 검색 : LED-RED	• Edit Properties 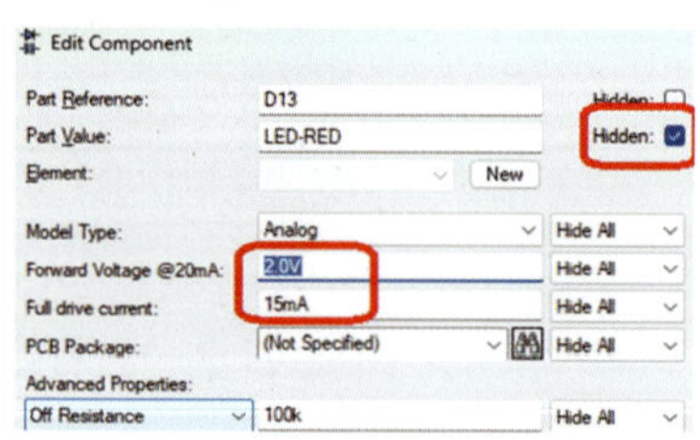 • Part Value : Hidden Check • 순방향전압 : 2.0[V] • 구동전류 : 15[mA]	
GROUND	① Terminal Mode ② GROUND		접지

전자 도면에서 같은 Label은 서로 연결되어 있다는 의미이다. 실제의 하드웨어를 연결하는 경우는 그림 2-14와 같이 브레드보드에 저항과 LED를 위치시키고 결선하면 된다. 참고로 브레드보드는 그림 2-14에 보인 abcde, 즉 가로는 연결되어 있으며 세로는 연결되어 있지 않다. (+) (-)로 표시된 전원 부분은 세로끼리 연결되어 있다. 일반적으로 LED는 다리가 긴 쪽이 (+) 극이다. LED는 극성이 있으므로 반대로 연결하였을 때는 동작하지 않기 때문에 이런 경우 결선이 잘못된 경우이므로 LED 방향을 바꾸어 보도록 한다.

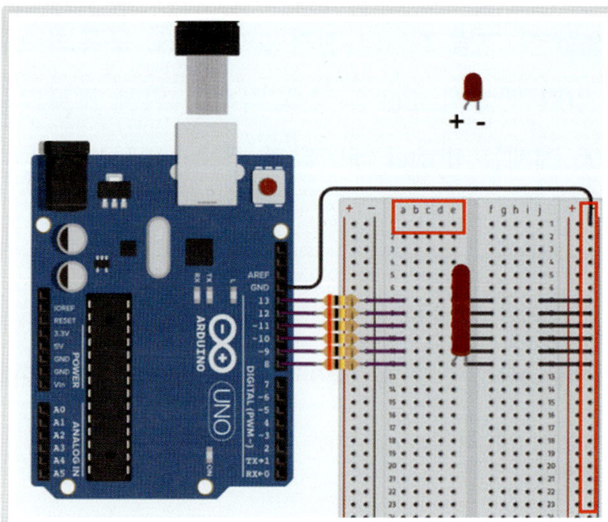

| 그림 2-14 | Arduino에서 실제의 LED 구동회로

이상의 과정을 통해 Schematic Capture에 그림 2-13의 LED 회로가 완료되었다면 LED 구동회로로 이어지는 예제에서 계속 사용하기 위하여 블록을 저장한다. Virtual Terminal 인터페이스와 마찬가지로 마우스를 [Selection Mode] 에 하고 LED 구동회로 창을 드래그한다. 메뉴에서 [File – Export Project Clip]을 선택한다. 그리고 파일이름을 "LedDriver"로 저장한다. 이후에 생성되는 프로젝트에서는 메뉴에서 [File - Import Project Clip]을 선택한 후 저장한 "LedDriver.pdsclip" 파일을 불러와 원하는 화면에 위치시키면 된다.

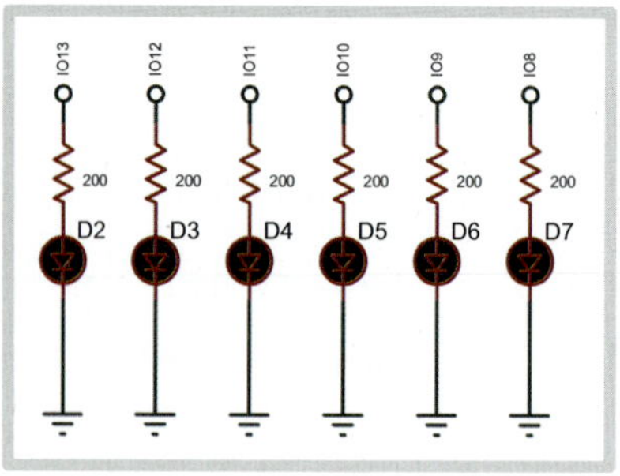

| 그림 2-15 | LED 회로 블록

Schematic Capture에 그림 2-13의 전자용지에 Led 구동회로 설계가 완료되었으면 [Source Code] 입력 탭에서 shift 명령을 익히기 위한 프로그램을 작성하고 실행해 보자. Project206 예제는 1[byte] 데이터를 좌로 1비트씩 이동시키는 프로그램이다.

Project 206 shift 연산

```
byte nLed=0x01;          //  8bit 데이터 정수형 자료 선언, LED 초깃값

void setup()
{
    DDRB=0x3F;          // PORT B 6개 bit 출력으로 설정
}

void loop()
{
  PORTB=nLed;                         //PORT B에 nLED값 출력
  nLed=nLed<<1;                      // 좌로 1bit shift
  if(nLed==0x40) nLed=0x01;     // 조건 검색 & 초기화
  delay(500);
}
```

② &(AND), |(OR), ^(XOR) 연산자

& 연산자는 byte 단위의 두 데이터 간에 각각의 비트끼리 AND 연산하는 것을 말하고, | 연산자는 OR 연산하는 것을 말한다. 그리고 ^ 연산자는 bit끼리 서로 다른지를 검사하는 XOR(Exclusive OR) 연산자이다.

AND 연산이란 모든 bit가 1인 경우에만 1의 결과를 보이며, OR 연산이란 2개의 bit 중 어느 하나만이라도 1이면 1을 출력하는 것을 말한다. XOR 연산자는 bit끼리 다르면 1의 결과를 준다.

마이크로컨트롤러 프로그램에서는 AND 연산자는 특정 bit의 신호만 제거하고자(masking) 할 때 주로 사용한다. 8bit nA의 변수값이 15(0x0F)라면 상위 4bit를 모두 제거하기 위해 사용한 예를 다음에 보인다. OR 연산자는 특정 bit의 신호를 무조건 1로 마스킹할 때 주로 사용한다. 임베디드 프로그래밍에서 많이 사용하는 연산자 중 하나가 XOR 연산자인데, 이를 이용하면 두 개의 디지털 신호 bit끼리 신호가 같은지 다른지를 비교할 때 사용할 수 있다.

예)

```
unsigned char nA=0x3B;          // 8bit 데이터 정수형 자료 선언
unsigned char nB=0x0F;
nA=nA & B;  //AND 비트 연산
nA=nA | B;  //OR  비트 연산
nA=nA ^ nB;  //XOR 비트 연산
```

	10진수	2진수
nA	59	00111011
nB	15	00001111
&		00001011

	10진수	2진수
nA	59	00111011
nB	15	00001111
|		00111111

	10진수	2진수
nA	59	00111011
nB	15	00001111
^		00110100

지금까지 살펴본 비트 연산자 &, |, ^에 대하여 실습으로 그 기능을 익혀보자. 프로젝트 207에서는 그동안 실습할 때 저장한 "VirtualTerminal"과 Led 구동회로 Project Clips "LedDriver"를 메뉴 [File – Import Project Clip]에서 불러와 그림 2-16과 같이 회로를 완성한다. Project Clip을 불러와 화면에 붙여 넣으면 부품번호가 바뀌는데 이는 부품번호를 순서대로 자동 표기하는 것이며 동작에는 영향을 주지 않는다.

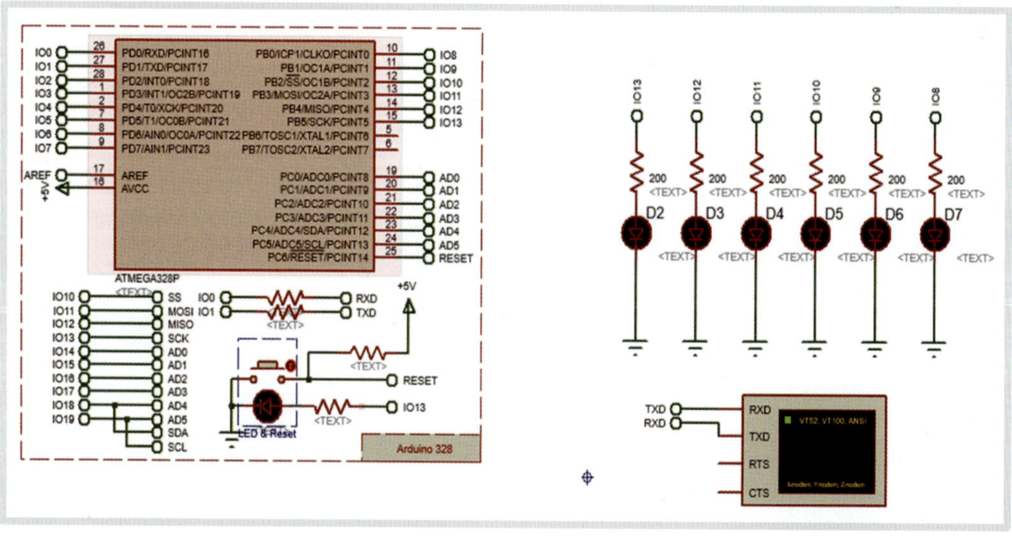

| 그림 2-16 | bit 연산 실습

[Schematic Capture]에서 회로를 그리다 보면 어느 순간 그림 2-17처럼 회로도가 특정 위치로 이동하여 중앙에 오지 않는 경우를 볼 수 있다. 이때는 메뉴 [Zoom to View Entire Sheet]를 클릭하면 중앙으로 100% 상태의 도면으로 복구한다.

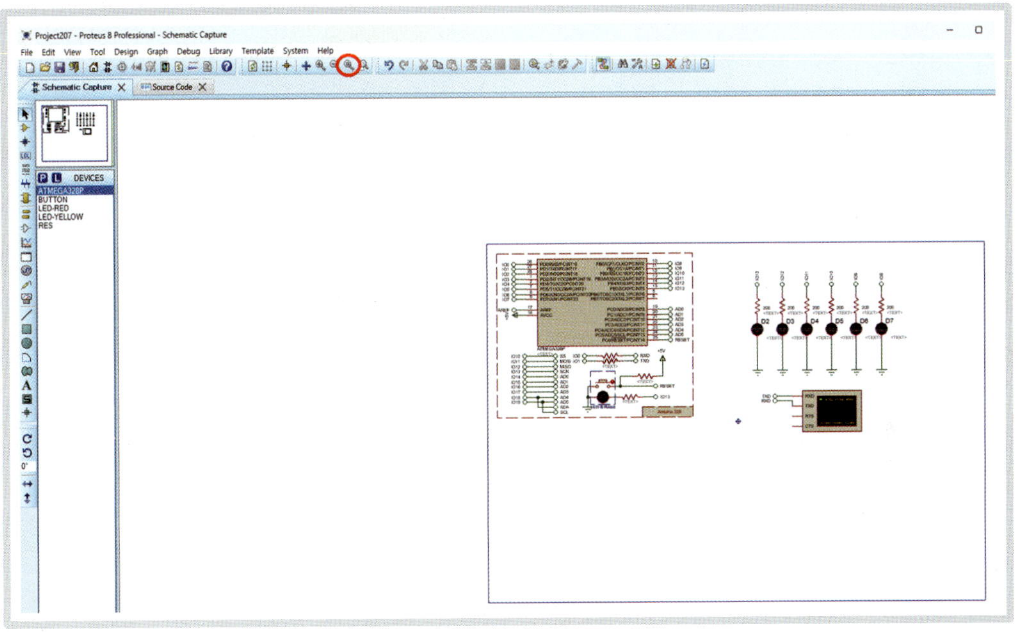

| 그림 2-17 | 도면위치 조정

이어서 [Source Code] 입력 탭에서 Project207 예제를 적용해 보자. Project207 예제는 1[byte]에 데이터에 대하여 bit 연산자를 다루는 프로그램이다.

Project 207 bit 연산

```
void setup()
{
    DDRB=0ㅌ3F;        // PORT B 6개 bit 출력으로 설정
    Serial.begin(9600);
}   // 다음 쪽 계속
```

```
void loop()
{
    unsigned char A=0x3B;
    unsigned char B=0x0F;

    A= A & B;   PORTB=A;    // 비트 AND 연산 후 PORTB에 출력
    Serial.print(" A & B = "); Serial.println(A, BIN);   //Virtual Terminal에 표시
    delay(1000);

    A=0x3B;                          // A값 초기화
    A=A | B;    PORTB=A;     // 비트 OR 연산 후 PORTB에 출력
    Serial.print(" A | B = "); Serial.println(A, BIN);
    delay(1000);

    A=0x3B;
    A=A ^ B;    PORTB=A;    // 비트 XOR 연산 후 PORTB에 출력
    Serial.print(" A ^ B = "); Serial.println(A, BIN);
    delay(1000);
}
```

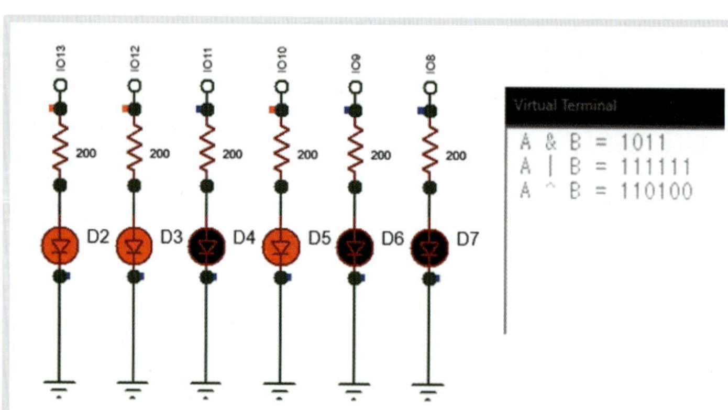

| 그림 2-18 | Project207 실행 결과

5) ~(Complementary) 연산자

임베디드 프로그래밍에서는 하드웨어의 특성에 따라 비트값을 0은 1로, 1은 0으로 바꾸어 인식하거나 출력해 줄 필요가 있다. 이때 사용하는 연산자를 1의 보수(Complementary) 연산자라 한다. 보수 연산자의 기능은 정숫값을 2진수로 변환하였을 때 비트마다 1은 0으로 0은 1로 바꾸어 주며, 형식은 표기법은 변수 앞에 tilde(~)를 붙이면 된다. 아래의 예제를 통해 직관적으로 보수 연산자의 기능을 익힐 수 있다. 실습을 통해 기능을 확인하자. Project208 예제에서는 앞서 저장한 project clip "LedDriver.pdsclip" 파일을 불러와 사용한다. Project208 예제는 1[byte]데이터에 대하여 보수 연산을 구현하여 LED에 출력하는 실습이다.

A 0010 1001 (0x29)

~A 1101 0110 (0xD6)

Project 208 ~ 연산

```
void setup()
{
    DDRB=0x3F;          // PORT B 6개 bit 출력으로 설정
}
void loop()
{
    byte A=0x29;

    PORTB=A; delay(500);
    PORTB=~A; delay(500);   //bitwise not 연산 후 PORTB에 출력}
}
```

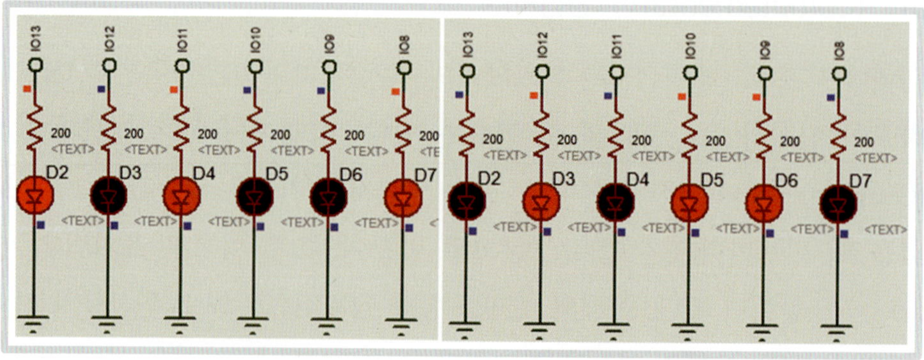

| 그림 2-19 | Project208 실행 결과

6) 대입 할당 연산자

대입 할당 연산자는 연산하는 기능과 대입하는 기능을 동시에 할 수 있는 연산자를 말하며, 종류는 +=, -=, *=, /=, %=, &=, |=, ^=, 〈〈=, 〉〉= 등이 있다. 이들의 기능을 표 2-8에 정리하였다.

표 2-8 대입 할당 연산자

연산자	의 미	사용법	동일한 표현
+= -= *= /=	좌변의 변수와 우변의 변수를 **먼저 +-*/ 하고 이를** 좌변의 변수에 대입한다.	A += B; A -= B; A *= B; A /= B;	A = A + B A = A - B A = A * B A = A / B
%=	좌변의 변수에서 우변의 변수를 **먼저 나눈 후 그 나머지**를 좌변의 변수에 대입한다.	A %= B;	A = A % B
《= 》=	좌변의 변수를 우변의 수만큼 **좌측 또는 우측**으로 이동한 것을 좌변의 변수에 대입한다.	A 《= B; A 》= B;	A = A 《 B A = A 》 B
&= |= ^=	좌변의 변수와 우변의 변수를 AND, OR, XOR bit **연산**하여 좌변에 대입한다.	A &= B; A |= B; A ^= B;	A = A & B A = A | B A = A ^ B

7) 증감 연산자

앞서 산술 연산자에서 언급한 연산자 중에 증감 연산자(++, --)와 대입 할당 연산자를 조합한 경우를 살펴보기로 한다. 증감 연산자는 변수 위치에 따라 증감되는 순서가 차이가 있으므로 주의하여야 한다. 이를 정리하면 다음과 같다.

- nA=++nB; nB값을 먼저 1 증가시킨 후 증가된 nB값을 nA에 할당하는 것으로 이를 전치 증가 연산이라고 한다.
- nA=nB++; nB값을 nA에 먼저 할당하고 nB값을 1 증가시키는 것으로 후치 증가 연산이라고 한다.

마찬가지로 --의 경우도 마찬가지로 빼기 작업을 먼저 하느냐 나중에 하여 대입하느냐의 미묘한 차이가 있다.

Project209 예제는 증감 연산자 기능을 학습하는 실습으로 증감 연산의 순서에 따른 데이터 처리 과정을 눈여겨보기를 바란다.

Project 209 증감연산자

```
void setup()
{
  Serial.begin(9600);
}

void loop()
{
  byte nA=0, nB=200;
  String strData;

  // String class를 이용한 문자열 변환, 합치기 "nA=0, nB=200"
  strData=String("nA=") + String(nA) + String(", nB=") + String(nB);
   // 다음 쪽 계속
```

```
    Serial.println(strData);

    nA=++nB;      //nB 증가후 nA에 대입
    strData=String("nA=") + String(nA) + String(", nB=") + String(nB);
    Serial.println(strData);

    nB=200;
    nA=nB++;    //nB를 nA에 대입후 nB 증가
    strData=String("nA=") + String(nA) + String(", nB=") + String(nB);
    Serial.println(strData);
    delay(10000);
}
```

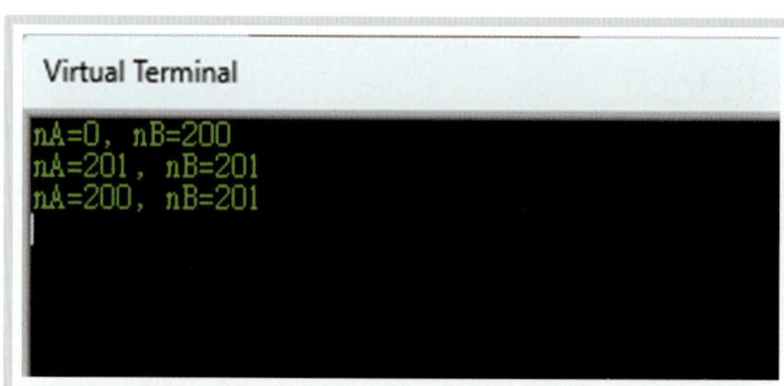

I 그림 2-20 I Project209 실행 결과

8) 논리 연산자

한편 관계 연산자와 함께 분기명령(if 등)이나 반복문(for, while 등)에서 다수의 조건을 검색하는 데 사용되는 연산자를 논리 연산자라고 부른다. 이는 비트 연산자와 혼동이 생길 수 있으므로 주의하여야 한다.

표 2-9 논리 연산자

논리 연산자 예	논리 연산자 설명
A>10 && B>20	A>10이고 B>20인지 판단, 참이면 1
A>10 || B>20	A>10이거나 B>20인지 판단, 거짓이면 0
!A	A 참(0이 아닌 값)이면 결과는 거짓(0) A 거짓(0)이면 결과는 참(1)

지금까지 살펴본 연산자가 여러 개일 때 우선순위(먼저 계산되는 것을 말함)는 다음과 같다.

① 괄호( ) 안의 내용이 먼저 처리된다.

② 좌측에서 우측으로 수행된다. 즉, 좌측이 우선한다.

③ 연산자의 위치에 따른 우선순위를 요약하면 다음과 같다.

표 2-10 연산자 우선순위

연산자의 종류	연산자	우선순위
괄호, 구조체	( ), [ ], ->, .	1
단항	!, ~, ++, --, -, &, *,size of	2
산술	*, /, %, +, -	3 4
이동	>>, <<	5
관계	<, <=, >, >=, ==, !=	6
비트 논리	& ^ |	7
논리	&& ||	8

☞ Developments board를 이용하여 Arduino 마이크로콘트롤러 회로를 생성하면 저항이 미국식 방식 이 아닌 유럽식 방식 으로 보일 것이다. Project clip도 미국식 방식으로 저항을 설계하여 저장하였더라도 프로젝트를 새로 만들고 Project clip을 불러오면 유럽식 방식으로 자동으로 변경된다.

사용에는 문제가 없지만 일반 교재 등에서 저항이 미국식 방식으로 표현되어 있어서 미국식 방식 저항 표기 방법에 우리는 익숙해 있다. 만약 저항을 미국식 방식으로 표기를 원한다면 다음 절차를 따른다.

(1) [C:\Proteus 8\VSM Studio\devboards\Arduino 328]을 오픈한다.

(2) [Component Mode] 에서 Pick Symbol 을 클릭하여 검색 Res를 친다.

(3) 2개의 RES 중에서 미국식 방식 저항 을 선택하고 마우스로 클릭한다.

(4) 다음 다이얼로그 박스 상자에서 [Yes]를 누르고 창을 닫는다. ATmega328에 있는 저항 4개가 미국식으로 바뀌었는지 확인한다. 미국식으로 바뀌었으면 메뉴에서 [Project Save] 선택하여 저장한다.

(5) 이후에 새로 생성하는 프로젝트와 Project clip으로 불러온 저항들은 모두 자동으로 미국식 표기로 보일 것이다.

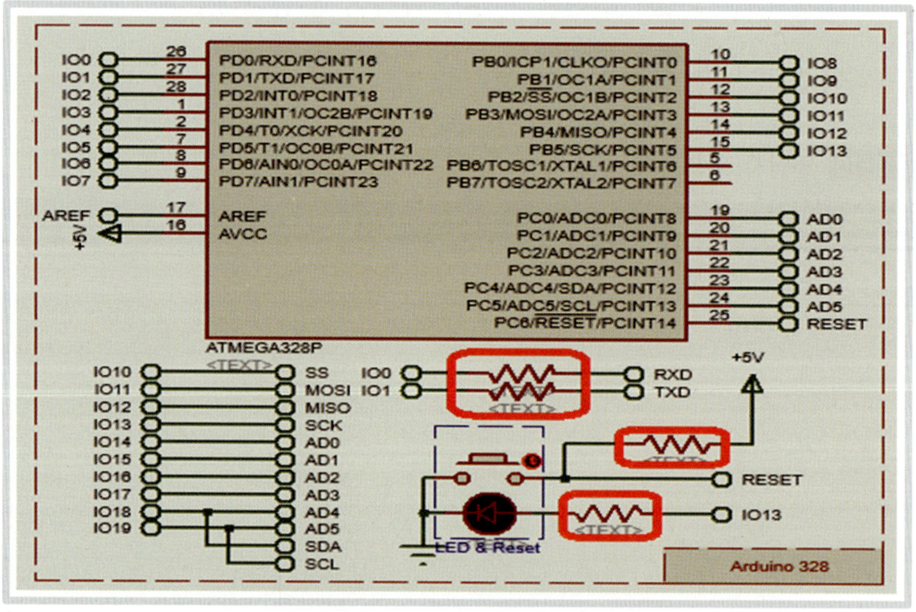

| 그림 2-21 | 미국식 방식 저항 표기

1. 마이크로컨트롤러 실습에서 결과 정보를 LCD와 같은 표시기에 표현하는 것은 매우 중요한 일 중의 하나이다. 이를 위해 결과 정보를 문자열로 변환하는 기능을 Arduino에서는 String class로 제공해 준다. String class String()에 대하여 홈페이지(https://www.arduino.cc/)에서 기능과 예제를 찾아 요약 정리하시오.

2. 십진수 156을 2진수로 변환하고 그 결과를 16진수로 변환하는 과정을 기술하시오.

3. 프로젝트명을 "학번Exercise201"으로 하자. ATmega328에서 Port D는 Arduino Uno 0~7번 핀으로 매핑되어 있다. 이 핀에 Blue LED 8개를 점등하기 위한 회로를 그림 2-22와 같이 설계한다. 여기서 동작전류는 20[mA], 3.0[V]로 하고 저항을 계산한다. 그리고 LED의 Edit Properties에서 동작전류와 전압을 정한다. 설계가 완료되었으면 Project Clip에 "Led8" 이름으로 저장(Import)한다. 이 과제에서 생성한 Project Clip[c:\Porteus 8\Snippets\Led8.pdsclip]을 학교 실습장에 추가로 복사하기로 한다. 그림 2-21에서 초기에 LED D9(On), D8(Off), D7(On), D6(on), D5(off), D4(on), D3(off), D2(on)가 출력되도록 한다. 그리고 500[ms] 간격으로 우측에서 2bit씩 반복 shift하는 프로그램을 작성하시오.

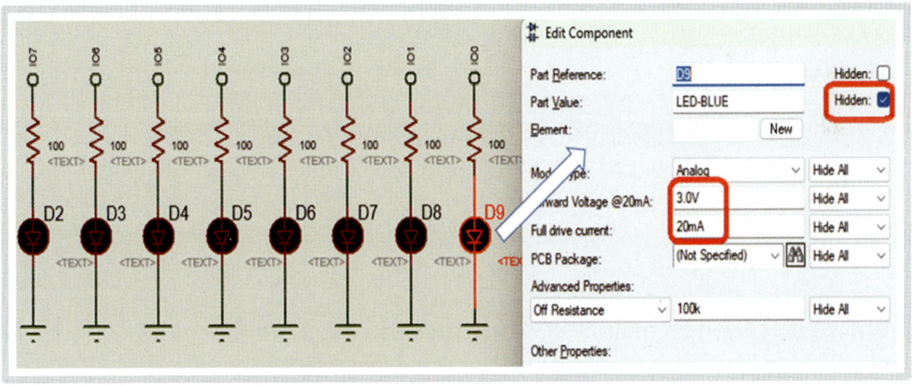

| 그림 2-22 | Project Clip 생성

4. 과제 3번의 결과를 상위 4개 비트 LED는 항상 소등되도록 bit 연산자를 이용하여 프로그래밍하시오(프로젝트명 : "학번Exercise202").

2.2 제어문

학습목표

- if 제어문을 이용하여 조건에 따른 프로그램 실행 여부를 적용할 수 있다.
- if-else 제어문을 이용하여 실행하는 프로그램을 선택할 수 있다.
- 외부에 Pull up 저항 연결 여부에 따라 사용하는 디지털 입력 핀을 구분하여 입력으로 선언할 수 있다.
- if-else if 제어문을 이용하여 실행할 문장을 찾을 수 있다.
- switch-case 문으로 특정 문장을 찾아 실행하는 기법을 설명할 수 있다.
- 외부 스위치 상태를 읽어와 데이터를 masking 처리할 수 있다.

학습내용

- if 제어문 표현
- if-else 제어문을 활용한 실행 프로그램 선택
- Pull up 저항에 따른 디지털 입력 핀 선언
- if-else if 제어문에서 실행하는 문장 찾기
- switch-case 문
- break 기능
- 스위치 4개 값 읽기와 masking 처리

일반적으로 C언어는 main() 문장이, Arduino sketch에서는 loop() 문장에서 순서대로 프로그램이 실행되는데, 필요에 따라 특정 문장을 선택적으로 실행할 필요가 있다. 이와 같이 프로그램의 실행을 제어하는 명령을 제어문(Control Statement)이라고 부른다.

1) if, if-else문

```
if ( 조건식 )
{
    실행문-1 ;    //조건이 참이면 실행
    실행문-2 ;
        :
}
실행문-p ;
```

```
if ( 조건식 )
{
     실행문-p1 ;    //조건이 참이면 실행
     실행문-p2 ;
        :
}
else
{
     실행문-q1 ;    //조건이 거짓이면 실행
     실행문-q2 ;
}
```

여기서 고려할 사항은 각각의 실행문이 1개일 경우에는 { }를 생략해도 좋다. if(조건) 명령에서 조건식이 참의 결과일 때 이하 명령이 실행되는데, C언어에서 참이란 0이 아닌 정수가 조건식 자리에 와도 참으로 간주한다. 즉, 0은 거짓이며 0이 아닌 정수는 모두 참이다.

```
if ( 조건식 )      실행문-p1 ;
else
{
      실행문-q1 ;
      실행문-q2 ;
}
```

Arduino와 같은 마이크로컨트롤러는 외부에서 스위치 동작 상태를 인식할 때 그림 2-23과 같은 회로를 구현하여 상태를 입력받는다. 그림 2-23(a)에서 스위치가 "on" 상태이면 Vin은 0(0[V])으로 인식하며, "off" 상태이면 Vin은 1(5[V])로 인식한다. 반면에 그림 2-23(b)에서 스위치가 on 상태이면 마찬가지로 Vin은 0(0[V]) 상태로 인식하지만, "off" 상태이면 Vin은 붕 떠 있는 상태(floating)가 되어 digital 값은 0도 1도 아닌 상태로 인식이 모호해진다. 이와 같이 off 상태에서 확실하게 Vin의 상태가 1(5[V])이 되도록 하는 것이 저항의 역할이다. 이 저항이 전원단에 걸려있다고 하여 풀업(Pull up) 저항이라고 부른다.

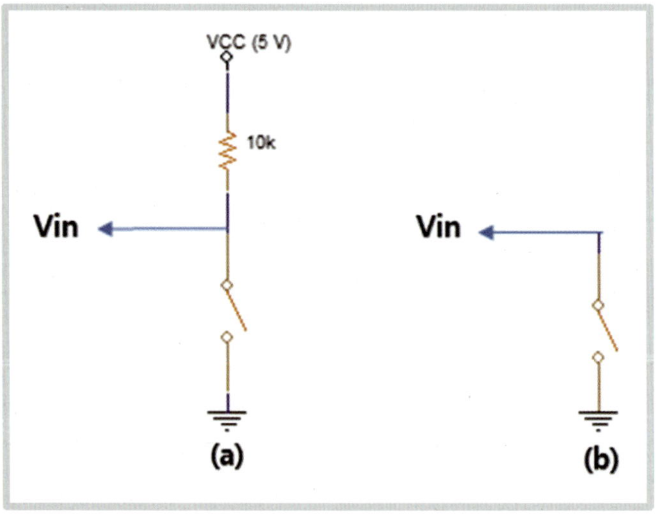

| 그림 2-23 | 스위치 동작 감지회로

ATmega328은 마이크로프로세서 내부에 20[kΩ] ~ 50[kΩ]의 풀업저항이 설계되어 있으며, 이러한 내부의 풀업 저항을 사용하고자 할 때 초깃값을 설정하여야 한다. 만약 사용을 원하면 한 번 해당 비트에 1을 출력해 주어야 한다. 풀업 저항을 사용할 것인지? 아니면 외부에 별도로 저항을 연결할 것인지를 사용자가 선택할 수 있다. 이는 스위치뿐만 아니라 각종 digital 센서 입력도 마찬가지다. 풀업 저항을 선택하는 절차는 다음과 같다.

1. 1개 Pin으로 digital 데이터를 입력받는 경우
   a. 마이크로프로세서 외부에 별도의 풀업 저항이 있는 경우에 입력 핀 설정
      pinMode(핀번호, INPUT);
   b. 마이크로프로세서 외부에 별도 풀업 저항이 없는 경우(내부 핀 사용)에 입력 핀 설정
      pinMode(핀번호, INPUT_PULLUP);

2. 1[byte] 단위로 digital 데이터를 입력받는 경우
   a. 마이크로프로세서 외부에 별도 풀업 저항이 있는 경우에 입력 핀 설정
      DDRport=특정 핀 입력으로 설정;
   b. 마이크로프로세서 외부에 별도 풀업 저항이 없는 경우(내부 핀 사용)에 입력 핀 설정
      DDRport=특정 핀 입력으로 설정;
      PORTport=특정 핀 1로 출력(시작할 때 1번)

본서에서는 내부 풀업 저항을 이용하는 방식을 사용할 예정이다. 조건문과 풀업 저항의 기능을 익히기 위하여 프로젝트명을 [Project210]으로 하고 메뉴에서 [File – Import Project Clip]을 선택한 후 저장한 "LedDriver.pdsclip" 파일을 불러와 사용한다. 그리고 그림 2-24와 같이 ATmega328 PORTD(4..7)로 매핑한 Arduino 핀(4,5,6,7)에 스위치를 연결한다.

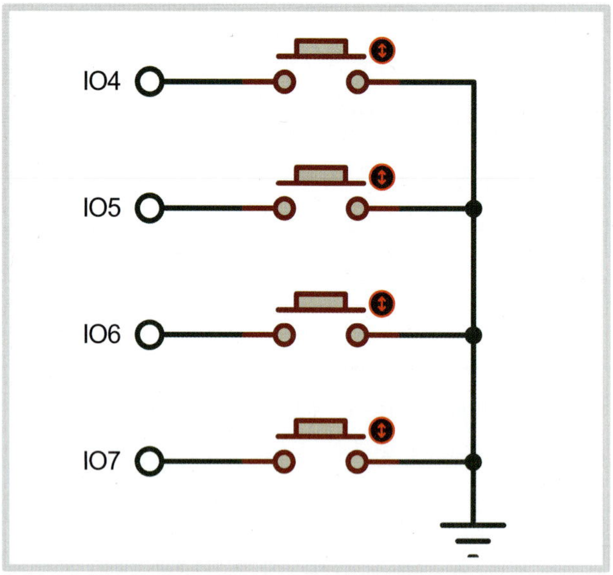

| 그림 2-24 | 스위치 인터페이스

이때 사용하는 스위치는 토글스위치이며 속성은 표 2-11과 같다. 여기서 IO4..IO7은 Arduino 마이크로프로세서 왼쪽 위 끝에서 복사하여 사용한다.

표 2-11 부품 특성표(그림 2-25 회로)

부품명	Mode	Edit Properties	비고
버튼 스위치	① Component Mode ② Pick Symbol ③ 검색 : button	• [버튼선택] 우측 마우스 버튼 • Edit Properties 선택 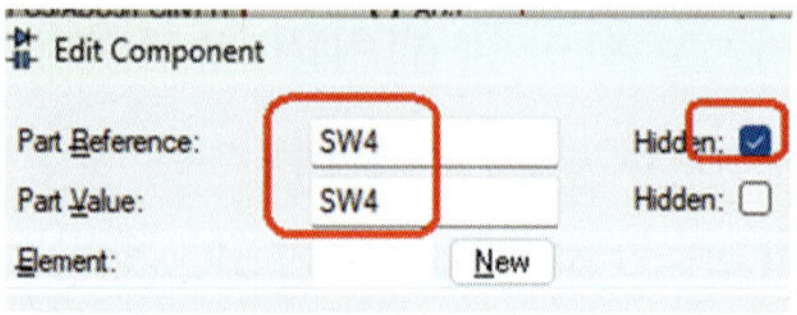 - Part Reference : Hidden Check	Toggle 방법: Space bar
GROUND	① Terminal Mode ② GROUND		접지

예제 Project210 실습을 위한 전체 회로도를 표현하면 그림 2-25와 같다. 예제 Project208은 if 문을 이용하여 스위치 상태에 따라 해당 LED 점등하는 실습으로 스위치와 대응하는 LED는 다음과 같다.

표 2-12 LED 점등 조건

on 스위치	Arduino 핀 번호	LED on	Arduino 핀 번호
SW4	4	LED 7	8
SW5	5	LED 6	9
SW6	6	LED 5	10
SW7	7	LED 4	11

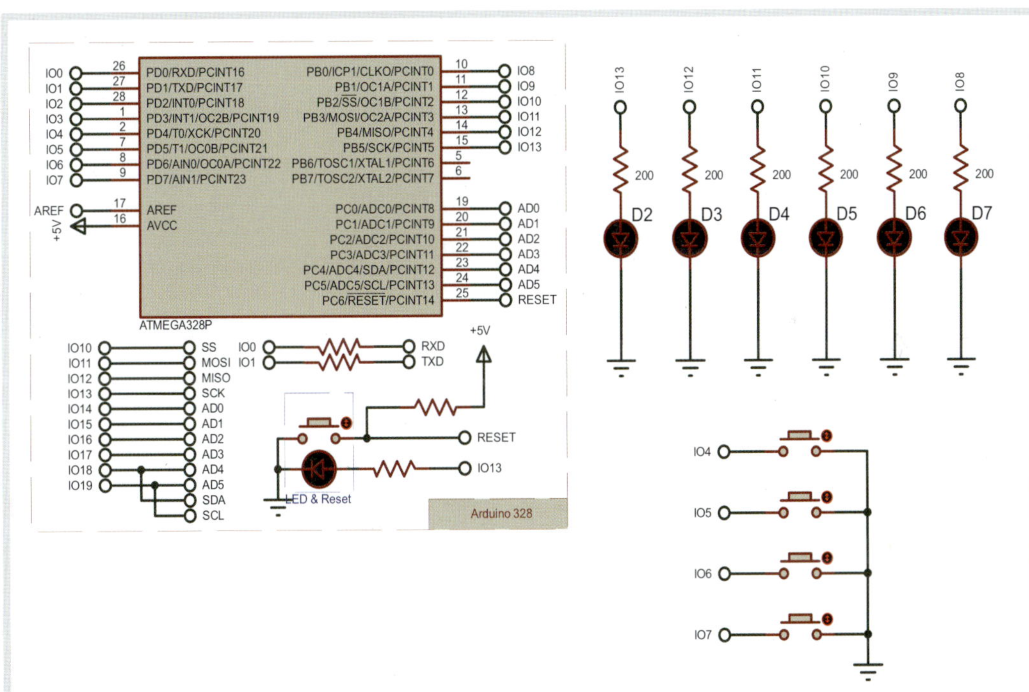

| 그림 2-25 | Project210 실습 회로도

Project 210 if 조건문

```
void setup()
{
// pin 4,5,6,7 : 입력으로 사용
  pinMode(4, INPUT_PULLUP);    pinMode(5, INPUT_PULLUP);
  pinMode(6, INPUT_PULLUP);    pinMode(7, INPUT_PULLUP);

  // pin 8,9,10,11 : 출력으로 사용
  pinMode(8, OUTPUT);   pinMode(9, OUTPUT);
  pinMode(10, OUTPUT); pinMode(11, OUTPUT);
}

void loop()
{
  byte nPin=4, nValue;

  nValue=digitalRead(nPin);
  if(nValue==0) digitalWrite(nPin+4, HIGH);
  else          digitalWrite(nPin+4, LOW);

  nValue=digitalRead(nPin+1);
  if(nValue==0) digitalWrite(nPin+5, HIGH);
  else          digitalWrite(nPin+5, LOW);

  nValue=digitalRead(nPin+2);
  if(nValue==0) digitalWrite(nPin+6, HIGH);
  else          digitalWrite(nPin+6, LOW);

  nValue=digitalRead(nPin+3);
  if(nValue==0) digitalWrite(nPin+7, HIGH);
  else          digitalWrite(nPin+7, LOW);
}
```

Project210 실습의 setup() 초기화 함수에서 bit 단위로 입출력 핀을 초기화하였는데, 이를 byte 단위로 다음과 같이 단순하게 포트 초기화를 표현할 수 있다.

Project 210

```
void setup()
{
// pin 4,5,6,7 : 입력으로 사용, PORTD 0,1,2,3,4,5,6,7
 DDRD=0x00;
 PORTD=0xF0;  //INPUT_PULLUP 사용

 // pin 8,9,10,11 : 출력으로 사용, PORTB 0,1,2,3
 DDRB=0x0F;
}
```

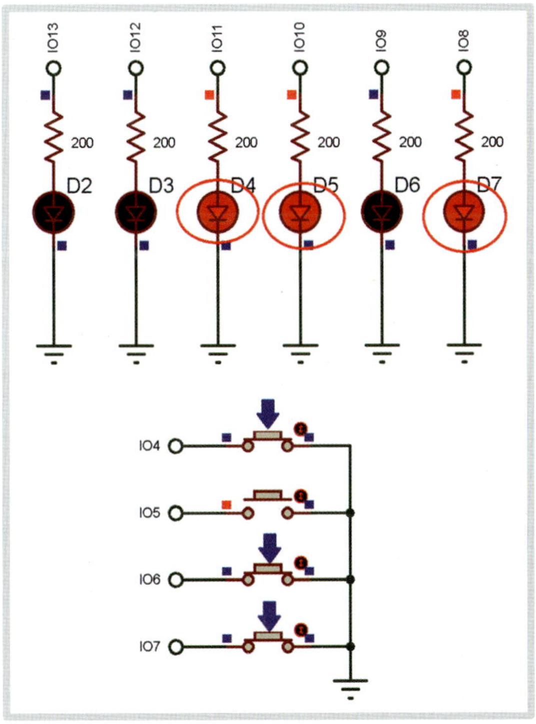

| 그림 2-26 | Project210 실행 결과

버튼스위치 동작은 [스페이스 바]를 누르면 toggle 동작으로 "on", "off"가 반복되며 [마우스 클릭]은 클릭하고 있는 동안만 "on" 상태가 된다. 동작이 완료되었으면 버튼스위치 회로를 드래그하여 Project Clip을 "ToggleSw4"로 저장(Import)한다.

2) if-else if 문

여기 다섯 명의 학생이 있다고 가정하자. 그중 오른쪽에서 세 번째 학생의 이름이 "홍길동"이라면 오른쪽부터 호명하여 "홍길동인가?"라고 물으면 "아니오"라고 대답할 것이고, 다시 두 번째 학생에게 질문하면 또 "아니오"라고 대답할 것이며, 세 번째 학생에게 같은 질문을 하면 "예"라고 대답할 것이다. 우리는 더 이상 네 번째 학생과 다섯 번째 학생에게 반복으로 같은 질문을 할 필요가 없다. 이와 같이 반복해서 조건을 검색하여 '참'일 때까지 재반복하여 조건을 검색하고자 할 때는 else if 문을 연속해서 사용한다.

```
if ( 조건식-1 )
{
      실행문-1 ;       // 조건식-1이 참이면 실행 그리고 실행문-Z로
}
else if( 조건식-2 )
{
      실행문-2 ;    // 조건식-1이 거짓이고 조건식-2가 참이면 실행 그리고 실행문-Z로
}
   :
   :
else if( 조건식-n )
{
      실행문-n ; // 위 조건식이 모두 거짓이고 조건식-n이 참이면 실행 그리고 실행문-Z로
}
else      // 필요 없으면 생략해도 좋다
{
      실행문-p ; // 위 조건식이 모두 거짓이면 실행 그리고 실행문-Z로
}
실행문-Z;
```

다음 Project211은 if- else if 조건문을 익히는 예제이다. 프로젝트 회로 구현을 위해 Project Clip "LedDriver.pdsclip"와 "VirtualTerminal.pdsclip" 불러와 Schematic Capture 전자 용지에 위치시킨다.

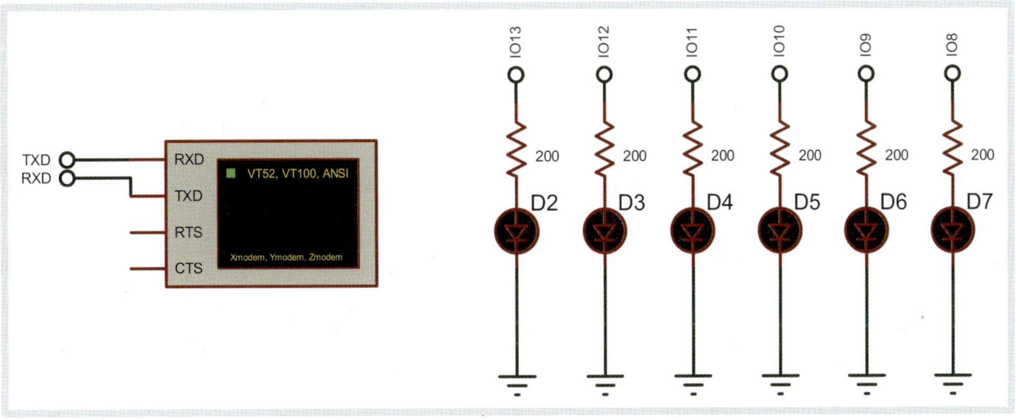

| 그림 2-27 | Project211 실습 회로도

Project211 예제에서는 초기 점수 95점을 부여한다. 그리고 초기 점수를 10점씩 빼가면서 해당 점수에 대하여 다음과 같이 시각적으로 알 수 있도록 한다.

표 2-13 LED 점등 조건 및 화면표시

점수	화면표시	LED 점등 핀
90점 이상	점수, A	8번핀
80점 이상	점수, B	9번핀
70점 이상	점수, C	10번핀
70점 미만	점수, F	11번핀

Project 211 if- else if 조건문

```
int nPoint=95;   // 초기 점수 95점
void setup()
{
  DDRB=0x0F;   // pin 8,9,10,11 : 출력으로 사용, PORTB 0,1,2,3
  PORTB=0x00; //  LED  all off
  Serial.begin(9600);
}
void loop()
{
  char chLevel;
  if( nPoint>=90)
  {
    chLevel='A';    digitalWrite(8, HIGH);
  }
  else if( nPoint>=80)
  {
   chLevel='B';    digitalWrite(9, HIGH);
  }
  else if( nPoint>=70)
  {
   chLevel='C';    digitalWrite(10, HIGH);
  }
  else
  {
    chLevel='F';    digitalWrite(11, HIGH);
  }

  String strJumsu="Point "+String(nPoint)+"="+String(chLevel);
  Serial.println(strJumsu);    // 다음 쪽 계속
```

```
    nPoint=nPoint-10;
    if(nPoint<60) nPoint=95;  // 60점 미만이면 점수 초기화
    delay(1000);
    PORTB=0x00; // LED 전체 소등
}
```

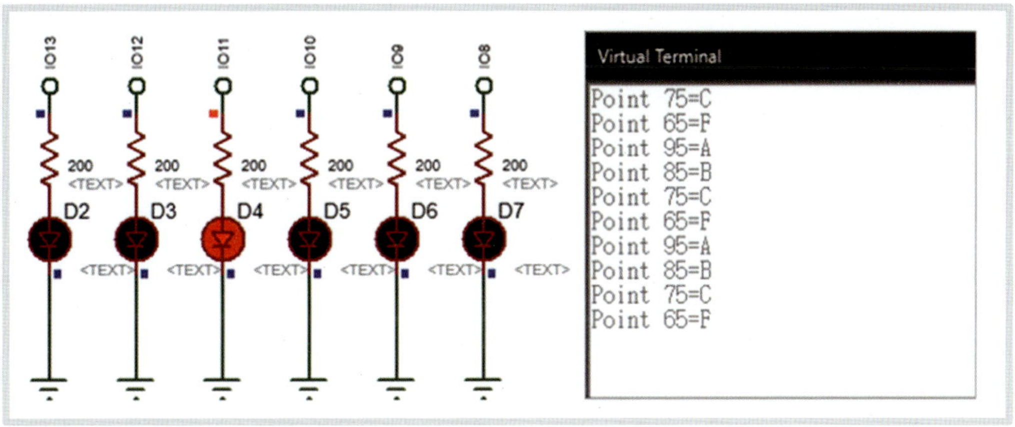

| 그림 2-28 | Project211 실행 결과

3) switch-case 문

if( ) 문은 조건식에 따라 참과 거짓을 판단하여 프로그램 실행을 분기시키지만, switch~case 문은 조건을 검색하는 것이 아니라 switch가 지정하는 case 문을 찾아서 실행문이 동작하도록 분기하는 방법으로 일반 형식은 다음과 같다.

```
switch( 변수 )
{
    case 변수값-1 :  실행문-1 ;  break ;
    case 변수값-2 :  실행문-2 ;  break ;
                        :
    case 변수값-n :  실행문-n ;  break ;
    default :          실행문-p ;
}
```

switch() 문의 특징을 요약하면 다음과 같다.

switch() | Keypoint

- switch(변수) : 조건 변수의 값은 정수형 데이터 또는 문자
- switch(변수)에서 변수의 값과 case 문에서의 변숫값이 일치하는 실행문을 실행하고 이하의 나머지 실행문도 실행하게 된다.
- 이하의 실행문을 실행하다가 break 문을 만나면 switch 문에서 탈출한다.
- 만일 switch() 조건의 변수의 값과 일치하는 case 문에서 변숫값이 없으면, default에 해당하는 문장을 실행한다.
- default 문이 필요 없을 때는 생략해도 좋다.
- case 문에서는 실행문이 여러 개라 하더라도 중괄호{ }를 사용하지 않아도 좋다.
- case 문에 대응하는 실행문이 긴 경우는 다음 줄에 이어서 작성할 수 있다.

Project212 예제는 switch-case 조건문을 익히는 예제이다. 프로젝트 회로 구현을 위해 “LedDriver.pdsclip”와 “ToggleSw4.pdsclip”, “VirtualTerminal.pdsclip” 등 3개의 project Clip을 불러와 Schematic Capture 전자 용지에 위치시킨다. Project212 예제는 4개의 스위치가 각각 눌러졌을 경우 스위치에 대응하는 LED 4개가 switch-case 기능을 이용하여 깜빡이 동작하는 경우이다. 이에 대한 주요 기능은 다음과 같다.

• LED와 연결된 핀(12,13핀은 사용하지 않음)

Arduino 핀	~~13~~	~~12~~	11	10	9	8
ATmega328 (PORT_B)	5	4	3	2	1	0
16진수 변환 bit값	2	1	8	4	2	1

• 스위치와 연결된 핀

Arduino 핀	7	6	5	4	~~3~~	~~2~~	~~1~~	~~0~~
ATmega328 (PORT_D)	7	6	5	4	3	2	1	0
16진수 변환 bit값	8	4	2	1	8	4	2	1

스위치값은 digitalRead(Arduino 핀번호)를 읽을 수도 있지만 스위치가 여러 개인 경우는 PINport를 이용하여 읽어들이는 것이 편리하다. 예제는 PORT_D에 스위치가 연결되어 있으므로 PIND를 통해 8bit 데이터를 동시에 읽어 들인다. 이 경우 스위치가 눌러지면 해당 핀의 값이 0이 되므로 보수를 취하여 스위치가 눌러졌을 때 1로 변환하면 시인성을 높일 수 있다. 마찬가지로 핀 0..3번까지 하위 비트는 연결되어 있지 않으므로 모두 0으로 masking 처리할 필요가 있다.

nValue=PIND; 명령으로 읽어 들인 비트값은 보수 처리하고 하위 바이트 마스킹 처리하는 과정을 이해하기 위하여 Arduino핀 4번과 6번, 7번이 연결된 버튼이 눌러졌을 경우를 가정해 보자.

프로그램 명령	byte bit값	설 명
nValue=PIND;	0 0 1 0 × × × ×	nValue(2진수)
~nValue	1 1 0 1 ~×~×~×~×	보수처리
~nValue & 0xF0	1 1 0 1 0 0 0 0	하위바이트 masking 처리
nValue>>4	0 0 0 0 1 1 0 1	상위바이트 값 하위바이트 위치로 이동

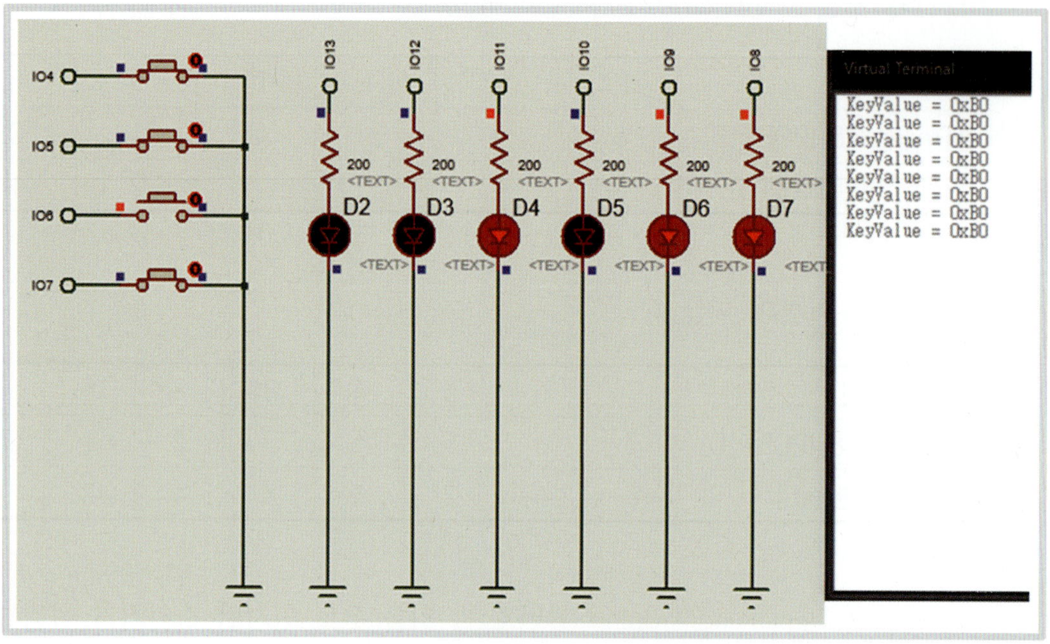

| 그림 2-29 | Project212 실행 결과

Project 212 switch - case

```
void setup()
{
  // pin 4,5,6,7 : 입력으로 사용, PORTD 0,1,2,3,4,5,6,7
  DDRD=0x00;
  PORTD=0xF0;  //상위 바이트 INPUT_PULLUP 사용

  // pin 8,9,10,11 : 출력으로 사용, PORTB 0,1,2,3
  DDRB=0x0F;
  PORTB=0x00; //  LED all off

  Serial.begin(9600);
}
 // 다음 쪽 계속
```

```
void loop()
{
    byte nKeyValue;
      //
    nKeyValue=PIND; delay(10);  //Port_D로부터 1[byte] 데이터 입력
    nKeyValue=(~nKeyValue) & 0xF0; //nKeyValue 반전 & 하위바이트 mask

    Serial.print(" KeyValue = 0x"); Serial.println(nKeyValue,HEX);

    switch(nKeyValue)
    {
     case 0x00 : PORTB=0x00;  break;       //어느 키도 눌려지지 않은 경우
     case 0x10 : digitalWrite(8,HIGH);  break;   //IO4 핀 연결된 SW "on"
     case 0x20 : digitalWrite(9,HIGH);  break;   //IO5 핀 연결된 SW "on"
     case 0x40 : digitalWrite(10,HIGH); break;   //IO6 핀 연결된 SW "on"
     case 0x80 : digitalWrite(11,HIGH); break;   //IO7 핀 연결된 SW "on"
     default    : PORTB=nKeyValue>>4;          // 2개 이상 SW ON인 경우
    }
    delay(200);  PORTB=0x00;  delay(100);// 전체 소등
}
```

위 프로그램이 정상적으로 동작하면 임의의 위치에서 break문을 제거해 보고, break 기능을 익혀보자.

연습문제

1. 프로젝트명을 "학번Exercise203"로 하여 Schematic Capture 전자 용지를 생성한다. 생성한 전자 용지에 Blue LED 8개를 연결한 Project Clip [c:₩Porteus 8₩Snippets₩Led8.pdsclip]을 불러와 회로를 완성한다. 다음과 같이 반복적으로 LED가 이동하도록 shift 연산자와 if() 명령을 이용하여 프로그램을 작성하시오.

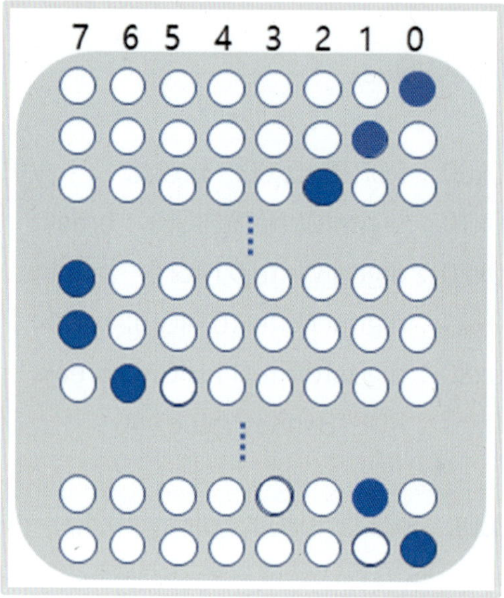

| 그림 2-30 | 좌우 shift 조건

2. 프로젝트명을 "학번Exercise204"를 만든다. 그리고 저장한 Project Clip을 불러와 다음과 같이 회로를 구성한다. 주어진 스위치 상태에 따라 LED가 켜지도록 switch-case 문을 이용하여 프로그램을 작성하시오.

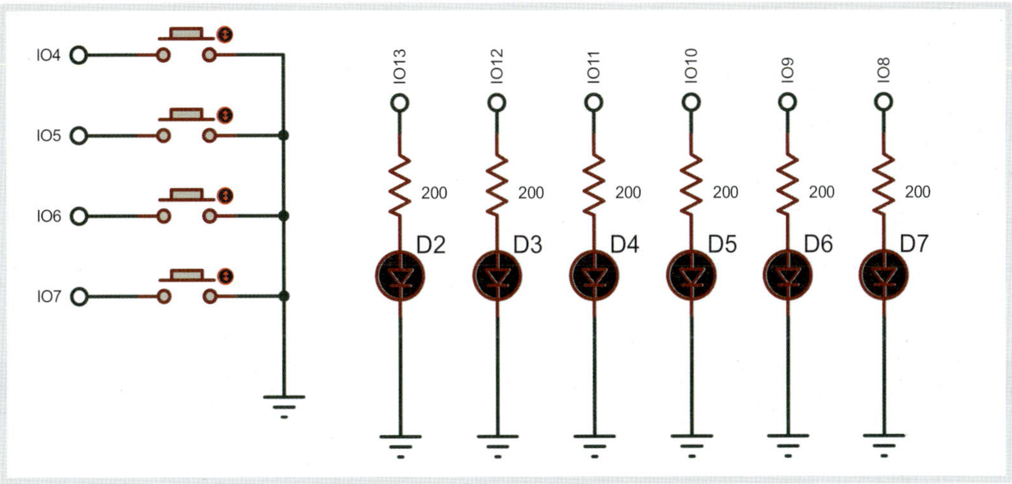

| 그림 2-31 | Exercise204 회로도

표 2-14 예제 2의 LED 점등 조건

switch On	점등 LED
ID4 1개	**D7** : (IO8)
ID5 1개	**D7 D6** : (IO8, IO9)
ID6 1개	**D7 D6 D5** : (IO8, IO9, IO10)
ID7 1개	**D7 D6 D5 D4** : (IO8, IO9, IO10, IO11)
2개 이상 on	**D7 D6 D5 D4 D3 D2** : (IO8, IO9, IO10, IO11, IO12)
모두 off	All Off

2.3 반복문

학습목표

- while() 문을 이용하여 명령 문장을 반복하는 반복문을 구현할 수 있다.
- while(), do-while() 문의 차이를 설명할 수 있다.
- for() 문을 이용하여 반복문을 프로그래밍할 수 있다.
- 무한 반복문으로 하드웨어를 제어할 수 있다.
- 분기 조건 제어문을 이용하여 반복문을 제어할 수 있다.

학습내용

- while() 문 구조와 특징
- do-while() 문 구조
- for() 반복문 구조와 특징
- range 기반 for() 반복문
- 무한 반복문
- 분기명령(break, continue, return)

프로그램에서 주어진 조건이 만족(true)되는 동안은 해당 실행문을 무한히 반복하여 실행하고자 할 때 사용하는 명령어를 반복문이라고 부른다. 반복문에는 while( )문, do~while( )문 그리고 for( )문 등이 있다.

① while( ), do-while( )문

while(조건) 문은 조건이 참이거나 0이 아닌 값일 때 while( ) { 실행문 }으로 표현되는 실행문들이 차례로 실행하고 다시 조건을 검색한다. 물론 실행 문장이

하나이면 { }를 생략해도 좋다. 조건이 거짓이면 while( ) 문을 빠져나간다. 즉, while( )문은 선조건, 후반복이다.

do~while(조건); 문은 do 다음 { }로 둘러싼 문장을 무조건 실행한다. 그리고 while(조건) 문에서 조건을 검색하여 조건이 만족되면 다시 { }로 둘러싼 문장을 반복 실행한다. 그러나 다시 조건을 검색하여 거짓이거나 0의 값을 가지면 반복문을 빠져나온다. 따라서 실행문은 최소한 한 번은 실행하게 된다. 즉, do-while()문은 선반복, 후조건이다. 일반적인 while( ), do-while( ) 기능은 다음과 같다.

while(), do-while() 반복문 | Keypoint

- while(조건) 반복문 형식

```
while ( 조건 )
{
        실행문-p1 ;
            :
        실행문-pn ;
}
```

- do-while(조건) 반복문 형식

```
do
{
        실행문-p1 ;
            :
        실행문-pn ;
}while ( 조건 );
```

- while(조건) 참일 때 { } 문장 실행,
- 조건 : 참(true)이거나 0이 아닌 값

또한 마이크로컨트롤러에 Firmware 프로그램을 코딩할 때 main()에서는 항상 무한 반복문을 구현하여야 한다. Arduino sketch 프로그램에서도 반복 루프 loop() 함수가 제공되지만, loop() 함수 내에서 초기에 선언된 변수들이 늘 초기화되기 때문에 변숫값들을 활용하는 데 있어서 문제를 일으킬 수 있다. 이를 해소하는 방법이 while() 문을 이용하여 무한 반복문의 뼈대를 만들어 사용하면 매우 편리하다. 다음에 각각의 사용법을 보였다.

//마이크로프로세서 main()문	//Arduino sketch loop()문

int main()
{
  변수선언;
  초기화 실행;
  :
  while(1)   **// 무한반복**
  {
    실행문1;
    실행문2;
  }
}
	void loop()
	{
	  변수선언;
	  초기화 실행;
	  :
	  while(1) **// 무한반복**
	  {
	    실행문1
	    실행문2
	  }
	}

참고로 while(1); 명령은 프로그램을 코딩하고 특정 위치까지만 디버깅하고자 할 때 유용하게 사용하는 방법이다. 이는 while(1); 명령은 항상 참이므로 이하 문장으로 빠져나가지 못하므로 프로그램을 멈추게 하는 효과를 얻을 수 있다.

```
void loop()
{
  :
  while(1);            // 절차적으로 여기까지만 동작
  :
}
```

Project213 예제에서는 주어진 값을 증가시켜 가면서 특정값 범위 내에서는 반복적으로 실행하고, 특정값을 벗어나면 while 반복문을 벗어나는 프로그램이다. 이 예제는 "LedDriver.pdsclip"와 "VirtualTerminal.pdsclip" 2개의 project Clip이 필요하다.

Project 213 while 반복문

```
byte nPin=8;
void setup()
{
    // Arduino 핀 8..11까지 출력으로 선언
    pinMode(nPin, OUTPUT);        pinMode(nPin+1, OUTPUT);
    pinMode(nPin+2, OUTPUT);      pinMode(nPin+3, OUTPUT);
    Serial.begin(9600);
}

void loop()
{
while(nPin<12)      // nPin 시작값 8부터 시작, 12가 되면 반복문 탈출
    {
        Serial.print(" Pin = ");        Serial.println(nPin);
        digitalWrite(nPin, HIGH);       delay(300);
        digitalWrite(nPin, LOW);        delay(300);
        nPin++;
    }
    Serial.println(" Finish while() ");
    if(nPin==12) nPin=8; // 반복문을 빠져나오면 다시 초기화
}
```

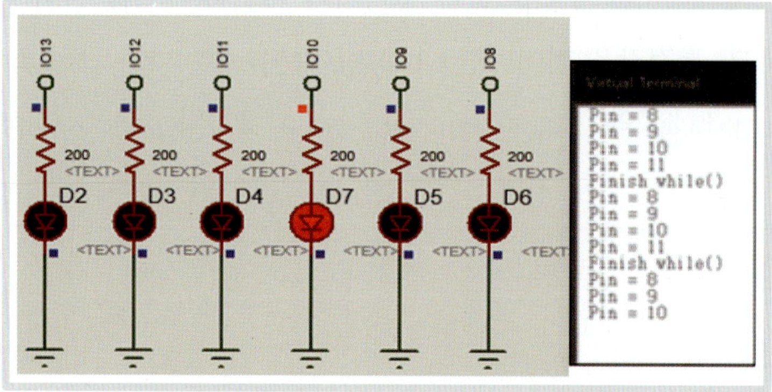

| 그림 2-32 | Project213 실행 결과

② for( )문

C언어 계열에서 가장 많이 사용하는 반복문은 for( ) 명령이므로 정확히 숙지하고 있어야 한다. C++에서는 배열데이터에 대하여 python 언어와 같은 range 기능을 제공한다. for( ) 문의 일반적인 기능은 다음과 같다.

for( ) 반복문 | Keypoint

• for() 반복문 형식

```
for( 초깃값① ; 조건식② ; 증감분③ )
  {
      실행문-1 ;
      실행문-2 ;
          :
      실행문-n ;
  }
```

① 초깃값으로 조건식을 검색하며,

② 조건식의 결과가 참이면[0이 아니면],
{ }로 둘러싼 실행문을 실행하고
거짓이면 for() 실행문을 빠져나온다.

③ 증감분 만큼 초깃값을 변경시키고 ②의 과정을 반복한다.

• range 기반 for() 반복문 형식

```
for(자료형 변수명 : 배열명)
{
      변수명 이용;
}
```

참고로 for( ) 반복문에서 while(1)과 같이 무한 반복문을 for(;;)로 구현할 수 있다. Project214 예제에서 Arduino 핀번호 0번부터 7번까지 순서대로 연결한 LED가 순서대로 깜박이도록 하는 프로그램을 통해 for() 명령을 익힌다. 이 예제는 "Led8.pdsclip" Project Clip을 이용한다. 우리가 작성했었던 "Led8.pdsclip" Project Clip 회로는 Arduino핀 0부터 7번까지 LED 8개가 연결되어 있다.

Project 214 for 반복문

```
void setup()
{
     byte nPin;
     for(nPin=0; nPin<8; nPin++)   pinMode(nPin, OUTPUT);
}

void loop()
{
byte nValue;
    for(nValue=0; nValue<8; nValue++)    // nValue 0..7까지 1씩 증가
    {
        digitalWrite(nValue, HIGH);    delay(200);  // 해당 핀 깜빡
        digitalWrite(nValue, LOW);     delay(200);
    }      // 다음 쪽 계속
```

```
    byte nData[4]={7,5,3,1};             //4개 데이터를 갖는 배열
    for(byte nValue : nData)             //range 기반 for ()
    {
       digitalWrite(nValue, HIGH);   delay(200); //nData 4개 차례대로 깜빡
       digitalWrite(nValue, LOW);     delay(200);
    }
}
```

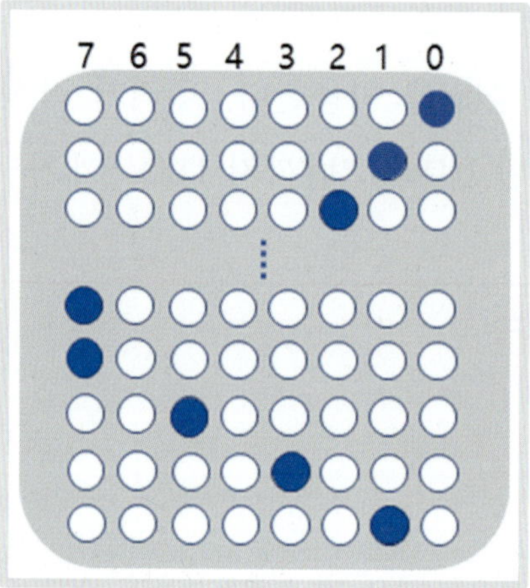

| 그림 2-33 | Project214 실행 결과

③ 분기명령

C언어에서 break 명령은 break 문이 속한 블록{ }을 빠져나가게 하는 명령이다. for(), while( ) 문과 같은 반복문에서 break 문은 반복문을 마찬가지로 빠져나간다. 프로그램 실행 중 return 명령을 만나면 return 문이 속한 함수를 빠져나간다. 함수 내에 반복문이 있다면 반복문도 빠져나가고 반복문을 포함한 함수도 빠져나간다.

반면에 반복문에서 continue 문을 만나면 continue 이하 문장을 실행하지 않고 반복문의 처음 조건을 검색하여 다시 실행한다. 이상에서 설명한 내용을 도시하면 다음과 같다.

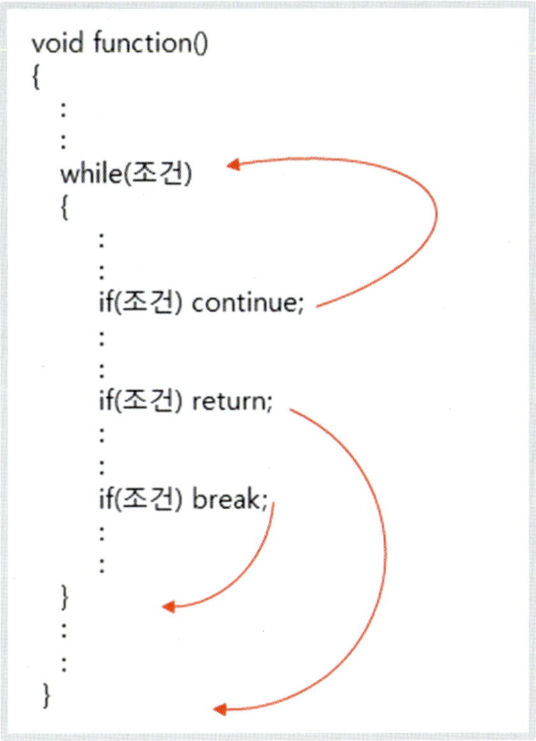

Project215 예제는 Arduino 핀번호 8번부터 13번까지 6개의 LED가 연결되어 있는데 LED가 순서대로 깜박이도록 하였다. 문장 중간에 break, return, continue를 추가하면 어떻게 구동되는지 관찰하면서 분기명령을 익힌다.

Project215를 구현하기 위하여 Schematic Capture 전자 용지에 2개의 Project Clip "LedDriver.pdsclip"와 "VirtualTerminal.pdsclip"을 불러와 붙인다. 우리가 작성했었던 "LedDriver.pdsclip" Project Clip 회로는 Arduino 핀 8부터 13번까지 LED 6개가 연결되어 있다.

Project 215 분기명령

```
void setup()
{
    for(byte nPin=8; nPin<14; nPin++) pinMode(nPin, OUTPUT);
    Serial.begin(9600);
}

void loop()
{
  byte nLed=8;
  Serial.println(" Start while()! ");

  while(nLed<14)
  {
    digitalWrite(nLed, HIGH);    delay(200);
    digitalWrite(nLed, LOW);     delay(200);
    Serial.print(" LED= ");      Serial.println(nLed);

      // 1개씩 실행
//    if(nLed==10) break;
//    if(nLed==10) continue;
//    if(nLed==10) return;
      nLed++;
  }
  Serial.println(" Finish while() ");
  Serial.println(" -------------- ");  delay(200);
}
```

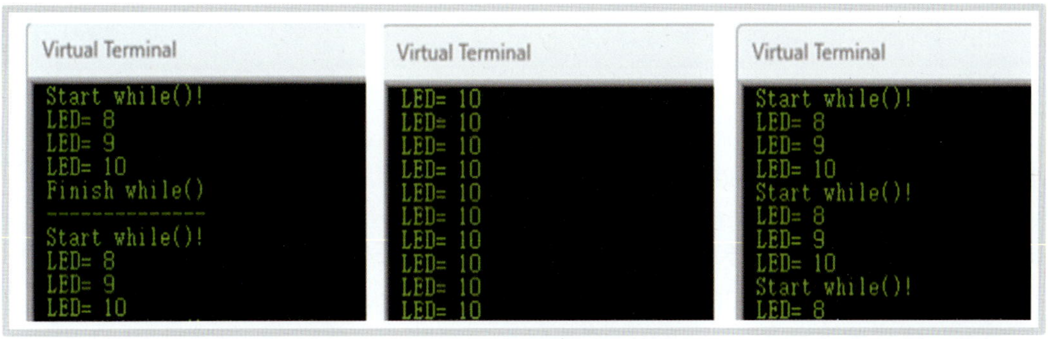

(a) break (b) continue (c) return

| 그림 2-34 | Project215 실행 결과

연습문제

1. break, return, continue 명령의 기능을 설명하시오.

2. range 기반 for() 문을 이용하여 다음과 같이 LED가 점등하도록 프로그램을 작성하시오. 프로젝트명을 "학번Exercise203"로 하여 Schematic Capture 전자 용지를 생성한다. 생성한 전자 용지에 Blue LED 8개를 연결한 Project Clip [c:₩Porteus 8₩Snippets₩Led8.pdsclip]을 불러와 회로를 완성한다.
   [hint] byte nLED[8]={7,5,3,1,0,2,4,6};

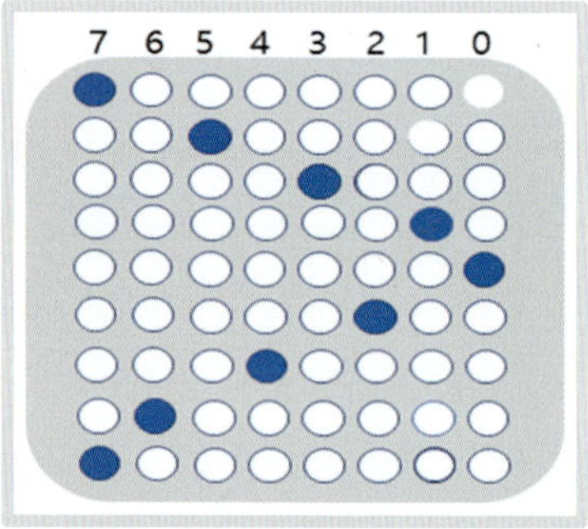

| 그림 2-35 | 연습문제2 조건

3. Project213 예제를 do while() 문으로 변경하는 프로그램을 작성하시오.

4. Project214 예제의 다음 부분을 while() 문으로 바꾸어 같은 결과가 나오도록 프로그램을 수정하여 작성하시오.

```
byte nValue;
for(nValue=0; nValue<8; nValue++)   // nValue 0..7까지 1씩 증가
{
    digitalWrite(nValue, HIGH);    delay(200);   // 해당 핀 깜빡
    digitalWrite(nValue, LOW);     delay(200);
}
```

5. Project210 예제 전체를 for() 반복으로 간략하게 변환하는 프로그램을 작성하시오.

2.4 포인터와 배열

학습목표

- & 연산자의 4가지 기능을 설명할 수 있다.
- 참조자로 사용될 때 & 연산자의 사용법을 표현할 수 있다.
- pointer의 사용 용도를 설명하고 프로그램에 구현할 수 있다.
- 주소 연산자를 이용하여 pointer의 기능을 명료하게 이해할 수 있다.
- 같은 자료형의 연속 데이터를 표현하는 배열의 특징을 설명할 수 있다.
- 동적 할당, 메모리 할당을 위한 new 연산자의 기능을 이해할 수 있다.
- 배열과 포인터의 관계를 데이터가 저장된 주소 측면에서 설명할 수 있다.

학습내용

- & 연산자의 4가지 기능
- 참조자 & 연산자의 사용법
- pointer의 용도와 표현 방식
- 배열 선언과 특징
- 배열의 이름과 pointer와의 관계

일반적으로 변수나 상수를 선언하고 데이터를 입력하면 데이터가 메모리에 저장된다. 이때 데이터 관리를 위하여 메모리에 일련의 번호가 부여되는데 이러한 일련의 부여된 번호를 주소라 한다. 여기서 데이터가 저장된 시작 위치의 주소 정보를 알고 싶으면 변수명 앞에 주소 연산자 &(ampersand) 붙여줌으로써 해당 메모리의 주소를 알 수 있다. C언어에서 & 연산자는 주소 정보뿐만 아니라 추가로 몇 가지 기능에 사용된다. 다음에 & 연산자에 대한 기능을 요약 정리하였으니 매우 중요한 부분이므로 기억하기를 바란다.

& 연산자 | Keypoint

- 주소 연산자 : 변수 데이터가 저장된 메모리 주소(&변수명)
- 참조자(reference) : 실제 변수 이름 대신에 또 다른 이름 선언(별명),
  같은 위치의 메모리 위치를 가리키는 참조 역할

```
int a=10;
int &b=a;        // a와 b의 값은 동일한 값 10
```

- **bit연산**(AND) : &
- **논리연산(** AND) : &&

같은 개념으로 메모리에 데이터가 입력된 주소를 다루는 또 다른 방법이 포인터(pointer)인데, 포인터의 기본 개념은 변수에 데이터를 저장하는 것이 아니라 데이터가 저장된 주소를 저장하여 관리하며 이 주소를 활용하는 방법이다. 이 포인터는 변수명 앞 혹은 자료형 뒤에 포인터 기호 * 붙여준다. 포인터는 대규모 데이터를 다루는 프로그램에서 메모리 관리를 위하여 사용하는 매우 유익한 수단이다.

한편 같은 이름을 갖는 여러 개의 변수를 하나의 통합된 묶음으로 관리할 필요가 있을 때 편리하게 사용하는 방법이 배열이다. 본 절에서는 새로운 메모리 관리 개념인 참조자, 주소 개념의 포인터, 여러 개의 변수를 하나로 묶는 배열 그리고 배열과 포인터의 관계를 살펴보기로 한다.

① 참조자

변수를 선언하면 자료형의 크기로 메모리를 할당한다. 함수 편에서 학습하게 될 데이터를 전달하는 과정에서는 주고 받는 변수끼리 데이터가 복사된다. 따라서 복사할 때 같은 크기만큼 메모리를 추가로 할당받아야 한다. 프로그램을 작성하다 보면, 메모리 관리를 위하여 데이터 전달 과정에서 복사가 아닌 다른 이름만 갖는다면 서로 다른 두 이름은 같은 메모리를 공유하여 같은 데이터를 갖게 될 것이다.

이렇게 변수를 다른 이름으로 선언하여 같은 메모리의 데이터를 공유하는 것을 참조자(reference) 라고 한다. 즉, 참조자는 메모리 공간에 붙여진 이름, 즉 변수명의 또 다른 별명으로 메모리를 효율적으로 사용하기 위하여 제공된 것이다. 참조자는 선언과 동시에 무엇을 참조하였는지를 초기화하여야 하며, 한 번 초기화되면 참조하는 대상을 변경할 수 없다.

Project216 예제 회로는 ATmega328 보드와 "VirtualTerminal"만으로 구성한다.

Project 216 참조자

```
void setup()
{
    Serial.begin(9600);
}

void loop()
{
    int a=100;
    int &b=a;      // 변수 a의 또 다른 이름(별명)을 b라고 선언

    a=a+100;       // 변수 a값 변동
    Serial.print("a="); Serial.println(a);
    Serial.print("b="); Serial.println(b);
    Serial.println("------");

    b*=10;      // 참조자 변수 b값 변동
    Serial.print("a="); Serial.println(a);
    Serial.print("b="); Serial.println(b);

    while(1);  // 프로그램 멈춤
}
```

Project216 예제에서는 변수 a의 또 다른 이름(별명)을 b로 사용하려고 선언하였으며, a의 데이터가 변동이 일어나면 참조자 b도 동일한 메모리를 가리키므로 b가 가리키는 데이터도 같이 변동이 일어날 것이다.

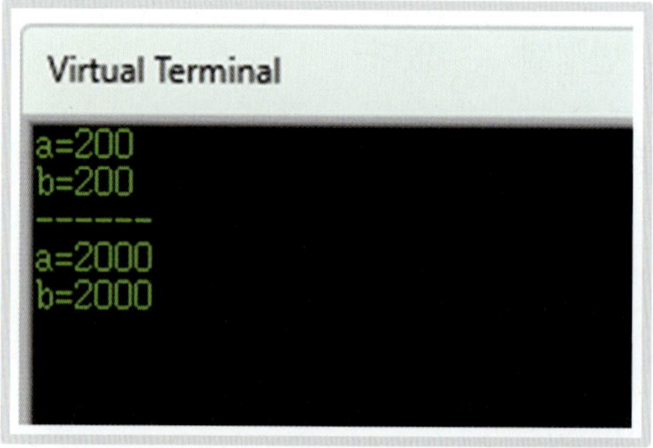

| 그림 2-36 | Project216 실행 결과

② 포인터(pointer)

포인터는 일반적인 자료형과는 다르게 변수의 주소를 저장하기 위하여 사용한다. 따라서 포인터 변수에 저장된 값은 값이 아니라 실제 데이터가 메모리에 저장된 주소이다. 포인터를 사용함으로써 C언어는 강력하게 데이터를 처리할 수 있는 능력을 갖추게 된다. 예를 들면, 메모리에 대용량의 데이터가 저장되어 있다고 하면 참조자와 마찬가지로 함수의 매개변수에 전달될 때 새로운 매개변수에 데이터가 복사되어 대용량의 메모리를 추가로 할당하는 경우가 발생한다. 이와 같이 메모리에 저장된 데이터를 개별 데이터가 아닌 데이터 묶음의 시작 주소만을 복사하여 전달하면 데이터를 읽기 쓰기 할 때 주소를 이용하면 메모리 관리 측면에서 매우 유용하게 된다.

포인터의 개념은 복잡하다고 생각이 될 수 있지만 이해만 잘하면 대용량의 데이터를 다루는 프로그램을 작성할 때 고급 프로그램화할 수 있다는 장점이 있다. 또한 부주의한 포인터의 이용은 혼란을 가져오기 때문에 동작 원리를 잘 이해하고 적은

용량의 변수 데이터를 다루는 데는 절제하여 사용하여야 한다. 요약하면 포인터에 저장된 값은 실제의 데이터 값이 아니라 실제 데이터가 저장된 메모리의 주소를 가리키는 번지를 기억하는 데 사용하는 변수를 포인터 변수라고 한다. 이때 포인터 변수 선언을 동적 메모리 할당이라고 한다.

일반적인 변수의 주소를 알고 싶으면 "&"를 변수명 앞에 사용하여 데이터가 저장된 메모리의 주소를 찾아낼 수 있지만, 포인터 변수는 저장된 값이 실제 데이터가 아니라 데이터가 저장된 주소임을 다시 한 번 상기하자. 포인터 변수를 선언하는 방법은 다음과 같다.

pointer | Keypoint

- pointer 선언 기본형식

  자료형 *포인터명= address;   //주로 함수에서 매개변수에 주소 전달할 때 사용

  또는

  자료형 *포인터명;

  포인터명 = address;

  자료형 *포인터명=new **자료형**   //C++ 추가 기능, 메모리 주소 자동 할당

- **포인터 선언 변수의 해석**

  포인터명 : 주소

  *포인터명 : 주소가 가르키는 메모리의 역참조 데이터

포인터 형식에서 자료형은 포인터 변수가 가리키는 자료형이어야 하며, 포인터명은 포인터 변수명이고, 앞의 "*"를 붙여 사용한다.

좀 더 자세히 정수형 자료 integer로 설명하면

```
int *pData;
pData=주소 입력;
*pData=정수 데이터;    //역참조(포인터가 가리키는 메모리의 실제 데이터)
```

와 같이 선언하고 사용하는데, 이는 다음과 같이 줄여서 사용할 수 있다.

```
int *pData=주소 입력;
*pData=정수 데이터;
```

C++에서 새롭게 추가된 new 연산자를 이용하면 컴퓨터가 자동으로 주소를 할당해준다.

```
int *pData=new int;
*pData= 정수 데이터;    //역참조
또는
int *pData=new int(정수 데이터);  // 데이터 초기화
```

일반적으로 변수를 포인터로 선언할 때는 주소를 반드시 할당하고 데이터를 저장하여야 한다. Project217 예제를 통해 주소 연산자(&)와 포인터의 기능을 살펴보기로 한다. 프로그램 실행 결과에 나오는 주소는 마이크로컨트롤러 혹은 PC마다 사용하는 시간마다 메모리 상태에 따라 다를 수 있다. 회로 구성은 "ATmega328" 보드와 Project Clips에서 "VirtualTerminal"을 불러와 구성한다. 예제에서는 일반변수 1개를 선언하고 이 변수에 대한 주소와 값을 출력하였으며, 포인터 변수 2개를 선언하여 같은 주소를 갖도록 하고, 데이터를 변동시켰을 때 출력으로부터 포인터 기능을 익히도록 하였다.

Project 217 주소 연산자와 포인터

```
void setup()
{
    Serial.begin(9600);
}

void loop()
{
    int nData=1000;
    int *pDataA=new int(2000);
    int *pDataB=pDataA;

    Serial.print("nData address= 0x"); Serial.println( int(&nData), HEX );
    Serial.print("nData Value="); Serial.println(nData);
    Serial.println("------");

    Serial.print("pDataA address=0x"); Serial.println( int(pDataA), HEX );
    Serial.print("pDataB address=0x"); Serial.println( int(pDataB), HEX );
    Serial.println("------");

    Serial.print("pDataA Value="); Serial.println( *pDataA );
    Serial.print("pDataB Value="); Serial.println( *pDataB );
    Serial.println("------");

    *pDataB=4000;             // (10)
    Serial.print("pDataA Value="); Serial.println( *pDataA );
    Serial.print("pDataB Value="); Serial.println( *pDataB );
    while(1);  // 프로그램 멈춤
}
```

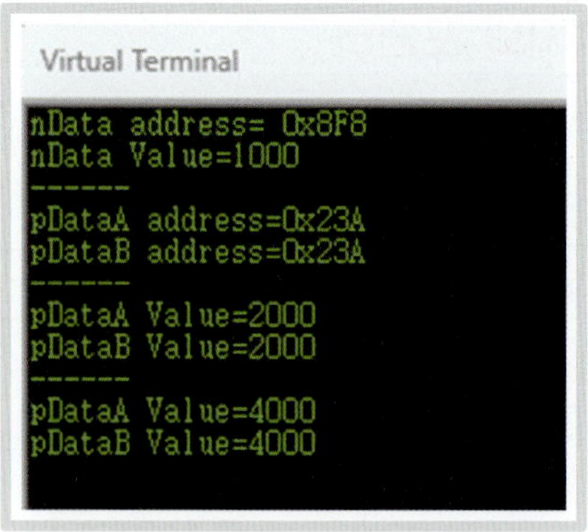

| 그림 2-37 | Project217 실행 결과

참고로 ATmega328은 2048 bytes의 내부 SRAM(Static Random Access Memory)이 있으며, 선언한 변수들은 0x0100부터 0x8FF 번지에 데이터가 저장된다. SRAM은 다시 지역변수가 저장되는 영역인 Stack 영역과 포인터로 선언한 동적 할당 Heap 영역으로 나누어 데이터가 저장된다. 따라서 예제에서 사용되는 변수의 주소는 10진수로 최대 2303(0×8FF)까지이므로 변수선언은 int로 가능하다. Project217 예제 프로그램의 주요 명령에 대한 각각의 기능을 요약하면 다음과 같다.

8	nData 이름을 갖는 16bit 메모리 할당, 초깃값 1000 저장
9	pDataA 이름을 갖는 16bit 포인터 주소 메모리 자동 할당 할당된 주소가 지정하는 메모리에 2000 초깃값으로 저장
10	pDataB 이름을 갖는 16bit 포인터를 선언하고 그 주소를 포인터 pDataA(주소)로 복사 결론적으로 포인터 pDataA(주소)와 pDataB(주소)는 같은 메모리 주소를 가리킨다.
12	지역변수 nData를 주소 연산자(&)를 이용하여 저장된 메모리 위치 주소 출력 여기서 int(&nData)는 주소를 표현하는 &nData를 16비트 자료형 int로 변환(casting)하기 위해 처리하였으며, 이 변수가 지역변수이므로 Stack 영역에 저장된다.
13	일반변수 데이터값 출력
16	포인터 pDataA의 주소 출력, 동적 메모리 할당이므로 Heap영역에 메모리 할당

17	포인터 pDataB의 주소 출력
20	포인터 pDataA의 역참조, 즉, pDataA가 가리키는 메모리에 저장된 데이터 출력
21	포인터 pDataB의 역참조, pDataA와 같은 주소이므로 같은 역참조값 출력
24	포인터 pDataB의 역참조값을 2000에서 4000으로 변경
25	포인터 pDataA의 역참조값도 4000으로 출력

③ 배열(Array)

배열은 같은 이름을 갖는 여러 개의 변수를 하나의 통합된 묶음으로 관리할 때 사용하는 편리한 방법이다. 따라서 일단 배열이 선언되면 배열에서 선언된 개수만큼의 기억장소가 주 메모리에서 자동으로 할당된다. 배열은 개별적인 자료를 기억할 수 있는 장소, 즉 배열 원소(Element)들로 구성되고, 이들을 구별하는 연속적인 일련의 번호(Index)를 사용한다. 일련의 번호는 반드시 0부터 시작하므로 선언된 배열의 개수보다 하나 작은 수까지이다. 또한 배열은 선언되는 자료형에 따라 할당되는 메모리의 byte 수도 달라진다. 예를 들어, 자료형이 "char"로 선언되고 개수가 10개인 경우 기억장소는 10[byte]의 메모리가 할당되고, 자료형이 "int"인 경우 마이크로컨트롤러에서는 2[byte]이므로 20[byte]가 기억장소에 연속으로 할당된다. 배열도 다른 자료형 선언과 마찬가지로 프로그램에서 사용되기 전에 미리 선언되어 있어야 컴퓨터가 해당하는 기억장소를 미리 할당하여 확보할 수 있다.

① 1차원 배열(One Dimensional Array)

1차원 배열은 N개의 데이터가 같은 배열명으로 이루어지는데, 데이터 전체 이름을 나타내는 배열명과 배열명 다음에 오는 "[ ]" 안에 원소의 개수를 숫자로 표현하는 부분으로 구성된다. 즉, 1차원 배열은 같은 자료형 데이터를 1차원으로 선언한 것이다.

```
자료형   변수명[개수];
```

```
배열 초기화 예
① int  nValue[4]={500, 1000, 1500, 2000};
② int  nValue[ ]={500, 1000, 1500, 2000};//자동으로 4개의 메모리 공간 지정
③ int  nValue[4];
   nValue[0]=500;  nValue[1]= 1000;
   nValue[2]=1500; nValue[3]= 2000;
```

Project218 예제는 LED 4개에 대응하는 4개의 스위치에 대하여 눌러진 스위치 위치를 저장했다가 출력하는 프로그램이다. 이 프로그램을 잘 익히면 일반적인 Key scan 프로그램을 구현하는 데 중요한 기초를 이해할 수 있게 된다. Project218을 구현하기 위하여 Schematic Capture 전자 용지에 3개의 project Clip을 불러와 배치한다.

"LedDriver.pdsclip", "VirtualTerminal.pdsclip", "ToggleSwi4.pdsclip"

Project 218 1차원 배열

```
void setup()
{
  int nPin;
  for(nPin=4; nPin<8; nPin++)
  {
    pinMode(nPin, INPUT_PULLUP); pinMode(nPin+4, OUTPUT);
  }
  Serial.begin(9600);
  Serial.println(" Push a Key ! ");
}   // 다음 쪽 계속
```

```
void loop()
{
  int nPin, nKeyValue[4];

  for(nPin=4; nPin<8; nPin++)
  {
     nKeyValue[nPin - 4]=digitalRead(nPin); delay(10);
  }

  if(!nKeyValue[0] ||  !nKeyValue[1] || !nKeyValue[2] || !nKeyValue[3])
  {
     Serial.print(" KeyValue = ");
     for(nPin=4; nPin<8; nPin++)
     {
        Serial.print(nKeyValue[nPin-4]);
        digitalWrite(nPin+4, !nKeyValue[nPin-4]);
     }
     Serial.println(" ");
  }
  else Serial.println(" Push a Key ! ");
  delay(100);
}
```

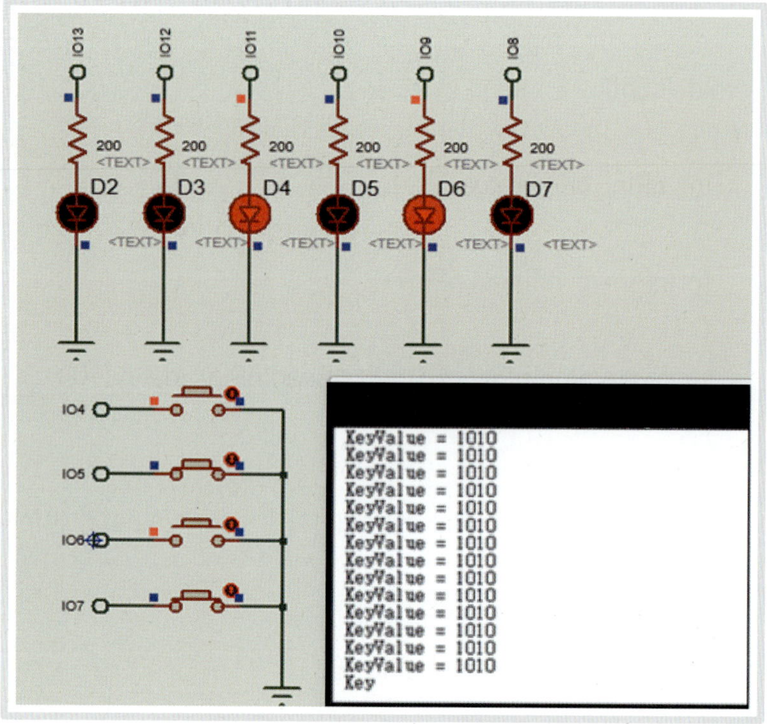

| 그림 2-38 | Project218 실행 결과

Project218 예제 프로그램의 주요 명령에 대한 각각의 기능은 다음과 같다.

6	for() 문을 이용하여 8개의 Arduino Pin에 대하여 입출력 선언
14	스위치 4개 Key 값을 입력받기 위하여 4개의 원소를 갖는 1차원 배열nKeyValue[4]; 로 선언
18	8.. 11번 Pin 정보를 읽어서 배열 nKeyValue 원소 0..3에 저장
21	스위치가 눌러졌다면 배열 nKeyValue의 원소는 하나라도 0값이 저장되어 있을 것이다. 배열 요소 중에 0이 있는지 검사
26	눌러진 스위치가 있다면 Key값 4개 출력
27	눌러진 스위치가 있다면 대응하는 LED 출력, LED 출력을 위해 0을 1로 보수 연산 처리한 부분을 눈여겨 보라. !nKeyValue[nPin-4]
31	눌러진 스위치가 없다면 Key 입력 메시지 출력

② 2차원 배열(Two Dimensional Array)은 1층짜리 교실을 연상하고 2차원 배열은 다층의 교실과 같은 개념이다. 다시 말해 1층은 1학년이, 2층은 2학년이, 3층은 3학년이 사용한다고 생각하면 된다. 다만 배열에서는 1층이 아니고 0층부터 시작하고, 1반부터 시작하는 것이 아니고 0반부터 시작하는 것만 다르다.

자료형 배열명 [크기1] [크기2]

④ 배열과 포인터의 관계

배열을 선언하면 데이터들은 메모리의 특정 시작 위치 주소 위치에서 순서대로 데이터가 저장된다. 그러므로 주소와 포인터 개념을 잘 활용하면 프로그램을 코딩하는데 편리해진다. 특히 방대한 양의 배열 데이터를 특정 함수에 전달할 때는 전달받는 실행함수의 매개변수를 통해 배열 데이터가 복사되므로 막대한 메모리 손실을 초래할 수 있다.

이와 같은 경우에 오직 데이터가 저장된 메모리의 시작 주소만 전달되어 복사된다면 메모리 관리에서 매우 유용할 것이며, 사용하는 함수에서도 복사된 주소값을 이용하여 쉽게 데이터를 추출할 수 있는 장점이 있다. 또한 배열과 포인터의 관계는 포인터를 사용하면 배열의 차원을 하나 줄일 수 있다. 즉, 1차원 배열은 차원이 없는 포인터 변수로, 2차원 배열은 1차원 포인터와 동일하게 사용된다. 다음은 1차원 배열과 포인터와의 관계를 정리한 것이다.

배열과 pointer | Keypoint

- 배열로 저장된 대규모 데이터를 새로운 변수로 복사할 때 데이터가 저장된 주소의 시작 주소만을 복사하여 효율적인 메모리 관리를 위해 사용
- 배열을 pointer로 표현하면 1개 차수가 감소함

• 1차원 배열과 pointer

자료형 배열이름[크기];

• 배열과 pointer 같은 의미 다른 표현

- 배열이름 = &배열이름[0] : 배열원소 0번째 데이터 저장위치의 주소
- *(배열이름+N) = 배열이름[N] : 배열요소 N번째 데이터
- *배열이름 = 배열이름[0] : 배열요소 0번째 데이터

Project219 예제는 포인터와 배열의 관계를 실습을 통해 익히도록 구성하였다. 회로 구성은 "ATmega328" 보드와 "VirtualTerminal"만으로 한다. 예제에서는 500개의 대용량 데이터를 정수형으로 선언하여 임의의 값으로 초기화하였다. int 자료형이므로 Arduino는 총 1000개의 메모리 공간을 할당한 형태이다. 배열로 선언한 데이터에 대하여 대응하는 포인터의 주소와 역참조와의 관계를 알아보는 실습이다.

Project 219 배열과 포인의 관계

```
void setup()
{
  Serial.begin(9600);
}

void loop()
{
     int nData[500];
     for(int k=0; k<500; k++)   nData[k]=k*10;

     Serial.print("nData[0..14]=");
   // 다음 쪽 계속
```

```
    for (int i=0; i<15; i++)
    {
        Serial.print(nData[i]); Serial.print(",");
    }

    Serial.println();
    Serial.print("nData[0]  주소 :0x");
    Serial.println( int( &nData[0] ), HEX);
    Serial.print("nData      주소 :0x"),
    Serial.println( int( nData ), HEX );
    Serial.print("nData[0]  값 : "), Serial.println( nData[0] );
    Serial.print("*nData     값 : "), Serial.println( *nData );
    Serial.print("nData[2]  값 : "), Serial.println( nData[2] );
    Serial.print("*(nData+2)값 : "), Serial.println( *(nData+2) );

    while(1); // 프로그램 실행 멈춤
}
```

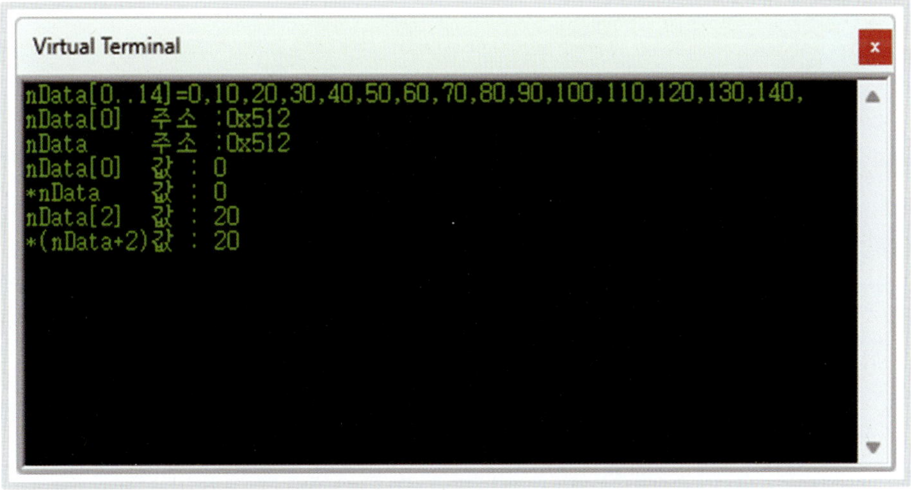

I 그림 2-39 I Project219 실행 결과

Project219 예제에 대하여 주요 명령에 대한 각각의 기능을 요약하면 다음과 같다.

9	배열 nData에 대규모 500개의 데이터를 임의의 값으로 초기화
11	배열 nData에서 원소 [0..14]의 값을 출력
20	배열 nData이 첫 번째 원소의 주소 출력, 동적 메모리 할당 영역인 Heap 영역에 위치
22	배열 nData이 첫 번째 원소의 주소를 배열 이름으로 출력, (3)과 결과 동일
23	배열 nData의 0번째 원소의 값 출력
24	배열 nData의 0번째 원소의 값 출력, 포인터 역참조 이용
25	배열 nData의 2번째 원소의 값 출력
26	배열 nData의 2번째 원소의 값 출력, 포인터 역참조 이용

연습문제

1. 원소 100개를 갖는 정수형 배열로 선언한 변수에 순서대로 10의 배수인 10, 20 ...1000까지 입력하려고 한다. 그리고 이 정수형 배열을 참조자로 선언하여 사용한다. 참조자를 이용하여 정수형 배열의 0번째 원소값이 -10이 되도록 프로그램을 완성하시오. 프로젝트명을 "학번Exercise205"로 하고 회로구성은 ATmega328 보드와 "VirtualTerminal"만으로 구성한다.

```
void setup()
{
        Serial.begin(9600);
}

void loop()
{
    int nA[100];
    for(int k=0; k<100; k++) nA[k]= _____①_____;    // nA에 10, 20, 30,... 저장

    for(int k=0; k<10; k++) Serial.print(String(nA[k])+"," );   // nA[0..9] 출력
    Serial.println(".........");

    Serial.println("nA[0]=" + _____②_____; // nA[0] 값 출력

    int (&nB)[100]=nA;          // nA 배열을 nB로 참조자 선언(별명)
    nB[0]=nB[0]_____③_____;      // 참조자 nB[0]의 값 10을 -10으로 변경

    Serial.println(" after change..");
    Serial.println( __________④__________);
    Serial.println(__________⑤__________);
    while(1);
}
```

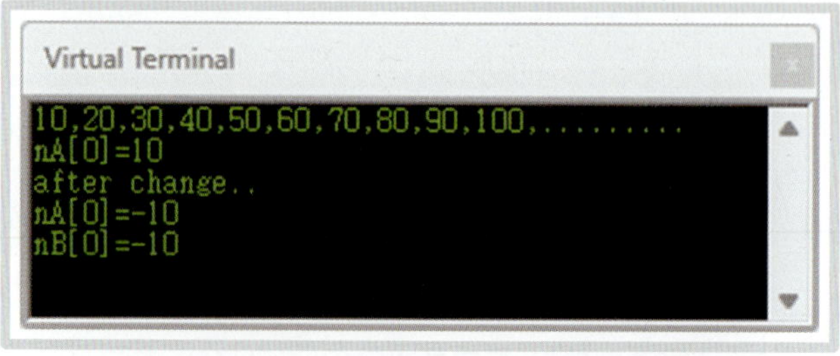

| 그림 2-40 | 연습문제 1 실행 결과

2. 1번 문제의 참조자를 포인터로 바꾸었을 때 같은 결과가 출력되도록 프로그램을 수정하시오. 프로젝트명을 "학번Exercise206"으로 하고, 회로구성은 ATmega328 보드와 "VirtualTerminal"으로 구성한다.

```
void loop()
{
    이상 동일
        :
        :
//  int (&nB)[100]=nA;          // nA 배열을 nB로 참조자 선언(별명)
    int__________=nA;     // // nA 배열을 포인터 nB로 복사
        :
        :
    이하 동일
}
```

3. 1번 연습문제의 참조자를 사용한 경우와 2번 문제의 포인터를 사용한 경우에 메모리에서 차지하는 byte 수를 구하시오.

4. 배열의 원소는 0부터 시작하여 증가한다. 예제 프로젝트 18번에서 Key Scan 부분을 다음과 같이 수정하면 배열의 원소 특성을 고려하여 이하 프로그램을 수정하시오. 프로젝트명을 "학번Exercise207"로 한다.

```
void loop()
{
    int nPin, nKeyValue[4];

  for(nPin=0; nPin<4; nPin++)
  {
     nKeyValue[__①__]=digitalRead(__②__); delay(10); // (3)
  }
      :
   이하 동일
}
```

2.5 동적 메모리 할당

학습목표

- 메모리 관리 필요성을 이해할 수 있다.
- 동적으로 메모리를 할당하고 필요한 위치에서 메모리에서 해제할 수 있다.

학습내용

- 메모리 관리
- 동적 메모리 할당과 해제

지금까지 살펴보았듯이 C언어에서 배열을 사용하고자 할 때는 배열의 크기를 자료형으로 선언할 때 초기에 정하고 사용하였다. 이러한 방식을 정적 메모리 할당이라고 부른다. 그러나 외부에서 데이터를 입력받는 경우 초기부터 데이터의 개수(크기)를 알 수 없을 때 배열로 선언하는 것도 곤란하다. 설령 크기를 추정할 수 있더라도 프로그램에서 변수의 사용이 마친 후에도 계속 메모리에 데이터가 남아있다면 메모리 사용에 큰 부담을 줄 수 있다.

이 문제를 해결하기 위하여 C언어에서는 필요한 메모리를 확보하고 사용이 끝나면 메모리 사용을 해제하는 기능이 있다. 이는 동적으로 메모리를 할당하는 malloc() 함수와 해제 역할하는 free() 함수이다. 이와 같이 동적으로 메모리를 관리하는 malloc() 함수와 free() 함수는 SRAM의 Heap 영역에 할당된다. 그런데 이 함수들은 사용하는 문법이 복잡할 뿐만 아니라 C++ 언어의 핵심이라고 할 수 있는 class에서 객체를 동적으로 생성할 때 생성자를 호출하지 못하는 치명적인 단점이 발견되었다.

이러한 문제를 해결하기 위한 수단으로 C++에서는 메모리 할당을 위해 새롭게 메모리 할당 연산자를 제공하였다. C++에서 추가된 메모리 할당 연산자는 new-delete 연산자인데 메모리를 동적으로 할당할 때는 new 연산자를, 생성한 할당한 메모리를 해제하고자 할 때는 delete 연산자를 사용한다. Arduino 프로그램도 C++ 기능이 제공되고 있으며, 2.4절 포인터를 공부할 때 new 연산자가 Arduino에 적용되는 것을 살펴보았다. 동적 메모리 할당과 해제 기능을 정리하면 다음과 같다.

동적 메모리 할당과 해제 | Keypoint

- 할당
  1) 일반 변수
     자료형 *포인터 변수명 = new 자료형
     예) int *pA= new int;

  2) 배열
     자료형 *포인터 변수명 = new 자료형[크기]
     예) int *pA=new int[10];

- 해제
  1) 지역변수로 선언한 경우 } 를 만나면 자동해제
  2) 임의의 위치에서 할당한 변수를 메모리에서 해제를 원하는 경우
     일반변수 : delete 변수명;   예) delete pA;

     배열 : delete [ ] 변수명;   예) delete [ ] pA;

Project220 예제는 new 연산자를 사용하여 동적으로 메모리를 할당하고 사용을 마치면 메모리에서 해제하는 프로그램을 구현한다. 실습은 "ATmega328" 보드와 "VirtualTerminal"만으로 한다.

Project 220 동적 메모리 할당과 해제

```
void setup()
{
  Serial.begin(9600);
}

void loop()
{
        int *pA=new int;
       *pA=100;

       int *pB=new int(200);

       Serial.println( "pA Value : " +String(*pA) );
       Serial.println( "pB Value : " +String(*pB) );

       delete pA;   delete pB;

       int *pData=new int[500];
       if(!pData) return;

       for(int k=0; k<500; k++)     pData[k]=k*10;

       Serial.println("nData[2]   값 : " + String( pData[2] ) );
       delete [] pData;

       while(1); // 프로그램 실행 멈춤
}
```

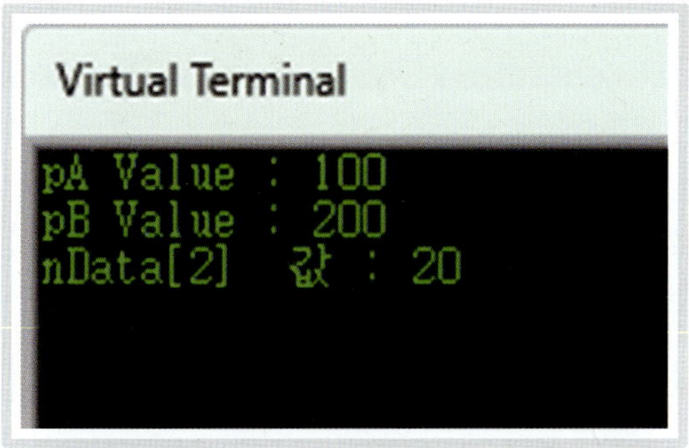

| 그림 2-41 | Project220 실행 결과

Project220 예제의 동적 메모리 할당과 해제에 있어, 프로그램 주요 명령에 대한 각각의 기능을 요약하면 다음과 같다.

8	new 연산자를 이용하여 자료형 integer의 1개 동적 메모리 할당
9	할당된 메모리에 역참조값 100 저장
11	자료형 integer로 1개의 동적 메모리 할당 할당된 메모리에 역참조 초깃값 200 저장
13	1개의 pA 역참조값 출력, 문자열 + 연산자와 String(숫자) 변환 이용하여 출력
14	pB 역참조값 출력
16	사용이 끝난 pA, pB 동적 메모리 해제
18	new 연산자를 이용하여 자료형 integer의 500개 동적 메모리 할당
19	만약 메모리 문제가 있어서 할당이 안 이루어지면 프로그램 진행 정지
21	500개 동적 메모리에 임의의 값 초기화
23	동적변수 pData의 2번째 포인터 주소의 역참조값 출력
24	사용이 끝난 배열 pData 동적 메모리 해제

1. Project220 예제에서 동적 할당 메모리에 대하여 실습하였다. 만약 동적으로 할당하고 사용 후에 할당된 메모리를 해제하였다면 출력되는 결과는 무엇인지 살펴보기 위하여 다음과 같이 코딩한다. 그리고 다음 질문에 답을 정리한다.

   ① (1)~(11)번까지 프로그램의 의미

   ② 출력 결과

   ③ delete 명령의 의미

연습문제 From 동적 메모리 할당과 해제 [Project220]

```
void setup()
{
  Serial.begin(9600);
}
void loop()
{
      int *pA=new int;                    //(1)
     *pA=100;                             //(2)
     int *pB=new int(200);                //(3)
     Serial.println( "pA Value : " +String(*pA) );  //(4)
     Serial.println( "pB Value : " +String(*pB) );  //(5)

     delete pA;  delete pB;                        //(6)
     Serial.println( "pA Value : " +String(*pA) );  // (4) 복사

     int *pData=new int[100];             //(7)
     if(!pData) return;                   //(8)

     for(int k=0; k<500; k++)    pData[k]=k*10;   // (9)

     Serial.println("nData[2]  값 : " + String( pData[2] ) ); // (10)
     delete [] pData;       //(11)

     while(1); // 프로그램 실행 멈춤
}
```

2.6 함수

학습목표

- 함수의 용도와 매개변수를 설명할 수 있다.
- 값 호출방식으로 프로그램을 구현할 수 있다.
- 호출된 실행함수로부터 1개의 결과값을 되돌려 받는 방법을 구현할 수 있다.
- 참조 호출방식으로 실행함수를 호출할 수 있다.
- 호출된 실행함수에서 매개변수를 메모리 공유에 따른 결과를 설명할 수 있다.
- 데이터가 저장된 메모리 주소를 공유하는 방식으로 함수를 표현할 수 있다.
- pointer 호출방식으로 실행하는 매개변수의 특징을 설명할 수 있다.
- 변수가 선언된 위치에 따라 메모리 관점에서 사용 범위를 설명하고 이를 프로그램에 적용할 수 있다.

학습내용

- 함수 구조와 표현
- 값 호출방식
- 참조 호출방식 표현
- 참조 호출방식의 매개변수와 메모리 공유 관계
- 함수 pointer 호출방식
- 함수 오버로딩 표현 방법과 오버로딩 프로그램 해석
- 변수의 사용 범위(전역변수, 지역변수, 정적변수)

C언어는 함수를 중심으로 프로그램이 구성되어 있으며 C++ 고급 언어는 함수와 변수를 동시에 포함하는 class 중심으로 이루어져 있다. 따라서 C++에서도 class 내에서 함수는 아주 중요한 역할을 담당하게 된다. 함수의 형태는 함수 이름 뒤에 ( )가 붙어 있으며 이미 우리가 배운 setup()이나 loop()은 C언어에서 제공해 주는

전형적인 함수이다. 물론 추가로 임의의 기능을 수행하는 함수를 프로그래머가 추가로 구현하여 사용할 수 있다.

① 함수선언

C언어에서 제공해 주는 함수와는 별도로 프로그래머가 정의하여 사용하는 함수를 사용자 정의 함수라고 한다. 함수의 용도는 자주 사용하는 프로그램 혹은 반복되는 프로그램을 하나의 함수로 만들어 필요할 때마다 그 함수를 호출하여 사용한다. 이는 프로그램을 효율적으로 작성할 수 있다는 장점이 있다. 다음은 사용자 정의 함수선언과 이 함수를 호출하는 일반적인 형태를 보였다. 여기서 반환 자료형이 void 경우에는 return 문을 생략해도 좋다.

```
반환자료형 실행함수명(자료형 매개변수, .......)  // 사용자 정의 실행함수(호출되는 함수)
{
     프로그램
     :
    return 데이터;
}
프로그램 임의함수()
{
    :
    호출함수명(변수, .....);    // 사용자 정의 호출함수, 변수에는 값을 직접 입력 가능
    :
}
호출하는 함수 이름과 호출되는 실행함수명은 반드시 같아야 한다.
```

❷ 값 호출방식(call by value)

함수를 사용하기 위하여 호출하는 호출함수에서 호출되는 실행함수에 데이터를 복사하여 넘겨줄 수 있다. 이때 실행함수에서 데이터가 복사되는 변수를 매개변수라고 한다. 매개변수란 코로나바이러스의 전파가 반드시 사람이라는 매개변수를 통해 전파되는 이치와 같은 개념이다. 이 매개변수는 기본적으로 메모리를 별도로 자료형만큼 생성하는데, 이 매개변수에 호출하는 함수로부터 전달되는 자료가 복사된다. 이때 매개변수에 전달받은 데이터를 이용하여 실행함수에서 주어진 임무를 수행할 것이며, 필요에 따라 계산된 결과 등을 원래 호출한 함수로 보내줄 필요도 있다. 예를 들어, 더하기 기능을 수행하는 실행함수에 더하고자 하는 값을 전달해 주면 실행함수 내에서 전달된 값들을 더하여 출력하고 프로그램을 마칠 수도 있지만, 그 결과를 호출한 함수에서 다시 되돌려 받기를 원할 수도 있다. 이때 실행함수에서 처리된 결과나 상태를 호출하는 함수에 보내고자 할 때는 return 문을 통해 이루어지기도 한다.

매개변수를 통해 데이터를 복사해 전달만 해주는 방식을 흔히 값 호출(call by value) 방식이라고 부른다. 실행함수에서 전달받은 매개변수 개수만큼 별도의 메모리 공간이 할당되어 데이터가 복사되는 방식이다. 값이 복사된다고 하여 값 호출 방식이라고 부르는데 실행함수 내에서 매개변수의 값이 변동되더라도 별도의 메모리 공간에 존재하기 때문에 호출하는 함수 입장에서는 데이터의 변동이 이루어지지 않고 독립적으로 존재한다. 따라서 이 방식은 데이터를 실행함수에 넘겨주기만 하고 변동된 값을 다시 되돌려 받지는 못한다. 정리하면 값 호출 방식을 이용하여 함수에 매개변수값을 전달하는 방식은 함수를 호출할 때 실제 매개변수가 갖고 있는 값을 실행함수의 매개변수에 복사하여 값 자체를 넘겨주는 방식을 말한다.

Project221 예제는 매개변수 없이 LedBlink( ) 실행함수를 호출하는 경우와 LED가 전등되어야 할 핀 번호를 매개변수를 통해 복사 전달하기 위한 LedDisplay( ) 함수 2가지를 구현하였다. 호출함수 LedDisplay(nPin)에서 nPin의 값은 실행함수 LedDisplay(byte nLed)으로 1[byte], 즉 8비트 자료형으로 생성된 매개변수 nLed에

값이 복사된다. 여기서 주목할 점은 호출함수에서 변수 nPin과 실행함수에서 매개변수 nLed는 독립적인 메모리 공간을 차지한다는 점이다. 호출함수와 실행함수에서 같은 변수 이름을 사용하여도 별개의 메모리 공간을 차지하므로 상호 독립이다.

따라서 실행함수 내에서 사용된 매개변수를 함수의 기능이 다하면 메모리에서 사라지므로 호출함수의 변수에는 영향을 주지 않는다. Project221 예제의 회로는 Project Clip “Led8.pdsclip”을 사용하여 구현한다.

Project 221 값 호출방식 함수

```
void setup()
{
    for(byte nPin=0; nPin<8; nPin++)    pinMode(nPin, OUTPUT);
}

void LedBlink()
{
    byte nPin;
    for(int k=0; k<3; k++)
    {
        for(nPin=0; nPin<8; nPin++)   digitalWrite(nPin,HIGH);
        delay(200);
        for(nPin=0; nPin<8; nPin++)    digitalWrite(nPin,LOW);
        delay(200);
    }
}
void LedDisplay(byte nLed)
{
    PORTD=0x00;
    digitalWrite(nLed, HIGH);    delay(200);
}   // 다음 쪽 계속
```

```
22
23  void loop()
24  {
25      LedBlink();
26      for(byte nPin=0; nPin<8; nPin++)   LedDisplay(nPin);
27  }
```

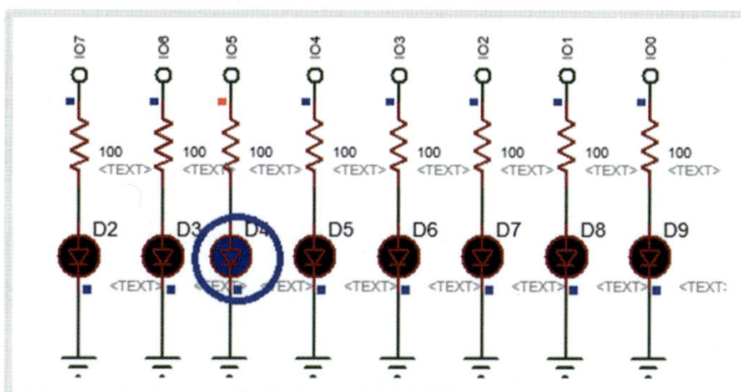

| 그림 2-42 | Project221 실행 결과

Project221 예제의 기본적인 함수 호출에 있어 프로그램 주요 명령에 대한 각각의 기능을 요약하면 다음과 같다.

24	LedBlink() 함수 호출
6	호출된 실행함수 LedBlink()
9	8개 핀에 연결된 LED 전체를 3번 깜박이게 하는 명령
25	nPin 값을 차례대로 증가시켜 가면서 LedDisplay(byte nPin)함수의 매개변수 nLed에 복사
17	1[byte] 매개변수 nLed가 생성되고 호출함수에서 보내온 nPin 값 복사 nLed 값은 실행함수에서 블록 }를 만나면 메모리에서 해제된다.
19	8개 LED 동시 소등
20	매개변수 nLed에 대응하는 핀에 연결된 LED 점등

값 호출 방식을 통해 실행함수의 실행 결과를 되돌려 받는 방법은 return을 이용하는 방식으로 1개의 결과를 되돌려 받을 수 있다. Project222 예제를 통해 실행함수의 결과를 되돌려 받는 경우를 살펴보기로 한다. 예제에서는 GetKeyVaue() 함수 마지막에 명령 return과 되돌려 주는 변수가 추가되었다. 만약 실행함수 앞에 void가 있다면 반환하는 return할 값이 없다는 의미이다. 함수의 일반적인 형태는 return; 이라는 실행문을 가지고 있는데, 함수 내의 문장을 실행하는 동안에 return; 문을 만나면 언제든지 return; 문 이하를 실행하지 않고 return; 문을 만날 때까지 저장된 데이터 중 지정된 값을 되돌려 준다. 물론 되돌려 주지 않는 void형 함수의 경우에는 되돌려 주는 값이 없는 단순히 return; 문을 이용하기도 한다.

Project222 예제 회로 구현을 위해 Schematic Capture 전자 용지에 Project Clip "VirtualTerminal.pdsclip", "ToggleSwi4.pdsclip"을 불러온다. 4개의 스위치 값을 읽어서 8자리 문자열로 변환하고 호출함수에 문자열을 return한다. 그리고 문자열 정보를 화면에 출력하는 예제이다.

Project 222 데이터 화면으로 출력

```
void setup()
{
  for(byte nPin=4; nPin<8; nPin++)
  {
    pinMode(nPin, INPUT_PULLUP);
  }
  Serial.begin(9600);
  Serial.println(" Push a Key ! ");
}

String GetKeyValue(byte nSwitch)
{   // 다음 쪽 계속
```

```
    byte nKey[4];

    for(int k=0; k<nSwitch; k++)
    {
        nKey[k]=digitalRead(k+4); delay(10);
    }

    String strKeyValue=String( nKey[3] ) + String( nKey[2] )+String( nKey[1] )+
                              String( nKey[0] )+"xxxx";
    return strKeyValue;
}

void loop()
{
    String strKey=GetKeyValue(4);
    Serial.println("KeyValue ="+strKey);
    delay(100);
}
```

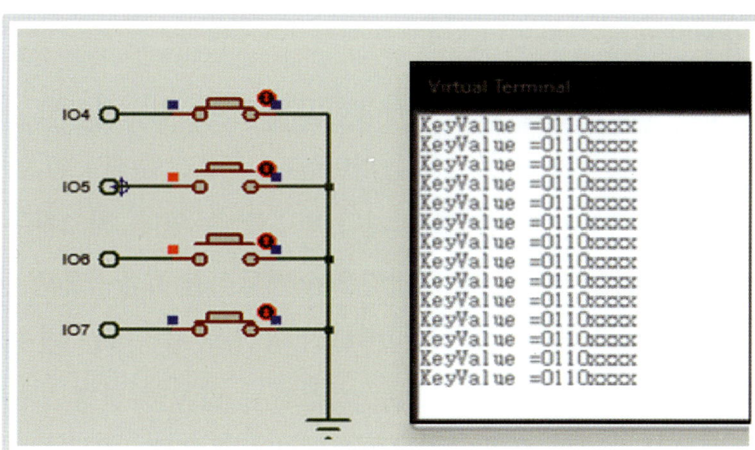

| 그림 2-43 | Project222 실행 결과

함수에서 문자열 데이터를 return하는 Project222 예제의 각 기능을 요약하면 다음과 같다.

27	GetKeyValue() 함수 호출, 매개변수에 4 복사
11	호출된 실행함수 GetKeyValue(매개변수)
17	4개의 key 값을 읽어서 nKey 배열에 저장
21	nKey 배열 값을 8자리 문자열로 변환 □□□□ xxxx, 여기서 x는 스위치가 연결된 부분이며, 특정 논리값에 정의되지 않은 값이므로 의미 없는 데이터이기 때문에 x로 don't care 처리
22	String GetKeyValue()을 통해 8자리 문자열 데이터를 호출함수로 return (1)에서 return한 문자열 데이터를 문자열 변수 strKey 키로 받아 저장
28	데이터 출력

③ 참조 호출방식(call by reference)

앞 절에서 우리는 C언어에서 & 연산자는 논리연산으로 사용할 때는 AND 연산자를 의미하고, 선언된 일반변수에 붙여질 때는 변수의 데이터가 저장된 주소를 의미하며, 실제 변수이름 대신에 또 다른 이름으로 별명을 선언할 때는 참조자(reference) 의미를 갖는다고 공부하였다.

그중에서 참조자의 기능을 함수에 사용하고자 한다. 일반적으로 선언된 변수명은 할당된 메모리 공간에 붙여진 이름을 의미한다. 프로그램에서 이 이름을 통해 해당 메모리 공간에 접근하여 데이터를 읽거나 변경할 수 있다. 참조자는 메모리 공간에 붙여진 이름, 즉 변수명의 또 다른 별명으로 메모리를 효율적으로 사용하기 위하여 제공된 것이다. 다시 말해 참조자는 메모리 공간을 지칭하는 변수 이름에 대하여 동일한 공간에 대하여 다른 이름으로 지칭하는 일종의 별명 또는 별칭이다. 단, 참조자는 선언과 동시에 무엇을 참조하였는지를 초기화하여야 하며, 한 번 초기화되면 참조하는 대상을 변경할 수 없다. 함수에서 매개변수를 참조자로 선언하는 방법은 다음과 같다. 물론 반환자료형도 메모리 관리를 위해 참조자 & 연산자로 가능하지만, Compiler에 따라서 메모리에서 지역변수 해제 순서를 고려하는 경우가 있어서 주의를 요한다.

```
반환자료형 실행함수명(자료형 &매개변수, .......)   // 실행함수
{
      프로그램
      :
     return 데이터;
}
프로그램 임의함수()
{
     :
     호출함수명(변수, .....);    // 사용자 정의 호출함수, 변수는 값이 저장된 변수
}
예)
void sum(int &a, int &b)
{
}
int k=100;
int *a=new int(200);
sum(k, *a);
```

이와 같이 참조 호출방식은 함수를 호출할 때 함수의 매개변수를 생성하여 전달하는 데이터를 복사하는 것이 아니라, 전달하는 변수의 다른 이름, 즉 별명을 지어 전달하기 때문에 같은 메모리 위치를 뜻한다. 따라서 함수 내에서 참조자 변수의 값이 변하면 본래의 변수값도 변하게 되어 연산 결과를 함수로부터 받고자 할 때 참조 호출방식을 이용한 함수를 사용하면 편리하다.

Project223 예제는 일반변수, 배열, 포인터로 선언된 변수에 대하여 함수에서 참조

자로 받아 데이터를 변형시키고 호출함수에서 값이 변화되었는지를 살펴보는 참조 호출방식 예제이다. 회로 구성은 "VirtualTerminal.pdsclip" Project Clip을 이용한다.

Project 223 참조 호출방식 함수

```
void setup()
{
  Serial.begin(9600);
}
void GetData(byte nX, byte &nY, byte (&nZ)[10], int &G)
{
  nX =nX * 10;  nY =nY * 10;
  nZ[3]= nY;      G=G*2;
}

void loop()
{
  byte nData=10, nValue=10;
  int *pGain=new int(1000);
  byte nArray[10]={0,1,2,3,4,5,6,7,8,9};

  Serial.println("Data=" + String(nData)+", Value="+String(nValue) +
               ", Array[3]="+String(nArray[3]) + ", Gain="+String(*pGain) );

  Serial.println("------------------------");

  GetData(nData, nValue, nArray, *pGain);
  Serial.println("Data=" + String(nData)+", Value="+String(nValue) +
              ", Array[3]="+String(nArray[3]) + ", Gain="+String(*pGain) );

  while(1);
}
```

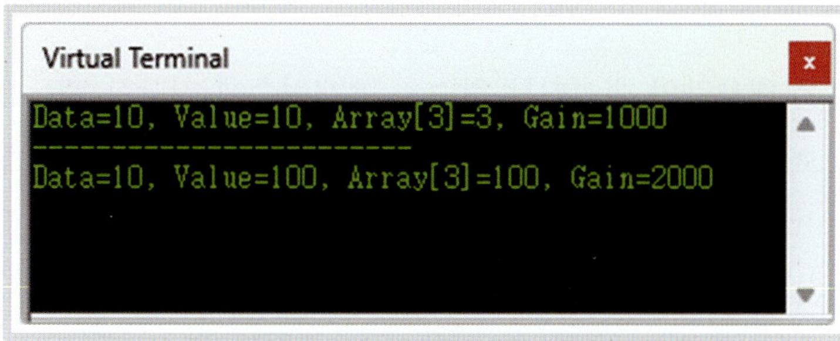

| 그림 2-44 | Project223 실행 결과

참조 호출방식 Project223 예제에서 사용한 각 기능을 요약하면 다음과 같다.

13	2개의 1[byte] 정수 변수선언, 초깃값 10;
14	1개의 integer형 포인터 변수선언, 초깃값 1000;
15	원소 10개를 갖는 배열 선언 및 초기화
18	변수 선언하고 초깃값 출력, 배열은 3번째 지정
22	GetData() 함수에 4개의 데이터 전달
5	매개변수 1개는 일반변수로 선언, 3개는 참조자로 선언
7	함수 내에서 데이터 변동
24	함수 호출 후 데이터 출력, 참조자로 전달하였을 때 데이터 변동 발생

예제의 참조자 데이터 공유관계를 요약하며 표현하면 다음과 같다.

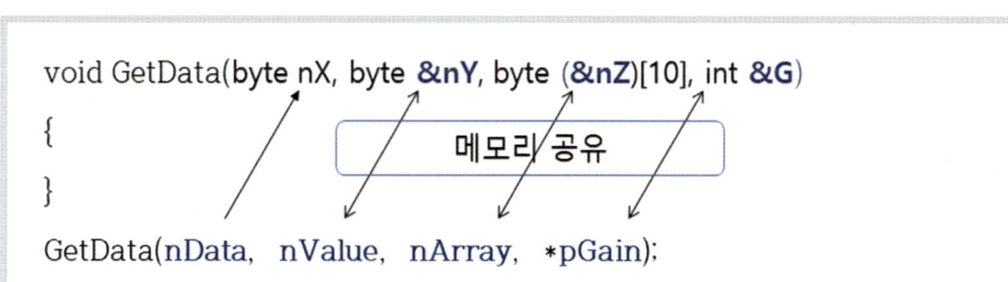

④ 포인터 호출방식(call by pointer)

배열과 같은 대용량의 데이터를 함수의 매개변수에 전달할 때는 또 다른 매개변수가 독립적으로 선언되어 데이터가 통째로 복사되므로 메모리 관리 측면에서 매우 비효율적이다. 배열과 같이 대용량의 데이터를 다루는 경우는 참조자를 이용하여 추가 메모리를 할당할 필요 없이 데이터에 직접 접근하는 방법이 있고, 매개변수에 데이터가 아닌 데이터가 저장된 최초의 위치 주소를 실행함수의 매개변수에 복사하여 사용하는 방법이 있다, 후자를 포인터 호출방식이라 부르며, 실행함수에 연속적인 데이터의 첫 번째 주소만을 복사해 주는 방식이기 때문에 함수의 매개변수에 참조자를 이용하는 방법과 동일한 효과를 얻는 방법이다.

엄밀하게 말하면 참조자를 이용하여 함수를 호출하는 방식과 포인터를 이용하여 함수를 호출하는 방식은 서로 다르다. 그렇지만 결국 데이터가 메모리가 저장된 위치를 참조자로 표현하느냐 아니면 주소로 표현하느냐의 차이일 뿐 효과 측면에서는 같은 결과를 얻게 될 것이다.

```
반환자료형 실행함수명(자료형 *매개변수, .......)  // 실행함수
{
     프로그램
     :
    return 데이터;
}
프로그램 임의함수()
{
    :
    호출함수명(변수 주소, .....);    // 호출함수
}  //다음 쪽 계속
```

```
예)
void sum(int *pA, int *b)
{
}
int k=100;
int *a=new int(200);
sum(&k, a);
```

포인터를 이용하여 실행함수에 주소를 전달해 주는 방식을 통해 데이터가 메모리에서 공유하는 과정을 실습하기로 한다. Project224 예제는 Project223 예제를 포인터 호출방식으로 변형한 예제이다. 데이터를 모니터링하기 위하여 Project Clip은 "VirtualTerminal.pdsclip"을 이용한다.

Project 224 포인터 호출방식 함수

```
void setup()
{
  Serial.begin(9600);
}
void GetData(byte nX, byte *pY, byte *pZ, int *pG)
{
  nX =nX * 10;    *pY =*pY * 10;
  pZ[3]= *pY;     *pG=*pG * 2;
}
//다음 쪽 계속
```

```
void loop()
{
  byte nData=10, nValue=10;
  int *pGain=new int(1000);
  byte nArray[10]={0,1,2,3,4,5,6,7,8,9};

  Serial.println("Data=" + String(nData)+", Value="+String(nValue) +
                ", Array[3]="+String(nArray[3]) + ", Gain="+String(*pGain) );

  Serial.println("-----------------------");

  GetData(nData, &nValue, nArray, pGain);
  Serial.println("Data=" + String(nData)+", Value="+String(nValue) +
                ", Array[3]="+String(nArray[3]) + ", Gain="+String(*pGain) );

  while(1);
}
```

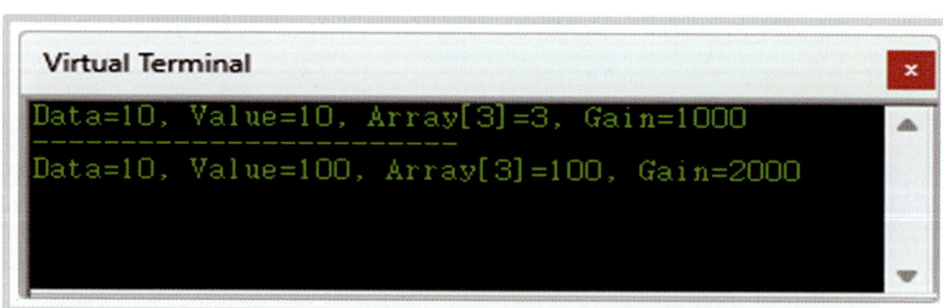

| 그림 2-45 | Project224 실행 결과

Project224 예제의 주요 명령과 메모리 공유 관계에 대해 요약하면 다음과 같다.

21	GetData(nData, &nValue, nArray, pGain) 함수에 4개의 데이터 전달 : 1개는 값, 3개는 주소 - **nData** : 값 - **&nValue** : nValue의 주소 - **nArray** : 배열 nArray의 첫 번째 주소 - **pGain** : *pGain의 주소
5	매개변수에서 1개는 일반변수 생성 후 복사 3개는 주소를 생성해서 주소 복사 - nX : nData값 복사, 메모리 별개 - byte *pY=&nValue : 포인터(주소) pY 메모리 할당 후 주소 복사 - byte *pZ=nArray : 포인터 pZ 메모리 할당 후, nArray 첫 번째 주소 복사 - int *pG=pGain : 포인터 pG 메모리 할당 후 포인터 *pGain의 주소 복사

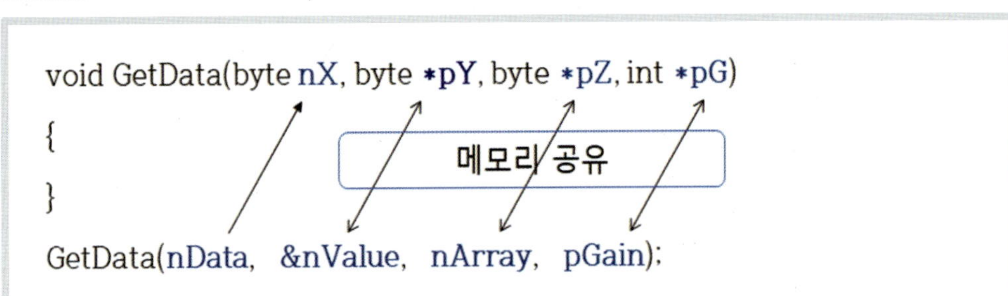

⑤ 함수 오버로딩(overloading)

C++에서 새롭게 정의된 함수 오버로딩이란 동일한 이름을 갖는 여러 개의 함수가 각각 매개변수들의 자료형 혹은 개수가 다르게 선언되었을 때, 호출하는 함수와 실행하는 함수가 서로 매개변수 형식이 일치되는 함수를 자동으로 찾아서 실행하는 것을 말하며 번역하여 함수중복이라고 부른다. C에서는 함수 오버로딩을 허용하지 않았지만, C++에서는 함수의 이름이 같아도 컴파일러가 오류를 발생시키지 않고 사용할 수 있다. 함수의 오버로딩 특징을 요약하면 다음과 같다.

함수중복, 함수 오버로딩 | Keypoint

- 실행함수명이 같아야 한다.
- 호출함수의 매개변수 개수가 일치하는 실행함수를 먼저 찾는다.
- 개수가 일치하는 실행함수를 찾았으면 이어서 매개변수끼리 자료형이 일치하는 실행함수를 찾아 실행한다.
- 모든 매개변수의 자료형이 일치하여야 한다.

Project225 예제는 함수의 오버로딩을 이해하기 위한 실습이다. 같은 이름을 가진 3개의 실행함수가 주어진다. 단 매개변수의 개수가 다르거나 자료형이 각각 다른 경우에 호출함수에서 전달하는 데이터 개수 혹은 자료 형태에 따라 대응하는 실행함수가 동작하는지를 확인하는지 살펴보는 예제이다. 예제에서 사용하는 Project Clip은 "LedDriver.pdsclip"과 "VirtualTerminal.pdsclip"을 이용한다.

Project225 예제의 프로그래밍 동작 설명은 다음과 같다.

- 호출함수 (A)는 실행함수 (1)과
- 호출함수 (B)는 실행함수 (2)와
- 호출함수 (C)는 실행함수 (3)에 각각 대응하여 프로그램이 실행된다.

Project 225 함수 오버로딩

```
void setup()
{ // put your setup code here, to run once:
    DDRB=0x3F;   //핀 13, 12, 11, 10, 9, 8 pin OUTPUT
    Serial.begin(9600);
}

void Sum(int a, byte nLed)              // (1)   //
{
    int c=a+0;
    digitalWrite(8,1);
    Serial.println( String(a) +" + 0 = "+String(c) );
    delay(400);
}
void Sum(int a, int b, byte nLed)          // (2)
{
    int c=a+b;
    digitalWrite(9,1);
    Serial.println( String(a) +" + " + String(b) + " = "+String(c) );
    delay(400);
}
void Sum(double a, double b, byte nLed)        // (3)
{
    double c=a+b;
    digitalWrite(10,1);
    Serial.println( String(a) +" + " + String(b) + " = "+String(c) );
    delay(400);
}
    // 다음 쪽 계속
```

```
void loop()
{
    Sum(10,8);              // (A)
    Sum(10, 20, 9);         // (B)
    Sum(10.5, 20.5, 10);    // (C)
    PORTB=0x00;  //All LED off;
}
```

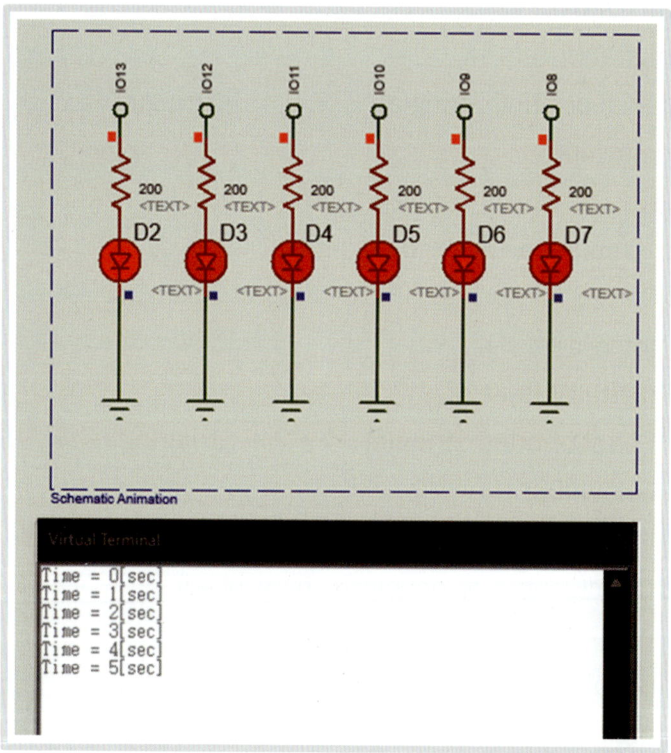

| 그림 2-46 | Project225 실행 결과

추가적으로 오버로딩 함수와 함께 C++에서 추가된 함수의 디폴트 매개변수는 아쉽게도 Arduino IDE에서는 동작하지 않는다.

⑥ 변수의 사용범위

변수의 선언 위치에 따른 변수의 종류를 소개하고자 한다. 변수는 사용 범위에 따라 지역(Local)변수와 전역(Global)변수로 나누고, 지역변수 중에서는 메모리 상주 기능이 있는 정적(static)변수가 있다. 특정 함수 또는 블록 내에서 변수를 선언하여 특정 함수 혹은 블록 내에서만 사용하는 변수를 지역변수라 하고, 함수 이외의 바깥 부분에서 선언하여 모든 함수에 사용되는 변수를 전역변수라고 한다. 전역변수로 선언한 변수는 모든 함수에서 사용할 수 있어서 함수마다 변수의 값들을 바꿀 수가 있으므로 함수에서 별도로 선언할 필요가 없으나, 하나의 함수에서 변숫값이 변경되면 전체 함수에 영향을 미치므로 전역변수는 특별한 경우가 제외하고 될 수 있으면 사용을 피하는 것이 좋다.

또한 전역변수는 프로그램이 종료될 때까지 메모리에 값이 상주하고 있으므로 메모리를 많이 차지하여 비효율적이나 지역변수는 함수를 호출하여 함수의 기능을 마치면 변수의 값들이 메모리에서 사라지므로 메모리 관리가 편리하다. 만약 여러분이 전역변수와 지역변수를 같은 이름으로 사용하여 각각 선언한다면 지역변수값이 우선 사용됨을 명심하기를 바란다.

정리하면 전역변수는 모든 함수 내에서 사용될 수 있지만, 프로그램이 종료되어야 메모리에서 그 값이 해제된다는 것을 공부하였다. 그러나 지역변수는 주어진 함수 혹은 블록 { } 내에서만 사용될 수 있지만 마치는 블록 }를 만나면 메모리에서 해제되었다. 그런데 이러한 2가지의 장점을 모두 살리는 방법, 즉 특정 블록에서만 사용하는 지역변수이면서 메모리에서는 프로그램이 종료될 때까지 해제되지 않도록 하는 방법이 있는데, 이는 변수선언 앞에 static을 붙이는 것이다. 이렇게 선언된 변수를 정적변수라고 부른다. 정적변수라고 불리는 static 변수의 유효 범위는 함수 혹은 블록 내에서만 영향을 미치는 지역변수이지만, 변수의 기억장소는 주 기억장치인데 프로그램이 실행되어 종료될 때까지 기억장소에 값이 지워지지 않고 유지된다. 사용에서 주의할 점은 정적변수의 초기화는 외부 변수와 마찬가지로 컴파일할 때 단 한 번만 이루어진다는 것이다.

다음 Project226 예제를 실행한 결과를 살펴보면 static이 없는 지역변수는 }을 만나면 메모리에서 해제되지만, static이 있는 경우에는 }을 만나더라도 메모리에서 해제되지 않으므로 기존 변경된 값을 Test( ) 함수 내에서만 계속 사용할 수 있다. 다시 한 번 상기하여야 사항은 Test( ) 함수를 여러 번 호출할 때 static int k=10; 는 단 한 번만 프로그램에서 실행된다는 점이다. 즉, 초깃값만 설정되고 2번째 이후로 이 명령어를 만나더라도 실행되지 않으므로 k=10이 아니라 변경된 값으로 메모리에서 상주한다는 것을 유의하여야 한다.

Project 226 변수의 사용범위

```
 int i;
void setup()
{
  Serial.begin(9600);
}
void Test()
{
      i=100;
      int j=10;
      static int k=10;
      Serial.println("i=" + String(i) + ", j=" + String(j)+ ", k=" + String(k)  );
      j++; k++;
}
void loop()
{
     int i=20;
     Test();
     Serial.println("지역 i= " + String(i) );
     Serial.println("전역 i= " + String(::i) );

     Serial.println("----------------");
    // 다음 쪽 계속
```

```
23        for(int n=0; n<5; n++)     Test();
24        while(1);
25  }
```

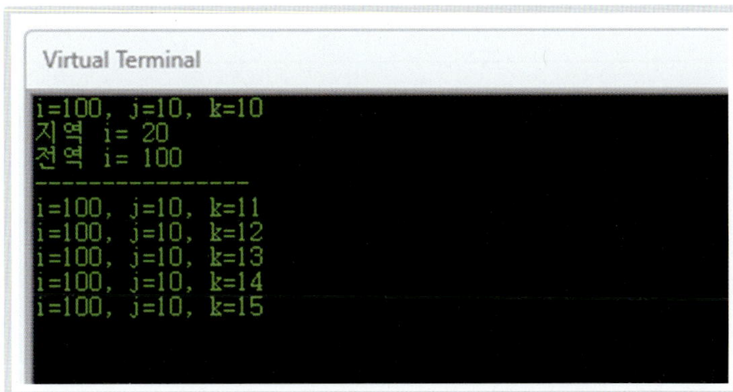

| 그림 2-47 | Project226 실행 결과

Project226 예제의 프로그래밍 코드에 대한 각 기능을 요약하면 다음과 같다.

1	전역변수 i 선언, 예제 전체 위치에서 사용 가능
16	같은 이름으로 loop() 함수에서만 사용할 수 있는 지역변수 i 선언
8	전역변수 i에 데이터 100 저장
9	Test() 함수에서만 사용할 수 있는 지역변수 j 선언하고 10저장 Test()함수를 마치면 (}) 메모리에서 해제
10	Test() 함수에서만 사용할 수 있는 static 지역변수 k 선언하고 10저장 Test() 함수를 마치면 메모리에서 해제되지 않고 상주
12	j와 k값을 각각 1 증가 j는 증가 후 메모리에서 해제 k는 증가된 값이 메모리에서 상주
18	전역변수와 지역변수 이름이와 같은 경우 지역변수가 우선 적용
19	전역변수와 지역변수 이름이와 같은 경우 전역변수를 사용하기 위하여 변수명 앞에 범위 지정 연산자((scope resolution operator ::)를 사용
23	Test()함수 5번 호출하여 static으로 선언한 정적변수 값이 어떻게 되었는지 확인

1. 다음 프로그램의 실행 결과는 무엇인가? 프로젝트명을 "학번Exercise207"로 하고 회로 구성은 ATmega328 보드와 "VirtualTerminal"만으로 구성한다.

연습문제

```
void setup()
{
  Serial.begin(9600);
}

int Reference(int nX, int &nY, int *pZ, int &nA, int *pA, int pB)
 {
   nX= 10;       nY =nX * nY;    *pZ=30;
   nA=nX*4;    *pA=nX+40;        pB=-10;
   return nX + nY;
 }
void loop()
{
   int i=1, nValue=2, nScore=0;
   int *pData1=new int(3);
   int *pData2=new int(4);
   int *pData3=new int(5);
   Serial.println("초깃값 :");
   Serial.println( "i=" +String(i) );
   Serial.println( "Value=" +String(nValue) + ",Score=" +String(nScore) );
   Serial.println( "Data1=" +String(*pData1) + ",Data2=" +String(*pData2) );
   Serial.println( "Data3=" +String(*pData3) );
```

```
    int nSum=Reference(i, nValue, &nScore, *pData1, pData2, *pData3);
    Serial.println("-------------");
    Serial.println("변경된 값 :");
    Serial.println( "i=" +String(i) );
    Serial.println( "Value=" + String(nValue) + ",Score=" + String(nScore) );
    Serial.println( "Data1=" + String(*pData1) + ",Data2=" + String(*pData2) );
    Serial.println( "Data3=" + String(*pData3) );
    Serial.println( "Sum=" + String(nSum) );
    while(1);
}
```

2. 마이크로프로세서에서는 정적변수를 사용하여 타이머 카운트를 제어한다. loop() 함수에서 사용자 정의 Timer( ) 함수를 호출할 때 LED가 순서대로 점등하고 6번째 불릴 때는 6개의 LED가 동시에 2번 깜박이는 프로그램을 완성해 보자. 이 동작을 반복해서 실행한다. 프로젝트명은 "학번Exercise208"로 하고 회로 구성은 ATmega328 보드와 "VirtualTerminal", "LedDriver.pdsclip"을 사용한다.

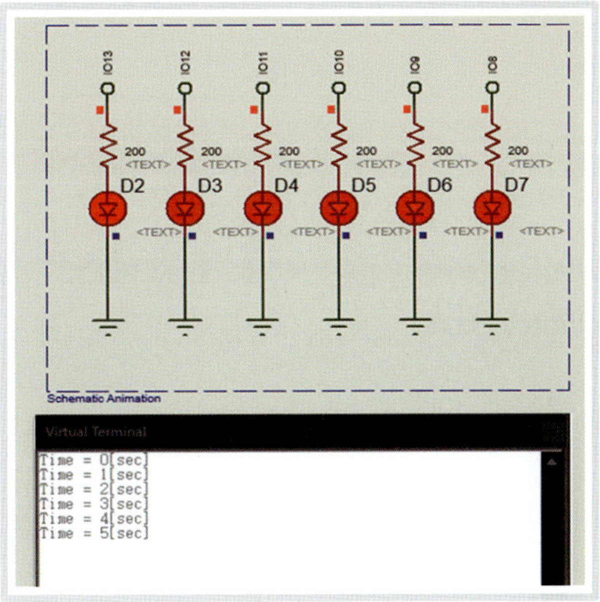

| 그림 2-48 | 연습문제 실행 결과

연습문제 변수의 사용범위

```
void setup()
{
  Serial.begin(9600);
  for(int k=8; k<14; k++) pinMode(k, OUTPUT);
}

void Timer()
{
   ___①___ int nCount=0;            //정적 변수로 선언
   nCount++;           // nCount 1개씩 증가
   if(nCount==___②___)              //6번째이면 LED 동시에 2번 깜박
   {
     for(int k=0; k<2; k++)
     {
        PORTB=___③___; delay(250);    //PORTB 0..5번까지 6개 LED 점등
        PORTB=0x00; delay(250);
     }
     nCount=0;          // nCount 초기화
   }
   else
   {
      digitalWrite(nCount+___④___, HIGH); delay(1000);    //8번 핀부터 차례로 점등
      digitalWrite(nCount+___④___, LOW);
   }
}

void loop()
{
   ___⑤___ int nSecond=0;            // 정적으로 시간 초 카운터 변수 선언
```

```
    Serial.println("Time = "+String(nSecond++)+"[sec]");

    Timer();
    if(nSecond==600) nSecond=0;    //600초 되면 0초로 초기화
  }
```

3. Project206 예제의 전역변수 byte nLed=0x01;를 loop() 내부로 옮겼을 때 같은 동작이 일어나도록 프로그램을 수정하시오. 1안) 정적변수 처리, 2안) 반복문 처리

연습문제 shift 연산 [Project206]

```
// byte nLed=0x01;

void setup()
{
    DDRB=0x3F;        // PORT B 6개 bit 출력으로 설정
}

void loop()
{
  byte nLed=0x01;  // 이동

  PORTB=nLed;
  nLed=nLed<<1;
  if(nLed==0x40) nLed=0x01;
  delay(500);
}
```

2.7 Class와 Library

학습목표

- class 선언과 객체 생성에 대하여 설명할 수 있다.
- class로 작성된 라이브러리를 해석하고 프로그램에 적용할 수 있다.
- 라이브러리를 인터넷 검색하여 Arduino에 연결하고 응용할 수 있다.

학습내용

- class 구성요소와 객체 생성
- 생성자와 멤버함수
- 라이브러리 해석 및 응용

집을 지을 때 건축 설계도를 먼저 작성하고 이 설계도를 토대로 실제의 독립적인 집을 짓는다. 이와 같이 다양한 변수들을 묶어서 하나의 설계도를 구현하는 것을 C언어에서는 구조체 선언이라고 부르며, 이 구조체를 바탕으로 실제로 여러 개의 독립적으로 실행하는 블록을 작성하면 매우 효율적인 프로그램이 구현될 것이다. 여기서 구조체 내의 다양한 자료형 변수를 멤버변수라고 부른다. 예를 들어, 국어, 영어, 수학 등 다수의 과목에 대한 점수를 저장하는 변수들을 하나의 성적으로 묶는 것이 있다면, 이 성적 묶음을 기준으로 홍길동, 김선정 등 학생에게 적용하는 성적표를 생성하여 학생마다 홍길동.국어, 김선정.수학 등으로 쉽게 구분할 수 있을 것이다.

구조체는 C++로 발전하면서 함수와 사용 권한이 부여되면서 class라는 완벽한 설계도의 모습을 갖춘 C++ 객체지향프로그래밍으로 발전한다. 여기서 추가된 함수를 멤버함수라고 부른다. Arduino 스케치 컴파일러가 C++의 기능을 제공하고 있으며, Arduino용으로 다양한 응용 프로그램으로 배포되는 라이브러리는 class를 기반으로 개발되었기 때문에, 본서에서는 구조체는 생략하고 class 기본 기능을 중심으로 설명한다. Arduino 수준의 코딩에서는 class를 만들어 사용하는 일은 거의 없고, class로 개발되어 배포된 라이브러리를 사용하는 관점에서 class를 이해하고 이를 응용하면 된다. C++ class에 대하여 보다 상세한 학습은 전문 C++ 교재[5]를 구매하여 공부하기를 바란다. class의 기본 구성은 다음과 같다.

```
class class이름
{
  public :              //접근제어 지시자
     생성자 선언          //생성자 함수 형식 :   class이름()
     소멸자 선언          //소멸자 함수       :  ~class이름()
    멤버변수 선언;
    멤버함수 선언
  private :
    멤버변수 선언;
    멤버함수 선언

 protected:
    멤버변수 선언;
    멤버함수 선언
};
```

class 멤버 변수와 함수에 대하여 외부에서 접근을 허용할지를 지정하는 접근제어 지시자는 3가지 종류가 있는데, 그 접근 권한은 다음과 같다. 이때 접근제어지시자를 생략하면 private로 인식하여 외부에서 class 멤버함수와 멤버변수에 접근할 수 없다. 이미 개발된 라이브러리를 사용하는 Arduino에서는 public으로 선언된 멤버변수와 멤버함수만을 사용할 수 있으므로 라이브러리 소스 파일에서 public으로 선언한 멤버변수의 용도와 멤버함수의 사용 방법만을 익히면 된다.

5) 김근식, "C++기반 객체지향프로그래밍", 구민사 출판사

표 2-15 접근제어지시자

접근제어지시자	접근(사용) 허용 범위
public :	자신의 class는 물론 외부 class와 전체 함수
protected :	자신의 class와 상속 받아가는 자식 class
private :	자신의 class 내부에서만 사용 가능(생략 가능)

class를 기준으로 객체를 생성하여 멤버함수와 멤버변수를 사용하는데 이때 객체를 생성할 때 자동으로 실행하는 멤버함수를 생성자라고 부른다. 생성자는 함수와 마찬가지로 오버로딩 기능이 있어서 생성자마다 다른 매개변수를 가질 수 있으며 멤버변수의 초기화에 사용된다. class에서 생성자는 객체의 초기화가 필요 없으면 선언하지 않는다. 반면에 소멸자는 코딩 블록의 마지막 } 를 만나서 객체가 메모리에서 사라질 때 자동으로 실행하는 함수로써 오버로딩 기능이 없이 기본 소멸자만 선언할 수 있다. 주로 프로그램을 안전하게 마칠 수 있도록 코딩해 주는데 사용한다.

일반적으로 멤버함수 원형과 멤버변수는 헤더파일에 선언되어 있고, 멤버함수의 상세한 코드는 확장자 cpp 파일에 작성되어 있으므로 이를 참고하여 응용한다. 사용하고자 하는 라이브러리를 검색해 보자. 검색 사이트는 [https://github.com/]를 추천한다. 예를 들어, github에서 키워드 "lcd i2c"를 검색하면 Arduino에서 텍스트 lcd를 사용할 수 있는 라이브러리가 여러 개 보일 것이다. 라이브러리 리스트 중에서 [LiquidCrystal_I2C]를 클릭하면 그림 2-49와 같이 cpp 파일과 헤더파일(.h) 등이 보일 것이다. 헤더파일을 클릭하면 그림 2-50과 같이 class LiquidCrystal_I2C가 선언되어 있는 것을 발견할 수 있다. 그리고 public으로 선언된 clear(), home() 등의 원형 멤버함수가 보일 것이고 class 이름과 같고 매개변수가 3개인 오버로딩 생성자인 LiquidCrystal_I2C(, ,)를 찾을 수 있다. 이때 원형함수의 상세한 코드는 cpp 파일에서 찾아 분석할 수 있으나 사용법은 일반적으로 검색으로 통해 정보를 확보하는 것을 권장한다.

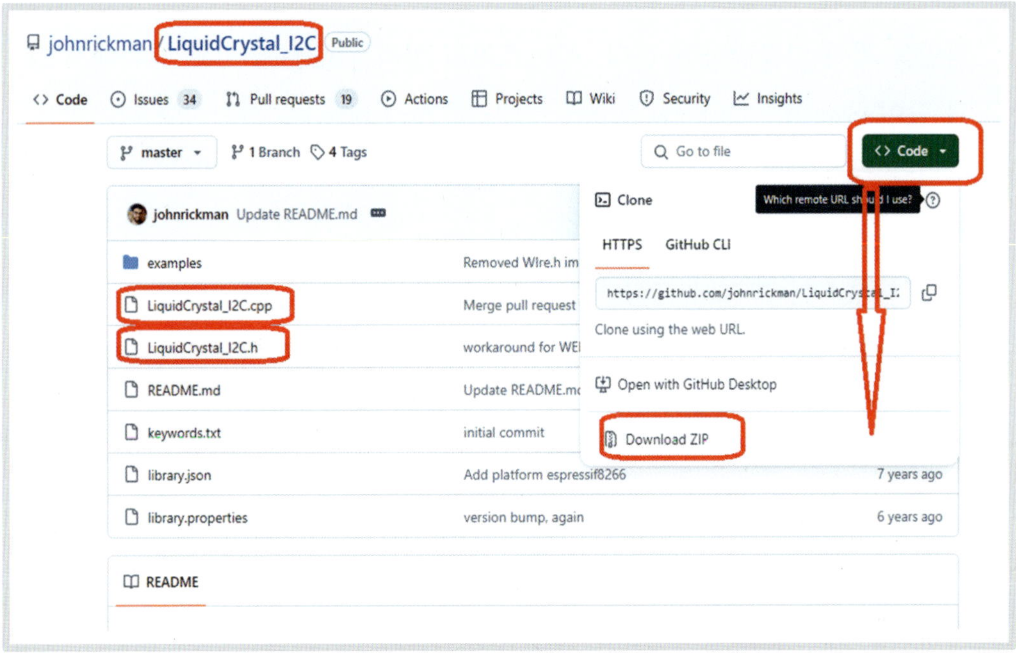

| 그림 2-49 | class 형식으로 작성한 라이브러리

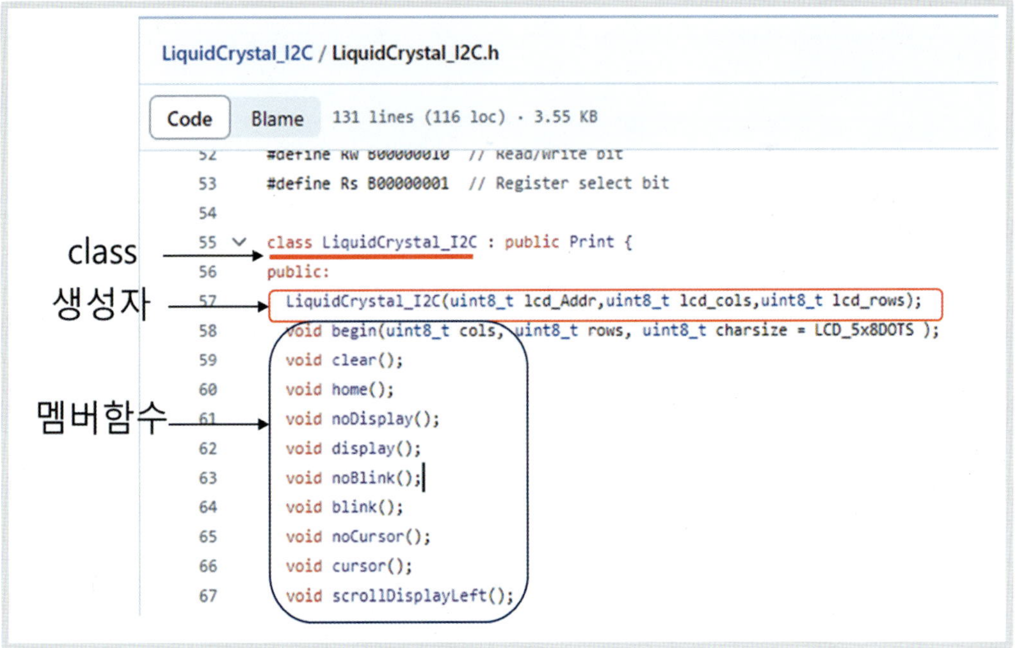

| 그림 2-50 | 라이브러리 구성(class, 생성자, 멤버함수)

라이브러리를 사용하기 위해서는 그림 2-49에서 보는 바와 같이 code를 눌러 zip 파일을 찾아 다운받아야 한다. 라이브러리 설치는 Arduino IDE 메뉴에서 그림 2-51과 같이 [Sketch → Include Library → Add .Zip Library]를 클릭하여 다운받은 라이브러리를 등록하면 된다.

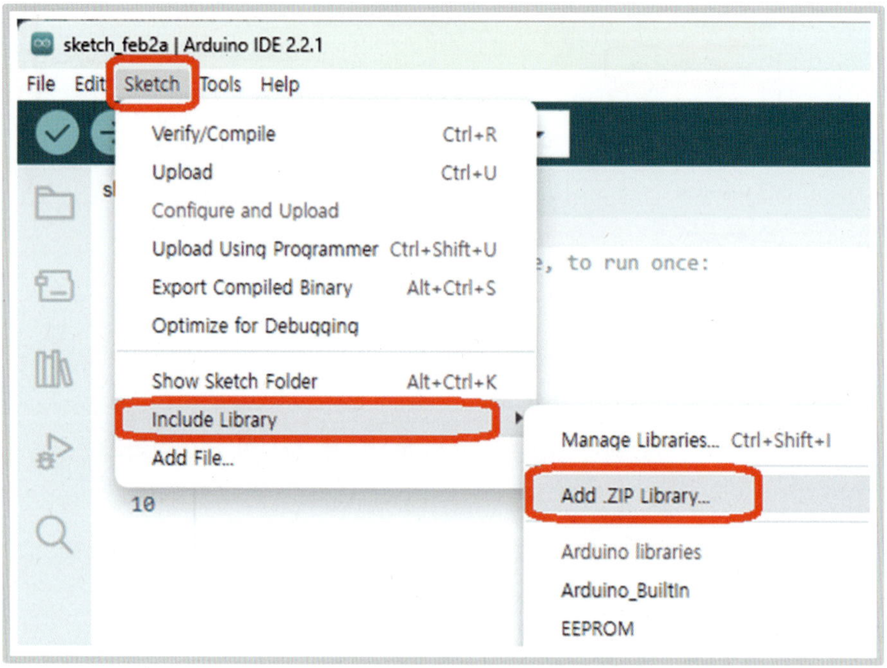

| 그림 2-51 | Arduino에서 라이브러리 등록

다음은 LiquidCrystal_I2C의 라이브러리 사용 방법에 대한 예로서 먼저 2번 행과 같이 class LiquidCrystal_I2C에 대한 객체 lcd를 생성하여 사용하여야 한다.

Project 227 LiquidCrystal_I2C 라이브러리 사용 예

```
#include <Wire.h>
#include <LiquidCrystal_I2C.h>
LiquidCrystal_I2C lcd(0×3F, 16, 2);  // (1)

void setup()
{
  lcd.init();                // (2) 객체 lcd 초기화
  lcd.backlight();           //     객체 lcd 백라이트 사용
}

void loop()
{
  lcd.clear();                 // (3) 객체 lcd 화면 지움
  lcd.setCursor(0,0);          // (4) 객체 lcd 커서 위치 처음
  lcd.print("Drive Car");      // (5) 객체 lcd에 문자열 쓰기
      :
}
```

2.8 헝가리언 표기법, ASCII 코드

① 헝가리언 표기법

변수의 이름을 정할 때 앞에 접두어를 두면 이 변수는 어떤 데이터형인지 혹은 어떤 용도로 사용된다는 것을 짐작할 수 있다. 특히 프로그램이 매우 커지면 프로그램을 작성하다가 며칠 후 혹은 다른 사람이 작성한 프로그램을 해석할 때 선언한 변수의 자료형을 일일이 찾아보아야 하는 불편을 해소하기 위하여 고안된 표기법을 헝가리언 표기법이라고 한다.

C언어부터 헝가리언 표기법에 습관을 들이면 여타의 프로그램을 작성할 때 매우 큰 도움이 되므로 본서에서는 과감히 헝가리언 표기법을 도입하여 프로그램 예제를 제시하였다. Visual C++에서는 좀 더 많은 헝가리언 표기법이 도입하고 있지만 본서에서 다음에 제시하는 헝가리언 표기법을 주로 사용하고자 한다.

표 2-16 헝가리언 표기법

접두어	설명	예
ch	문자	chCar
str	문자열	strName
n	정수	nData
f	실수	fData
b	BOOL	bFirst
p	Pointer	pData
g	전역변수	gX

표 2-17 ASCII 코드

DEC	HEX	OCT	Char	DEC	HEX	OCT	Char	DEC	HEX	OCT	Char
0	00	000	Ctrl-@ NUL	43	2B	053	+	86	56	126	V
1	01	001	Ctrl-A SOH	44	2C	054	,	87	57	127	W
2	02	002	Ctrl-B STX	45	2D	055	-	88	58	130	X
3	03	003	Ctrl-C ETX	46	2E	056	.	89	59	131	Y
4	04	004	Ctrl-D EOT	47	2F	057	/	90	5A	132	Z
5	05	005	Ctrl-E ENQ	48	30	060	0	91	5B	133	[
6	06	006	Ctrl-F ACK	49	31	061	1	92	5C	134	₩
7	07	007	Ctrl-G BEL	50	32	062	2	93	5D	135	]
8	08	010	Ctrl-H BS	51	33	063	3	94	5E	136	^
9	09	011	Ctrl-I HT	52	34	064	4	95	5F	137	_
10	0A	012	Ctrl-J LF	53	35	065	5	96	60	140	`
11	0B	013	Ctrl-K VT	54	36	066	6	97	61	141	a
12	0C	014	Ctrl-L FF	55	37	067	7	98	62	142	b
13	0D	015	Ctrl-M CR	56	38	070	8	99	63	143	c
14	0E	016	Ctrl-N SO	57	39	071	9	100	64	144	d
15	0F	017	Ctrl-O SI	58	3A	072	:	101	65	145	e
16	10	020	Ctrl-P DLE	59	3B	073	;	102	66	146	f
17	11	021	Ctrl-Q DC1	60	3C	074	<	103	67	147	g
18	12	022	Ctrl-R DC2	61	3D	075	=	104	68	150	h
19	13	023	Ctrl-S DC3	62	3E	076	>	105	69	151	i
20	14	024	Ctrl-T DC4	63	3F	077	?	106	6A	152	j
21	15	025	Ctrl-U NAK	64	40	100	@	107	6B	153	k
22	16	026	Ctrl-V SYN	65	41	101	A	108	6C	154	l
23	17	027	Ctrl-W ETB	66	42	102	B	109	6D	155	m
24	18	030	Ctrl-X CAN	67	43	103	C	110	6E	156	n
25	19	031	Ctrl-Y EM	68	44	104	D	111	6F	157	o
26	1A	032	Ctrl-Z SUB	69	45	105	E	112	70	160	p
27	1B	033	Ctrl-[ESC	70	46	106	F	113	71	161	q
28	1C	034	Ctrl-₩ FS	71	47	107	G	114	72	162	r
29	1D	035	Ctrl-] GS	72	48	110	H	115	73	163	s
30	1E	036	Ctrl-^ RS	73	49	111	I	116	74	164	t
31	1F	037	Ctrl_ US	74	4A	112	J	117	75	165	u
32	20	040	Space	75	4B	113	K	118	76	166	v
33	21	041	!	76	4C	114	L	119	77	167	w
34	22	042	"	77	4D	115	M	120	78	170	x
35	23	043	#	78	4E	116	N	121	79	171	y
36	24	044	$	79	4F	117	O	122	7A	172	z
37	25	045	%	80	50	120	P	123	7B	173	{
38	26	046	&	81	51	121	Q	124	7C	174	|
39	27	047	'	82	52	122	R	125	7D	175	}
40	28	050	(	83	53	123	S	126	7E	176	

3

Arduino 센서 융합 신호처리

3 Arduino 센서 융합 신호처리

3장에서는 정밀 데이터 입력과 데이터 처리, 제어용 신호 출력, 데이터 디스플레이, 특수 목적용 기능 등 4가지 분야로 나누어 학습한다. 첫 번째로 정밀 데이터 입력은 analog 센서 입력을 위한 ADC(Analog to Digital Converter), 병렬 디지털 데이터 입력, pulse의 상태를 측정하기 위한 명령을 다룬다. 두 번째로 다루는 제어용 데이터 출력 분야는 전압이나 전력 제어 등에서 사용하는 PWM(Pulse Width Modulation) 신호 생성 기법과 주파수 가변 신호 생성 방법이다.

세 번째로 데이터 시각화를 위해 LCD나 FND(Flexible Numeric Display 또는 7-Segment Display)에 표시하는 방법을 다룬다. 마지막으로 특수 목적용 기능으로는 인터페이스를 위한 Transistor 스위칭 회로 구현, 특정 함수를 주기적으로 작동하게 하는 interrupt와 timer 그리고 외부와 통신을 위한 직렬통신, Bluetooth 통신, 부품간 통신 혹은 Arduino와 짧은 거리의 통신을 위한 SPI, I2C 통신을 주제로 공부한다. 또한 모터 속도 정밀 제어 등에 사용하는 PID(Propotional Integrate Differential) 제어 기법을 소개한다.

3.1 ADC

학습목표

- 센서의 요구조건을 설명할 수 있다.
- 온도, 압력, 전압 등 자연계의 센서 출력 analog 물리량을 digital 데이터로 변환할 수 있다.
- ADC를 통해 digital 데이터로 변환된 값으로부터 analog 물리량을 역으로 계산할 수 있다.

학습내용

- Analog to Digital Converter 원리
- 센서 출력 선형성
- ADC 변환 결과로부터 analog 물리량 환산 방법

온도, 압력 등 자연계의 상태를 표현하는 물리량은 모두 연속적인 값을 갖는 아날로그(analog)값을 갖는다. 이 아날로그 물리량을 디지털 마이크로프로세서에서 처리하기 위해서는 아날로그 물리량을 디지털 데이터로 반드시 변환하여야 한다. 이때 센서 제조회사에서 제공하는 센서들은 그림 3-1과 같이 다음 특징을 가져야 한다.

- 측정할 수 있는 아날로그 물리량이 선형구간일 것 : $v = ax + b$
- 선형구간에서의 센서 출력은 전기신호로 변환하여 출력할 것 : 0 ~ v_a[V]

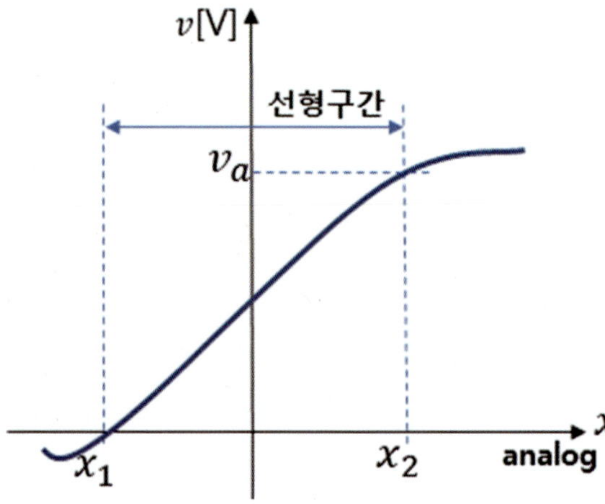

| 그림 3-1 | 센서의 일반적인 특성

한 예로 자동차의 엔진 혹은 편의장치에서는 온도, 압력 등 수많은 아날로그 신호를 입력받아 속도나 실내 온도 등을 제어하거나 정보를 표시해 준다. 이러한 아날로그 신호가 자동차의 전자제어장치에 입력되면 디지털 물리량으로 변환되어 연산이 이루어진다. 이러한 변환을 ADC(Analog to Digital Converter)라고 부른다.

아날로그 물리량은 ADC 혹은 마이크로프로세서에 입력되면 N bit의 디지털값으로 변환된다. Arduino Uno의 경우에는 A0부터 A5 핀까지 총 6개 채널로 0~5[V]의 아날로그 데이터를 입력받아 10[bit]의 디지털 데이터로 변환한다. 즉, 0[V]의 아날로그 신호값은 00 0000 0000(10진수로 0)의 디지털값으로 변환되며, 5.0[V] 아날로그 신호는 11 1111 1111(10진수로 1023)으로 변환된다.

그림 3-2(a)에서 Arduino의 경우 입력할 수 있는 아날로그 v_a의 최대 전압은 5[V]이며, 디지털로 변환되면 최댓값 y_d=1023을 갖는다. 이때 0 ~ v_a[V] 사이의 임의 센서 출력값 v에 대한 디지털로 변환값 y는 다음과 같이 표현된다.

Analog to Digital : 변환된 디지털값 $y = \frac{y_d}{v_a} v$ ·· (3.1)

(Arduino의 경우 $y = \frac{1023}{5.0} v$)

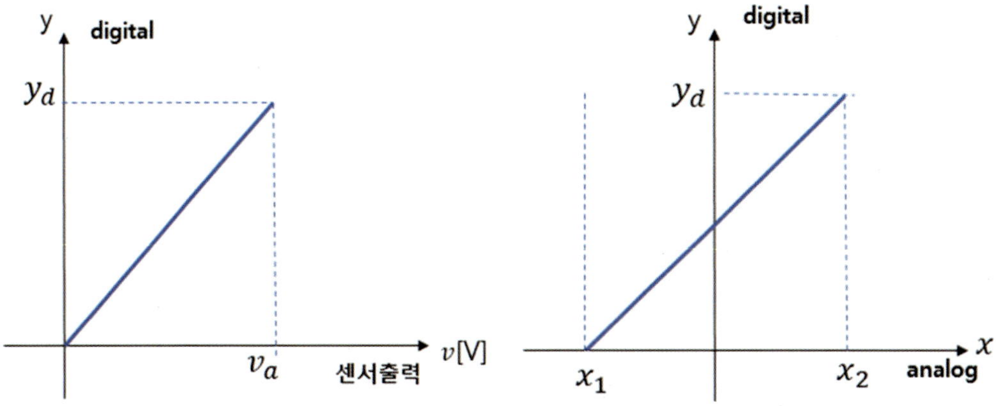

(a) 센서 아날로그 → 디지털 변환　　　　(b) 아날로그 물리량 역변환

| 그림 3-2 | ADC 물리량

ADC를 변환 과정을 통해 얻은 디지털값을 이용하여 그림 3-2(b)에 보인 관계로부터 최종 아날로그 물리량으로 역변환하여야 실제 물리량을 추정할 수 있으며, 이 물리량은 액추에이터 제어나 디스플레이에 활용할 수 있다. 따라서 디지털 변환값으로부터 최초의 아날로그 물리량은 다음 수식으로부터 구할 수 있다.

$$\text{Analog 물리량 역변환 : } x = \frac{x_2 - x_1}{y_d} y + x_1 \quad \cdots\cdots (3.2)$$

$$\text{(Arduino의 경우 } x = \frac{x_2 - x_1}{1023.0} y + x_1 \text{)}$$

예를 들어, -20[°C]에서 100[°C]까지 선형성을 보장해 주는 온도센서가 있다고 가정하자. 0~5[V] 사이의 이 온도센서의 출력이 Arduino A/D 변환기를 통해 디지털값으로 변환되어 y값을 갖는다고 하면, 실제 온도는 상기에서 언급한 역변환 수식에 의거 다음과 같이 구할 수 있다.

$$\text{현재 온도 } x = \frac{x_2 - x_1}{y_d} y + x_1 = \frac{100 - (-20)}{1023.0} y - 20 = \frac{120}{1023.0} y - 20[°C] \cdots\cdots (3.3)$$

예제를 통해 ADC를 이용하여 자동차 배터리 전압을 측정하는 회로를 구현해 보기로 하자. 축전지 전압이 만충전일 때를 고려하여 가변저항으로 0~15[V]까지 가변하면서 배터리 전압을 측정하는 실습을 수행하기로 한다. 예제에서 사용하는 Project Clip은 "VirtualTerminal.pdsclip"을 이용한다.

표 3-1 부품 특성표(그림 3-3 회로)

부품명	Mode	Edit Properties	비고
가변저항	• Component Mode • Pick Symbol - 검색 : pot	• [버튼선택] 우측 마우스 버튼 • Edit Properties 선택 	가변 방법: 위아래 화살표 클릭 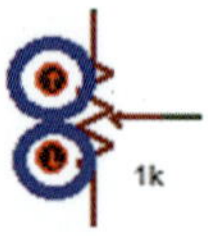
저항	• Component Mode - 검색 : RES	R5 20k, R6 10k	
제너Diode	• Component Mode - 검색 : 1N5231B	Part Reference : Hidden	5.1[V] 이상 과전압 차단
POWER	• Component Mode - 검색 : POWER	Label String : 15V	15V 배터리
DC전압계	• INSTRUMENTS Mode - DC VOLTMETER		

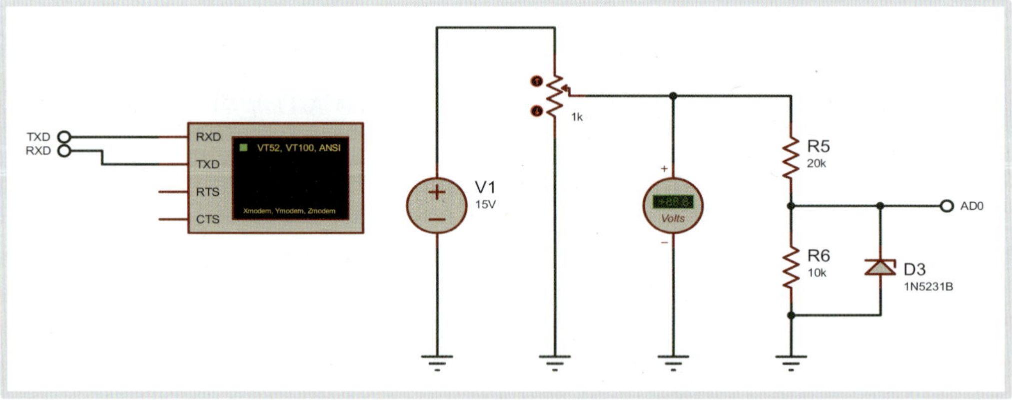

| 그림 3-3 | 자동차 배터리 전압 측정 회로

배터리 전압을 측정하기 위하여 가변저항은 1[kΩ]을 이용하였다. Arduino의 아날로그 입력 전압이 최대 5[V]까지 이므로 이 전압을 1/3로 줄여야 한다. 이를 위하여 20[kΩ] 저항과 10[kΩ] 저항을 사용하여 전압 분배를 하였다. 이 저항들은 가변저항과 병렬회로를 구성하므로 병렬 오차를 최소화하기 위하여 가변저항보다 최대 30배 큰 저항을 선정하여 병렬 효과를 최소화하였다. 또한 Arduino의 내부 입력 저항과 전압분배용 저항의 크기를 고려하여 1[kΩ] 이내로 선정한 것이다. 측정하려는 부위와 Arduino 사이에서 병렬 저항 효과를 최소화하여 오차를 줄이기 위해서는 별도의 OP AMP(Operational Amplifier) 버퍼 회로를 구현하여야 한다. 자세한 부분은 OP AMP 일반 서적을 참고하기를 바란다.

Project 301 ADC

```

void setup()
{
    Serial.begin(9600);
}
void loop()
{
    int nData=analogRead(A0);
    Serial.print("Digital = "+ String(nData) );

    float fVoltage= 15/1023.0 * nData;
    Serial.println(", Battery Voltage = "+ String(fVoltage, 2) +"[V]");

    delay(300);
}
```

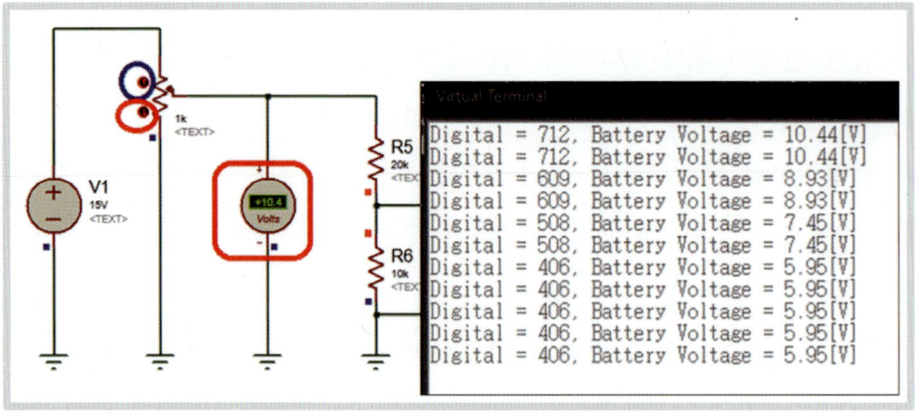

| 그림 3-4 | Project301 실행 결과

Project301 예제에서 사용한 프로그램 코드의 주요 동작 기능은 다음과 같다.

8	A0 Port를 통해 아날로그 물리량 입력
9	디지털 변환값 출력
11	디지털로 변환된 데이터를 아날로그 배터리 전압으로 역변환하기
12	배터리 전압값 출력

3.2 shiftIn() 함수를 이용한 멀티 데이터 입력

학습목표

- 외부에서 여러 개의 디지털 데이터를 입력받는 기법을 이해할 수 있다.
- 멀티 데이터 입력 소자의 동작 순서를 설명하고 이를 프로그램에 적용할 수 있다.
- Arduino에서 shiftIn() 함수와 멀티 데이터 소자를 연계하여 멀리 데이터를 입력받아 데이터를
- 처리할 수 있다.

학습내용

- PISO 소자 동작 원리
- 멀티데이터 입력 알고리즘
- shiftIn() 함수 사용 방법
- 74HC165 PISO 핀 동작 모드

Arduino를 이용하여 외부에 여러 개의 디지털 데이터를 입력받기 위해서는 데이터 수만큼 입력 핀을 사용하여야 한다. Arduino는 핀이 부족한 경우를 고려하여 1개의 데이터 핀과 3개의 제어 핀을 이용하여 1[byte]의 데이터를 입력받는 기능을 제공한다. 이는 지정한 입력데이터 핀을 통해 최대 8개의 데이터를 하나씩 순차적으로 받아 8[bit] 메모리에 shift하면서 저장하는 방식이다.

이때 외부에서 병렬 데이터를 입력받아 1[bit]씩 shift하여 직렬로 데이터를 변환한다. 그리고 Arduino와 같은 마이크로컨트롤러에 변환된 데이터를 직렬로 출력해 주는 전용 소자를 PISO(Parallel-In Serial-Out)라고 부른다. PISO 소자를 이용하여 병렬 데이터를 입력받는 개념은 그림 3-5와 같이 요약할 수 있으며 PISO 소자의 동작은 다음 3가지 순서에 따라 따른다.

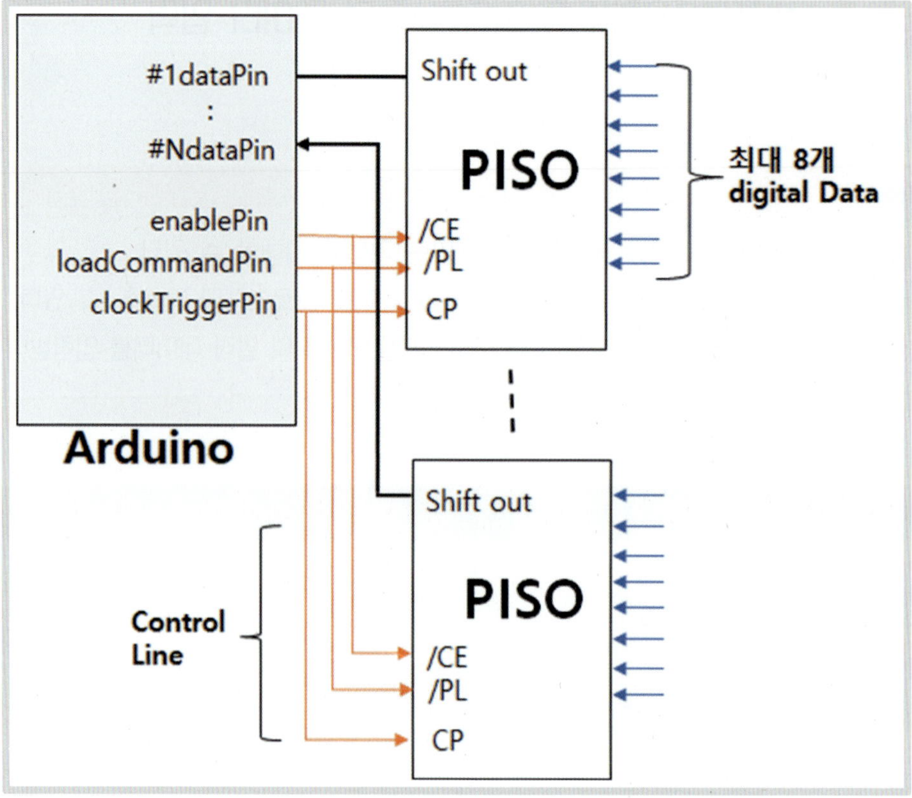

| 그림 3-5 | N byte의 데이터를 직렬로 입력받는 개념

① $\overline{PL}$(Parallel Load) 핀을 통해 병렬 디지털 데이터 load 신호를 받으면 최대 8bit의 외부의 데이터를 병렬로 입력하여 PISO 레지스터에 저장[6].

② CP(Clock Input) 핀에 trigger 신호가 인가되면 PISO 레지스터에 저장된 병렬 데이터를 1bit씩 shift하기 위한 준비상태로 전환.

③ PISO의 $\overline{CE}$(Clock Enable) 단자에 shift 시작 신호가 입력되고, 이어서 Arduino에서 shiftIn() 명령이 동작하여 8개의 clock pulse가 PISO의 CP 핀에 순차적으로 인가되면 PISO의 병렬 데이터가 하나씩 shift되어 직렬로 Arduino에 전송.

6) PISP 소자는 제조회사에 따라 $\overline{PL}$을 $\overline{LD}$로, CP를 CLK, $\overline{CE}$를 INH로 표기하기도 한다.

이를 구현하는 Arduino 명령은 shiftIn() 함수이며 사용 방법은 다음과 같다.

shiftIn(dataPin, clockPin, bitOrder) | Keypoint

- **dataPin** : 외부로부터 직렬로 데이터를 입력받는 핀 번호
- **clockPin** : PISO 소자 레지스터의 병렬 데이터를 직렬로 shift하도록 Arduino가 PISO 소자의 clockPin에 보내는 8개의 펄스를 수신하는 핀
  trigger 기능 핀과 동일하게 사용
- **bitOrder** : 차례대로 입력받은 데이터를 1[byte] 메모리에 저장하는 순서
  MSBFIRST 또는 LSBFIRST
- **반환값** : 1[byte] 데이터값

여기서 MSB, LSB란 데이터 저장 순서의 기준점으로
- MSB : Most Significant Bit, 최상위 비트
- LSB : Least Significant Bit, 최하위 비트

대표적인 PISO Shift register IC 부품은 74HC165이며, 이 소자의 핀 맵과 각 핀의 기능은 그림 3-6과 표 3-2에 나타내었다. 이 소자는 병렬 데이터를 입력받는 모드와 직렬 데이터로 변환하기 위한 shift 모드, 데이터 유지 모드 등 3가지가 있는데 각각의 input 명령을 표 3-3에 정리하였다.

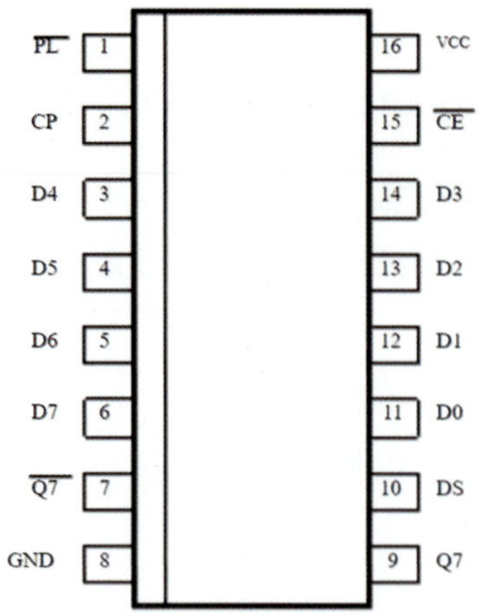

| 그림 3-6 | 74HC165

표 3-2 74HC165 핀 기능

핀번호	기능
1	외부의 병렬 데이터 입력 신호 핀
2	8개 입력 데이터가 저장된 버퍼에서 clock pulse가 입력되면 순차적으로 1bit씩 직렬로 출력
3,4,5,6, 11,12,13,14	8개의 병렬 데이터 입력 핀
9	직렬 데이터 출력 핀
7	직렬 데이터 보수값 출력 핀
10	직렬 데이터 입력(SISO)에 사용
15	변환 Enable(Active LOW)

표 3-3 74HC165 동작 모드

동작 모드	입력 핀		
	$(\overline{PL})$	$(\overline{CE})$	CP
병렬 데이터 입력	L	X	X
직렬 shift(병렬→직렬)[7]	H	L	↑
HOLD(do nothing)	H	H	X
	H	X	H

× : don't care

PISO 소자와 shiftIn() 함수를 이용하여 14개의 디지털 데이터를 읽어들이는 회로와 프로그램을 Project302 예제로 구현한다. 이 예제를 구현하기 위하여 8개의 병렬 데이터를 처리하는 74HC165 부품 2개와 디지털 데이터를 구현하기 위한 dip 스위

7) 클록이 입력 전에는 반드시 클록 핀(CP)은 반드시 "HIGH"로 설정되어 있다가 "LOW"에서 "HIGH"로 positive trigger가 발생하였을 때 병렬 데이터가 직렬로 출력이 시작됨.

치 2개 그리고 pull up 기능을 위해 Array 저항 2개를 추가한다. 이 예제에서도 Project Clip "VirtualTerminal.pdsclip"을 이용한다.

표 3-4 **부품 특성표(그림 3-7 회로)**

부품명	Mode	Edit Properties	비고
PISO	Component Mode • 검색 : 74HC165		
dip 스위치	Component Mode • 검색 : DIPSW_8, DIPSW_4		
array 저항	Component Mode • 검색 : RES16DIPIS, RES6SIPB	각각 10k	
POWER	Terminals Mode • POWER	Label String : +5V	
GROUND	Terminals Mode • GROUND		
NC	Terminals Mode • NC		연결이 없는 핀에 사용

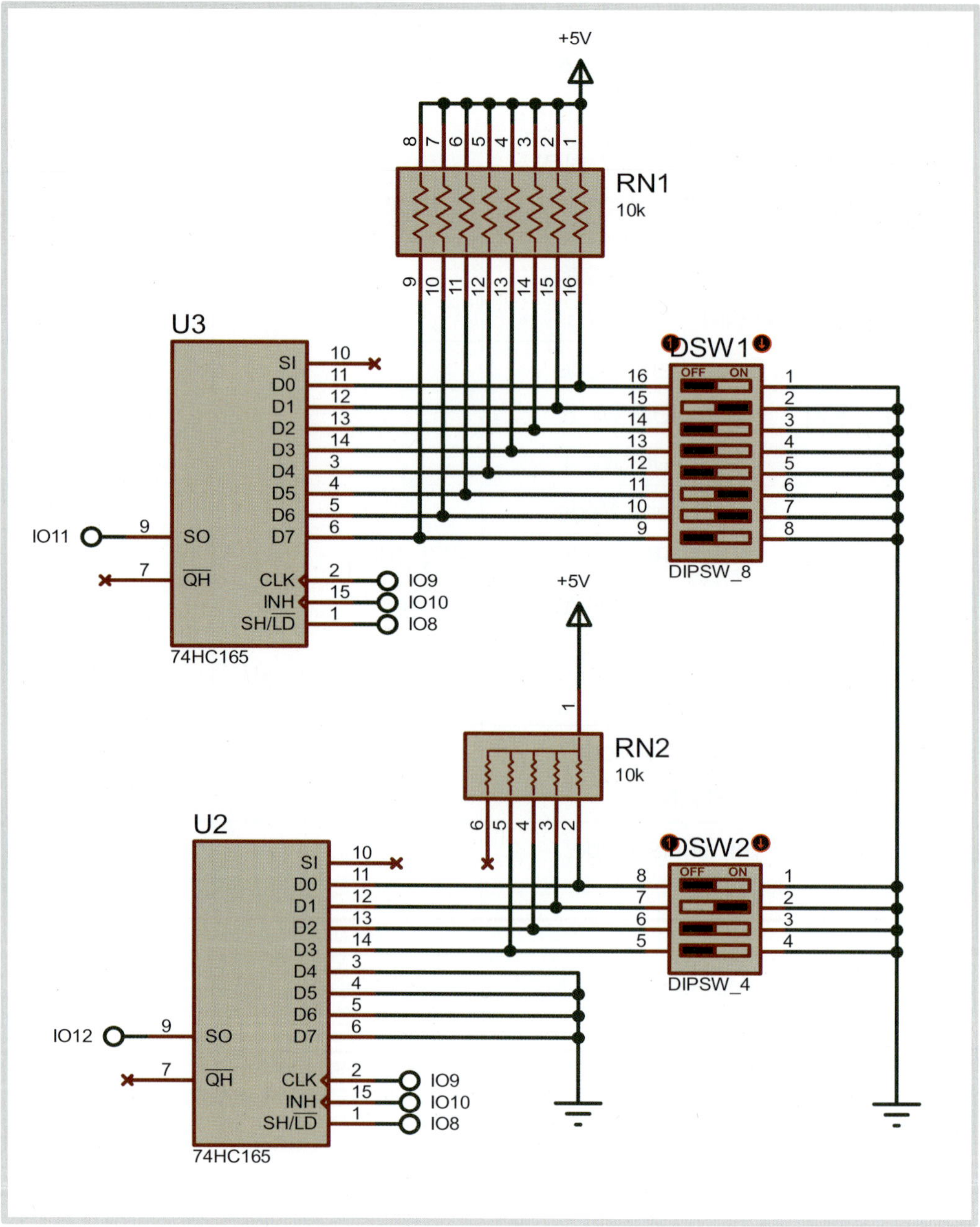

ㅣ그림 3-7ㅣ PISO를 이용한 병렬 데이터 입력회로

74HC165 PISO 소자의 부품명은 제조회사마다 다르게 표현될 수 있으나 핀 번호에 해당하는 기능은 동일하다.

Project 302 shiftIn( ) 함수

```
byte loadDataPin=8;      //  LD(PL): load Parallel data to 74HC165
byte clockTriggerPin=9; //  CLK(CP): output trigger
byte enablePin=10;       //  INH(CE): clk enable( Active LOW)
byte dataPinA=11;        // 74HC165(1) output Q7(SO)
byte dataPinB=12;        // 74HC165(2) output Q7(SO)

void setup()
{
    Serial.begin(9600);
    pinMode(dataPinA, INPUT);   pinMode(dataPinB, INPUT);

    pinMode(clockTriggerPin, OUTPUT);
    pinMode(loadDataPin, OUTPUT);
    pinMode(enablePin, OUTPUT);

    digitalWrite(loadDataPin, HIGH);
    digitalWrite(enablePin, HIGH);
}

byte HC165(byte dataPin)
{
    digitalWrite(clockTriggerPin, HIGH);

    digitalWrite(loadDataPin, LOW);    delayMicroseconds(1);
    digitalWrite(loadDataPin, HIGH);

    digitalWrite(enablePin, LOW);            // 다음 쪽 계속
```

```
    byte nData=shiftIn(dataPin, clockTriggerPin, MSBFIRST);
    digitalWrite(enablePin, HIGH);

    return nData;
}

void loop()
{
     byte nSwitchDataA=HC165(dataPinA);
     byte nSwitchDataB=HC165(dataPinB);
     uint16_t  nSwitchData=nSwitchDataB<<8 |  nSwitchDataA;

     Serial.println(" Switch State= "+ String(nSwitchData, BIN));
     delay(400);
}
```

| 그림 3-8 | Project302 실행 결과

Project302 예제에서 사용한 프로그래밍 주요 코드의 동작 기능은 다음과 같다.

10~14	신호선 출력, 직렬 데이터 입력 포트로 설정
16~17	74HC165 동작 초기화(병렬 데이터 입력 정지, 동작 disable)
20	4HC165에서 병렬데이터를 직렬로 출력하도록 하고, 이 데이터를 Arduino에서 직렬로 입력받아 1[byte] 단위로 반환하는 함수
22	Arduino CLK(CP) 핀 초깃값 "HIGH"로 설정
24~25	PISO 소자에 병렬 데이터 load(입력 명령)
27	병렬 데이터 직렬 shift Enable(Active LOW)
28	직렬로 shift하여 출력 시작 직렬로 데이터를 1[byte]의 데이터를 받아 저장
29	74HC165 동작 disable(초기화)
36~38	스위치 상태 결합 = 상위 4개 스위치 상태 + 하위 8개 스위치 상태

3.3 puseIn() 함수를 이용한 펄스 측정

학습목표

- 외부로부터 입력되는 펄스를 카운트라고 펄스의 상태를 측정할 수 있다.
- 펄스 측정 기법을 이용하여 거리 측정 응용 프로그램에 적용할 수 있다.
- 물체의 거리 측정을 위한 초음파센서 모듈의 동작 원리를 설명할 수 있다.

학습내용

- Pulse capture 원리
- 펄스 측정을 위한 pulseIn() 함수 사용법
- 초음파센서 작동 원리
- 초음파센서와 pulseIn() 함수를 이용한 거리 측정

초음파센서를 이용하여 거리를 측정하거나 모터의 회전속도를 측정하는 기법은 그림 3-9와 같은 펄스 출력 신호로부터 한 주기 동안 펄스의 "HIGH"인 상태와 "LOW"인 상태의 시간을 각각 측정하고, 그 시간값을 환산하여 물리량을 산출하는 방법을 사용한다. 이러한 방법을 "펄스 capture"라고 부른다. 초음파는 음파의 일종으로 약 340[m/s] 속도로 이동하며 물체에 반사된다. 초음파센서의 송신 단에서 약 20[kHz] 이상의 높은 주파수 신호를 방출하면 수신 단은 그 신호가 반사해 올 때까지 "HIGH" 상태의 신호가 유지되며 수신이 완료되면 "LOW" 상태로 바뀐다. 초음파로 거리를 측정하는 방법은 이 구간의 시간을 측정하여 거리를 산출하는 방식을 사용한다.

또한 모터의 회전속도를 측정하는 방법은 HALL 센서 등으로부터 출력되는 펄스 신호의 한 주기를 capture하여 "HIGH"와 "LOW"인 상태의 각각의 시간을 측정하여

회전수를 산출하는 방식으로 사용된다. 이 절에서는 10[us]에서 3분까지 펄스의 상태를 시간으로 측정할 수 있는 pulseIn() 함수의 기능과 응용에 대하여 알아본다.

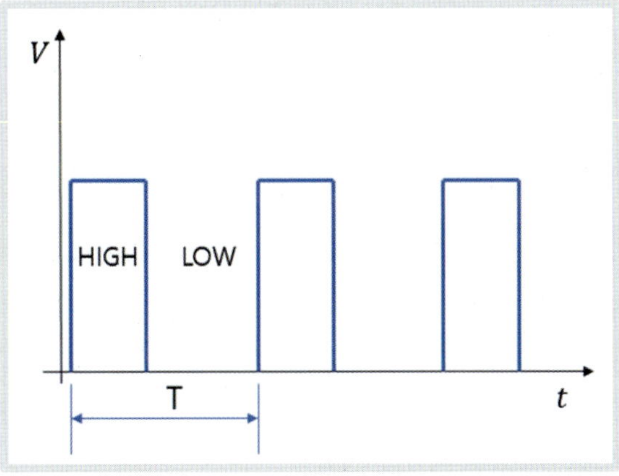

| 그림 3-9 | Pulse Capture

pulseIn(pin, value, timeout) | Keypoint

- pin : 입력 핀 번호
- value : 읽어올 pulse의 “HIGH” 또는 “LOW” 신호 유형
- timeout : 최대 신호 측정 시간, 신호 검출되지 않으면 0값 리턴, 이때 시간은 us 단위이다. 단 생략하면 1,000,000us, 즉 1초가 설정된다.
- return값 : us 단위의 시간

예제)

```
HighTime=pulseIn(10,HIGH);     // 10번 핀으로 HIGH 신호 유지 시간 측정
LowTime=pulseIn(10,LOW);       // 10번 핀으로 LOW 신호 유지 시간 측정
PulseTime=HighTime+LowTime; // 주기(us 단위)
Frequency=1e6/PulseTime;       //주파수 계산
```

초음파센서와 pulseIn() 함수를 이용하여 거리를 측정하는 회로를 구현하기로 한다. 초음파센서는 약 20[kHz] 이상의 높은 주파수의 음파를 발산한다. 파를 보낸 후 반사되어 돌아오는 시간차를 측정해서 거리를 구하는 센서이다. 초음파센서로부터 약 340[m/s]의 전송속도로 방출되는 초음파는 반사를 고려하면 1초에 170[m]의 거리를 왕복한다. 이를 1[us] 단위로 환산하면 0.017[cm/us] 또는 58.82[us/cm]가 된다. Arduino 실습용으로 구매할 수 있는 HC-SR04 모델은 그림 3-10에 보인 바와 같이 10[us] 구간 동안 시작 신호(trigger signal)를 Arduino로부터 수신하는 단자와 이 신호가 입력되면 이때부터 방출된 초음파가 반사될 때까지 "HIGH"를 유지하는 Echo 단자로 구성되어 있다. 이 초음파센서의 특징은 다음과 같다.

- 측정 범위 : 2cm ~ 4m
- 측정 각도 : 15°
- 사용전압/전류 : 5[V], 15[mA]
- Trig 핀 : 초음파 송신
- Echo 핀 : 초음파 수신

| 그림 3-10 | 초음파센서

pulseIn() 함수의 기능을 이해하기 위하여 초음파센서를 이용한다. Proteus VME에서는 초음파센서 기능을 실습할 수 있도록 SRF04 초음파 모듈을 제공하고 있다. 이때 그림 3-11의 증감 버튼을 마우스로 클릭하면 거리 이동을 시뮬레이션할 수 있다.

Project303 실습에서는 Arduino 8번 핀으로부터 초음파센서 Trig 핀에 10[us] 동안 trigger 신호가 입력되면 초음파가 방출되기 시작하고, Echo 핀과 연결된 9번 핀으로부터 방출된 초음파가 반사되어 돌아오는 왕복 시간을 검출할 수 있다. 실습에서는 오실로스코프를 이용하여 Trigger 신호와 Echo 신호의 파형을 측정하도록 하였다. 그림 3-11의 Project303의 회로도에 대한 부품 특성은 표 3-5에 나타내었다. 여기서 Project Clip은 "VirtualTerminal.pdsclip"을 이용한다.

표 3-5 부품 특성표(그림 3-11 회로)

부품명	Mode	Edit Properties	비고
초음파센서	Component Mode • 검색 : SRF04	• Range Value : 100 • Calibration Factor : 58.82	음파 특성 : 58.82[us/cm]
오실로스코프	Virtual Instrument • OSCILLOSCOPE	• Channel A, C On • Trigger Auto(Source A) • 전압 스케일 : 5V • 시간 스케일 : 1ms	동작 시
POWER	Terminals Mode • POWER	• Label String : +5V	
GROUND	Terminals Mode • GROUND		

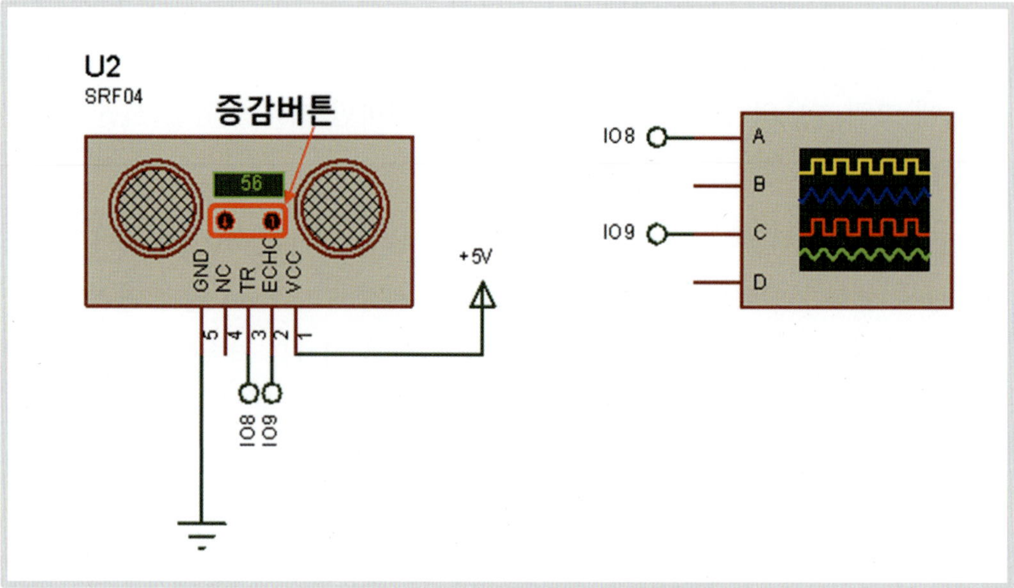

| 그림 3-11 | 초음파센서 실습 회로도

Project 303 pulseIn() 함수

```
byte nTrigger=8;
byte nEcho=9;

void setup()
{
    pinMode(nTrigger, OUTPUT);
    pinMode(nEcho, INPUT);
    Serial.begin(9600);
}

float MeasuringDistance()
{
    digitalWrite(nTrigger, LOW);   delayMicroseconds(10);
    digitalWrite(nTrigger, HIGH);  delayMicroseconds(10);   // 다음 쪽 계속
```

```
15        digitalWrite(nTrigger, LOW);
16
17        unsigned long nPulseTime= pulseIn(nEcho, HIGH);
18        float fDistance = nPulseTime*0.017;
19        Serial.print("Duration:" + String(nPulseTime));
20        return fDistance;
21    }
22    void loop()
23    {
24        float fDistance=MeasuringDistance();
25        Serial.println(", distance : " + String(fDistance,1) + "[cm]");
26        delay(500);
27    }
```

예제 Project303에서 사용한 프로그래밍의 주요 동작 설명을 다음에 정리하였다.

11	초음파센서 거리 측정하여 반환하는 실행함수
13~15	Trigger 핀으로 10[us] 펄스 송신 delayMicroseconds(n); n[us]만큼 지연, 최대 16383[us]까지 가능
17	반사파 HIGH 시간 측정[us]
18	거리 환산

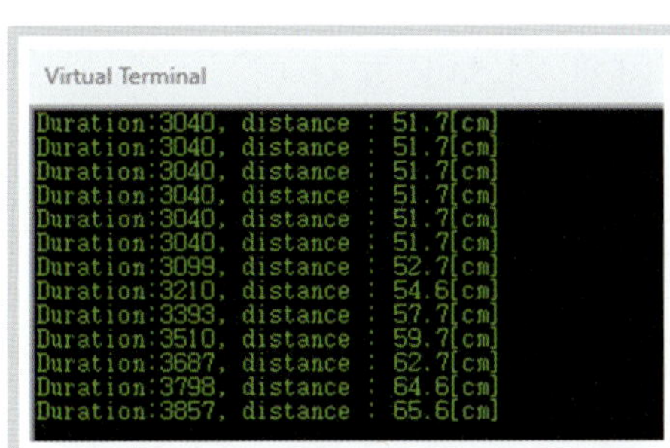

| 그림 3-12 | Project303 실행 결과

한편 출력 화면에서 그림 3-13의 오실로스코프 사용법은 일반 오실로스코프와 같은데 대략적인 사용법을 정리한다.

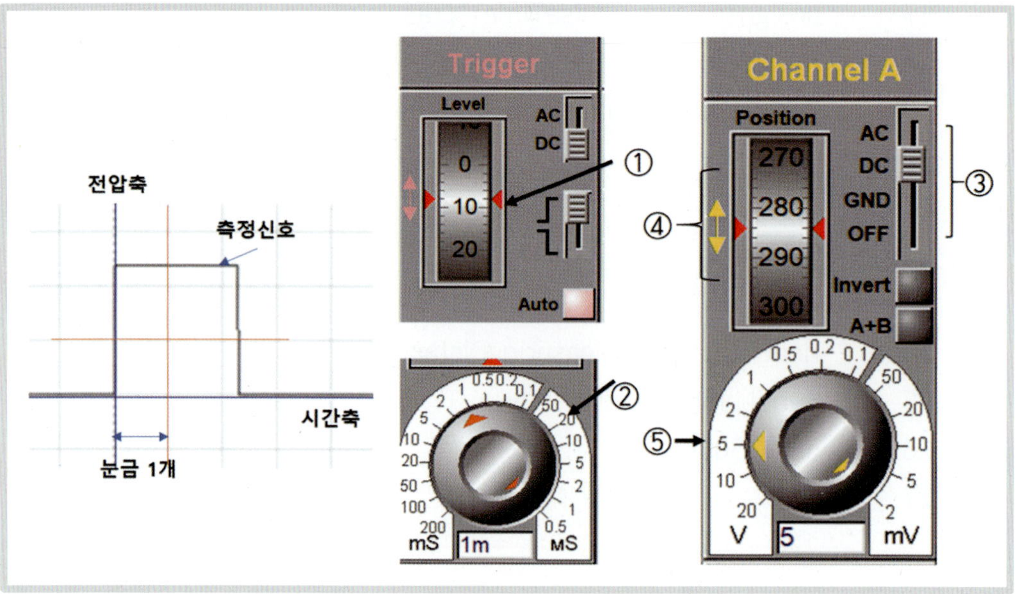

| 그림 3-13 | 오실로스코프

① Trigger 조절 : 신호 순간 포착 전압 레벨 조절

(주기가 상대적으로 적은 신호의 중간 전압 레벨에 위치하여 적용)

② 시간축 시간 조절 : 1[ms]의 의미는 가로축 눈금 1개의 시간

③ 신호 측정 방법

- AC(Alternating Current) : 순수 교류성분만 표시
- DC : DC+AC 전체 성분만 표시
- GND :접지 기준점 표시
- OFF : 표시 사라짐(사용하지 않을 경우)

④ 지정 채널의 전압축(세로축)의 신호 표시에 대한 기준 위치 조절

⑤ 전압축의 크기 조절 : 5[V]의 의미는 세로축 눈금 1개의 전압 크기를 의미

3.4 PWM 신호생성

학습목표

- PWM의 정의와 사용 용도를 설명할 수 있다.
- PWM을 이용하여 회전속도나 물체의 밝기 등 아날로그 물리량을 제어할 수 있다.
- ATmega328 timer 기능을 이용하여 PWM 주파수를 높일 수 있다.
- 50[%] duty 비를 갖는 구형파의 주파수 가변 신호를 출력하기 위한 프로그램을 구현할 수 있다.

학습내용

- PWM 정의와 용도
- ATmega328 timer 기능을 이용한 PWM 해상도 변경
- 50% duty 비를 갖는 가변 주파수 구형파 생성 방법

Arduino를 이용하여 신호를 생성할 수 있는데 생성되는 신호는 구형파(square wave)이다. 구형파는 디지털 신호 0[V](LOW)와 5[V](HIGH)의 값을 반복적으로 출력하는 신호를 말하며 펄스(pulse)의 일종이다. Arduino 구형파 신호는 『주파수 고정, 펄스폭 가변』 또는 『펄스폭 고정, 주파수 가변』으로 나누어 생성할 수 있다.

① 펄스폭 가변 PWM 신호

직류로 구동하는 DC 모터는 전기자 전류를 가변하여 모터의 속도를 제어하는데 이 전기자 전류는 전기자에 인가되는 전압에 비례한다. 따라서 DC 모터는 전기자에 인가되는 전압에 따라 속도가 가변되므로 DC 모터의 속도를 제어하기 위해서는 반드시 인가되는 전기자 전압을 정격 전압(최대 전압)에서 낮추어 가면서 속도를

제어하여야 한다. 이와 같이 DC 모터의 속도나 LED 밝기 조절 등은 아날로그 부하에 인가되는 전력을 가변하여 제어하여야 한다.

이때 인가되는 전압의 평균값을 가변하기 위하여 제어신호의 펄스폭을 가변하는 방식을 PWM(Pulse Width Modulation) 제어방식이라고 한다. 부연하여 설명하면 그림 3-14와 같이 펄스의 "HIGH" 구간에서의 시간, 즉 펄스폭을 조절하는 것을 PWM이라고 한다. 단, PWM은 주파수가 일정한 신호이며 PWM 신호는 전력을 공급하는 power가 아닌 power가 공급되도록 제어해 주는 신호이다.

그림 3-14에서 주기(T)는 반복되는 구간의 시간을 말하며, 주파수(f)의 역수 $T=\frac{1}{f}$[s]이다. PWM 신호에서 중요한 것은 한 주기 내에서 HIGH인 시간 동안 부하에 에너지가 전달되도록 하는데, 이를 100%로 표시하는 것을 "Duty"라 부른다.

$$\text{Duty} = \frac{T_h}{T} \times 100\%$$

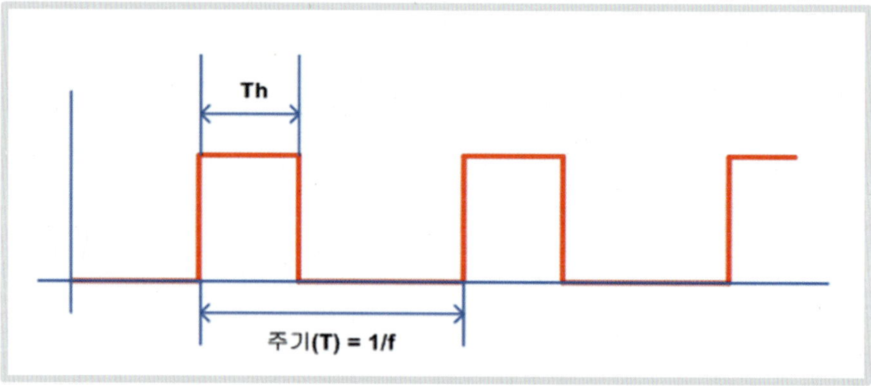

| 그림 3-14 | PWM 신호

예를 들어, 최대 12[V]로 동작하는 DC 모터 제어회로가 있다고 가정하자. 이 모터의 회전속도가 정격속도(최대 속도)가 1000[rpm]이라고 할 때, Duty 50%인 신호를 모터 제어회로에 인가하면 12[V] 공급 전압은 50%인 평균 6[V]가 되어 DC 모터에 인가된다. 따라서 이 모터는 평균 500[rpm]의 회전속도로 동작하게 될 것이다.

이와 같이 PWM 신호는 펄스의 폭에 비례하여 전류가 부하에 공급될 수 있도록 제어하므로 자동차나 헬기, 드론 등에서 사용되는 DC 모터의 속도나 LED 등의 불 밝기 등을 제어하는 데 널리 사용되고 있다. 참고로 교류 모터는 주파수 제어뿐만 아니라 인가되는 전압의 크기와 비례하여 가변시켜야 하는데, 반도체 기술의 발전으로 PWM 개념에 주파수도 동시에 가변하여 속도나 torque를 제어한다.

Arduino Uno에서 PWM 출력을 위한 명령 함수는 analogWrite() 이다. PWM 주파수는 기본적으로 약 490[Hz]와 980[Hz]로 고정되어 있으며, 사용하는 핀의 사용법은 다음과 같다.

```
Arduino Uno PWM Output Pin : 3,5,6,9,10,11
PWM 출력 함수: analogWrite(핀 번호, 0~255 사이의 수)
pin 출력 주파수
    - pin 3,9,10,11 : 490[Hz]
    - pin 5,6 : 980[Hz]
```

여기서 duty값은 0 ~ 100까지인데, analogWrite() 함수의 매개변수값은 0~255의 범위값을 갖는다. 이러한 상황을 고려하여 일정 범위의 데이터를 또 다른 범위의 데이터로 손쉽게 변환(mapping)할 수 있도록 Arduino에서는 map() 함수가 제공된다. map() 함수의 사용법은 다음과 같다.

```
map(value, fromLow, fromHigh, toLow, toHigh)
value : 변환할 정수
fromLow, fromHigh : 현재 범위(자료형 long)
toLow, toHigh: 목표 변환 범위
return : 자료형 long

예)  [0, 100] 범위 내의 x값을 [0, 255] 범위에 비례하는 값으로 변환
     byte nValue=map(x, 0,100, 0, 255);
```

참고로 정밀도가 요구되는 제어용 전력변환기 등에서는 PWM 주파수를 10[kHz] 이상으로 높여 사용한다. 그러나 PWM 주파수가 높아지면 전자파 간섭(EMI, Electromagnetic Interference)의 원인이 될 수 있으므로 시스템을 설계할 때 이를 반드시 고려하여야 한다.

만약 사용자가 Arduino에서 출력되는 PWM 주파수를 변경하고자 한다면, ATmega328의 내부 Timer/Counter 기능을 이용하여 주파수를 분할하는 설정값을 변경하여야 한다. 이를 정리하면 표 3-6과 같다.

표 3-6 PWM 주파수 변경

setting	Pin 5,6/[Hz]	Pin 9,10/[Hz]	Pin 3,11/[Hz]
0x01	62,500.0	31,250.0	31,250.0
0x02	7812.5	3906.3	3906.3
0x03	**976.6**	**488.3**	**976.6**
0x04	244.1	122.1	488.3
0x05	61.1	30.5	244.1
0x06			122.1
0x07			30.5

Pin 5, 6 ⇒ TCCR0B = TCCR0B & 0xF8 | 〈**setting**〉;
Pin 9,10 ⇒ TCCR1B = TCCR1B & 0xF8 | 〈**setting**〉;
Pin 3, 11 ⇒ TCCR2B = TCCR2B & 0xF8 | 〈**setting**〉;
주) TCCRnB :
- Timer/Counter Control Register의 약어
- n은 타이머 번호로 0~3 사이의 자연수
- prescale(분주기) factor 선택이 가능한 레지스터

PWM 주파수를 바꾸려면 Arduino 스케치의 setup() 함수에서 표 3-6에 대응하는 초깃값을 변경하여야 한다. 한 예로 5번 핀의 PWM 주파수를 62.5[kHz]로 초기화하려면 다음과 같이 설정한다. 여기서 | 기호는 OR 연산자이다.

```
TCCR0B = TCCR0B & 0xF8 | 0x01 ;
```

다음 Project304 예제는 6번 핀과 9번 핀을 사용하여 2가지의 PWM을 출력하고 신호를 측정하는 예제이다. 6번 핀을 PWM 출력으로 사용되면 기본적으로 약 980[Hz]의 PWM 신호가 발생하며, 9번은 490[Hz]의 주파수를 갖는 신호가 발생한다. 우리는 9번 핀에서 490[Hz]의 PWM 출력의 신호를 출력하는 대신 약 3.9[kHz]의 주파수를 갖는 PWM 신호가 생성되도록 프로그램을 수정하였다. 앞서 언급한 대로 PWM은 digitalWrite() 명령이 아닌 analogWrite() 명령으로 출력되기 때문에 별도로 입출력 핀에 대하여 setup() 함수에서 선언할 필요가 없다.

생성된 PWM 신호를 측정하기 위하여 그림 3-15와 같이 오실로스코프를 연결하고 6번 핀에 스피커 드라이버를 연결한다. Project Clip은 "VirtualTerminal.pdsclip"을 이용한다.

표 3-7 부품 특성표(그림 3-15 회로)

부품명	Mode	Edit Properties	비고
스피커	• Component Mode - 검색 : speaker	Normal Input : 3.3V Load Resistance : 8Ω	
트랜지스터	• Component Mode - 검색 : 2N2222A		Max. Ic=600[mA]
저항	• Component Mode - 검색 : RES	R5=330Ω, R6=4Ω	
오실로스코프	• Virtual Instrument - OSCILLOSCOPE	• Channel A, C On • Trigger Auto(Source A) • 전압 스케일 : 2V • 시간 스케일 : 0.2ms	동작 시
POWER	• Terminals Mode - POWER	Label String : +5V	
GOUND	• Terminals Mode - GROUND		

주) 다음 예제부터는 POWER와 GROUND는 부품 특성표에서 생략함.

참고로 일반적인 소형 스피커의 구동 전압은 2~5[V]에서 동작하며 스피커 내부 코일 저항은 8[Ω]이다. 본 실습에서는 스피커 외부에 4[Ω]을 직렬로 추가하여 스피커가 8[Ω]/12[Ω]*5[V]=3.3[V] 전압에서 동작하고 이때 소모 전류는 5[V]/12[Ω]=417[mA]가 흐르도록 설계하였다.

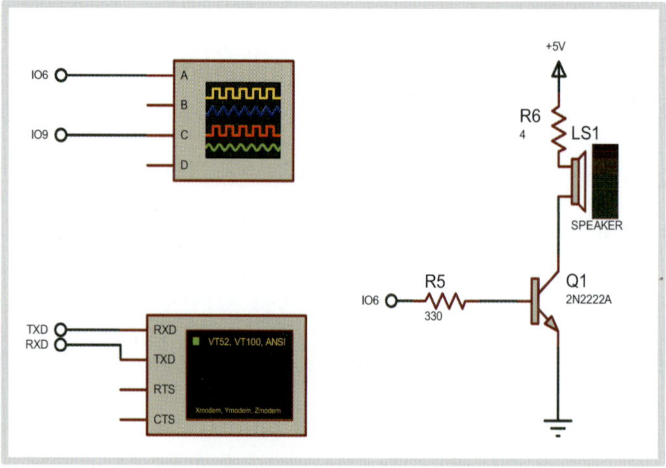

| 그림 3-15 | PWM 실습회로

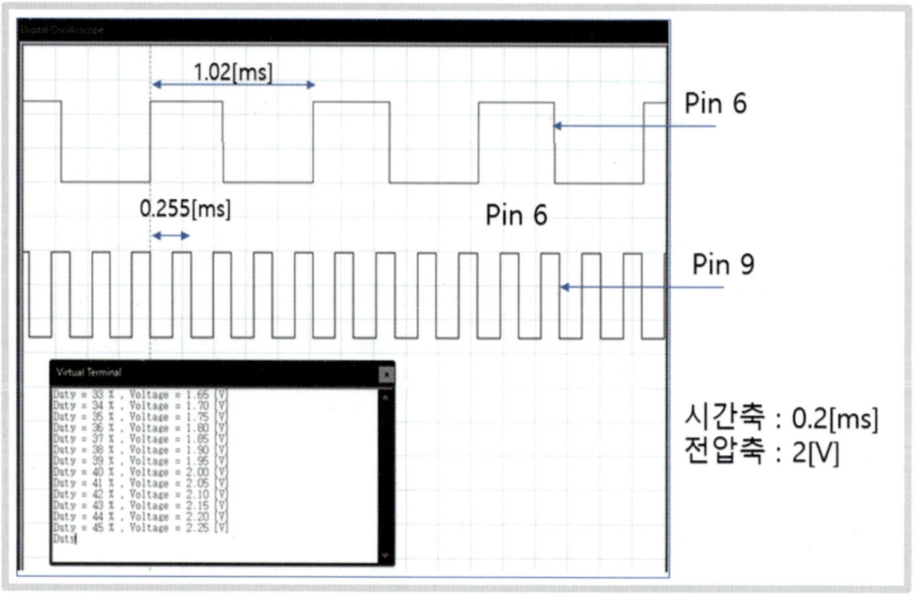

| 그림 3-16 | Project304 실행 결과

#Pin6 : 주파수 $f = \frac{1}{T} = \frac{1}{1.02[ms]} = 980[Hz]$

#Pin12 : 주파수 $f = \frac{1}{T} = \frac{1}{0.255[ms]} \approx 3900[Hz]$

Project 304 PWM 신호 생성

```
void setup()
{
  TCCR1B = TCCR1B & 0xF8 | 0x02;
  Serial.begin(9600);
}

void PwmControl(byte nDuty)
{
   byte i=map(nDuty, 0, 100, 0, 255);
   analogWrite(6, i); analogWrite(9, i); //6번, 9번 PWM 출력

   float fVoltage=nDuty/100.0*5;
   Serial.print("Duty = "+ String(nDuty) + " % ,");
   Serial.println(" Voltage = " + String(fVoltage,2) + " [V]");
}

void loop()
{
   for(byte nDuty=0; nDuty<101; nDuty++)
   {
      PwmControl(nDuty);
      delay(50);
   }  // 다음 쪽 계속
```

```
24
25      for(int nDuty=100; nDuty>-1; nDuty--)
26      {
27          PwmControl(nDuty);
28          delay(50);
29      }
30  }
```

그림 3-16의 결과를 출력한 Project304 예제에서 사용한 프로그래밍의 주요 동작 기능은 다음과 같다.

3	9번 핀의 PWM 출력을 3,906[Hz]로 변경하기 위한 주파수 분할 설정 변경
7	주어진 duty 비로 PWM 신호를 출력하는 실행함수
9	map() 함수를 이용하여 duty를 0~255 값으로 변환
10	6번 핀과 9번 핀에 각각 주어진 PWM 신호를 출력하는 명령
12	PWM 신호의 duty에 대응하는 평균 출력 전압 계산
19~23	duty 비를 0~100까지 증가시키면서 PwmControl() 실행함수를 호출하는 반복 루프
25~30	duty 비를 100~0까지 감소시키면서 PwmControl() 실행함수를 호출하는 반복 루프이다. 여기서 반복자 변수 nDuty의 자료형식이 byte가 아닌 int임을 눈여겨본다. 이유는 변수 nDuty를 자료형식 byte로 선언하면 nDuty는 음의 값을 갖지 못한다. byte 자료형의 경우 변숫값이 0일 때 다시 1 감소시키면 -1이 아니고 1의 보수 특성으로 255가 되기 때문이다.

Arduino를 이용하여 소형 자동차를 제어하는 경우, DC 모터 바퀴의 속도 제어를 위해 PWM 신호를 사용하고 서보 모터 제어에서는 전용 라이브러리를 사용한다. 이와 같은 예에서 사용자가 신호 생성 핀의 선정에 따라 모터 동작이 매끄럽지

못한 경우를 종종 경험하게 된다. 이 문제의 원인은 Arduino Uno는 다음과 같이 3개의 내부 Timer를 사용하는데 같은 Timer를 동시에 여러 개의 기능을 사용하면 충돌이 일어나는 현상이다. 표 3-8에 상호 충돌을 일으키는 class 라이브러리와 멤버함수를 정리하였다.

표 3-8 동시 사용 기능 충돌

충돌 class & 멤버함수	비고 ATmega328 Timer
PWM(5, 6번 핀), delay(), milis(), micros()	Timer 0
PWM(9,10번 핀), servo.h, I2C	Timer 1
PWM(3,11번 핀), tone(), MsTimer2, IRremote	Timer 2

② 구형파

PWM 기법은 Duty에 따라 주파수 폭을 가변할 수 있는 장점은 있지만 Arduino에서 임의의 모든 주파수를 가변할 수는 없다. 그러나 반대로 Duty 50%를 가지면서 3[Hz] ~ 65,435[Hz]의 주파수를 갖는 구형파가 출력될 수 있도록 Arduino에서는 tone() 함수를 제공한다.

Arduino 아날로그 출력 핀: 3,5,6,9,10,11
구형파 출력함수: tone(핀 번호, 주파수)
tone(핀 번호, 주파수, 구간)
여기서 구간은 동작하는 시간으로 단위는 ms이다.

주파수를 가변하면서 Duty가 50% 구형파를 생성하는 실습을 하기 위하여 PWM 실습에 사용한 회로를 그대로 사용한다. 이때 그림 3-17과 같이 사용하지 않는 핀 번호는 삭제 처리한다.

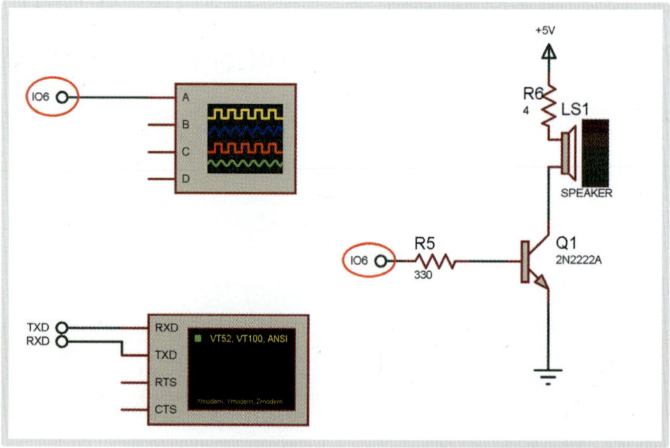

| 그림 3-17 | 50% duty 구형파 출력 회로

Project 305 50% Duty 펄스 신호 생성

```
void setup()
{
  Serial.begin(9600);
}

void loop()
{
  uint16_t   nFreq;
  for(nFreq=0; nFreq<3000; nFreq+=10)
  {
    tone(6, nFreq);     //tone(핀번호, 주파수)
    Serial.println("Frequency =" + String(nFreq) +"[Hz]");
    delay(10);
  }
}
```

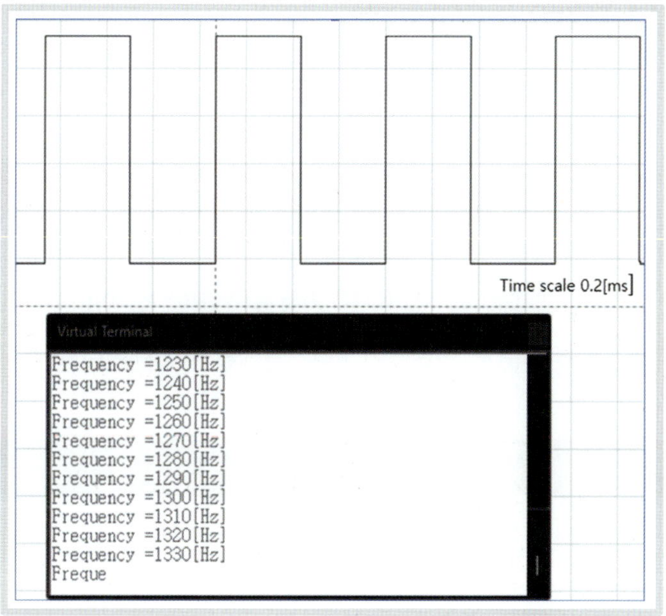

| 그림 3-18 | Project305 실행 결과

3.5 디스플레이(LCD)

학습목표

- 표준 Text LCD 핀 구조를 설명할 수 있다.
- Text LCD의 명령모드와 데이터 쓰기모드 기능을 이해할 수 있다.
- Text LCD 표준 라이브러리를 이용하여 LCD 객체를 설정데이터를 표시할 수 있다.

학습내용

- 표준 Text LCD 핀 기능
- RS 모드
- Text LCD 표준 라이브러리 함수

문자 정보를 시각적으로 표현하는 방법 중의 하나는 LCD(Liquid Crystal Display)를 이용하는 방법이다. LCD는 문자(숫자 포함)를 표시해 주는 텍스트 LCD와 그림과 문자를 표현해 주는 그래픽 LCD로 나뉜다. 텍스트 LCD는 표준 규격이 있어서 대부분 LCD가 거의 같은 원리로 동작하지만, 그래픽 LCD는 제조회사마다 규격이 달라 사용자가 규격에 따라 별도의 프로그램을 하여야 한다. 본서에서는 표준 텍스트 LCD를 중심으로 기술한다. 이하 기술되는 LCD는 모두 텍스트 LCD를 의미한다. LCD는 가로로 16~20열, 세로로 2~4행이 일반적이다. 그림 3-19에 2가지 형태의 텍스트 LCD를 보였다. 각각의 LCD 기준점은 상단 좌측이 홈의 위치이며 위치 표시를 눈여겨 보기 바란다.

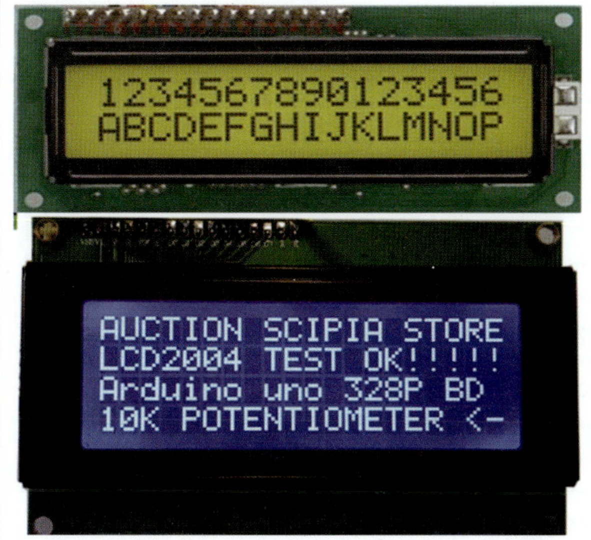

0,0	1,0	2,0		-------		18,0	19,0
0,1	1,1	2,1		-------		18,1	19,1
0,2	1,2	2,2		-------		18,2	19,2
0,3	1,3	2,3		-------		18,3	19,3

| 그림 3-19 | 텍스트 LCD

표준 LCD는 16개의 핀으로 구성되어 있으며 핀 기능은 그림 3-20과 같다. 문자의 밝기 제어는 3번 핀에 가변저항을 연결하여 조절한다. 4번 핀은 RS 레지스터 신호를 입력받는 핀인데, "High"가 입력되면 데이터, 즉 문자를 화면에 표시하는 기능이며," "Low"일 때는 LCD를 설정하거나 위치 변경 등 LCD와 관련된 제어 명령을 줄 때 사용한다. LCD는 쓰기 전용으로 사용하기 때문에 5번 핀은 일반적으로 접지로 하여 사용한다.

데이터 핀은 8개, 즉 1[byte] 데이터를 처리할 수 있도록 8개의 핀이 있지만, 마이크로컨트롤러에서 핀이 부족한 경우를 고려하여 4개의 핀으로 4[bit]씩 두 번 나누어 데이터 혹은 명령을 쓸 수 있도록 기능을 제공한다. 만약 4개의 핀을 이용한다면 D4 ~ D7번 핀을 사용하면 된다. 15번 핀은 LCD backlight 기능인데 일반적으로 다이오드를 연결하여 사용한다.

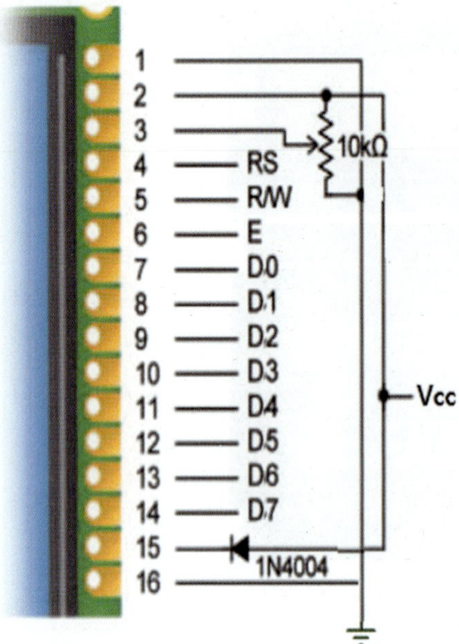

핀	기호	설명	비고
1	VSS	Ground	0V
2	VDD	Vcc	2.7 ~ 5.5V
3	VEE	0 ~ VDD	문자 밝기
4	RS	기능선택	High : 데이터 Low : 명령
5	R/W	Read/Write	
6	E	Enable	High
7	D0	Data 0	
8	D1	Data 1	
9	D2	Data 2	
10	D3	Data 3	4-비트 모드 시 D4 ~ D7 사용
11	D4	Data 4	
12	D5	Data 5	
13	D6	Data 6	
14	D7	Data 7	
15	LEDA	backlight	
16	LEDK	접지	

Ⅰ그림 3-20Ⅰ 표준 Text LCD 핀 기능

표준 LCD의 명령 기능은 LCD 규격서에서 제시되어 있으며 규격에서 제시된 제어 순서에 따라 코딩하여야 한다. 그런데 Arduino에서는 이러한 명령에 대하여 사용자가 별도 코딩 없이 편리하게 사용할 수 있도록 "LiquidCrystal" 라이브러리를 제공해 주고 있다. 다음에 LCD 라이브러리의 주요 기능에 대하여 정리하였다.

LiquidCrystal()

1. LCD 오버로딩 생성자 함수

① LiquidCrystal(RS, enable, D4,D5,D6,D7)

② LiquidCrystal(RS, RW, enable, D4,D5,D6,D7)

③ LiquidCrystal(RS, E, D0,D1,D2,D3,D4,D5,D6,D7)

④ LiquidCrystal(RS, RW, E, D0,D1,D2,D3,D4,D5,D6,D7)

2. 주요함수

멤버함수	기능
begin(cols, rows)	시작(LCD 제원)
clear()	화면지우기, 커서 (0,0) 위치
home()	커서 (0,0) 위치
noDisplay()	화면 감춤
display()	감춘 화면 다시 표시
setCursor(col, row)	커서 위치(시작 위치) 이동
print(data) print(data, BASE)	문자열 또는 숫자 출력 진수 데이터 출력
write(data)	문자, 숫자출력(숫자는 ASCII 문자로 변환)

사용 예)

```
#include <LiquidCrystal.h>
lcdCrystal lcd(9, 8, 2, 3, 4, 5 ); // 객체 lcd 생성
// 9번 RS, 8번 Enable, D4(2), D5(3), D6(4), D7(5), RW=접지

lcd.begin();
lcd.setCursor(1,2);
lcd.print("Test LCD");
```

Proteus를 이용하여 LCD 시뮬레이션을 구현해 보자. Proteus 시뮬레이션용 LCD는 15번, 16번 backlight 핀은 제공하지 않고, 2번 핀도 그대로 사용하여도 무방하다. 본서에서는 실제를 고려하여 2번 핀을 사용하였다.

프로젝트 306 예제에서는 20 x 4 텍스트 LCD에 정보를 표시하기 위하여 Arduino에서 기본으로 제공하는 LiquidCrystal() 라이브러리를 이용한다. 그림 3-21의 회로에 대한 부품은 표 3-9에 나타내었다.

표 3-9 부품 특성표(그림 3-21 회로)

부품명	Mode	Edit Properties	비고
LCD	• Component Mode - 검색 : LCD - 선택 : LM044L		20 x 4 LCD
가변저항	• Component Mode - 검색 : POT	10K	

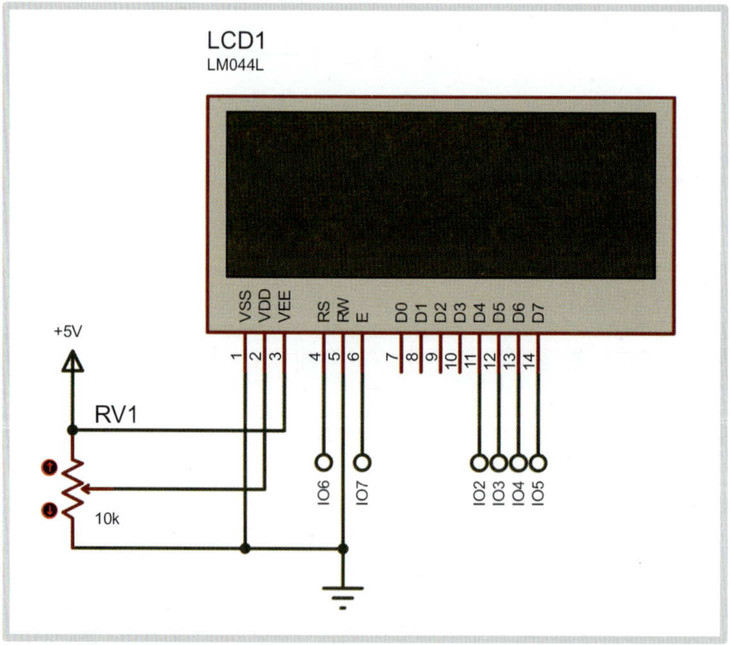

| 그림 3-21 | Text LCD (20 x 4) 회로

그림 3-21 회로를 완성하였으며 다음 실습을 위해 이 회로를 드래그하여 "LCD20x4" 이름으로 File 매뉴에서 Import Project Clip으로 저장한다.

프로젝트306 예제에서 특이 사항은 LCD 제어 핀 모두가 쓰기 모드임에도 불구하고 setup() 함수에서 OUTPUT으로 선언하지 않고 생략한 점이다. 이와 같이 핀 설정을 생략한 이는 LiquidCrystal()의 오버로딩 생성자에 핀 번호를 입력하면 해당 핀에 대하여 LiquidCrystal() class에서 자동으로 입출력을 설정해 주기 때문이다.

Project 306 Text LCD

```
#include <LiquidCrystal.h>

LiquidCrystal lcd( 6, 7, 2, 3, 4, 5 ); //RS, E, D4, D5, D6, D7

void setup()
{
  lcd.begin(20, 4);

  lcd.setCursor(0, 0);
  lcd.print( "Arduino LCD Display");

  lcd.setCursor(3, 1);     lcd.print( "(3,1) text ");
  lcd.setCursor(5, 2);     lcd.print( 48 ); lcd.write( " print" );
  lcd.setCursor(5, 3);     lcd.write( 48 ); lcd.write( " write" );
}

void loop()
{
  lcd.noDisplay();  delay(500);
  lcd.display();    delay(500);
}
```

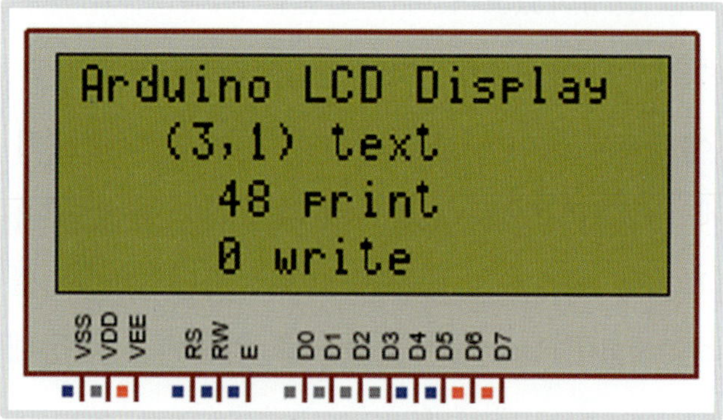

| 그림 3-22 | Project306 실행 결과

그림 3-21의 LCD 예제 Project306의 주요 코딩 내용은 다음과 같다.

1	LCD class 라이브러리 사용 등록
3	객체 lcd 생성, 사용 핀 생성자에 등록 rs=6, enable=7, d4=2, d5=3, d6=4, d7=5
7	시작(20 x 4 lcd 사용)
9	커서 위치 홈 (0,0)
10	주어진 문자열 출력
12	커서 위치 (3,1)에 문자열 출력, 두 번째 줄
13	커서 위치 (5,2)에 숫자, 문자열 출력, 세 번째 줄
14	커서 위치 (5,3)에 숫자 48을 ASCII로 변환하여 문자열 출력, 네 번째 줄 아래 ASCII 표 참조
19	화면 꺼짐
20	화면 켜짐

ASCII (아스키코드표)					
10진수	16진수	문자	10진수	16진수	문자
40	0x28	(	72	0x48	H
41	0x29	)	73	0x49	I
42	0x2A	*	74	0x4A	J
43	0x2B	+	75	0x4B	K
44	0x2C	,	76	0x4C	L
45	0x2D	-	77	0x4D	M
46	0x2E	.	78	0x4E	N
47	0x2F	/	79	0x4F	O
48	0x30	0	80	0x50	P
49	0x31	1	81	0x51	Q

3.6 디스플레이(FND)

학습목표

- 7-segment라고 부르는 FND의 구조를 설명할 수 있다.
- FND의 동작 원리를 이해하고 인터페이스 회로를 구현할 수 있다.
- 구동방식에 따라 숫자를 표시하는 프로그램을 작성할 수 있다.

학습내용

- FND 구조
- FND 제어 기법
- 제어 프로그래밍

문자 정보를 시각적으로 표현하는 또 다른 방법은 FND(Flexible Numeric Display)로 표시하는 것이다. FND는 7-segment라고도 부른다. FND는 7개의 LED와 소숫점(DP, Decimal Point)을 표시하는 DP 1개로 구성되어 있다.

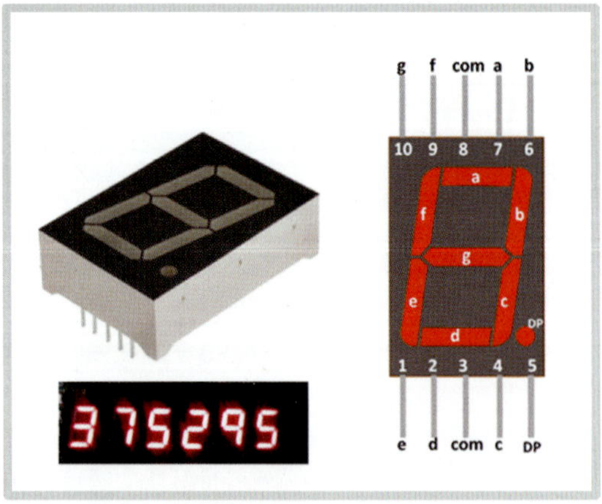

| 그림 3-23 | FND

FND는 com 핀, 즉 공통단자에 연결하는 방식에 따라 Common cathode 방식과 Common anode 방식으로 나뉜다. Common cathode 방식은 공통 단자에 접지(Ground)를 연결하고 a~g 핀에 신호를 인가하는 방식이다. 반면에 Common anode 방식은 반대로 com 핀에 공통 (+) 전원을 인가하고 a~g 핀에 신호를 연결한다. FND를 숫자로 표현하기 위한 전원 공급 방법을 표 3-10에 정리하였다.

표 3-10 FND 숫자표현

숫자	g	f	e	d	c	b	a	HEX
0	0	1	1	1	1	1	1	0x3F
1	0	0	0	0	1	1	0	0x06
2	1	0	1	1	0	1	1	0x5B
3	1	0	0	1	1	1	1	0x4F
4	1	1	0	0	1	1	0	0x66
5	1	1	0	1	1	0	1	0x6D
6	1	1	1	1	1	0	1	0x7C
7	0	0	0	0	1	1	1	0x07
8	1	1	1	1	1	1	1	0x7F
9	1	1	0	1	1	1	1	0x6F

프로젝트 307 예제에서는 2가지 형태의 FND에 대하여 동작 과정을 실습하기로 한다. FND가 여러 개인 경우는 제어 핀이 많이 요구되어 Arduino는 한계가 있다. 이를 극복하는 방법이 I2C 통신을 이용하는 것인데, 이 부분은 3-13 I2C 통신 편에서 다룬다. 이 장에서는 FND의 기본 동작 특성만을 이해하기로 한다. 그림 3-24와

같이 2가지 종류의 기본 FND를 불러와 회로를 구현한다. 부품은 표 3-11을 참조하여 회로를 완성한다. 여기서 스위치는 Project clip "ToggleSw4.pdsclip"을 불러와 핀이 겹치는 것을 고려하여 IO4 ~ IO7번 핀을 AD0 ~ AD3핀으로 핀 연결을 수정하였다.

접지가 공통인 Common cathode 방식 FND는 핀 0번부터 6번(PORT D)까지 사용하며, (+)전원이 공통인 Common anode 방식 FND은 핀 7번부터 13번까지 사용한다. FND는 기본적으로 LED이기 때문에 빨간색 FND는 LED당 동작전압이 2[V]이므로 330[Ω]의 저항을 추가로 연결하여야 한다.

표 3-11 부품 특성표(그림 3-24 회로)

부품명	Mode	Edit Properties	비고
FND	• Component Mode - 검색 : 7SEG - 선택 : . 7SEG-COM-ANODE, . 7SEG-COM-CATHODE		
Array 저항	• Component Mode - 검색 : RES - 선택 : 16DIPS	330Ω	

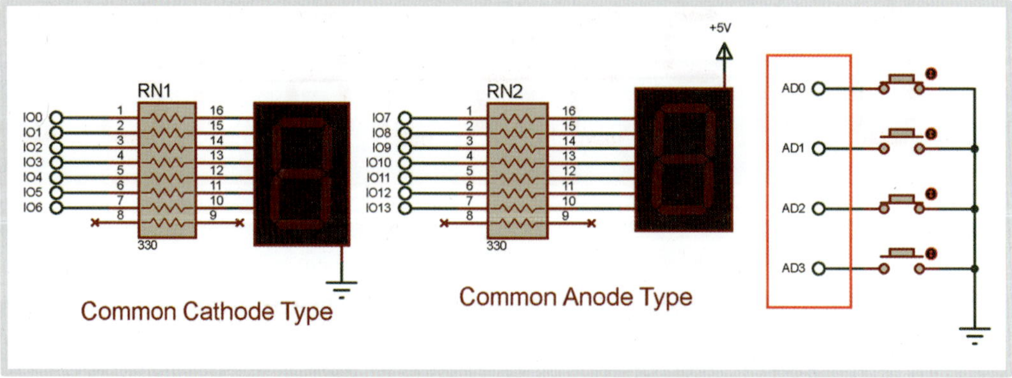

| 그림 3-24 | FND 기본 동작회로

Project 307 실습은 접지가 공통인 Common cathode 방식 FND는 0부터 9까지 차례로 숫자가 증가하는 프로그램이다. 반면에 (+) 5[V] 전원이 공통인 Common anode 방식 FND는 스위치를 누를 때 눌러진 스위치값을 10진수로 표시하는 실습이다. Common cathode 방식 FND는 Port_D를 사용하므로 byte 명령을 사용하였으며 Common anode 방식 FND는 bit 단위 명령을 사용하였다. 여기서 주의할 점은 Common anode 방식 FND는 a ~ g 핀까지 0의 값이 입력되어야 LED가 점등되므로 해당 핀의 디지털값을 추출한 후 반드시 1의 보수를 취하여야 한다.

Project 307 FND

```
byte nNum[10]={0x3F, 0x06, 0x5B, 0x4F, 0x66, 0x6D, 0x7C,0x07,0x7F,0x6F};

void setup()
{
    for(int i=0; i<14; i++)    pinMode(i, OUTPUT);
    for(int i=14; i<18; i++)  pinMode(i, INPUT_PULLUP);
}

void loop()
{
    static int nDig=0;    // for Common cathode Type
    PORTD=nNum[nDig++];
    if (nDig>9) nDig=0;

    byte nSwitch=~PINC;    //스위치값 검출
    nSwitch=nSwitch & 0x0F;
   if(nSwitch>9) return;

    byte nShift=0x01; // for Common anode Type     // 다음 쪽 계속
```

```
    for(int pin=0; pin<8; pin++)
    {
            byte nFnd=(nNum[nSwitch] & nShift) >> pin;
            nFnd=~nFnd & 0x01;        // 반전 후 마스킹 처리

            digitalWrite(pin+7, nFnd);
            nShift<<=1;
    }
    delay(500);
}
```

Project 307 실습 결과를 그림 3-25에 나타내었다. Common cathode 방식 FND는 0부터 9까지 차례로 숫자가 증가되어 표시될 것이며, Common anode 방식은 스위치 눌러진 값을 표시할 것이다. 참고로 그림 3-25에서 스위치는 눌림은 0110이므로 10진수로 변환되어 6으로 표시되었다.

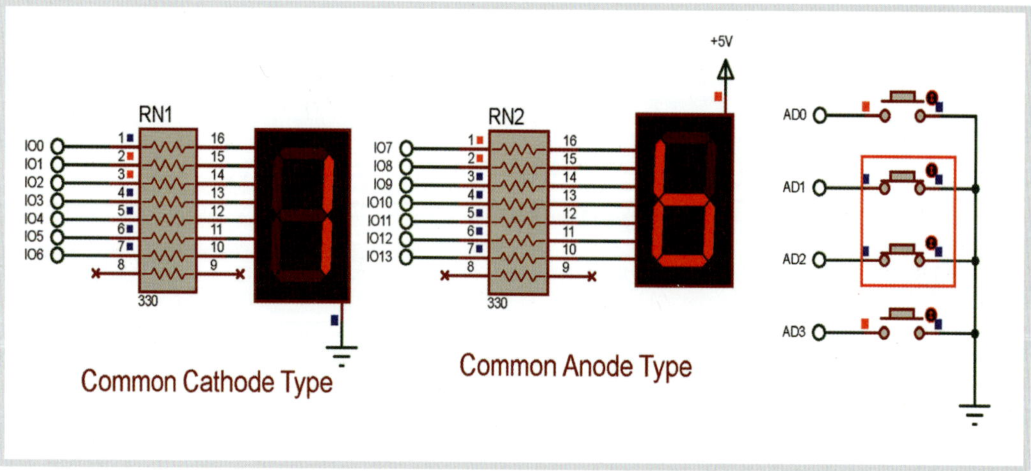

| 그림 3-25 | 프로젝트 307 실행 결과

그림 3-25의 FND 예제 프로젝트 307의 주요 코딩 내용을 정리하면 다음과 같다.

1	FND 0~9 숫자에 대한 16진수 등록
5~6	2개의 FND용 출력 모드 설정 스위치 AD0(14번 핀) ~ AD3(17번 핀) 입력모드 설정
11~13	Common cathode type 숫자 증가 표시
15~16	~PINC : C 포트에서 스위치값을 읽어온다. 보수(~)명령을 통해 눌러졌을 1로 변환 상위 4자리 0으로 bit masking 처리
17	스위치값이 9보다 크면 FND에 표시할 수 없으므로 loop() 함수
19~26	Common anode type FND에 스위치 눌러진 값 10진수로 변환하여 숫자 표시하는 모듈
22	스위치값 masking 처리 후 우측 끝자리로 이동시켜 bit로 변환
23	Anode type은 0일 때 LED가 켜지므로 보수 처리하여 반전
25	핀에 차례대로 반전 bit 값 출력
26	다음 자리 bit 추출을 위해 shift 변경

코딩에서 bit 추출 부분은 난해하여 해석이 어렵더라도 FND 기능을 익히는데는 문제가 없다는 점을 강조하고 싶다. bit 추출 결과는 22줄의 nFnd이므로 Common cathode type FND에서는 접지가 공통이므로 그대로 사용하여도 좋다. 다만 Common anode type FND는 (+)전원이 공통으로 각 핀에 0으로 제어될 때 전류가 흘러 LED가 켜지므로 반전시킨 것이다. 반전 명령 ~ 를 사용하였으며 그 결과를 다시 0x01로 마스킹 처리하였음을 눈여겨보기를 바란다.

3.7 Transistor 스위칭 회로

학습목표

- 트랜지스터의 3대 작용을 간략히 설명할 수 있다.
- 트랜지스터가 스위칭 작용으로 동작하기 위한 설계 절차를 설명할 수 있다.
- 부하의 동작인 조건에 따라 on-off 스위칭 동작할 수 있도록 제어하는 트랜지스터 드라이버 회로를 설계할 수 있다.

학습내용

- 트랜지스터 스위칭 회로설계 절차
- 직류 모터 PWM 속도 제어를 위한 트랜지스터 드라이버

Arduino와 같은 마이크로컨트롤러는 출력 전류 제한으로 전류 소모가 많은 부하로는 직접적으로 전원을 공급할 수 없다. 이때 마이크로컨트롤러 출력 핀의 역할은 단지 "High-Low" 출력 신호 역할만 하며, 이 신호를 이용하여 부하에 전원을 공급하는 회로를 별도로 구현하여야 한다. 이때 Transistor 스위칭 회로를 가장 많이 사용한다. Transistors는 기본적으로 전원을 On-Off하는 스위칭 작용, 신호를 증폭시키는 증폭 작용 그리고 신호를 발생시키는 발진 작용이 있다.

일반적인 교재에서는 증폭회로 중심으로 기술되어 있어서 스위칭 회로를 설계할 때는 Transistor의 베이스 저항을 선정할 때 특별한 기준 없이 감으로 선정하기도 한다. 본서는 부하에 전원을 공급하는 그림 3-26에 보인 전형적인 Transistor 스위칭 회로의 설계에 관하여 다룬다.

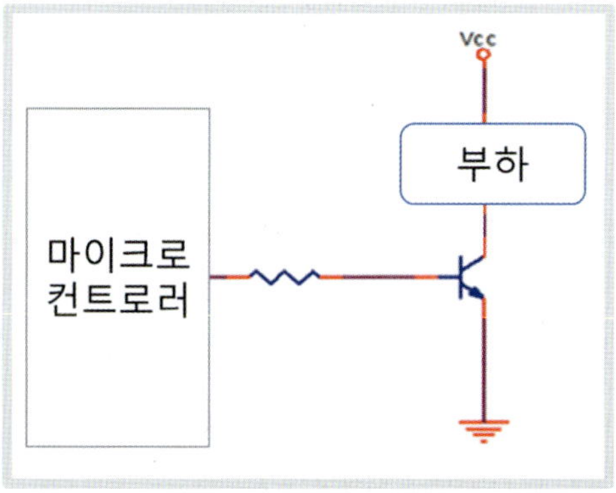

| 그림 3-26 | Transistor 스위칭 회로

마이크로컨트롤러를 이용하여 500[mA] 이하 부하의 스위칭 작용에 사용하는 Transistor는 최대 600~800[mA]의 전류를 소모해주는 x2N2222(2N2222, PN2222) Transistor를 권장한다. 대략 규격은 다음과 같으며 제조회사마다 약간 다르다.

품명	Vce[V]	Ic[mA]	증폭률 hfe
xN2222	30	600	Ic 150[mA]에서 50~300
xN2222A	40~50	800	Ic 500[mA]에서 30 이상

| 그림 3-27 | xN2222 Transistor

Transistor 스위칭 회로 부하에 전원을 스위칭하면서 공급하는 회로 설계 절차는 다음과 같다.

Transistor 스위칭 회로 설계 절차 | **Keypoint**

① 부하 저항 측정 또는
② 부하전류 계산,
저항 측정이 불가능한 경우는 부하전류 측정
③ 부하의 최대 소모 전류를 고려하여 Transistor 선정
④ 선정한 Transistor 규격표에서 h_{fe} 특성 분석,
최대 최소 범위 내에 이 값이 100이 포함되어 있으면 h_{fe}=100을 선택
⑤ h_{fe}와 부하전류 I_c를 고려한 베이스 전류 계산
⑥ 트랜지스터가 스위칭으로 동작하기 위하여 계산한 베이스 전류보다 2배 이상의 베이스 전류 선정
⑦ 베이스 구동저항 계산
⑧ 베이스에 "HIGH" 신호를 인가하여 트랜지스터 컬렉터와 이미터 간에 전압 Vce가 200[mV] 이하인지 확인
⑨ 200[mV] 이상이면 베이스 저항을 줄여 가면서 반복적으로 ⑧의 과정 반복 수행

전류증폭률 $h_{fe} = \frac{Ic}{I_b}$ 관계를 이용하여 베이스 전류 $I_b = \frac{Ic}{h_{fe}}$[A]를 결정할 수 있다. 이는 트랜지스터의 증폭 작용을 이용하여 신호 증폭기를 설계할 때 사용하는 방법이다. 이때 산출된 베이스 전류량 이상으로 전류를 증가시키면 트랜지스터의 컬렉터와 이미터 간에 전압 Vce는 트랜지스터의 동작 특성상 점점 줄어드는 특성을 이용한 것이다. 경험적으로 증폭기로 계산한 베이스 전류량보다 약 2배로 베이스 전류를 인가시키면 Vce〈0.2V가 되어 완전하게 스위칭 작용이 이루어진다. 이상에서 언급한 트랜지스터 스위칭 회로설계를 위해 그림 3-28을 고려해 보자. 여기서 R_C는 부하의 저항을 측정한 값이다.

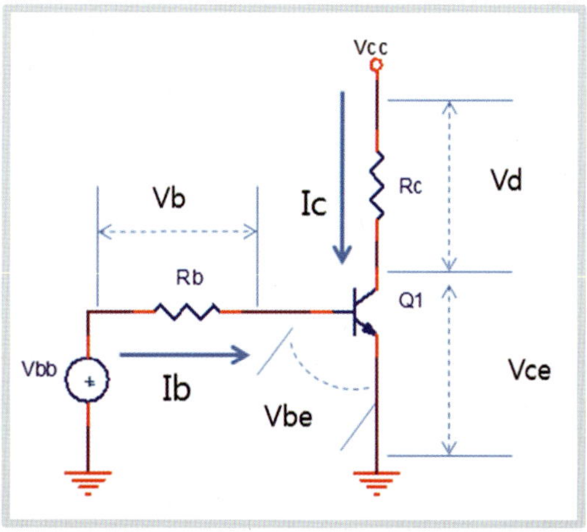

| 그림 3-28 | Transistor 스위칭 회로설계

① 기본 트랜지스터 전류증폭률 $h_{fe} = \dfrac{Ic}{I_b}$

② $Ic = \dfrac{Vd}{Rc} = \dfrac{Vcc - Vce}{Rc} \simeq \dfrac{Vcc}{Rc}, \quad \therefore\ Rc = \dfrac{Vcc}{Ic}$ .... (3.4)

③ switching **동작 조건** $I_b \geq 2\dfrac{Ic}{h_{fe}}$: .... (3.5)

$\dfrac{Ic}{h_{fe}}$값보다 약 2~5배의 임의의 I_b값 선택

④ $V_{be} \simeq 0.7\,V$

⑤ $R_b = \dfrac{V_b}{I_b} = \dfrac{V_{bb} - V_{be}}{I_b} = \dfrac{Vbb - 0.7\,V}{I_b}$ .... (3.6)

예를 들어, 12[V]에서 동작하는 임의의 직류 모터에서 전기자 코일의 측정 저항값이 $R_C = 600\Omega$이라고 가정하자. 그러면 다음 절차에 따라 베이스 저항을 구할 수 있다.

- $Ic = \frac{Vd}{Rc} = \frac{12\,V}{600\Omega} = 20[mA]$

- 전류증폭률 $h_{fe} = \frac{Ic}{I_b}$는 통상 100으로 설계한다.

- switching 동작 조건 $I_b \geq 2\frac{Ic}{h_{fe}} = 2\frac{20mA}{100} = 0.4[mA]$ 선택

- $R_b = \frac{V_b}{I_b} = \frac{V_{bb} - V_{be}}{I_b} = \frac{5 - 0.7\,V}{0.4mA}[\Omega] = 10.75]k\Omega] \simeq 10[k\Omega]$

프로젝트 308 예제에서는 트랜지스터 스위칭 회로를 이용하여 병렬조합 LED와 모터의 속도를 PWM 제어하는 실습을 보여준다. 부품은 표 3-12을 참조하여 그림 3-29 트랜지스터 스위칭 회로를 완성한다.

표 3-12 부품 특성표(그림 3-29 회로)

부품명	Mode	Edit Properties	비고
LED	• Component Mode - 검색 : LED-YELLOW	전압 : 2 [V] 전류 : 20[mA]	
Array 저항	• Component Mode - 검색 : RES - 선택 : RES16DIPS	RN1 저항 계산하여 반영	20[mA]가 흐르도록 저항 계산
Transistor	• Component Mode - PN2222		
다이오드	• Component Mode - 검색 :1N4002		
저항	• Component Mode - 검색 : RES		
전원	• Component Mode - 검색 : VSOURCE	Labe1 String : 12V	

부품명	Mode	Edit Properties	비고
모터	• Component Mode - 검색 : MOTOR-DC	전기자 코일저항 : 60[Ω]	
오실로스코프	• Virtual Instrument OSCILLOSCOPE	• Channel A, C On • Trigger Auto(Source A) • 전압 스케일 : 5V • 시간 스케일 : 1ms	동작 시

2개의 트랜지스터 베이스 저항을 구하는 과정은 다음과 같다. 먼저 Q3 트랜지스터의 부하를 살펴보기로 한다. Q3 트랜지스터의 부하를 최대 20[mA]으로 동작하는 노란색 LED 병렬로 구성하였기 때문에 7개의 LED를 밝히기 위한 최대 전류는 총 140[mA]가 흐를 것이다. 이 전류는 트랜지스터 Q3의 컬렉터 흐르는 I_c 전류가 된다. 이때 저항 RN1에 걸리는 전압은 노란색 LED에 걸린 전압 2[V]를 고려하면 10[V]이다. 이 전압과 LED 하나에 흐르는 전류를 식 3.4를 이용하여 Rc를 계산할 수 있다. I_c 전류를 식 3.5와 3.6에 적용하면 Q3 베이스 저항 R5를 계산할 수 있다.

6번 핀은 DC 모터를 구동시킨다. DC 모터의 코일 저항을 60[Ω]이라고 가정하면 Q1 트랜지스터가 "on"되었을 때 $V_{CE} \approx 0$[V]로 가정하여 컬렉터에 흐르는 I_c 전류를 계산할 수 있다. Q3의 베이스 저항을 구하는 방법과 같은 방법으로 Q1 트랜지스터의 베이스 저항을 구할 수 있다. 각각 구한 베이스 저항은 얼마인가?

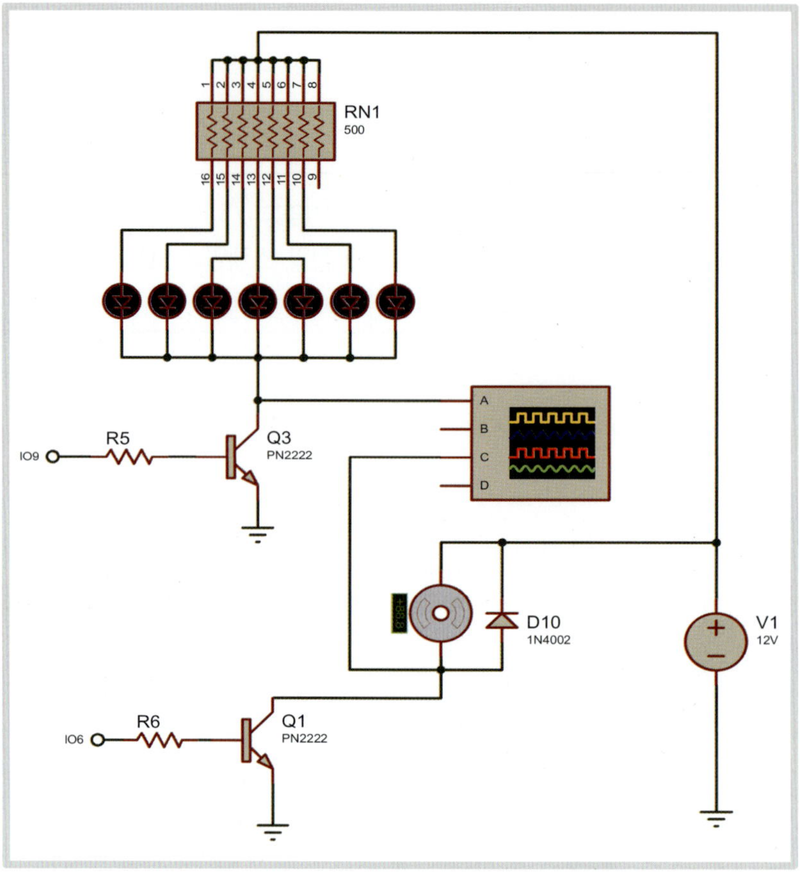

| 그림 3-29 | 트랜지스터 스위칭 회로

그림 3-29에 보인 트랜지스터 스위칭 회로에서 오실로스코프는 2개의 트랜지스터가 "on"되었을 때 V_{CE} 전압이 200[mV] 이하인지 측정하기 위하여 설치한 것이다. 만약 200[mV] 이상이면 베이스 저항을 줄여가면서 반복적 시뮬레이션한다. 그리고 모터에 다이오드를 병렬로 연결한 이유는 다음과 같다. 모터에 인가되는 전류가 차단되는 순간 모터의 전기자 코일에 저장되었던 전기 에너지가 높은 역기전력(EMF : Electromotive Force)을 유도된다. 높은 EMF 전압은 Transistor의 컬렉터에게 공급되어 Transistor를 파괴시킬 수 있어서 일반적으로 모터와 병렬로 다이오드를 역방향으로 추가하여 EMF를 소멸시킬 수 있다. PWM을 이용하여 LED 밝기와 모터의 DC 모터의 속도를 가변하는 프로그램을 프로젝트308 예제와 같이 구현하기로 한다.

Project 308 Transistor 스위칭 회로

```
1   void setup()
2   {
3
4   }
5
6   void PwmControl(byte nDuty)
7   {
8       byte i=map(nDuty, 0, 100, 0, 255);
9
10      analogWrite(6,i); analogWrite(9, i);   //6번, 9번 PWM 출력
11  }
12  void loop()
13  {
14      for(byte nDuty=20; nDuty<101; nDuty++)
15      {
16          PwmControl(nDuty);
17          delay(50);
18      }
19
20      for(byte nDuty=100; nDuty>20; nDuty--)
21      {
22          PwmControl(nDuty);
23          delay(50);
24      }
25  }
```

6~11	6번 핀과 9번 핀에 각각 PWM Duty 변환값 출력함수
14~18	PWM Duty값 증가시키면서 PwmControl 함수 호출
20~24	PWM Duty값 감소시키면서 PwmControl 함수 호출

3.8 외부 Interrupt

학습목표

- Interrupt 동작의 필요성과 동작 개념을 설명할 수 있다.
- Arduino Uno의 외부 핀을 이용하여 Interrupt 동작을 설정할 수 있다.
- 외부 Interrupt 신호에 따라 동작하는 실행함수를 구현할 수 있다.

학습내용

- Interrupt 개념
- 외부 Interrupt 함수선언과 함수 동작 조건
- 외부 Interrupt 실행함수 구현

Arduino에서 프로그램 명령들은 loop() 안에서 무한히 반복 실행된다. 이때 외부에서 특정한 신호가 입력되면 loop()에서 실행 순서에 따라 차례로 실행하는 실행문장을 멈추고 특정하게 지정된 루틴의 함수가 자동으로 동작하도록 할 필요가 있다. 예를 들어, 자동차에서 주행 중 편의장치 동작을 제어하는 상태를 생각해보자.

만약 차량이 출발할 때 차 안에서 누군가 차량의 문을 열었을 경우, 안전 운행 중 긴급사항으로 인지하여 차 문 열림 긴급 경고등을 운전자 계기판에 우선 보내야 할 것이다. 이와 같이 정상적인 프로그램이 실행하는 순서를 잠시 멈추고 긴급한 것을 먼저 처리하는 것을 인터럽트(Interrupt)라고 한다. 특히 마이크로컨트롤러 외부에서 신호를 받아 특정 루틴이 실행되도록 하는 것을 외부 인터럽트라고 부른다.

또한 마이크로컨트롤러에서 절차적 순서에 따라 프로그램이 실행될 때, 정해진 시간마다 순서를 벗어나 특정 함수를 실행하는 Timer 모드로 동작하는 예도 일종의

인터럽트 동작인데, 이를 내부 인터럽트라고 부른다.

외부 인터럽트 기능을 수행하기 위하여 Arduino Uno에서는 D2, D3 핀에서 외부 신호를 받아 지정한 함수가 실행되도록 하는 기능이 제공된다. 외부 인터럽트를 구현하는 방법은 다음과 같다.

```
Interrupt 사용 핀 : D2, D3
pinMode(인터럽트 핀 번호, INPUT_PULLUP);
attachInterrupt(digitalPinToInterrupt(인터럽트 핀 번호), 실행함수명, mode);
mode : RISING, FALLING, LOW
실행함수명()
{
}
```

상기에서 mode는

- RISING : 외부에서 신호가 로 인가될 때 동작
- FALLING : 외부에서 신호가 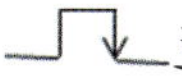로 인가될 때 동작
- CHANGE : 외부에서 RISING 또는 FALLING 상태의 신호가 인가될 때 동작

digitalPinToInterrupt( )문은 D2 포트를 0번 Interrupt로 D3 포트를 1번 Interrupt 변환시켜 주는 문장이므로 프로그램에서는 그대로 사용하면 된다.

마이크로컨트롤러에서 C언어 코딩은 효율적인 메모리를 사용하기 위하여 컴파일러에서 최적화 과정을 거친다. 이때 주소나 변수가 연속으로 사용되는 경우 최종 데이터로 최적화되기 때문에 최적화를 거친 프로그램은 오동작을 일으킬 수 있다.

예를 들어, int nData=5;
nData=nData*2; 라고 명령을 주면 컴파일러에서 두 개 명령이 아닌 int nData= 10;

이라는 하나의 명령으로 최적화할 것이다. 그러나 메모리 주소를 갖는 I/O 레지스터나 Interrupt에서 변수들은 여러 번 반복적으로 같은 주소나 변수가 사용되더라도 최적화 동작 없이 모든 코드가 생략됨이 없이 동작하여야 한다. 그러므로 Interrupt 실행함수 프로그램에서는 주기적으로 사용하는 같은 변수에 대하여 최적화 과정 없이 매번 반복적으로 사용하여야만 한다. 이와 같이 실행되도록 하는 방법은 변수 선언 앞에 volatile이라는 키워드 명령어를 추가하는 것이다. 따라서 Interrupt 실행함수 내부에서 선언되는 변수 앞에는 반드시 volatile 명령어를 추가하여야 한다. 예를 들어, volatile int nData; 이다.

ADC 응용 예제를 일부 변형하여 프로젝트309 예제에서는 Analog 신호를 Digital로 변환하는 정상적인 루틴에서 외부에서 Interrupt 신호가 들어오면 ADC 변환 과정이 멈추고 6개의 LED를 이동하면서 깜박거리는 동작을 하도록 한다. 이를 위하여 그림 3-30과 같이 결선한다. 사용하는 부품은 그동안 실습하면서 사용했던 부품을 그대로 사용하므로 추가 안내 없이 쉽게 결선할 수 있을 것이다. 여기서 D3(IO3) 핀에 연결되어 있는 Switch를 누르면 신호가 'High'에서 'Low'로 천이되는데, 이렇게 천이되는 'Falling' 에지 신호가 인가되면 interrupt 실행함수가 동작하도록 프로그램을 구현하였다.

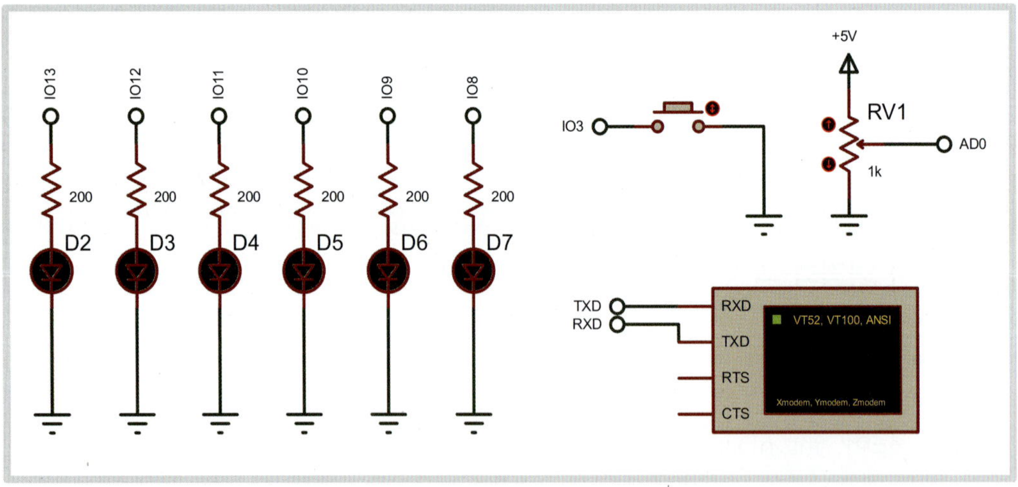

| 그림 3-30 | 외부 Interrupt 실습

Project 309 외부 Interrupt

```
volatile byte bState=0;

void setup()
{
    DDRB=0x3f;      //B5(IO13), B4(IO12) ~ B0(IO8)
    pinMode( 3, INPUT_PULLUP);
    attachInterrupt(digitalPinToInterrupt( 3 ), CheckInterrupt, FALLING);
    Serial.begin(9600);
}

void CheckInterrupt()
{
    bState=1;
}

void loop()
{
    float fVoltage=5.0/1023*analogRead(A0);
    Serial.print(" Analog   = "); Serial.println(fVoltage);
    if(bState==1)
    {
      bState=0;  LedBlink();
    }
    delay(200);
}

void LedBlink()
{
    byte nLed=0x01;    // 다음 쪽 계속
```

```
30     for(int i=0; i<6; i++)
31     {
32       PORTB=nLed; delay(200);
33       nLed=nLed<<1;
34       if( bState) break;       //또 다시 외부 인터럽트 스위치가 눌렀는지 확인
35     }
36     PORTB=0x00;
37 }
```

그림 3-30의 외부 Interrupt 예제 Project309 코딩의 주요 기능은 다음과 같다.

1	Interrupt 실행함수 CheckInterrupt()에서 사용하는 변수 bState가 컴파일 과정에서 최적화에 따른 오동작을 일으킬 수 있는데, 이를 해소하기 위하여 이 변수에 대하여 최적화에서 제외하라는 명령어인 volatile을 추가하여 선언
5	B5(IO13), B4(IO12), B3(IO11). B2(IO10), B1(IO9), B0(IO8) 등 6개의 포트에 대하여 output 모드로 선언
6	IO 3번 핀을 외부 interrupt 신호 입력을 위한 input(내부 풀업저항 사용) 모드로 선언
7	IO 3번 핀을 외부 interrupt로 사용하기 위해 선언 interrupt 발생 시 동작하는 실행함수 이름 CheckInterrupt로 제시 3번 핀에서 입력되는 신호가 외부 'High'에서 'Low'로 천이되는 'Falling' 에지 신호에서 interrupt가 동작하도록 하는 신호 모드
11	외부 interrupt 발생할 때 실행하는 함수
13	외부 interrupt 발생하면 전역변수 bState는 1로 저장
18	A0 포트를 통해 되는 아날로그 신호에 대하여 ADC 처리
19	아날로그값 출력

20	외부 interrupt 발생하였는지 검사
22	외부 interrupt 발생하면 Ledblink() 함수를 통해 지정된 LED 점등 외부 interrupt 발생 여부를 검사하기 위하여 전역변수 bState를 0으로 초기화
27~37	LED 순차적으로 점등 후 점멸하는 프로그램
34	LED 순차적으로 동작하는 도중에 외부 interrupt 발생하면 Ledblink() 함수를 재호출하여 처음부터 LED 순차적으로 동작하도록 하는 명령

참고사항) interrupt가 발생하면 interrupt 실행하는 함수에서는 프로그램 코드의 길이를 짧게 구성하기를 권장한다. 즉, interrupt가 발생하였는지를 알려 주는 전역변수의 동작이나 몇 번 interrupt가 발생하고 있는지의 누적 정도만 카운팅하는 프로그램으로 코딩한다. 그리고 전역변수가 변화가 일어나면 본래 순차적으로 실행되던 프로그램에서 나머지 주요 동작을 코딩하면 된다. 이는 interrupt 처리문이 종료되기 전 다시 interrupt가 발생하는 것을 감지하기 위함이다.

3.9 Timer

학습목표

- Timer 동작 원리를 설명할 수 있다.
- Timer 라이브러리를 이용하여 내부 Interrupt 기능을 이해할 수 있다.
- 특정 시간마다 동작하는 사용자 정의 Timer 동작을 설정할 수 있다.
- millis() 함수를 이용하여 프로그램이 실행한 경과를 모니터링할 수 있다.

학습내용

- Timer 동작 원리
- Timer 라이브러리 등록과 사용법
- Timer 설정

외부 Interrupt는 외부에서 특정한 신호를 부여할 때 loop() 안에서 프로그램이 무한 반복 실행되고 있다가 정지하고, Interrupt 설정에서 지정된 함수로 옮겨와 실행함을 공부하였다. 이와 같은 개념으로 외부 신호 없이 자체적으로 특정 시간이 지나면 지정된 함수가 자동으로 동작하도록 하는 기능을 Timer라고 한다. Arduino Uno에서 Timer를 설정하는 방법은 Timer 라이브러리를 사용하는 방법과 ATmeaga328에서 제공하는 timer/counter 기능을 이용하는 방법이 있다.

① Timer 라이브러리를 이용하는 방법

Arduino에서는 기본적으로 millis()하는 timer 관련 함수를 제공한다. 이 함수는 현재 프로그램이 시작된 후부터 지금까지 흐른 시간을 [ms] 단위로 반환해 주는 함수이다. 이 함수는 프로그램이 구동된 후 약 50일이 지나면 다시 0으로 reset된다. 반면에 외부 interrupt와 같이 설정 시간마다 지정한 함수가 자동으로 실행하도록 하는 방법은 공개된 Timer 라이브러리를 Arduino에 추가하는 것으로 2가지 방법이 있다. 첫 번째는 인터넷 검색을 통해서 설치하는 방법이며, 두 번째는 Arduino에서 검색하여 설치하는 방법이다. 먼저 공개된 Timer 라이브러리 중 대표적인 라이브러리가 'SimpleTimer' 라이브러리인데, 이를 Google 검색을 통해 설치해 보기로 한다. 이 라이브러리는 여러 종류가 있는데 본서에서는 그림 3-31과 같이 timer interrupt 함수가 별도로 있는 'jfturcot'의 SimpleTimer 라이브러리를 추가하여 응용하기로 한다.

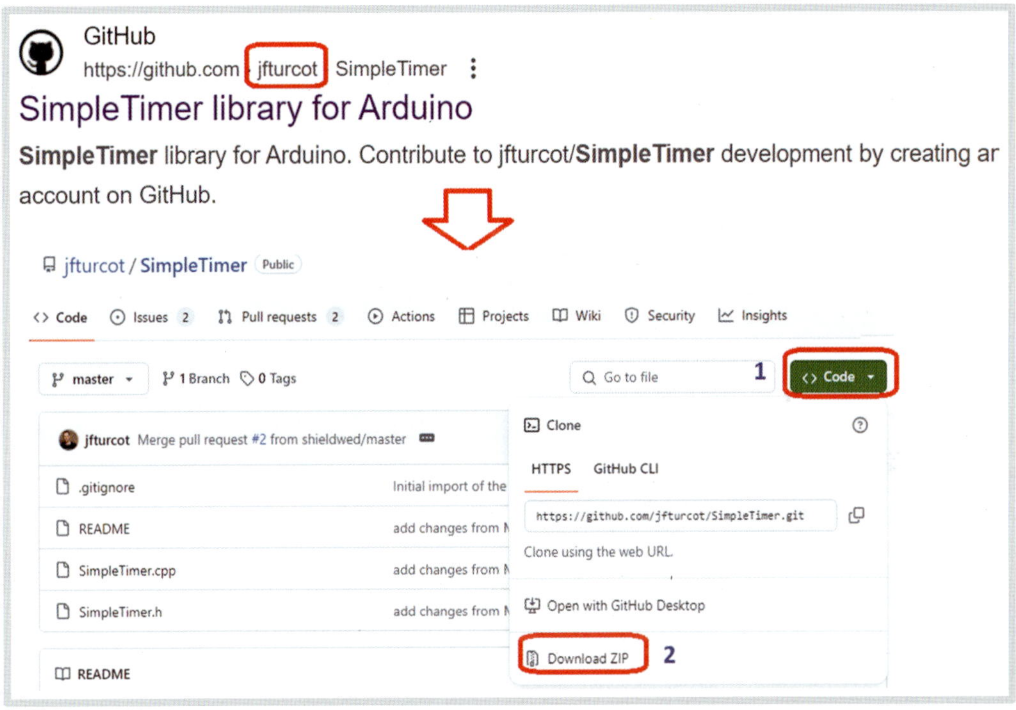

| 그림 3-31 | SimpleTimer 라이브러리 검색 및 내려받기

내려받은 라이브러리를 Arduino에 추가하는 방법은 Arduino 메뉴에서 그림 3-32와 같이 Arduino IDE 메뉴, 스케치(Sketch) → 라이브러리 포함하기(include Library)

→ .ZIP 라이브러리 추가(Add .ZIP Library)를 선택하고 이어 내려받은 SimpleTimer.Zip 파일을 찾아 클릭하면 라이브러리가 추가된다. 그리고 스케치(Sketch) → 라이브러리 포함하기(include Library) →〉ZIP에 마우스를 위치시키면 서브 메뉴 하단에 SimpleTimer 라이브러리가 설치되어 있는지 확인할 수 있다.

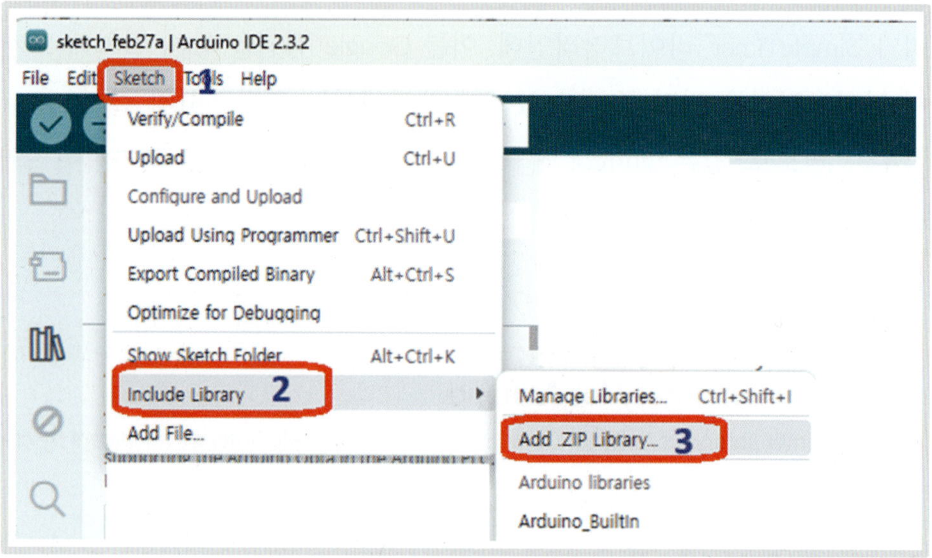

| 그림 3-32 | 외부 라이브러리 설치

설치한 라이브러리는 Arduino IDE 사용자 정의 작업 폴더인 아래에 설치되어 있음을 알 수 있다. 이때 Proteus가 열려 있다면 닫고 다시 실행하여야 한다.

라이브러리 설치된 위치 : [C:₩ArduinoWork₩libraries₩SimpleTimer－master]

Arduino만 사용하는 경우에는 문제가 없지만, Proteus에서 사용할 때 동작하지 않는 버전이라면 이 라이브러리를 Proteus와 연동시키기 위해서는 SimpleTimer 폴더를 아래 libraries 폴더 아래 복사하여야 하고 Proteus를 다시 실행하여야 한다.

[C:₩Program Files (x86)₩Arduino₩libraries₩SimpleTimer－master]

만약 Arduino 스케치가 버전 2.0 이하라면 다음 폴더에 복사한다.

[C:₩Users₩사용자₩Documents₩Arduino₩libraries₩SimpleTimer－master]

두 번째로 Arduio IDE에서 검색하여 추가하는 방법을 기술한다. 그림 3-33과 같이 Arduino IDE 메뉴, 스케치(Sketch) → 라이브러리 포함하기(include Library) → 라이브러리 관리(Manage libraries)를 선택한다. 그리고 그림 3-34와 같이 검색어 “SimpleTimer”를 타이프하며 여러 개의 유사 라이브러리가 보일 것이다.

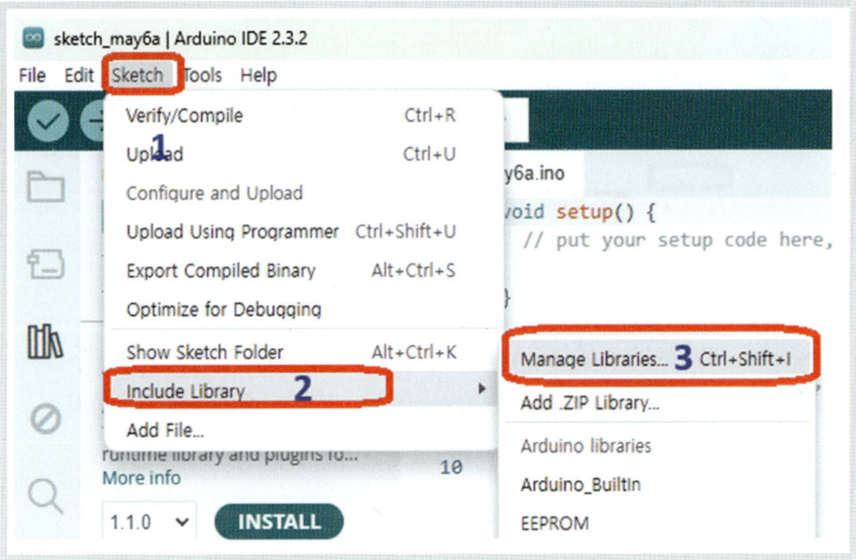

| 그림 3-33 | 라이브러리 관리

한 예로 Alexander가 제공한 SimpleTimer 라이브러리를 ③번 [INSTALL] 버튼을 이용하여 설치할 수 있다. 이 라이브러리에 대한 좀 더 자세한 정보는 그림 3-34 화면의 ④번 [More infor]를 통해 살펴볼 수 있다. 그러나 Arduino 내부 검색을 통해 SimpleTimer 라이브러리를 사용하는 경우 timer 전용 interrupt 함수가 제공되지 않아 첫 번째 방법으로 Google 검색을 통해 설치한 SimpleTimer를 사용하기를 권장한다.

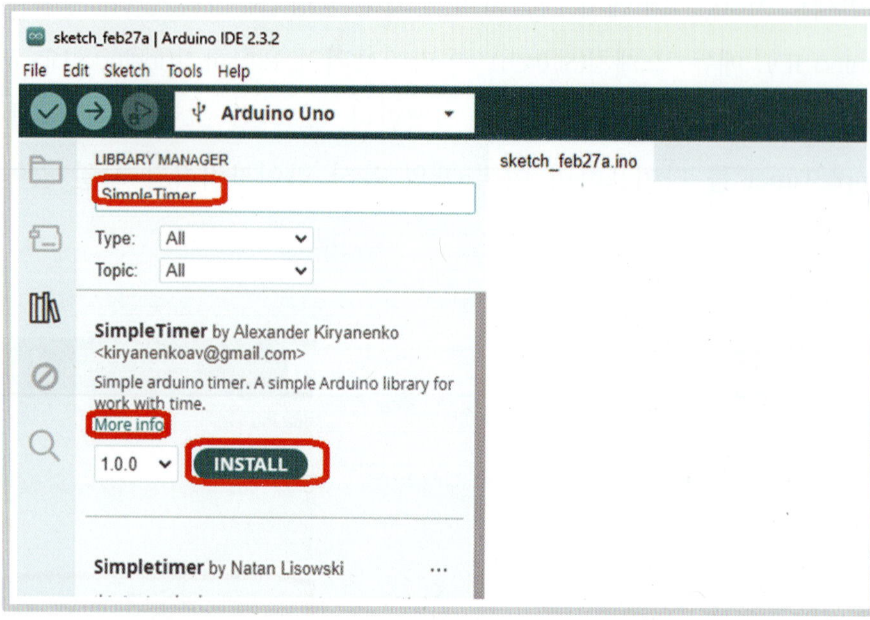

| 그림 3-34 | Arduino에서 라이브러리 검색 및 설치

본서에서 사용한 SimpleTimer의 기능은 다음과 같다.

```
int setInterval(시간(ms), 실행함수);   // 타이머 설정
int setTimeout(시간(ms), 실행함수);  // 타이머 작동 후 해제
run(); //타이머 실행, 반복 loop에서 계속 사용할 때마다 호출
예)
#include <SimpleTimer.h>
SimpleTimer timer;  // timer라는 객체생성
void setup()
{
  timer.setInterval(100, timer 실행함수명); //100ms 간격으로 timer 실행함수 동작
}
void timer 실행함수명()
{
}
```

```
void loop()
{
  timer.run()
  :
  :
}
```

다음 예제 Project310은 Timer 기능을 이용하여 LED를 500[ms] 간격으로 점멸하고 경과된 시간을 millis() 함수를 이용하여 가상 모니터에 출력하도록 하는 실습이다. 회로 구성을 하는 프로그램을 구현하였다. 이때 회로는 그림 3-35와 같다.

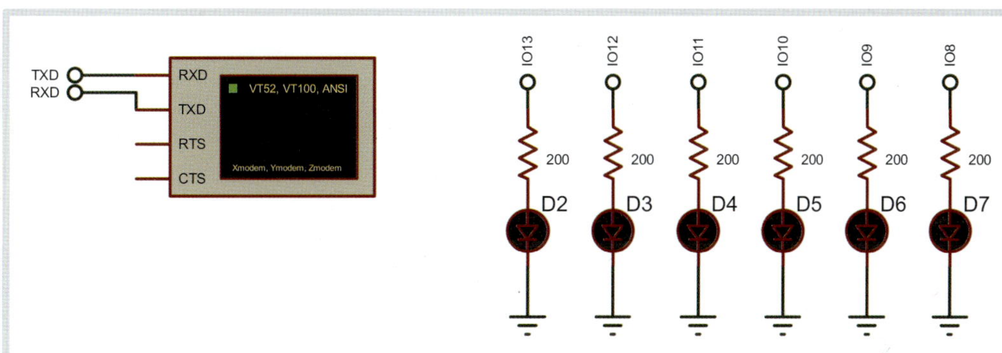

| 그림 3-35 | SimpleTimer를 이용한 timer 응용 실습

Project 310 SimpleTimer 응용 실습

```
#include <SimpleTimer.h>

SimpleTimer timer;
volatile byte bState=LOW;
    // 다음 쪽 계속
```

```
void setup()
{
    DDRB=0x3F;
    timer.setInterval(500, CountTimer); //500ms 타이머 설정
    Serial.begin(9600);
}

void CountTimer()   // 500ms마다 동작하는 함수
{
    bState=HIGH;
}

void loop()
{
  static byte bLedState=LOW;
  timer.run();

  if(bState)
  {
    if(bLedState) PORTB=0x3F;
    else          PORTB=0x00;
    bLedState=!bLedState;

    unsigned long nTime = millis();
    Serial.print("Uptime (s): ");
    Serial.println(nTime/1000.0);
    bState=LOW;
  }
}
```

SimpleTimer를 이용한 내부 timer 예제 Project310 코딩의 주요 기능은 다음과 같다.

1	SimpleTimer 라이브러리 사용 선언
3	SimpleTimer 객체를 timer로 선언
4	timer interrupt 실행함수 CountTimer()에서 사용하는 변수 bState에 대하여 컴파일 오동작을 방지하기 위하여 최적화에서 제외하라는 volatile 명령 선언
8	B5(IO13), B4(IO12), B3(IO11). B2(IO10), B1(IO9), B0(IO8) 등 6개의 포트에 대하여 output 모드로 선언
9	500[ms] 간격으로 timer interrupt 함수 CountTimer()가 실행되도록 선언
13	timer Interrupt 함수 CountTimer() 실행함수
15	500[ms]마다 bState는 1로 저장
20	Port B에 연결된 6개의 LED를 점멸 동작하기 위하여 현재 점멸 상태를 저장하기 위하여 static 선언하여 정적변수로 사용
21	SimpleTimer 동작 시작
23	timer 실행함수 CountTimer()가 500[ms]마다 호출되어 변수 전역변수 bState가 "HIGH" 인지 검사
25~26	LED가 "on"되어 있으면 "off", "off"상태이면 "on" 상태로 변경
28~31	loop() 문 동작이 시작되고 나서 millis() 함수가 호출될 때까지 걸린 시간을 [ms]로 return받아 [second] 단위로 출력시킴
32	Timer 상태 bState 초기화

❷ ATmeaga 328에서 제공하는 timer/counter 기능을 이용하는 방법

마이크로프로세서 수업에서 timer/counter(이하 T/C)를 공부한 경험이 있는 학습자를 위한 단원이다. 만약 경험이 없다면 건너뛰기를 권한다.

Arduino Uno의 근간은 ATmega 328이므로 ATmega 328에서 제공하는 T/C를 이용하여 더욱 유연하게 내부 timer를 설정할 수 있다. ATmega 328은 3개의 T/C를 제공하는데 T/C0, T/C2는 8비트 timer이며, T/C1은 16비트 timer이다. 여기서 8bit T/C는 0부터 최대 8bit인 255까지, 16bit T/C는 약 65,000까지 특정 시간 간격으로 클록을 센다(count)는 의미이다. 이렇게 정해진 클록을 다 세고 나면 이때 걸린 시간을 이용하는 것이 timer 구현의 원리이다. 예를 들어, 2[ms] 단위로 255까지 세면 기본적으로 510[ms]인데, 다 세고 나면 timer interrupt가 발생하도록 하는 것이다. ATmega 328에서 보다 자세한 T/C 기능은 일반 마이크로프로세서 교재를 참고하기를 바란다. ATmega 328의 T/C는 timer 기능, 신호를 capure하는 기능, PWM 신호를 생성하는 부분으로 설정할 수 있다.

본서에서는 3.4절 PWM 신호 생성 단원의 표 3-8에 제시한 바와 같이 Arduino Uno에서 총 3개의 T/C가 사용되고 있어서 충돌을 피하고자 T/C2를 이용하여 예제를 구현하고자 한다. T/C2를 기준으로 timer를 구현하려면 주어진 클록을 세는 목표치가 8bit인 255로 정하는 방법이 있고, 255 미만으로 정하는 방법이 있다. 본서는 255까지 세는 방법에 국한하여 설명한다.

ATmega 328은 기본적으로 인가되는 클록 주파수가 16[MHz]이므로 클록 하나가 발생하는데 소요되는 시간은 1/16[MHz] = 0.026[us]가 걸린다. 이 시간 간격으로 세는 것은 매우 빠른 시간이므로 보통 클록 주파수를 분주[8]하여 사용한다. T/C2의 경우 분주는 8, 32, 64, 128, 256, 1024 분주가 있다. 우리는 128 분주를 사용하여 16[MHz]/128=125[kHz], 즉 1/125[kHz] = 8[us] 간격으로 0부터 255까지 카운트하도록 할 것이다. 즉, 8[us] x 255=2.04≒2[ms]마다 T/C2가 timer 함수가 호출되도록 하는

---

8) 클럭 주파수를 주어진 값으로 나누어 사용

것이다.

지금까지 설명한 내용을 설정한 것은 그림 3-36에 보인 TCCR2A, TCCR2B, TIMSK2 레지스터에 초깃값을 설정하여야 한다. 그림 3-37에 보인 바와 같이 T/C2는 timer 기능, PWM 기능 등 8개의 Mode가 제공되는데, 우리가 고려하는 timer 기능을 구현하기 위해서는 Mode 0 기능을 이용하여야 한다. 따라서 WGM22, WGM21, WGM20 bit값은 모두 0으로 처리하여야 한다. 또한 TIMSK2는 8bit 최댓값까지 카운트하기 위해서는 TIMSK2의 TOIE2 bit가 1이어야 한다. 따라서 TIMSK2=0x01로 설정하여야 한다.

그리고 COM2xx는 ATmega328 port를 출력으로 사용할 것인지를 설정하는 것인데, 내부 T/C를 사용할 때는 외부 포트를 사용하지 않으므로 모두 0의 값을 설정하며, FOC2x도 외부 port 사용과 관련된 부분으로 마찬가지로 0으로 처리한다. 따라서 COM2xx와 FOC2x는 모두 0의 값을 갖는다. 그러므로 T/C2를 timer mode로 사용하기 위해서는 TCCR2A=0x00;의 값으로 설정하여야 한다.

Bit	7	6	5	4	3	2	1	0	
(0xB0)	COM2A1	COM2A0	COM2B1	COM2B0	–	–	WGM21	WGM20	TCCR2A
Read/Write	R/W	R/W	R/W	R/W	R	R	R/W	R/W	
Initial Value	0	0	0	0	0	0	0	0	

Bit	7	6	5	4	3	2	1	0	
(0xB1)	FOC2A	FOC2B	–	–	WGM22	CS22	CS21	CS20	TCCR2B
Read/Write	W	W	R	R	R	R	R/W	R/W	
Initial Value	0	0	0	0	0	0	0	0	

Bit	7	6	5	4	3	2	1	0	
(0x70)	–	–	–	–	–	OCIE2B	OCIE2A	TOIE2	TIMSK2
Read/Write	R	R	R	R	R	R/W	R/W	R/W	
Initial Value	0	0	0	0	0	0	0	0	

| 그림 3-36 | TCCR2A, TCCR2B, TIMSK2 레지스터

Mode	WGM02	WGM01	WGM00	Timer/Counter Mode of Operation	TOP	Update of OCRx at	TOV Flag Set on[(1)(2)]
0	0	0	0	Normal	0xFF	Immediate	MAX
1	0	0	1	PWM, Phase Correct	0xFF	TOP	BOTTOM
2	0	1	0	CTC	OCRA	Immediate	MAX
3	0	1	1	Fast PWM	0xFF	BOTTOM	MAX
4	1	0	0	Reserved	–	–	–
5	1	0	1	PWM, Phase Correct	OCRA	TOP	BOTTOM
6	1	1	0	Reserved	–	–	–
7	1	1	1	Fast PWM	OCRA	BOTTOM	TOP

| 그림 3-37 | T/C Mode 레지스터 설정값

또한 클럭 분주를 128 분주를 사용하기로 하였으므로 그림 3-38에서 제시한 128 분주를 위하여 CS22=1, CS21=0, CS21=1의 값을 갖도록 설정한다. 따라서 TCCR0B=0x05; 의 값으로 설정한다.

CS22	CS21	CS20	Description
0	0	0	No clock source (Timer/Counter stopped).
0	0	1	clk_{T2S}/(no prescaling)
0	1	0	clk_{T2S}/8 (from prescaler)
0	1	1	clk_{T2S}/32 (from prescaler)
1	0	0	clk_{T2S}/64 (from prescaler)
1	0	1	clk_{T2S}/128 (from prescaler)
1	1	0	clk_{T2S}/256 (from prescaler)
1	1	1	clk_{T2S}/1024 (from prescaler)

| 그림 3-38 | 클록 분주비 설정

클록 분주비별로 기준 timer 시간과 TCCR0B 레지스터값을 계산하여 정리하면 표 3-13과 같다.

표 3-13 분주비별 기준시간 및 설정값

분주비	분주 후 주파수 16M/n=f[kHz]	t=1/f [us]	기준시간[ms] t x 255	TCCR0B
8	2,000	0.5	0.1275	0x02
32	500	2	0.51	0x03
64	250	4	1.02	0x04
128	125	8	2.04	0x05
256	62.5	16	4.08	0x06
1,024	15.625	64	16.32	0x07

이상과 같이 설정한 timer가 작동할 때 interrupt가 발생하도록 허가해 주는 명령은 SREG 레지스터의 bit7을 1로 설정하면 된다. interrupt가 발생하면 실행되는 함수는 ISR(_vector) 함수이다. ISR(Interrupt Service Routine) 내에 _vector[9] 값은 interrupt 종류마다 다른데 본서에서 설명하는 부분은 "TIMER2_OVF_vect"이다. 지금까지 레지스터값을 설정한 결과를 요약하면 다음과 같다.

```
• TCCR2A=0x00; T/C2 timer mode
• TCCR2B=0x05; 분주비 125, timer 기준시간 2.04[ms]
• TIMSK2=0x01; 8bit Max. count overflow interrupt
• SREG |=0x80;
• T/C2 interrupt 실행함수
  ISR(TIMER2_OVF_vect)
  {

  }
```

SimpleTimer 라이브러리를 사용한 예제 프로젝트 310을 T/C2 기능을 이용하여 프로그램을 바꾸어 실행해 보자. 사용하는 회로는 그림 3-35를 그대로 적용한다.

9) Google Keyword : "microchip avr/interrupt.h microchip"

Project 311 T/C2 timer 응용 실습

```
volatile byte bState=LOW;

void setup()
{
    DDRB=0x3F;
    TCCR2A=0x00;  //T/C2 timer mode
    TCCR2B=0x05;  //분주비 125, timer 기준 시간 2.04[ms]
    TIMSK2=0x01;  //8bit Max. count overflow interrupt
    SREG |=0x80;  // interrupt enable
    Serial.begin(9600);
}

ISR(TIMER2_OVF_vect)  // 2.04[ms]마다 동작하는 interrupt 함수
{
   static int nCount=0;
   nCount++;
   if(nCount==245)    // 2.04[ms] x 245= 500[ms]
   {
       bState=HIGH;   nCount=0;
   }
}

void loop()
{
   static byte bLedState=LOW;
   //timer.run();
   if(bState)
   {
     if(bLedState) PORTB=0x3F;     // 다음 쪽 계속
```

```
30      else          PORTB=0x00;
31      bLedState=!bLedState;
32
33      unsigned long nTime = millis();
34      Serial.print("Uptime (s): ");
35      Serial.println(nTime/1000.0);
36      bState=LOW;
37    }
38  }
```

T/C2 overflow timer 기능을 이용하여 예제 Project310을 대체한 Project311에 적용한 주요 코딩의 기능은 다음과 같다.

1	timer interrupt 실행함수 ISR()에서 사용하는 변수 bState에 대하여 최적화에서 제외하라는 volatile 명령 선언
4	B5(IO13), B4(IO12), ... , B0(IO8) : output 모드로 선언
5~8	• T/C2 timer mode, 기준시간 2.04[ms] 선언 • 8bit 최대 255까지 카운트하면 overflow interrupt 발생
13	T/C2 timer 함수
15	• interrupt 발생 횟수 저장 변수, • static 변수로 선언하여 메모리에서 사라지지 않도록 고정
16	interrupt가 발생할 때마다 1개씩 증가
17	• interrupt 발생 누적 횟수가 245개인지 확인 • 245개이면 2.04[ms] x 245= 500[ms]가 경과되었음을 의미
19	500[ms]가 흘렀다는 정보를 전역변수 bState에 저장
22	SimpleTimer 동작 시작
24	timer 실행함수 CountTimer()가 500[ms]마다 호출되어 변수 전역변수 bState가 "HIGH" 인지 검사
26	SimpleTimer 시작 명령 사용하지 않으므로 주석처리
27~37	예제 Project310과 동일

3.10 직렬통신

학습목표

- 직렬통신의 종류와 특징을 설명할 수 있다.
- 하드웨어 직렬통신을 이용하여 문자열, 숫자 등의 데이터를 송신할 수 있다.
- Interrupt 통신 방식을 이용하여 데이터 손실을 예방할 수 있다.

학습내용

- UART 하드웨어 직렬통신을 위한 Serial 멤버함수 기능
- 직렬통신 회로 결선법
- 정수형 데이터와 문자열의 직렬통신 프로그래밍
- nterrupt 방식의 하드웨어 직렬통신 기법

직렬통신(Serial Communication)은 여러 개의 데이터를 1개 bit씩 차례로 보내는 통신 방법을 말한다. 우리가 Arduino를 이용하여 실습한 결과를 모니터로 확인할 때 사용하는 통신 방식도 직렬통신의 일종이다. Arduino를 이용하여 직렬통신하는 방법은 4가지가 있다.

① Serial 또는 UART(Universal Asyncronous Receiver/Transmitter) 통신 : 직렬통신의 기본으로 정해진 하드웨어통신 포트로 직렬통신하는 방식을 말하며, 하드웨어 직렬통신이라고 부른다. Arduino Uno는 1개의 하드웨어 직렬통신 포트(D0, D1번 핀)를 제공하고 있으며 Arduino Mega 보드는 4개의 직렬통신 포트를 제공해 준다.

Serial 통신 방식으로 가장 일반적인 방법이 RS-232C 통신이다. RS-232C 통신은 15m 이내의 1:1 통신을 위해 데이터를 송신하는 TXD(Transmit Data) 선과 데이

터를 수신하는 RXD(Receive Data) 선 그리고 공통 접지(Ground) 선 등 3개의 선만으로 직렬통신을 구현할 수 있는 통신 방식이다. 이때 수신 단과 송신 단 각각의 TXD 선과 RXD 선은 반드시 서로 교차하여 결선하여야 한다.

② Software Serial 통신 : UART Serial 통신 포트를 제외하고 나머지 포트로 ASCII 문자를 송수신할 수 있도록 제안된 통신 방식이다. 단 모든 포트를 Software Serial 용으로 제공해 주는 것이 아니므로 Arduino의 종류를 확인하여 사용할 수 있는 포트를 먼저 조사하여야 한다. 이 방식은 Arduino에서 블루투스 통신 등 하드웨어 직렬통신을 추가로 사용할 수 없을 때 사용하는 방식이다.

③ SPI(Serial Peripheral Interface) 통신 : 근거리 간 전자부품 1:N 통신의 직렬통신 방식이다. 송수신 데이터 핀이 분리되어 있어서 동시에 고속으로 송수신이 가능하다. 메모리 카드, 다이내믹 FND 제어, 다이내믹 도트메트릭스 제어 등과 같이 고속으로 데이터를 송수신할 필요가 있는 통신에 유용하다.

④ I2C(Inter-Integrated Circuit) 통신 : 1개의 클록 핀과 1개의 데이터 핀을 이용하여 송수신하는 통신 방식으로 송신과 수신을 각각 시간을 나누어야 하므로 빠른 속도를 요구하지 않는 센서 모듈이나 Text LCD 등과 직렬통신할 때 사용한다.

이 단원에서 다루는 Arduino Uno의 Serial 직렬통신은 D0(IO 0) 핀을 데이터 수신 RXD 포트로 사용하고, D1(IO 1) 핀은 송신용 TXD 포트로 사용한다. 일반적으로 +5[V] 혹은 +3.3[V]로 동작하는 Arduino와 같은 마이크로컨트롤러와 ±12[V] 전원을 사용하는 일반적인 산업용 기기나 PC 간에 직렬통신을 구현하고자 할 때는 동작전압이 서로 다르므로, 신호의 전압 레벨을 조정해 주는 인터페이스 회로가 추가되어야 한다. 이와 같이 Serial 직렬통신 방식은 반드시 마이크로프로세서의 대상 기기에서 사용하는 전압 레벨을 고려하여야 한다.

이때 전압 레벨 조정을 위해 가장 많이 사용하는 소자는 Max232 시리즈이다. Max232 소자는 2개의 직렬통신을 위한 전압 레벨 조절 기능이 내장되어 있는데, 신호 입출력 신호선의 전기적인 특성은 다음과 같다.

- 공급전압(Vcc) : max. 6[V]
- TXD 신호 : T1N 입력 Vcc[V], T1OUT 출력 Vcc ~ 15[V]
  (5[V] 신호 입력 시 Vcc[V] ~ 15[V] 신호 출력)
- RXD 신호 : R1IN 입력 max. ±30[V], R1OUT 출력 Vcc[V]
  (12[V] 신호 입력 시 5[V] 신호 출력)

Max 232 소자를 이용하며 전압 레벨을 조절할 때도 그림 3-39와 같이 TXD 선과 RXD 선은 Max232 소자와 외부기기 사이에서 서로 교차하여 연결되어야 한다. Max232에서 높은 전압 신호를 만들어 주는 외부 인터페이스 회로는 Max232[10] 규격서를 참조하기 바란다.

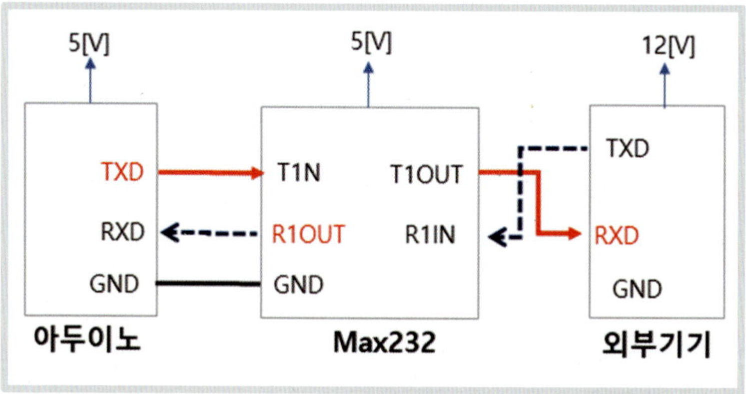

| 그림 3-39 | Max232를 이용한 전압레벨 조절

두 번째로 외부기기가 5[V] 미만인 3.3[V]로 동작하는 경우는 외부기기 보호를 위해 외부기기 수신단 RXD에 3.3[V]로 신호의 크기를 강압시키는 저항 분배 회로가 추가되어야 한다. 이상의 2가지 경우에 대하여 직렬통신 결선 방법에 대하여 그림 3-40에 보였다.

10) google 검색 keyword : max232 datasheet

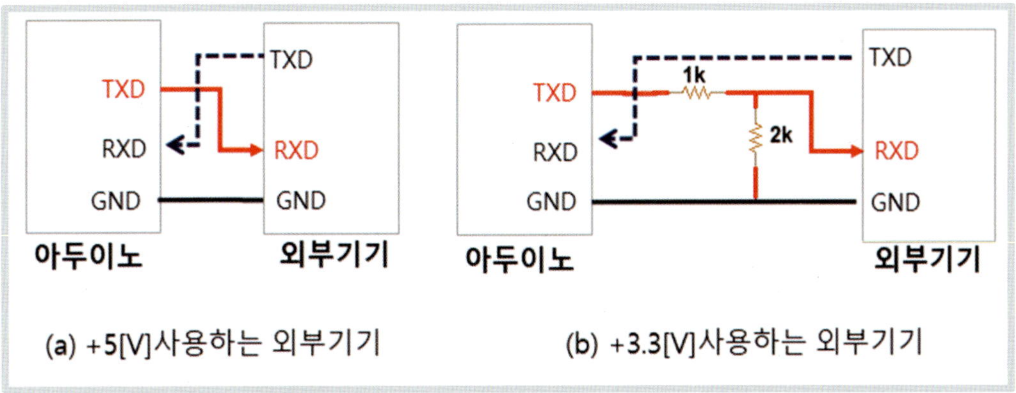

| 그림 3-40 | 직렬통신 RS-232C 결선

여기서 TXD 송신 출력 전압 5[V]는 저항을 통해 다음 식과 같이 3.3[V] 신호로 변환되어 외부기기의 RXD 단에 전달된다. 한 예로 직렬통신하는 블루투스 통신 소자가 3.3[V]로 동작하는 모듈도 같은 방법으로 결선하여야 한다.

$$\frac{2k\Omega}{1k\Omega + 2k\Omega}5[V] = 3.33[V] \quad (3.7)$$

Arduino에서는 직렬통신을 위하여 2개의 class 라이브러리를 제공해 주는데, 2가지 class는 2.1절의 C언어 기본 요소 단원 중 문자열 변수 소단원에서 다루었던 String class와 직렬통신을 위한 Serial class이다. 다음은 Serial class의 기본 멤버함수에 대하여 정리한 것이다.

① available()

- RX 포트에 데이터가 수신되면 byte 단위로 최대 64[byte] 데이터가 버퍼에 저장되는데, 이때 저장된 데이터의 byte 수를 반환하는 멤버함수
- 문법 : Serial.available()

② begin()

- bit 단위 전송속도(baud) 설정하는 함수
- 문법 : Serial.begin(speed), 여기서 speed = bits/second [bauds]
- 지원속도 : 1200, 2400, 4800, 9600, 14400, 19200, 28800, 31250, 38400, 57600, 115200
- 속도가 빠를수록 오류 확률이 높아지고 EMI 노이즈 원이 될 수 있어서 기본으로 9600으로 설정하여 사용 권장

③ end() : 직렬통신 비활성화

④ read()

- 직렬포트로 수신되는 첫 번째 숫자나 문자 데이터 1개를 읽어온다. 없으면 -1을 반환한다.
- 문법 : char nData=Serial.read()

⑤ parseInt()

- 직렬포트로부터 1자리 숫자를 읽어오는 Serial.read() 함수와는 달리 2자리 이상의 정수 데이터를 읽어온다.
- 이때 숫자가 아닌 경우 0의 값을 return한다.
- 기본적으로 수신되는 다음 정수를 기다리는 시간은 1000[ms]이다. 빠른 반응이 필요한 경우 Serial.setTimeout() 함수로 조정한다.
- 문법 : long nData=Serial.parseInt()

⑥ parseFloat()

- 직렬포트로 수신되는 1개의 실숫값을 읽어온다. 숫자가 아니거나 음수일 때 건너뛴다. 숫자가 아닌 경우 0 반환
- 문법 : float fData=Serial.parseFloat()

⑦ readString()

• 직렬포트로 수신되는 문자열을 읽어온다.

• 빠른 반응이 필요한 경우 Serial.setTimeout() 함수로 조정한다.

• 문법 : String strData=Serial.readString()

⑧ readBytes(buffer, length)

• 지정한 문자 개수만큼 읽어와 buffer에 저장하는 함수

• 지정한 개수만큼 데이터가 수신되지 않는 경우 수신된 개수만큼만 저장

⑨ peek()

• 수신된 문자 중 첫 번째 문자를 반환

• read() 함수와 달리 수신 버퍼에서 문자를 읽고 수신 버퍼를 지우지 않으므로 peek() 함수를 다시 호출해도 같은 문자를 반환

⑩ print( ), println()

• 형식에 따라 정수, 문자열 송신으로 사용

• 사용 방법은 2.1절 참조

⑪ write()

• Serial.write(data)　　　// 1개의 ASCII 코드로 변환하여 송신

• Serial.write(buf, len) // len 크기를 갖는 배열된 buf 데이터를 차례로 송신

```
//예)  char bufers[3]={ 'a', 'b', 64 };
       Serial.write( bufers, sizeof(bufers) );
```

⑫ serialEvent()

- 통신 데이터가 수신되면 다른 동작을 멈추고 interrupt에 의해 자동으로 동작하는 함수
- 문법

```
void serialEvent()
{
        데이터 읽기 등 명령어
}
```

⑬ setTimeout()

- serial.readBytesUntil() 또는 serial.readBytes() 함수를 사용할 때 최대 얼마큼 기다릴건지(time out)를 설정한다. 기본값은 1000[ms]이다.
- 문법 : setTimeout(ms값); ms값은 unsigned long의 크기

⑭ print(), println() : 2.1절의 C언어 기본 요소 단원 참조

직렬통신은 메인 loop 내에서 수신된 데이터가 있는지를 available() 멤버함수를 이용하여 검사하고, 수신 데이터가 있으면 데이터를 수신하는 방법과 데이터가 수신되면 무조건 직렬통신 serialEvent() interrupt 함수가 동작하여 데이터를 수신하는 방법이 있다. 일반적으로 메인 loop 프로그램에서 사용하는 프로그램 기능이 작은 경우나 단순한 프로그램에서는 전자의 방법을 사용하고, 메인 프로그램이 복잡하거나 다양한 기능을 사용하는 경우는 interrupt 함수를 이용하여 직렬통신에 응용하기를 권장한다.

① available() 이용

직렬통신 실습을 위하여 그림 3-41과 같이 Arduino와 직렬통신으로 연결된 Virtual Terminal에서 데이터를 입력하도록 한다. 그리고 입력된 결과를 Arduino에서는 LCD에 디스플레이하고 모니터에 받은 값을 다시 직렬통신으로 송신하도록 하는 예제를 구성한다.

실습은 "VirtualTerminal.pdsclip"와 "LCD20x4.pdsclip" 등 2가지 Project Clip을 이용한다. 여기서 전송속도는 기본적인 9,600[bps]를 사용하였으며 더 빠른 직렬통신을 원한다면 Virtual Terminal을 더블클릭하여 Baud Rate값을 변경하고 Arduino IDE 스케치 프로그램의 setup()에서 Serial.begin( ) 함수의 기존 설정 9600[bps]을 변경하고자 하는 전송속도로 바꾸면 된다.

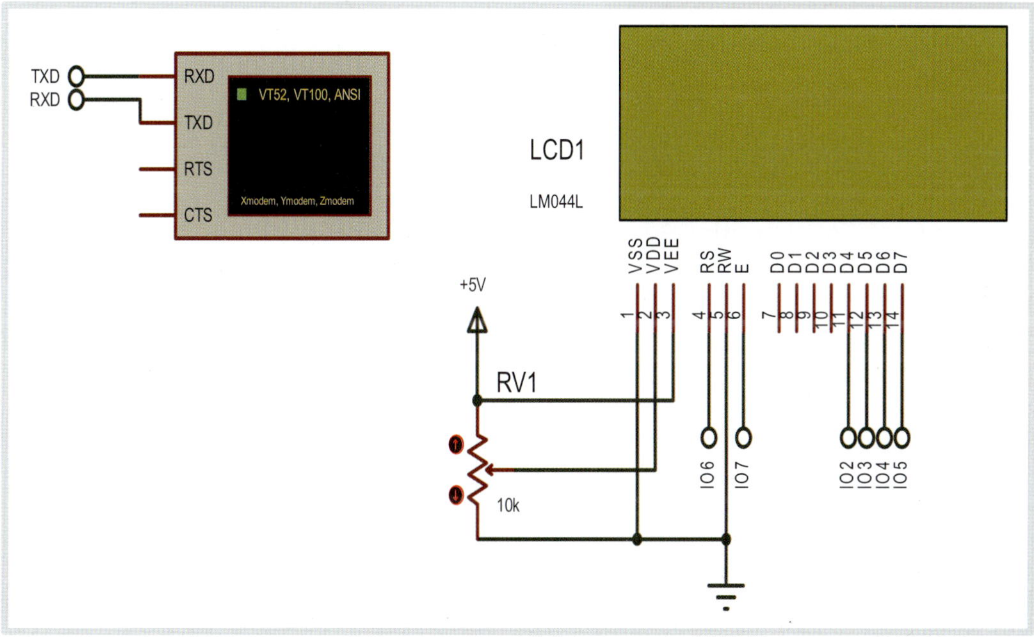

| 그림 3-41 | 직렬통신 실습

예제 프로젝트312를 통해 기본적인 직렬통신 프로그램을 구현하기로 한다.

Project 312 Serial 직렬통신 실습(숫자/문자 1개 통신)

```
#include <LiquidCrystal.h>

LiquidCrystal lcd( 6, 7, 2, 3, 4, 5 );     //RS, E, D4, D5, D6, D7

void setup()
{
   lcd.begin(20, 4);

   lcd.setCursor(0, 0);
   lcd.print( "Serial Comm Test");
   lcd.setCursor(0, 1);    lcd.write( "RX Value : " );

   Serial.begin(9600);
   Serial.setTimeout(500);

   Serial.println("숫자 또는 문자 입력하세요");
}

void loop()
{
    if( Serial.available() )
    {
        char nValue = Serial.read();
        lcd.setCursor(10, 1);      lcd.write( nValue );
        Serial.println("PC->u 보낸 값 : "+String(nValue));
     }
}
```

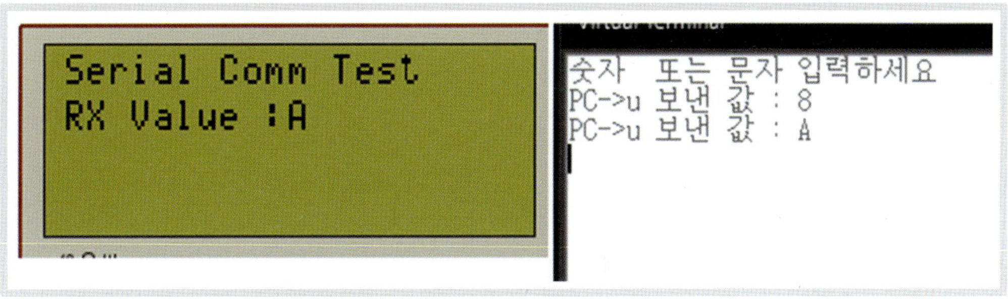

| 그림 3-42 | Project312 실행 결과

예제 Project312 프로그램의 주요 코딩은 다음과 같다.

3	객체 lcd를 생성하여 LED 사용 핀 할당
7	20 x 4 LCD 사용 선언
9~11	LCD 초기 문자열 출력
14	여러 개의 데이터를 입력받는 경우를 고려하여 최종 데이터 수신 후 더 이상 데이터 수신 없이 500[ms] 지나면 수신을 멈추도록 설정 이 예제에서는 문자/숫자 1개 송수신이므로 의미 없음
21	직렬통신 수신값이 있는지 검사
23	수신된 1개의 문자 혹은 숫자 읽어서 저장
24	LCD에 수신 데이터 출력
25	수신된 값을 다시 직렬통신으로 모니터에 송신

예제 Project312에서 숫자나 문자 1개가 아닌 정수를 입력받기 위해서는 다음 프로젝트313 예제와 같이 parseInt() 멤버함수를 이용하여 프로그램을 부분 수정하여야 한다. 여기서 주의하여야 할 점은 LCD 단원에서 학습하였듯이 LiquidCrystal write(데이터)는 Ascii 문자로 출력하므로 정수를 출력하기 위해서는 print(데이터) 멤버함수를 사용하여야 한다.

Project 313 Serial 직렬통신 실습(정수 데이터 직렬통신)

```
// 프로젝트312와 동일

Serial.println("정수를 입력하세요");

}

void loop()
{
    if( Serial.available() )
    {
        long nValue = Serial.parseInt();
        lcd.setCursor(10, 1);      lcd.print( nValue );
        Serial.println("PC->u 보낸 값 : "+String(nValue));
     }
}
```

프로젝트313 예제의 실행결과를 그림 3-42에 나타내었다.

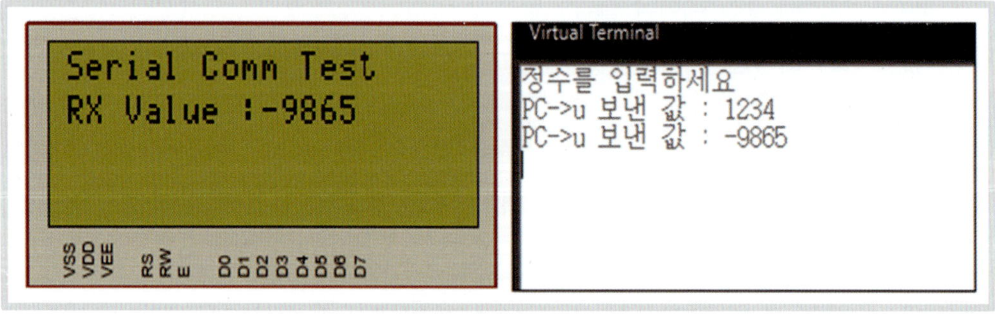

| 그림 3-43 | Project 313 실행 결과

마찬가지로 문자열을 입력받기 위하여 readString() 멤버함수를 이용하는 예제를 프로젝트314에서 앞의 예제를 부분 수정하여 구현하였다.

Project 314 Serial 직렬통신 실습(문자열 데이터 직렬통신)

```
// 프로젝트312와 동일

Serial.println("문자열을 입력하세요");

}

void loop()
{
    if( Serial.available() )
    {
        String strValue= Serial.readString();
        lcd.setCursor(10, 1);     lcd.print( strValue );
        Serial.println("PC->u 보낸 값 : "+String(strValue));
    }
}
```

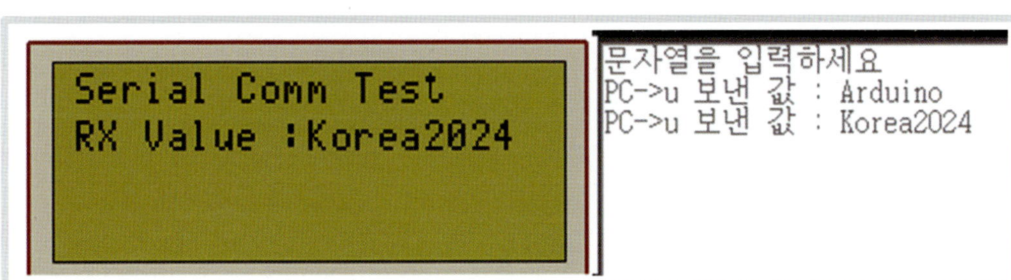

| 그림 3-44 | Project314 실행 결과

② serialEvent() 이용

Interrupt 방식의 직렬통신 실습을 위하여 그림 3-45와 같이 Project Clip "LedDriver.pdsclip"을 추가하여 LED가 차례로 동작하는 프로그램을 구현한다. 이때 예제 프로젝트314에서 다룬 문자열 직렬통신이 이루어지면 LED 동작을 멈추고 직렬통신과 관련된 기능이 동작하도록 프로그램을 구현하려고 한다.

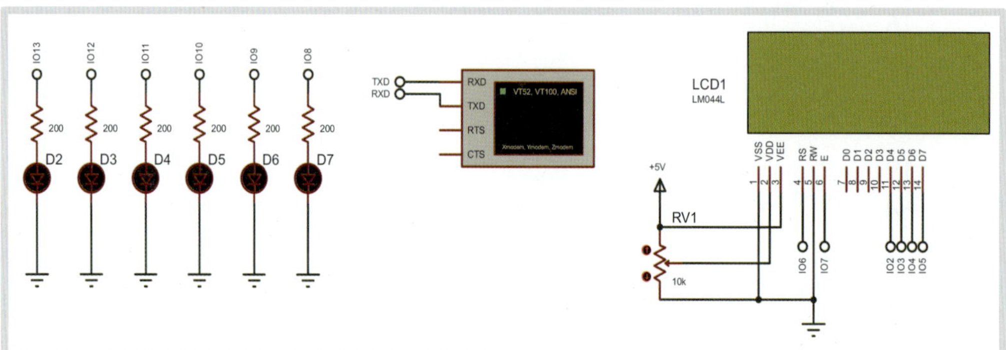

| 그림 3-45 | 직렬통신 실습(interrupt 방식)

Project315 예제에서는 직렬통신 수신이 일어나면 자동으로 하는 serialEvent() interrupt 함수를 추가하였다. 그리고 LED가 순차적으로 동작하는 for() 반복문 내에서 수신된 문자열을 표시할 수 있는 블록을 DisplayString() 함수로 처리하였다.

Project 315 Serial 직렬통신 실습(Interrupt 방식)

```
#include <LiquidCrystal.h>

LiquidCrystal lcd( 6, 7, 2, 3, 4, 5 );      //RS, E, D4, D5, D6, D7

void setup()
{    //다음쪽 계속
```

```
    lcd.begin(20, 4);
    lcd.setCursor(0, 0);
    lcd.print( "Serial Comm Test");
    lcd.setCursor(0, 1);    lcd.write( "RX Value : " );

    Serial.begin(9600);
    Serial.println("문자를 입력하세요");
    Serial.setTimeout(500);
    for(int pin=8; pin<14; pin++) pinMode(pin, OUTPUT);   //DDRB=0x03;
}

String strValue="";
void serialEvent()
{
    strValue=Serial.readString();
}

void DisplayString( )
{
    lcd.setCursor(10, 1);     lcd.print( strValue );
    Serial.println("PC->u 보낸 값 : "+String(strValue));
    strValue="";
}
void loop()
{
    for(byte nLed=8; nLed<14; nLed++)
    {
        digitalWrite(nLed,HIGH);   delay(200);
        PORTB=0x00;
        if( strValue.length() > 0) DisplayString( );
    }
}
```

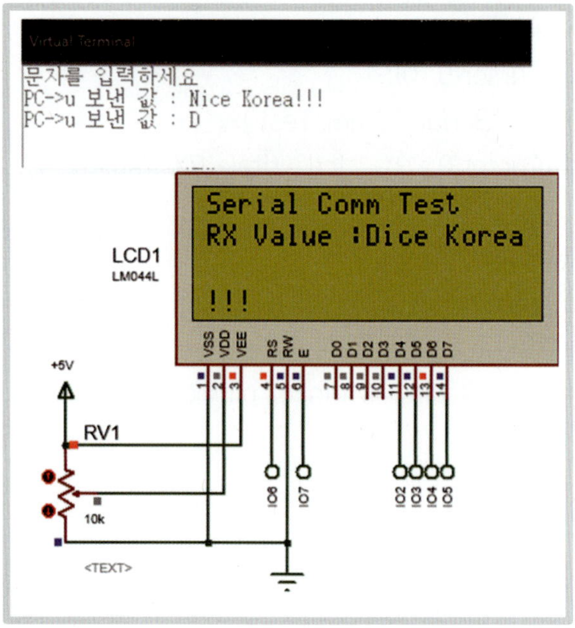

| 그림 3-46 | Project315 실행 결과

예제 Project315에서 추가된 프로그램의 주요 코딩은 다음과 같다.

15	PORTB(IO8 ~ IO13) OUTPUT 모드로 설정
18	문자열 변수 전역변수로 선언하고 변수 빈문자열로 초기화
19	데이터가 수신되면 interrupt에 의해 자동으로 실행되는 함수
21	수신된 문자열 읽어오기
32	6개의 LED를 반복적으로 이동 점등하게 하는 반복문
34	반복문에서 변경된 nLed에 대응하는 핀 점등
35	200ms 지연 후 다시 소등
36	수신된 문자열이 있는지 검사, 문자열이 있으면 DisplayString() 함수 호출
26~27	lcd와 디스플레이 수신된 문자열을 모니터에 다시 송신
28	문자열 전역변수 변수 초기화

3.11 소프트웨어 직렬통신(software serial)

학습목표

- Arduino에서 임의의 핀으로 송수신하는 소프트웨어 방식으로 직렬통신을 구현할 수 있다.
- 소프트웨어 통신의 사용 범위를 설명할 수 있다.
- 소프트웨어 라이브러리 함수의 기능을 이해하고 프로그램에 적용할 수 있다.

학습내용

- 소프트웨어 직렬통신 사용 필요성
- 소프트웨어 직렬통신을 지원하는 라이브러리 함수 기능
- 하드웨어 Serial 직렬통신과 비교하여 소프트웨어 직렬통신의 한계성

앞 절에서 학습하였듯이 Arduino에서는 정해진 D0(IO 0)번 핀과 D1(IO 1)번 핀을 통해 하드웨어 직렬통신을 구현한다. 그런데 Arduino를 PC에서 동작시킬 때 이 핀들은 Arduino와 모니터와 기본적으로 연결되어 있어서 블루투스 통신이나 다른 기기와 RS232C 직렬통신을 원하는 경우는 직렬통신을 사용할 수 없게 된다. 이 문제를 해결하기 위하여 Arduino에서는 임의의 IO 핀을 사용하여 여러 개의 직렬통신을 할 수 있도록 기능을 제공해 주고 있다. 이를 소프트웨어 직렬통신(Software serial)이라고 부른다. 단 Arduino Uno는 모든 핀에서 소프트웨어 시리얼 기능을 사용할 수 있지만, Arduino의 다른 종류는 일부 제한이 되어 있으므로 사용 전 Arduino 종류별로 사용가능한 핀을 확인해 보기 바란다.

Software 직렬통신은 최대 115,200[bps]의 속도로 여러 개의 시리얼 통신 포트를 구현한다. 대부분의 기능은 하드웨어 직렬통신 Serial class와 같다. Serial class와 가장 큰 다른 점은 객체를 생성하여 멤버함수를 사용하여야 한다는 점이다. 따라서

class를 대상으로 여러 개의 객체를 생성할 수 있기에 여러 개의 직렬통신을 구현할 수 있으며 독립된 객체 간 통신이 가능한 것이다. 이상에서 설명한 개념을 Serial 직렬통신과 Software 직렬통신의 Arduino에서 기능을 정리하면 그림 3-47과 같다.

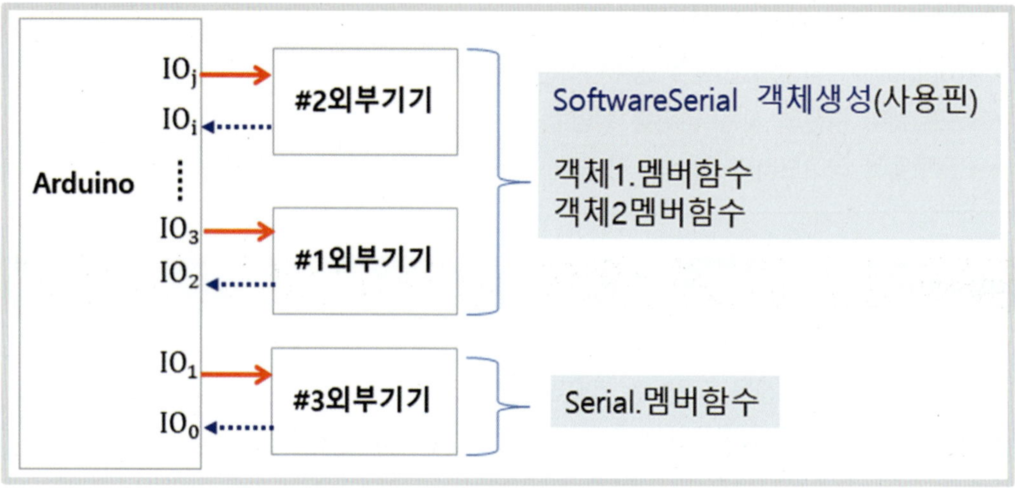

| 그림 3-47 | Arduino 직렬통신 개념

그러나 SoftwareSerial class를 이용한 방식은 아쉽게도 한 번에 문자 1개 데이터만 수신할 수 있으므로 문자열은 문자 하나씩 수신하고 String class의 문자 합치기 연산자 기능을 사용하여 문자열로 변환하여야 한다. 또한 정수형 데이터나 실수형 데이터도 문자로 수신하여 문자열로 변환한 후 String class의 toInt()함수나 toFloat() 함수를 사용하여 변환하여야 한다. 이러한 관점에서 하드웨어 Serial 통신과 다른 점을 요약 정리하면 다음과 같다.

① 객체 생성

- 여러 개의 SoftwareSerial class의 객체를 만들 수 있지만, 한 번에 하나의 객체만 활성화하여야 한다.
- 형식 예) : SoftwareSerial mySerial(rxPin, txPin, inverse_logic)
  - rxPin(uint8_t) : 직렬 데이터를 수신할 핀 번호

- txPin(uint8_t) : 직렬 데이터를 송신할 핀 번호
- inverse_logic(bool) : 수신하는 비트를 반전시킨다. 기본은 false.

② Serial class 호환성 (사용 가능 멤버함수)

- available(), begin(), end(), read(), readBytes(). peek(), print(), println(), write()

③ 사용 불가능한 Serial class

- parseInt(), parseFloat(), readString(), setTimeout(), serialEvent()

④ isListening()

- 요청한 소프트웨어 시리얼 포트가 수신 가능한지를 체크
- 수신이 가능하면 true, 상태이면 false 값 return

⑤ listen()

- 선택한 SoftwareSerial class의 객체가 데이터를 수신할 수 있게 한다.
- 함수 형식 : 객체.listen()

⑥ overflow()

- 64byte의 수신 버퍼에 데이터가 넘쳤는지를 체크(true 또는 false)
- 재 호출하면 플래그 상태 reset

직렬통신 실습을 위하여 그림 3-48과 같이 Arduino에 2개의 Virtual Terminal을 구성한다. 전송속도는 실습을 위하여 Virtual Terminal을 마우스로 두 번 클릭하여 Baud Rate를 각각 9600, 115,200[bps]로 설정한다. 여기서 #1 Virtual Terminal은 Serial

직렬통신으로 연결하며, #2 Virtual Terminal은 Software 직렬통신 방식으로 연결한다. 직렬통신 수신이 가능한 상태가 아니면 Led가 순차 점등하고 수신이 가능한 상태이면 데이터를 수신하고 이어서 Led가 순차 점등하도록 한다. 이를 위하여 2개의 Project clip "LedDriver.pdsclip"와 "VirtualTerminal.pdsclip"을 불러와 배치한다.

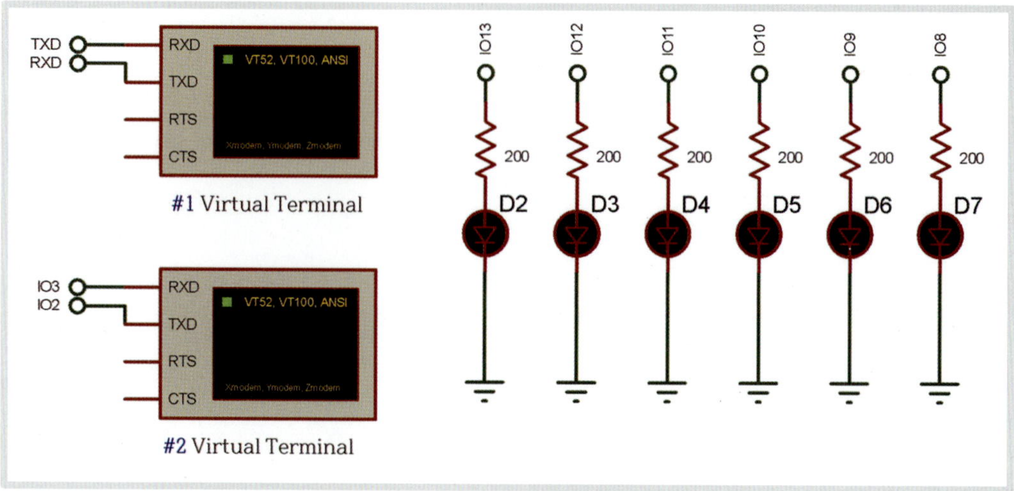

| 그림 3-48 | Software 직렬통신 실습

Project316 예제의 동작 알고리즘은 LED 6개가 순차 점등하고 있을 때 Serial 통신모드로 동작하는 #1 Virtual Terminal에서 정수 데이터를 입력하여 Arduino에서 수신하면 LED 순차 점등을 멈추고 수신된 값을 #2 Virtual Terminal에 송신한다. 마찬가지로 SoftSerial 통신모드로 동작하는 #2 Virtual Terminal로부터 임의의 정수 데이터를 수신하면 이를 #1 Virtual Terminal에 보내는 실습이다.

이때 #1 Virtual Terminal에서 송신하는 정수는 숫자 하나가 Ascii 문자로 변환되어 차례로 송신되므로 수신할 때는 수신된 문자를 모아 문자열로 만든 후 정수로 변환하여야 한다. 문자열을 32bit 정수 혹은 실수로 변환하는 String class의 예는 다음과 같다.

```
String strData="12345";
  long nData=strData.toInt();
  String strData="123.45";
  float fData=strData.toFloat();
```

Project 316 Software 직렬통신 실습

```
#include <SoftwareSerial.h>

SoftwareSerial  SoftRs( 2, 3 );  //2 Rxd,  3:Txd

void setup()
{
     for(int pin=8; pin<14; pin++) pinMode(pin, OUTPUT);  //DDRB=0x03;

     Serial.begin(9600);
     Serial.println( "#1 Terminal : 정수를 입력하세요" );

     SoftRs.begin(115200);
     SoftRs.println(  "#2 Terminal : 정수를 입력하세요" );

     SoftRs.listen();
     while( !SoftRs.isListening() );
     Serial.setTimeout(500);
     SoftRs.setTimeout(500);
}

void loop()
{   //다음 쪽 계속
```

```
    for(byte nLed=8; nLed<14; nLed++)
    {
        digitalWrite(nLed, HIGH);  delay(200);  PORTB=0x00;

        if( Serial.available() )    ReadSendData(1);
        if( SoftRs.available() )    ReadSendData(2);
    }
}


void ReadSendData(byte nSerial)
{
    long ReceivedData;
    if(nSerial==1)              //read Data from #1 Hardware Terminal
    {
        long ReceivedData=Serial.parseInt();
        SoftRs.println("Received Data =" +String(ReceivedData) );
    }
    else                        //read Data from #2 Software Terminal
    {
        String strSoft="";
        while( SoftRs.available() )
        {
            strSoft+=(char)SoftRs.read(); delay(500);
        }

        ReceivedData=strSoft.toInt();
        Serial.println("Received Data =" +String(ReceivedData) );
    }
}
```

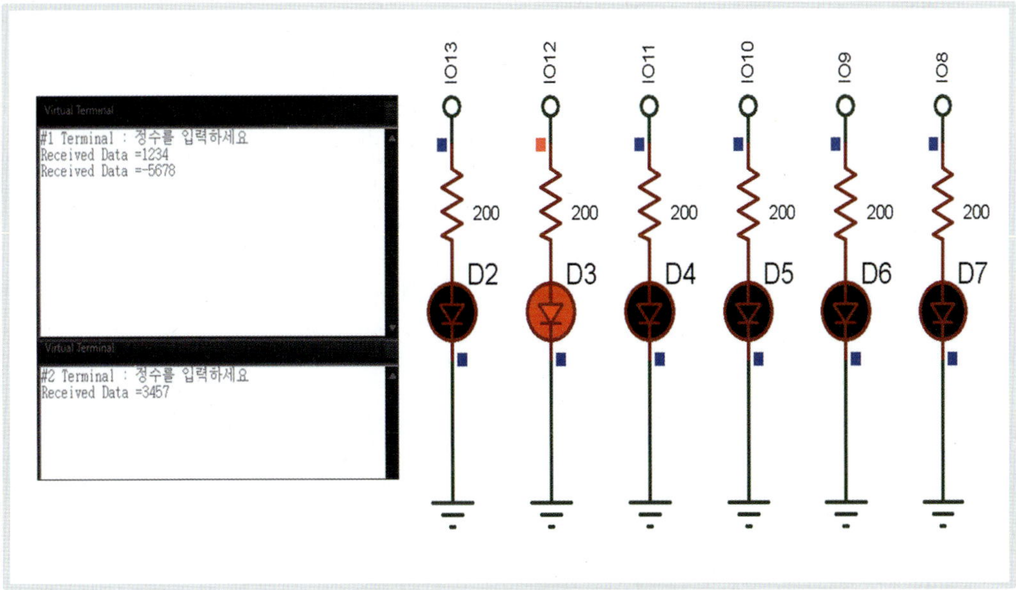

| 그림 3-49 | Project316 실행 결과

예제 Project316 Software 직렬통신 실습에서 사용된 주요 기능은 다음과 같다.

1	SoftwareSerial 라이브러리 사용 선언
3	SoftwareSerial 객체 SerialRs 생성, 사용 핀 설정
12	SoftwareSerial용 통신속도 설정, #2 VirtualTerminal에서 동일하게 설정 필요
15~16	객체 SerialRs 데이터 수신 가능으로 설정
17~18	2개의 VirtualTerminal에서 입력 최대 지연시간 설정
23~29	LED 순차 반복 명령 및 직렬통신 수신여부 검사
27~28	직렬통신 데이터가 수신되면 ReadSendData( ) 함수 호출
33	데이터 수신 및 수신된 데이터 처리 ReadSendData( ) 매개변수 1는 Serial 직렬통신, 2는 SoftSerial 직렬통신

35	수신 데이터 저장 32bit 정수형 변수선언
36~39	#1 VirtualTerminal로부터 Serial class 멤버함수를 이용하여 정수 데이터 수신 #2 VirtualTerminal에 SoftwareSerial 멤버함수를 이용하여 수신 데이터 송신
41~51	#2 VirtualTerminal로부터 SoftwareSerial 멤버함수를 이용하여 문자로 변환된 정수 데이터를 수신 #1 VirtualTerminal에 Serial class 멤버함수를 이용하여 수신 데이터 송신
44~47	while( )문으로 연속 문자를 받는 반복문
46	정수가 개별 문자로 변환되어 전송된 문자를 문자열로 합치기 delay(500) : #2 VirtualTerminal에서 정수형 데이터 숫자 1개를 입력하는데 요구되는 최대 시간 설정
49	String class toInt()를 이용하여 수신된 문자열을 본래 정숫값을 변환

3.12 SPI 통신

학습목표

- SPI 직렬통신을 위한 통신 핀의 특징을 설명할 수 있다.
- SPI 직렬통신을 위한 기본값을 설정할 수 있다.
- SPI 통신전용 라이브러리 멤버함수를 이해하고 프로그램에 응용할 수 있다.
- SPI 기능이 내장된 소자에 고속으로 데이터를 송신하는 프로그램을 작성할 수 있다.
- SPI가 내장된 소자의 레지스터 구조를 설명하고 제어 명령을 설정할 수 있다.
- 적은 핀으로 많은 양의 LED를 제어하기 위한 dynamic control 기법을 이해하고 설명할 수 있다.
- 많은 수의 LED로 구성된 도트매트릭스에 문자나 도형을 16진수로 표현할 수 있다.

학습내용

- SPI 직렬통신 특징
- SPI 직렬통신 라인 기능
- SPI 직렬통신 기본값 설정
- SPI 통신전용 라이브러리
- LED dynamic control 기법
- MCP4821 DAC(Digital to Analog Converter) 소자의 레지스터 설정
- 도트매트릭스 구조
- Max7219 부품 특성
- 도트메트릭스 16진수 표현

RS-232C 직렬통신이 비교적 원거리의 1:1 통신으로 사용된다. 그렇지만 상대적으로 짧은 거리에서 마이크로컨트롤러가 하나 이상의 주변 장치와 고속으로 1:N 통신할 필요도 있다. 이런 목적으로 모토롤라사에서 제안한 직렬통신 방식을 SPI(Serial

Peripheral Interface) 통신이라고 한다. SPI 직렬통신 방식은 1:1 통신은 물론 그림 3-50과 같이 임의의 SS를 이용하여 1:N 통신이 가능하며, 수십 [Mbps]의 속도로 매우 빠른 속도를 갖는 통신 방식이다. 이 특성을 이용하여 SPI 통신은 SD 메모리와 같은 IC 칩에 근거리 고속 통신이나, 적은 핀으로 대상 기기에 핀을 제어할 필요가 있는 FND나 도트메트릭스와 같은 다이내믹 제어를 위해 SPI가 내장된 드라이버 IC와 연결하여 고속 직렬통신하는데 사용된다.

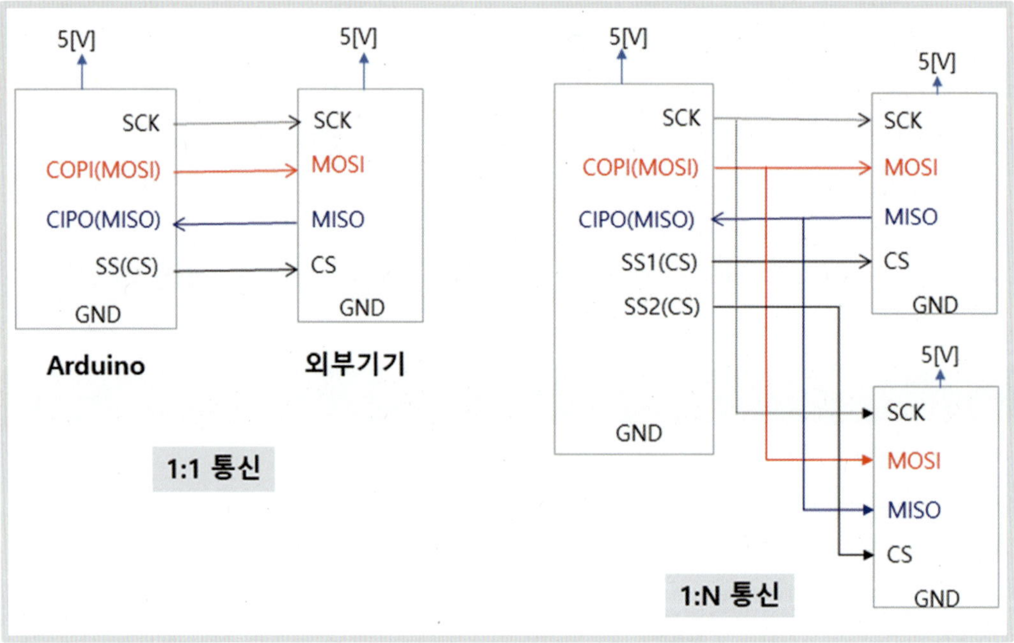

| 그림 3-50 | SPI 직렬통신 개념

SPI 통신은 1개의 클럭 신호와 2개의 송수신 신호 핀 그리고 대상 기기를 지정하는 핀들로 구성되어 있다. Arduino Uno는 D10(IO 10)번 핀 (CS), 11번(COPI), 12번 (CIPO), 13번(SCK) 핀에서 다음의 기능을 제공한다.

- SCK(Serial Clock) : 동기신호 클록
- COPI(Controller Out Peripheral In) : Arduino에서 지정된 기기에 직렬로 데이터 송신하는 포트이며, MOSI(Master Out Slave In)라고 부른다.

- CIPO(Controller In, Peripheral Out) : Arduino에서 지정된 기기로부터 직렬로 데이터 수신 포트이며 MISO(Master In Slave Out)라고 부른다.
- SS(Slave Select) : 외부 기기 선택("Low" 신호 출력), 일반적으로 CS(Chip Select)라고 부른다.

SPI 통신을 하는 장치들과 통신을 하려면 몇 가지를 고려하여 통신 기본값을 설정하여야 한다. 첫째는 SPI 통신 대상 기기의 최대 통신속도를 고려하여야 한다. 둘째는 1[byte] 단위로 데이터를 송수신할 때 최상위 혹은 최하위 비트부터 직렬로 송수신할지를 설정하는 것이다. 셋째는 송수신이 멈춘 Idle 상태에서 SCK 클록 상태를 "Low" 또는 "High"를 유지할지를 설정하여야 한다. 이때 다시 송수신이 발생하면 데이터 송수신하는 샘플링을 SCK 클록의 상승 혹은 하강 edge에서 할지를 설정하는 것이다. 이는 Idle 상태 제어와 데이터 샘플링 제어 각각 2가지에 대하여 총 4가지 모드가 존재할 수 있다.

Idle 상태 제어는 CPOL(Clock Polarity)가 담당하는데 CPOL=0이면 Idle 상태에서 SCK 클록은 "Low"가 유지된다. 그리고 CPOL=1이면 Idle 상태에서 SCK 클록은 "High"가 유지된다. Idle 상태를 벗어나 데이터 송수신 상태에서 데이터를 캡처할 때 샘플링 제어는 CPHA(Clock Phase) 레지스터의 설정에 따라 leading edge(CPHA=0) 혹은 trailing edge(CPHA=1)에서 이루어진다. 다시 말해 CPOL=0, SCK 클록 신호선이 "Low"일 때 CPHA=0이면 leading edge이므로 "Low" → "High"로 상승하는 edge에서 데이터 샘플링을 하고 CPOL=1, SCK 클록 신호선이 "High"일 때 CPHA=1이면 trailing edge이므로 "High" → "Low"로 하강 edge에서 데이터를 샘플링한다. 이를 정리하면 표 3-14와 같다. 일반적으로 Idle 상태 제어는 "Low" 상태를 유지하므로 SPI_MODE0를 주로 사용한다.

표 3-14 SPI 동작 모드

모드	Idle 제어 (CPOL)	Samping 제어 (CPHA)	Idle 상태	데이터 캡처
SPI_MODE0	0	0	Low	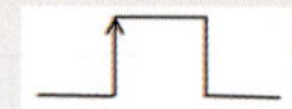
SPI_MODE1	0	1	Low	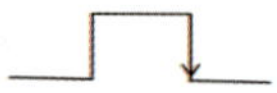
SPI_MODE2	1	0	High	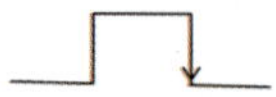
SPI_MODE3	1	1	High	

Arduino가 제공하는 SPI 라이브러리에 포함된 것 중에서 SPI 직렬통신에 필요한 부분만 정리하기로 한다.

① begin()

- SPI 버스 중 SCK, COPI(MOSI), SS(CS) 핀을 출력으로 설정
- SCK와 COPI(MOSI) 출력을 Low로, SS 출력을 High로 초기화

② setClockDivider(divider)

- 데이터 전송 속도를 시스템 클록을 기준으로 설정한다.
- divider는 전송속도를 줄이기 위하여 시스템 클록을 얼마로 나눌 것인가를 설정하는 값이다.
- 형식 : SPI.setClockDivider(divider)
  - SPI_CLOCK_DIV2 (2분주, 16MHz 기준으로 8MHz 속도, 기본값)
  - SPI_CLOCK_DIV4 (4분주, 기본값)
  - 같은 방식으로 8, 16, 32, 64, 128분주 값으로 설정할 수 있다.

③ setBitOrder(order)

- 1[byte] 단위를 직렬로 전송하는 순서
- MSBFIRST : 최상위부터
- LSBFIRST : 최하위부터

④ setDataMode(SPI_Mode)

- 표 3-13 SPI 동작모드 설정
- 예) SPI.setDataMode(SPI_MODE0)

⑤ end()

- SPI 버스를 비활성화한다.
- 단 설정한 핀 모드는 변경되지 않는다.

⑥ transfer()

- SPI 데이터 송수신 명령
- 수신 데이터는 1[byte], 2[byte] 모두 가능
- 수신 형식 :
  - receivedVal = SPI.trnasfer(val)
  - receivedVal16 = SPI.transfer(val16)
- 송신 데이터는 1[byte], 배열 데이터 가능
- 송신 형식 : 1[byte] 단위
  - SPI.transfer(val)
  - SPI.transfer(buffer, size)

Arduino의 SPI 기본 기능을 익히기 위하여 SPI가 내장된 DAC(Digital Analog Converter)에 데이터를 전송하는 예제를 구현하고자 한다. 실습에서 고려하는 DAC는 12[bit]의 digital 해상도를 가지며, 4[bit]의 제어 bit를 포함하여 총 16[bit]의 데이터를 직렬로 입력받는 MCP4821 IC이다. 16[bit]의 쓰기 레지스터 설정은 표 3-15와 같다.

표 3-15 MCP4821 쓰기 레지스터값

15	14	13	12	11	10	9	8	7	6	5	4	3	2	1	0
0	0	$\overline{GA}$	$\overline{SHDN}$	digital											
제어명령				Data											

- $\overline{SHDN}$: 0이면 shutdown 동작, 일반적으로 1로 처리하면 정상 동작
- $\overline{GA}$: 출력 이득값, 12bit이므로 digital값 0 ~ 2^{12}=4096에 다음 수식으로 Analog값 출력, 여기서

$$V_{analog} = G\frac{2.048\,D_{value}}{4096} \qquad (3.8)$$

여기서 $\overline{GA}$=1이면 G=1, $\overline{GA}$=0이면 G=2이다.

예) digital =2292(0x8F4)일 때 $\overline{GA}$=0으로 설정하면 $V_{analog} = 2\frac{2.048 \times 2292}{4096}$ =2.2292[V]가 DAC로부터 출력된다.

12bit digital 데이터를 analog로 변환하고 이 결과를 전압계와 모니터를 통해 확인하는 Project317 예제를 그림 3-51과 같이 구현하여 실습하기로 한다. 실습에 사용되는 부품은 표 3-16을 참조하여 구현한다.

표 3-16 부품 특성표(그림 3-51 회로)

부품명	Mode	Edit Properties	비고
IC	• Component Mode - 검색 : MCP4821		DAC
LED	• Component Mode - 검색 : LED-YELLOW	전압 : 2[V] 전류 : 20[mA]	
저항	• Component Mode - 검색 : RES	220[Ω]	
전압계	• Virtual Instrument - DC VOLTMETER		

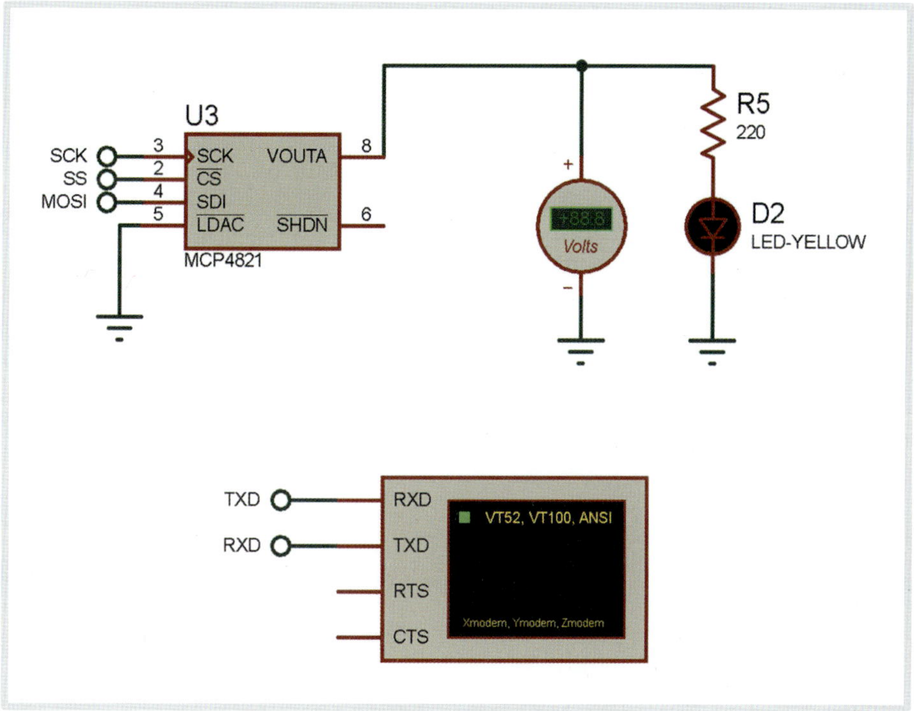

| 그림 3-51 | SPI 직렬통신 DAC 실습

Project 317 SPI 직렬통신(DAC)

```
#include <SPI.h>

#define CS 10
void setup()
{
    pinMode(CS, OUTPUT);
    digitalWrite(CS, HIGH);

    SPI.begin();
    SPI.setBitOrder(MSBFIRST);
    SPI.setDataMode(SPI_MODE0);
    SPI.setClockDivider(SPI_CLOCK_DIV2);
    Serial.begin(9600);
}

void SendData(uint16_t nDigitvalue)
{
    nDigitvalue |=0x1000;
    digitalWrite(CS, LOW);

    SPI.transfer( ( nDigitvalue & 0xff00 ) >> 8);
    SPI.transfer( nDigitvalue );
    digitalWrite(CS, HIGH);
}

void loop()
{
    int nDigit=0;      //다음 쪽 계속
```

```
    while(nDigit<4096)
    {
        SendData(nDigit);
        float fAnalog=2*2.048*nDigit/4096.0;
        Serial.println("Digit="+String(nDigit)+"   Analog="+String(fAnalog))
        nDigit+=10;
        delay(1);
    }
}
```

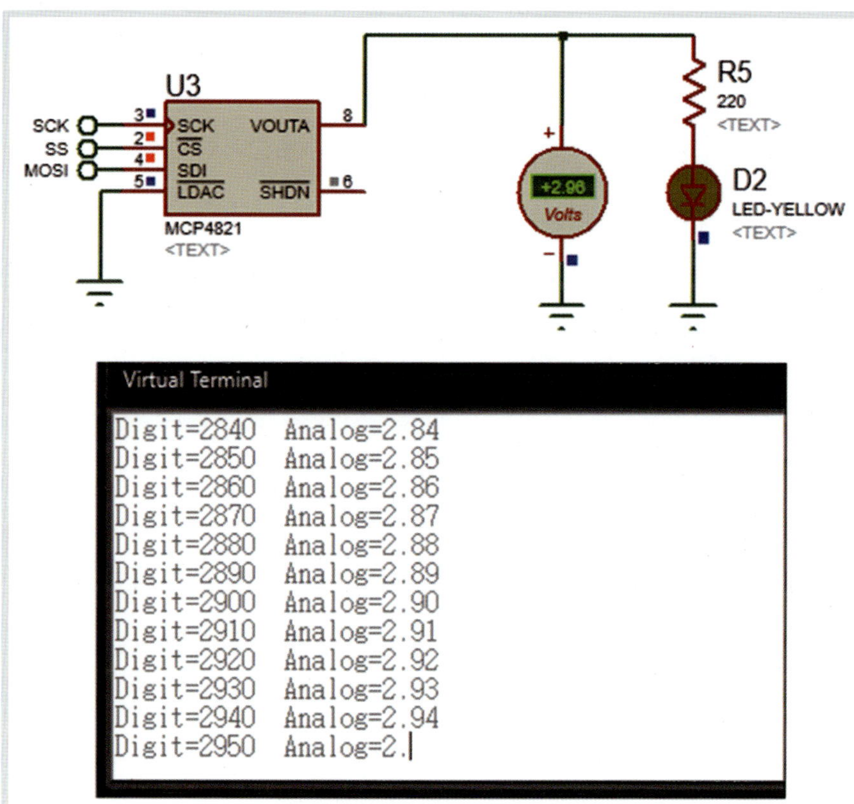

I 그림 3-52 I Project317 실행 결과

SPI 직렬통신을 이용한 DAC 실습 예제 Project317 주요 코드에 대한 기능은 다음과 같다.

1	SPI 직렬통신 라이브러리 사용 등록
3	SPI 대상 부품 선택 핀 정의
6~7	SPI 대상 부품 선택 핀 출력으로 설정하고 초깃값 "HIGH" 기본으로 제공되는 SS핀(D10)은 출력으로 begin()에서 자동으로 설정되므로 생략할 수 있으나, 다른 핀을 사용하면 반드시 출력으로 설정
9	SCK, COPI, SS(CS) 핀을 출력으로 자동 설정 SCK와 COPI(MOSI) 출력 Low, SS 출력을 High로 자동 초기화
10	MCP4821은 MSB가 먼저 입력, 전송 순서 MABFIRST로 선택
11	전송선 idle 상태(LOW), 샘플링 상승 엣지 설정
12	MCP4821 샘플링 주파수 20[Mhz]까지 지원, 2분주로 8[MHz]로 설정, 4분주로 설정하는 경우는 기본이므로 생략 가능
16~24	SPI 직렬통신용을 위한 사용자 정의 함수
16	12bit digital 데이터를 함수의 매개변수 nDigtvalue에 저장
18	$\overline{GA}$=0, 출력 2배 증폭 $\overline{SHDN}$=1, shutdown 비활성화
19	SPI 대상 부품 MCP4821 선택
21	16bit 레지스터의 상위 8bit 데이터 추출 및 전송
22	16bit 레지스터를 8bit로 보내면 상위 8bit가 제거된 하위 8bit가 전송
23	SPI 대상 부품 MCP4821 선택 해제
28~36	12bit digital값 0 ~ 4095까지 정수를 DAC에 10씩 증가하여 전송하는 반복 루프
32	실제값과 비교를 위하여 변환될 예상 아날로그값 계산
33	예상 아날로그값을 Virtual Terminal에 출력

SPI 통신을 이용하면 적은 수의 데이터 핀으로 많은 양의 제어 핀을 요구하는 FND나 dynamic 제어용으로 사용하기에 적합하다. dynamic control 기법이란 FND나 도트매트릭스가 여러 개의 LED를 사용하여야 하므로 적은 수의 제어 핀으로 눈의 잔상효과를 이용하여 빠른 속도로 LED를 순차적으로 점등시키고 끄는 동작을 반복적으로 하면 마치 LED가 켜진 것 같은 효과를 얻는 제어 기법을 말한다.

이와 같이 SPI 직렬통신을 이용하여 사용하는 핀의 수를 줄이고 LED dynamic control에 적합한 소자가 SPI 직렬통신으로 동작하는 MAX7219 IC이다. MAX7219는 본래 FND 제어용[11]으로 개발되었지만, 매트릭스에도 적용할 수 있다. 그림 3-53에 전형적인 도트매트릭스 내부 다이오드 연결 개념과 MAX7219 IC를 인터페이스하여 판매하는 범용 제품을 예시로 보였다. FND와 마찬가지로 도트매트릭스는 행 라인에서 다이오드의 음극이 공통으로 묶여있는 Common cathode 방식과 다이오드의 양극을 공통으로 묶여서 전원을 공급하는 Common anode 방식이 있다. 본서에서는 가장 많이 사용하는 Common cathode 방식의 도트매트릭스를 중심으로 기술한다. 제품을 구매하여 작품을 만드는 경우는 반드시 구동 방식을 점검하기를 권장한다.

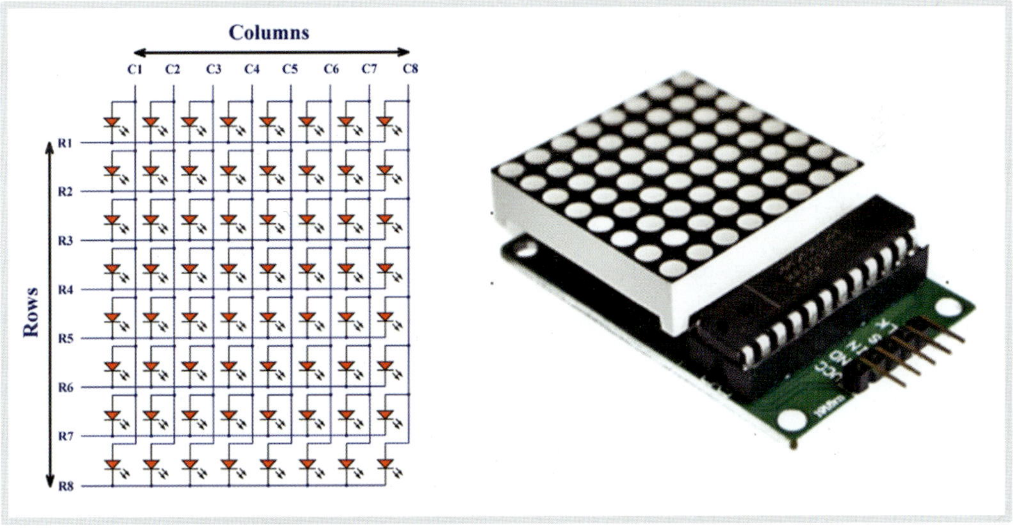

| 그림 3-53 | 도트매트릭스와 드라이버 MAX7219

11) Google 검색 키워드 "max7219 FND"를 이용하면 다양한 FND 응용 프로그램 정보를 얻을 수 있다.

MAX7219의 기본 특성과 설정을 정리하면 다음과 같다.

- 사용전압 : Max. 6[V]
- LED 제어 개수 : 8개
- SPI 최대 속도 : 10[MHz]
- 진수표현 : 10진수, 16진수 선택 가능
- 직렬 데이터 전송 방법 : MSB First
- 송신 data 형식 : 16bit(address, Data)

표 3-17 설정 주소와 설정값(16bit)

주소	제어항목	설정값
0	동작 비활성화	임의 값
0x01 ~ 0x08	LED 점등	8개 LED 점등 data
0x09	FND 사용 숫자 변환 사용	사용하지 않음 0, 사용 1
0x0A	LED 밝기	0 ~ 0x0F
0x0B	LED 점등 개수	0(1개) ~ 7(8개)
0x0C	shutdown mode	0 : shutdown, 1 : 정상동작

도트 매트릭스에 구현하기 위해서는 LED에 대하여 점등 데이터를 먼저 작성하여야 한다. 작성하는 방법은 그림 3-54와 같이 가로 8개의 LED에 대하여 점등되는 LED 중심으로 16진수로 표현하여 점등 데이터를 구할 수 있다.

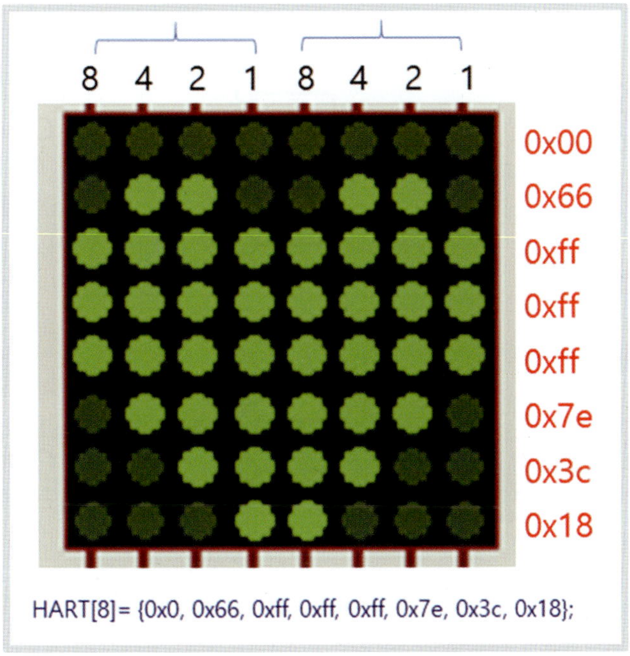

| 그림 3-54 | LED 점등 데이터

SPI 직렬통신이 지원되며 최대 10[MHz]의 샘플링 속도를 갖는 MAX7219를 이용하여 Arduino Uno 3개의 pin만으로 64개의 LED로 구성된 1개의 cathode type 도트매트릭스를 다이내믹 제어로 표현해 보는 실습을 Project318을 통해 구현해 보자. 실습에 사용되는 부품은 표 3-18을 참조하여 구현한다.

표 3-18 부품 특성표(그림 3-55 회로)

부품명	Mode	Edit Properties	비고
IC	• Component Mode - 검색 : MAX7219		
도트매트릭스	• Component Mode - 검색 : MATRIX-8X8-GREEN		핀방향 확인 필요12)

12) Proteus VME에서 해당 부품을 불러오면 부품 핀의 기본 방향을 확인하여야 한다.

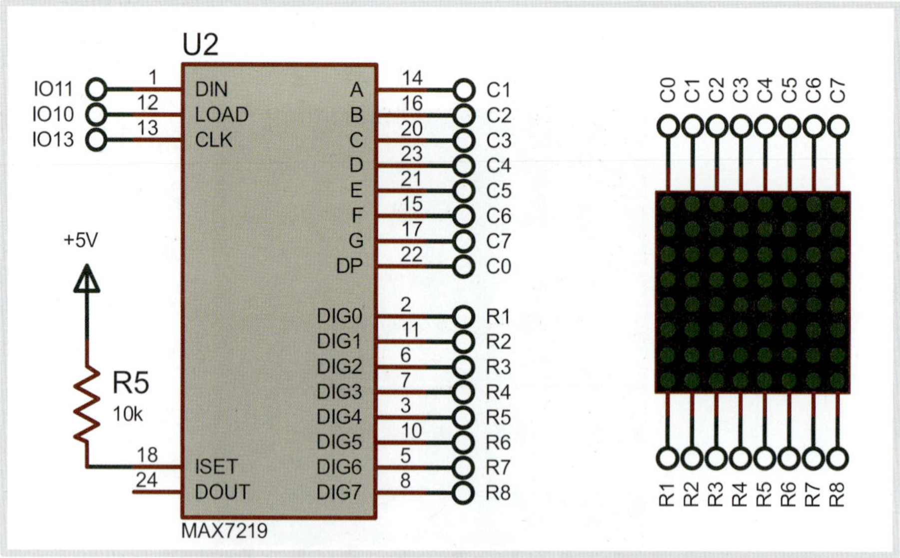

| 그림 3-55 | SPI 직렬통신 도트매트릭스 실습

앞서 그림 3-53에 보인 바와 같이 Arduino용으로 MAX7219 드라이버가 포함된 도트매트릭스 모듈은 저렴하게 구입이 가능하다. 그런데 이를 Proteus VME에서 도트매트릭스를 사용하기 위하여 부품을 불러오면 그림 3-55에 보인 바와 같이 도트매트릭스의 핀 정보가 보이지 않아 정확한 결선을 할 수 없다. 이런 경우 Proteus VSM에서 부품의 핀 정보가 보이지 않는 경우는 핀 번호를 반드시 확인하여야 한다. 이는 부품의 핀 번호 표시 공간의 부족으로 핀 번호가 표시되지 않은 경우이다. 이와 같은 경우에 핀 번호를 알아내는 방법은 부품을 다른 부품과 연결되지 않은 상태로 전자도면 화면에 먼저 부품을 불러와 그린다. 그리고 [Selection Mode] 상태에서 마우스를 핀에 가져가면 그림 3-56과 같이 화면의 하단 상태창에 핀 정보가 보일 것이다. 마우스를 가져간 이 부품의 핀번호는 "A"번을 나타내주고 있다.

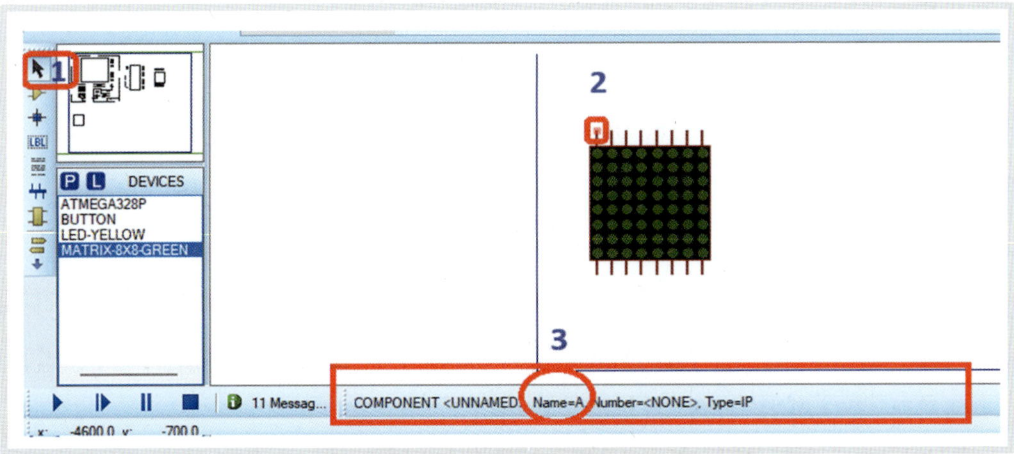

| 그림 3-56 | 부품의 핀 정보 표시

이상에서 언급한 바와 같이 Proteus VSM에서 부품의 핀 정보를 알아보는 방법을 이용하여 MATRIX를 결선하기 위해서는 그림 3-57과 같은 위치에서 핀 번호가 놓여야 한다. 이 핀을 확인하였으면 도트매트릭스 부품 오른쪽 마우스 버튼을 눌러 X-mirror, Y-mirror 기능으로 각각 1번 회전시켜 부품의 위치를 재조정하면 시뮬레이션하기 위한 올바른 핀 배치를 얻을 수 있다.

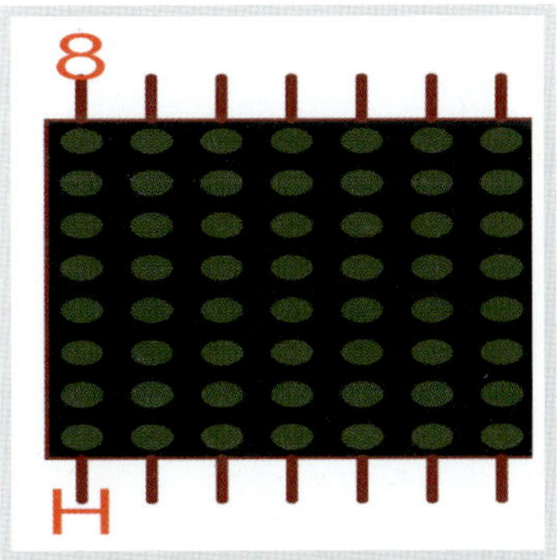

| 그림 3-57 | 도트매트릭스 핀 정보

Project318 예제에서는 그림 '하트', 문자 'A', 숫자 '9' 등 3가지 형태의 데이터를 도트매트릭스에 순서대로 표시하는 예제이다. 3가지 폰트는 그림 3-54에서 보여준

방식을 이용하여 폰트 데이터를 얻는다.

- **하트** font data = {0x00, 0x66, 0xff, 0xff, 0xff, 0x7e, 0x3c, 0x18};
- **문자** font data = {0x18, 0x3C, 0x66, 0x66, 0x7e, 0x66, 0x66, 0x66};
- **숫자** font data = {0x3c, 0x42, 0x42, 0x42, 0x3e, 0x02, 0x02, 0x7c};

Project318 예제에서는 프로그램을 더 간결하게 구현하기 위하여 배열 데이터 복사 기능인 memcpy() 함수를 이용하였다. C언어에서 memcpy() 함수 사용법은 다음 예시를 참고하면 쉽게 적용할 수 있다.

예)

```
int nDataFirst[5]={ 10, 20, 50, -30, 15 };
int nDataSecond[5];
memcpy(nDataSecond, nDataFirst, sizeof(nDataFirst));
```

추가) memcpy() 함수는 배열로 선언한 이름이 첫 번째 주소인 점을 고려하면, pointer로 선언하여도 배열 데이터를 복사할 수 있다.

```
int *nDataSecond;
nDataSecond=nDataFirst;
```

Project 318 SPI 직렬통신(도트매트릭스)

```
#include <SPI.h>

#define CS 10

byte HART[8]=  {0x00, 0x66, 0xff, 0xff, 0xff, 0x7e, 0x3c, 0x18};
byte ALPHA[8]= {0x18, 0x3C, 0x66, 0x66, 0x7e, 0x66, 0x66, 0x66};
byte NUMBER[8]={0x3c, 0x42, 0x42, 0x42, 0x3e, 0x02, 0x02, 0x7c};

void setup()
{      // 다음 쪽 계속
```

```
    SPI.setBitOrder(MSBFIRST);
    SPI.begin();
    // (address, 설정값)
    transferSPI(0x09, 0x00);      // FND  decode mode 비활성
    transferSPI(0x0a, 0x0F);      // LED 밝기 조절 : 최대
    transferSPI(0x0b, 0x07);      // 한 줄 LED 점등 개수 8개 사용
    transferSPI(0x0c, 0x01);      // shutdown mode 비활성
}

void transferSPI(byte address, byte value)
{
  digitalWrite(CS, LOW);
  SPI.transfer(address); SPI.transfer(value);
  digitalWrite(CS, HIGH);
}
void loop()
{
   byte nValue[8];
   for(int index=0; index<3; index++)
    {
      switch(index)
      {
         case 0 : memcpy(nValue, HART,   sizeof(HART));   break;
         case 1 : memcpy(nValue, ALPHA,  sizeof(ALPHA));  break;
         case 2 : memcpy(nValue, NUMBER, sizeof(NUMBER)); break;
      }

      for( int i=0; i<8; i++ )   transferSPI(i+1, nValue[i] );

      delay(500);
    }
}
```

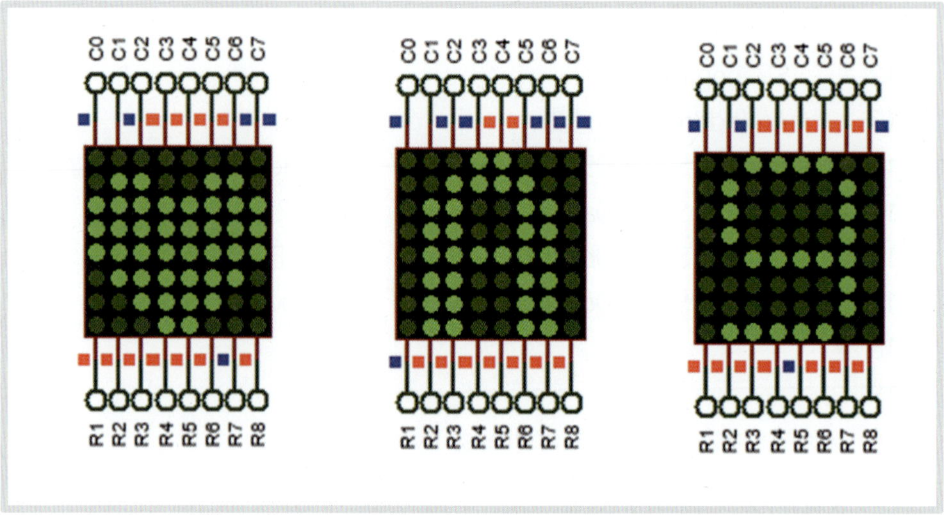

| 그림 3-58 | Project318 실행 결과

SPI 직렬통신을 이용하여 도트매트릭스 1개에 그림, 문자, 숫자를 표현하는 SPI 통신 실습 예제 Project318의 주요 코드에 대한 기능은 다음과 같다.

1	SPI 직렬통신 라이브러리 사용 등록
3	SPI 대상 부품 선택 핀 정의
5~7	그림(♥), 문자(A), 숫자(9) font data 정의
11~12	SPI 대상 부품 선택 핀 출력으로 설정하고 초깃값 “HIGH” 기본으로 제공되는 SS 핀은 출력으로 begin()에서 자동으로 설정되므로 생략하였음
14~17	MAX7219 드라이버 초기 설정
14	FND decode mode 사용하지 않음. : 0
15	LED 밝기 조절 : 최대 밝기로 점등 (0 ~ 0x0f 가변)
16	한 줄 LED 점등 개수 : 8개 사용 (0~ 0x07 선택)
17	MAX7219 활성 모드 설정 : 활성 1, 비활성 0
20	MAX7219에 SPI 통신으로 직렬 데이터 송신하는 사용자 정의 함수

22~24	MAX7219 선택 후 주소와 데이터 송신 주소 : 제어 주소 또는 LED 위치 주소 SPI 대상 부품 MAX7217 선택 해제
29~41	3개의 폰트 데이터 500[ms] 간격으로 반복 표시
33	HART font 배열 데이터 nValue 배열에 데이터 복사
34	'A' 문자 font 배열 데이터 nValue 배열에 데이터 복사
35	'9' 숫자 font 배열 데이터 nValue 배열에 데이터 복사
38	LED 점등 데이터 8줄 출력

MAX7219를 이용하여 여러 개의 도트매트릭스나 많은 자릿수를 갖는 FND를 구현하고자 할 때는 Arduino에서 라이브러리를 제공해 주므로 Arduino 홈페이지에서 max7219를 검색하여 라이브러리를 설치하여 사용할 수 있다. 지금까지 학습한 내용을 응용하면 구현할 수 있다.

3.13 I2C 통신

학습목표

- I2C 통신의 용도를 설명할 수 있다.
- Arduino 전용 라이브러리 멤버함수의 기능을 이해할 수 있다.
- I2C 통신을 이용하여 온습도를 측정하고, 이를 Text LCD에 이 정보를 표시하는 온습도 측정 시스템을 구현할 수 있다.

학습내용

- I2C 직렬통신 용도
- I2C 통신용 라이브러리 멤버함수 기능
- I2C 전용 라이브러리 응용 프로그래밍
- I2C 기능이 내장된 온습도 센서 라이브러리 사용법
- I2C 모듈이 장착된 Text LCD 전용 라이브러리 응용

SPI 통신과 비교하여 상대적으로 낮은 속도를 요구하는 1:N 근거리 통신에 적합한 직렬통신 방식은 I2C(Inter-Integrated Circuit) 통신이다. 필립스사에서 공개한 이 방식은 ATmega AVR 마이크로프로세서에서는 TWI 직렬통신으로 알려져 있다. I2C 통신의 대상 모듈들이 각각 고유 주소를 가지고 있으므로 2개 선만으로도 1:N 통신이 가능하다. Arduino에서는 I2C 통신을 위하여 Wire라는 라이브러리를 제공해 주고 있어서 사용하기가 매우 편리하다. Wire 라이브러리에 대한 주요 기능을 정리하면 다음과 같다.

① begin() : I2C 통신 활성화 함수

• 형식

 - Wire.begin() : master mode

 - Wire.begin(slave address) : slave mode

② beginTransmission() : I2C 슬레이브 장치로 전송을 시작 명령

• 형식 : Wire.beginTransmission(slave address)

③ write() :

• beginTransmission() 함수와 endTransmission() 함수 사이에서 호출하는 함수로 I2C 제어 데이터나 값을 큐(Queue) 저장하는 명령, 전체 64[bit] 저장 가능

• 형식

 - Wire.write(value)

 - Wire.write(string):

 - Wire.write(data, length)

④ endTransmission()

• write() 함수에 의해 큐(Queue) 대기하고 있는 데이터를 전송한다.

⑤ available() : 수신된 데이터의 바이트 수를 반환한다.

⑥ read : 수신한 데이터를 읽는다. 수신된 데이터의 바이트 수를 반환한다.

I2C는 SPI 통신과 마찬가지로 많은 핀을 요구하는 LCD나 도트매트릭스에 적은 핀으로 제어할 때 많이 사용한다. 한 예로 3.5절에서 text LCD도 적은 핀 수로 문자를 표시할 수 있도록 I2C가 내장된 Text LCD 모듈 제품이 공급되고 있다. 그뿐만 아니라 범용 온습도 센서 등은 I2C 통신 방식을 지원하는데 Arduino에서 전용 라이브러리를 제공해 준다.

라이브러리들은 앞서 설명한 I2C 전용 명령어를 이미 포함하고 있으므로 제공하는 라이브러리 중심으로 명령어를 사용한다. 대표적으로 온습도를 특정할 수 있는 SHT21은 -40 ~ 125[°C]의 온도를 측정할 수 있으며, 100[%]까지 상대 습도를 측정할 수 있다. 또한 I2C용 text LCD는 PCF8574A 드라이버 IC가 내장되어 있는데, 이 또한 전용 라이브러리가 제공되고 있다.

예제 Project319에서는 온습도 센서 SHT21를 이용하여 현재의 온도와 습도를 측정하여 그 결과를 text LCD에 출력하려고 한다. 온습도 센서 SHT21은 -40 ~ 125[°C]의 온도를 측정할 수 있으며, 100[%]까지 상대 습도를 측정할 수 있다. Arduino IDE에 다음과 같이 SHT2x 최신 라이브러리를 내려받아 설치할 수 있다. Arduino.cc 홈페이지에서 검색어 "SHT2x"로 검색하고 Releases latest 클릭하여 파일을 내려받아 라이브러리를 설치한다. 이때 온습도 센서 SHT2x용 전용 라이브러리의 주요 기능은 다음과 같다.

① **begin()** : 온습도 센서 기능 활성화하는 함수

② **setResolution(res)**

- res=0, 습도 12bit, 온도 14bit, res=1, 습도 8bit, 온도 12bit
- res=2, 습도 10bit, 온도 13bit, res=3, 습도 11bit, 온도 11bit

③ **read()**

- 현재 온습도 데이터를 읽을 준비를 한다.
- 준비되어 있으면 true return

④ **getTemperature()** : 현재 온도값을 읽어온다.

⑤ **getHumidity()** : 현재 습도값을 읽어온다.

⑥ **read()** : 수신한 데이터를 읽는다. 수신된 데이터의 바이트 수를 반환한다.

또한 I2C가 내장된 Text LCD용 라이브러리인 "LiquidCrystal_I2C"도 같은 방법으로 내려받아 설치한다. 이 라이브러리의 주요 기능은 다음과 같다.

① **객체 생성** : LiquidCrystal_I2C 객체명(I2C주소, 최대문자수, 라인수)

예) I2C주소 0x3f를 갖는 20 x 4 text LCD 객체 생성[13)]

LiquidCrystal_I2C lcd(0x3f, 20, 4);

② **init( )** : Text LCD 자동 설정 및 작동 허용[14)]

③ **backlight()** : 백 라이트 사용

④ **clear()** : 화면 지우기, 커서 (0,0) 위치

⑤ **home()** : 커서 (0,0) 위치

⑥ **setCursor(x,y)** : 커서 위치 x,y 위치로 이동

⑦ **데이터 출력**

- print(data) : 문자열 또는 실수 정수 데이터 출력
- print(data, BASE) : 진수 데이터 출력

Arduino Uno는 AD5(SCL) 핀과 AD4(SDA) 핀을 사용하여 I2C 통신을 사용할 수 있다. SHT21 온습도 센서와 전용 라이브러리를 이용하여 온도와 습도를 측정하고

13) 일부 제품은 I2C 주소가 0x27로 공급되므로 실제 제품에서 확인이 필요함.
14) 유사 LiquidCrystal_I2C 제공자에 따라 init( )함수 대신 begin( )함수를 제공하기도 하므로 반드시 라이브러리의 헤더파일을 검색해 보아야 한다.

그 결과를 text LCD에 출력한다. I2C 드라이버 PCF8574A를 내장하고 있는 text LCD 모듈을 먼저 그리고 다음 사용을 위해 "I2C_LCD" 이름으로 Project Clip을 저장한다. I2C 통신 실습을 위하여 그림 3-59와 같이 회로를 구현한다. 실습에 사용되는 부품은 표 3-19을 참조하여 구현한다.

여기서 SHT21은 그림 3-60과 같이 사용자가 온습도의 양을 가변하여 시뮬레이션할 수 있다. 2번을 이용하면 조절을 위한 온도 혹은 습도를 선택할 수 있고, 선택된 대상에 대하여 1번을 이용하여 온습도값을 조절할 수 있다.

표 3-19 부품 특성표(그림 3-59 회로)

부품명	Mode	Edit Properties	비고
IC	• Component Mode - 검색 : SHT21		온습도 센서
IC	• Component Mode - 검색 : PCF8574A		
LCD	• Component Mode - 검색 : LCD - 선택 : LM044L		text LCD
저항	• Component Mode - 검색 : RES	470[Ω]	
LED	• Component Mode - 검색 : LED-YELLOW		

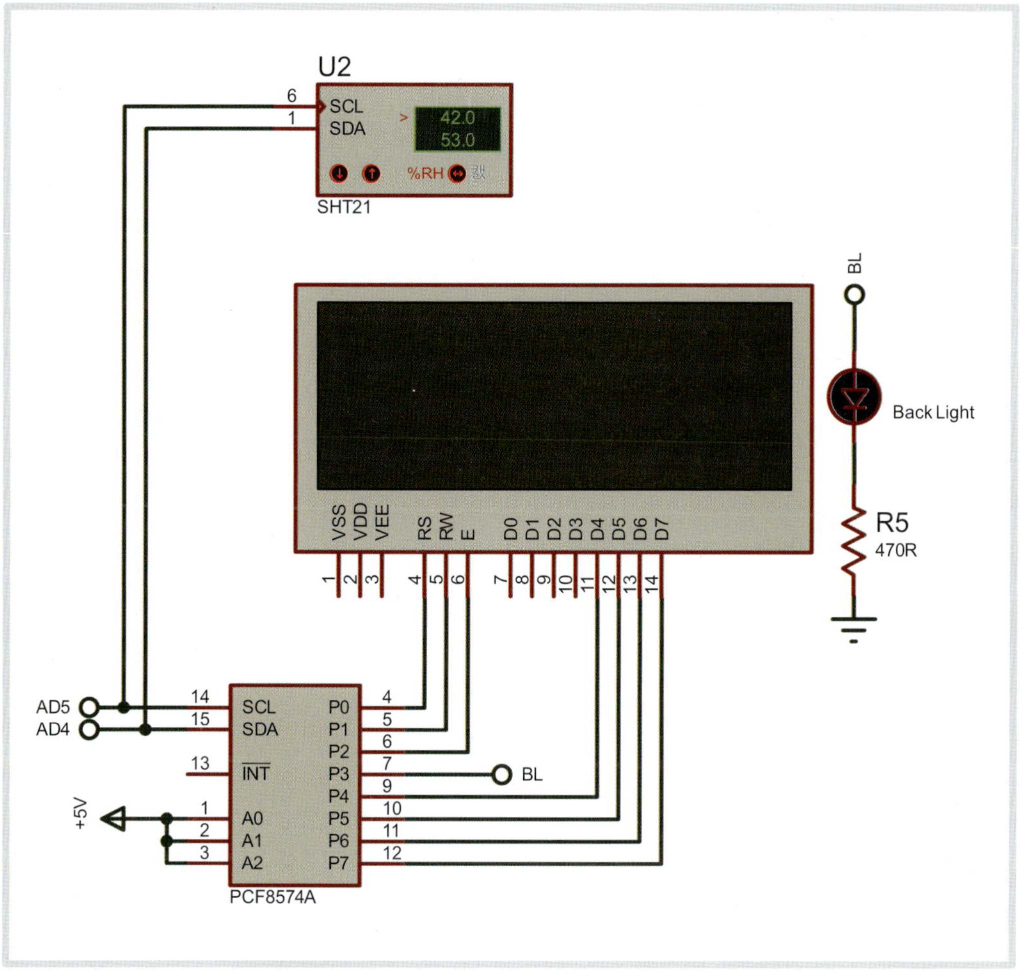

| 그림 3-59 | I2C 직렬통신 온습도/LCD 실습

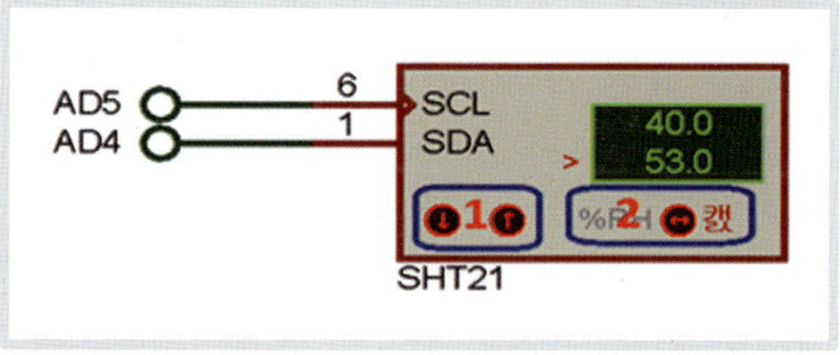

| 그림 3-60 | 온습도 센서 SHT21 온도량 가변

Project 319 I2C 직렬통신(온습도 센서, text LCD)

```
#include <Wire.h>
#include <SHT2x.h>
#include <LiquidCrystal_I2C.h>

SHT2x sht;          //객체 생성
LiquidCrystal_I2C lcd(0x3f, 20, 4);   //객체 생성

void setup()
{
  lcd.init();
  lcd.backlight();
  lcd.setCursor(0,0);    lcd.print("Temp. /Humid. Test");
  lcd.setCursor(0,1);    lcd.print("------------------");

  Wire.begin();
  sht.begin();
  sht.setResolution(0);
}

void loop()
{
   if( sht.read() )
   {
       float fHumity=sht.getHumidity();
       float fTemp=sht.getTemperature();

       lcd.setCursor(0,3);
       lcd.print("Humidity:"+ String(fHumity,1)+"[%]" );
    // 다음 쪽 계속
```

```
30          lcd.setCursor(0,2);
31          lcd.print("Temperature:"+ String(fTemp,1)+"[C]");
32
33      }
34      delay(300);
35  }
```

온습도 측정을 위한 I2C 직렬통신 예제 Project319에 대한 주요 코드의 기능은 다음과 같다.

1	I2C 라이브러리 사용 등록
2	온습도 센서 STH2x 라이브러리 사용 등록
3	I2C 제어용 text LCD 라이브러리 사용 등록
5	온습도 센서 STH21 객체 생성
6	text LCD 객체 생성, 20 x 4 라인 LCD 사용 초기화 실제의 I2C LCD의 슬레이브 주소는 0x27, 0x3f 두 종류가 출시됨
10	text LCD 초기화
11	text LCD 백라이트 사용
12	text LCD 커서 위치 (0,0) 문자열 표시
15	I2C 동작 허용
16	온습도 센서 STH21 동작 허용
17	센서 해상도 설정 : 습도 12bit, 온도 14bit
22	현재 온습도 데이터를 읽을 준비 명령, 준비되었으며 true값 return
24~25	현재 온도, 습도값 읽어오기
27~31	text LCD의 지정된 위치에 온습도값 표시

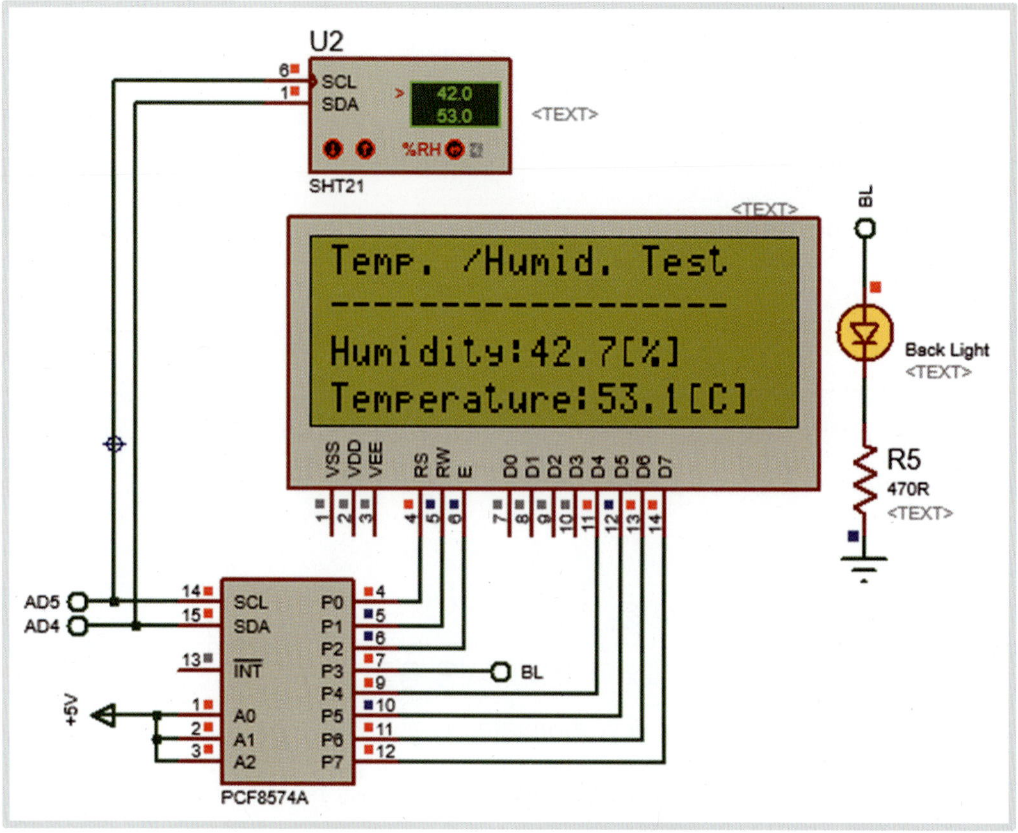

| 그림 3-61 | Project319 실행 결과

3.14 Bluetooth 통신

학습목표

- 블루투스 통신 방식의 종류와 차이점을 간략하게 설명할 수 있다.
- 블루투스 통신용 기본 소자들의 특징을 분별할 수 있다.
- 소프트웨어 직렬통신 방법을 이용하여 스마트폰과 Arduino 간 무선통신을 구현할 수 있다.
- 스마트폰 APP 프로그램으로 RC카를 제어할 수 있다.

학습내용

- 블루투스 통신 방식의 종류와 특징
- 블루투스 통신 모듈 부품 사용법
- 공개용 스마트폰 블루투스 통신 앱 사용법
- 블루투스 통신을 이용한 Arduino 응용제어

블루투스(Bluetooth) 통신은 무선통신 중 근거리 통신으로 가장 많이 사용하는 통신 방식이다. Arduino의 관점에서는 3.11절에서 학습한 소프트웨어 직렬통신 방식을 그대로 적용할 수 있다. 다시 말해 Arduino 측면에서는 블루투스 통신 모듈을 직렬통신이 가능한 핀에 인터페이스 해주고, 우리가 학습한 하드웨어 직렬통신 또는 소프트웨어 직렬통신 방법으로 통신 프로그램을 작성하면 된다.

다만 Arduino가 기본적으로 5[V]에서 동작하는 데 반하여 블루투스 통신 모듈 제품의 구동 전원은 +5[V] 또는 +3.3[V]을 사용한다. 그러므로 블루투스 통신 모듈의 구동 전압이 +3.3[V]를 사용하는 블루투스 모듈이라면 3.10절에서 고찰했듯이 Arduino와 상호 결선은 그림 3-62의 우측과 같이 하여야 한다. 즉, Arduino에서 +3.3[V] 전원 핀을 이용하여 블루투스 모듈에 전원을 공급하고 Arduino의 송신 포트인 TXD 핀에서 블루투스 모듈의 수신 포트인 RXD 핀과 결선할 때는 그림 3-62와 같이 저항을 이용하여 +3.3[V]로 신호의 전압을 분배하여 결선하여야 한다.

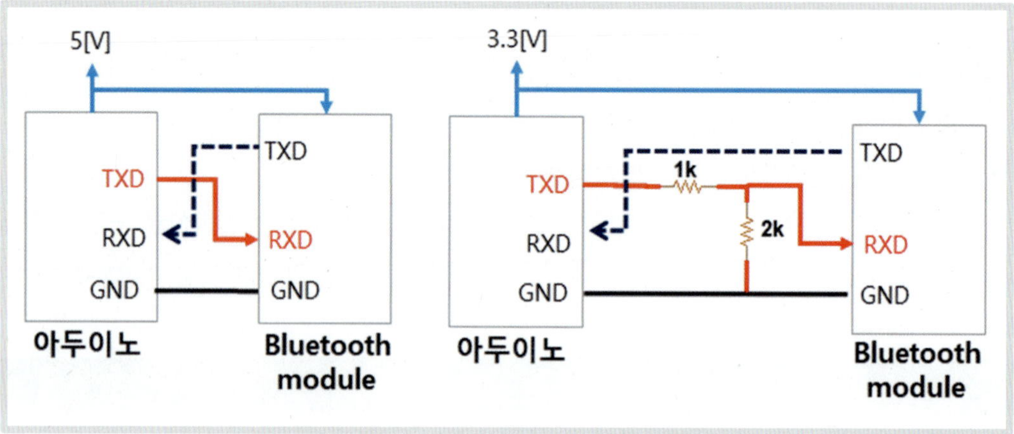

| 그림 3-62 | 직렬통신 RS-232C 결선

Arduino용으로 공급되고 있는 가장 대표적인 블루투스 모듈은 그림 3-63에 보인 바와 같은 HC05, HC06, HM10이며, 대략 10~30[m] 이내 근거리 무선 통신용으로 사용한다. 그중 HC05와 HC06 블루투스 모듈은 블루투스 방식 중 classic 방식으로 가장 기본이 되는 방식이며 HM10은 BLE(Bluetooth Low Energy) 방식으로 동작한다. BLE 방식은 classic식 방식의 단점인 과다한 소비전력 문제를 해결한 방식이지만, 두 방식이 서로 호환이 되지 않아 두 방식 간에는 직접 통신이 이루어지지 않는다. 또한 스마트폰에서 classic 방식으로 작성한 응용 프로그램을 HM10이 접속된 Arduino와 통신을 할 수 없으며 반대의 경우도 마찬가지로 사용할 수 없다. Capstone Design 작품활동에서 가장 많이 사용하는 응용은 스마트폰과 Arduino 간에 무선통신인데, HC05와 HC06 classic 방식은 아이폰에서는 사용할 수 없다. 반면에 BLE로 동작하는 HM10 모듈은 안드로이드폰이나 아이폰 모두 사용이 가능하다.

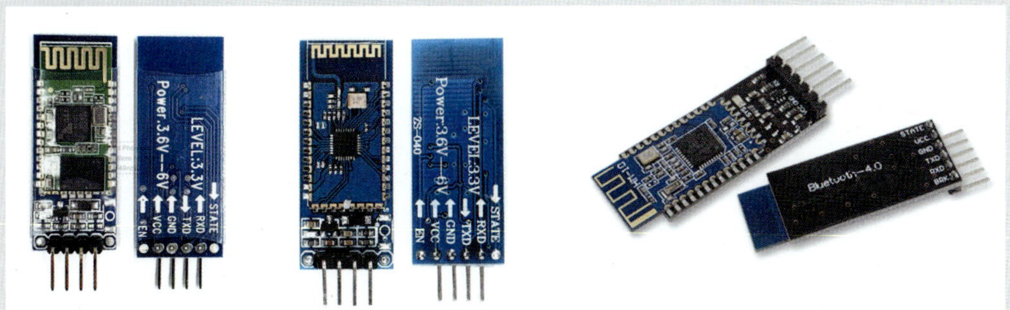

| 그림 3-63 | 블루투스 모듈

classic 방식으로 동작하는 HC05와 HC06의 차이점은 HC05 모듈로 마스터와 슬레이브 mode 둘 다 사용할 수 있지만, HC06은 슬레이브 방식만 사용할 수 있다. 따라서 마스터 mode로 동작하는 경우인 스마트폰에서 Arduino에 연결된 블루투스 모듈에 제어 명령을 인가하고 Arduino로부터 데이터를 읽어 가기를 바란다면 두 모델 모두 사용할 수 있다. HC05, HC06의 기본 통신속도는 38,400[bps]이며, HM10의 기본 전송속도는 9600[bps]이다. 만약 블루투스 모듈의 전송속도나 기기의 이름 등을 변경하고자 할 때는 실제 이들 블루투스 모듈을 아두이노에 연결하고 기본 프로그램을 작성하고 AT 명령을 인가하여 변경할 수 있다.[15)]

스마트폰으로 블루투스 프로그램을 정밀하게 구현하는 방법은 본서의 용도를 벗어나는 영역이므로 본서에서는 생략하고 다른 전문 서적을 통해 학습하기를 권장한다. 다만 안드로이드폰으로 기본적인 블루투스 구현을 원한다면 앱인벤터(APP Inventor)를 이용하면 구현할 수 있다. 다만 BLE mode로 프로그램을 구현하고자 할 때는 추가로 앱인벤터와 BLE 기기를 연결하기 위하여 Service UUID(Universally Unique IDentifier)와 Characteristic UUID를 알아내야 하는데, 이는 사용하는 기기마다 BLE 모듈마다 그 규격값들이 다르다. 이 정보를 얻기 위해서는 "BLE UUID Explore"과 같은 응용 프로그램을 인터넷에서 내려받아 동작시키면 정보를 얻을

15) AT command는 예를 들어 인터넷 검색어 "HC05 AT"를 통해 변경 절차를 쉽게 확보할 수 있다.

수 있다. 앱인벤터를 이용하여 안드로이드폰용 블루투스 통신 프로그램을 작성하기를 바란다면 별도의 전문 서적을 이용하여 학습하기를 바란다.

아쉽게도 Proteus VME에서 블루투스 시뮬레이션 기능이 제공되지 않아 본 절에서는 간단하게 classic 방식으로 블루투스 응용이 가능한 애플리케이션의 다운 및 사용 방법을 다룬다. 그리고 블루투스 모듈 HC06과 연결한 Arduino에 접속하여 블루투스 애플리케이션과 접속할 수 있는 회로와 무선통신 연결하는 방법까지만 기술한다.

그림 3-64는 +3.3[V] 전압으로 동작하는 classic 블루투스 모듈 HC05를 사용한 결선도이며, 실제 Capstone Design 작품을 구현할 때 참고할 수 있도록 제시하였다. 이때 통신 결과는 I2C LCD에 표시할 수 있다.

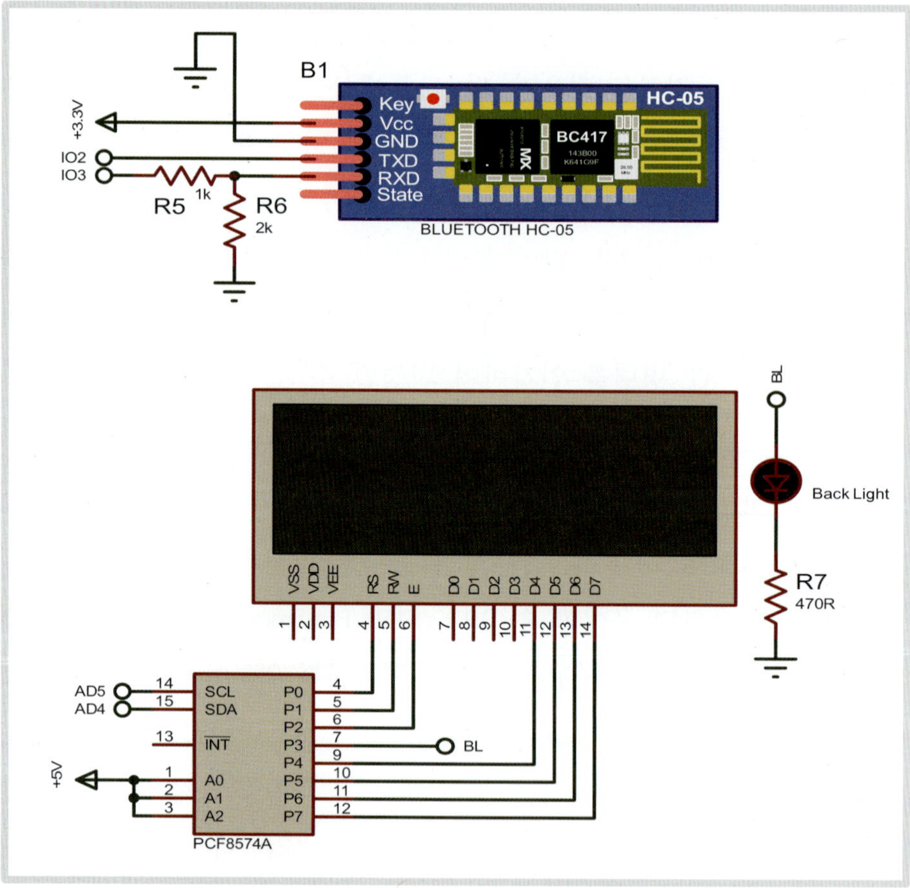

| 그림 3-64 | 블루투스 직렬통신

예제 Project320에서는 블루투스 직렬통신의 전형적인 예를 보였다. 이 예제는 Proteus 환경에서는 동작하지 않고 실제의 Arduino에서 동작하는 프로그램임을 다시 한 번 강조한다.

Project 320 Bluetooth 직렬통신

```
#include <SoftwareSerial.h>
#include <Wire.h>
#include <LiquidCrystal_I2C.h>

SoftwareSerial BTRs( 2, 3 );  //2 Rxd,  3:Txd
LiquidCrystal_I2C lcd(0x3f, 20, 4);

void setup()
{
  BTRs.begin(38400);
  BTRs.listen();    while( !BTRs.isListening() );

  lcd.init();      lcd.backlight();
  lcd.setCursor(0,0);    lcd.print("Bluetooth Test");
  lcd.setCursor(0,1);    lcd.print("------------------");
  lcd.setCursor(0,2);    lcd.print("Rs data :  ");
  Wire.begin();
}
void Doing(char chValue)
{
   switch(chValue)
   {
   case 'g' : ___동작 명령___ ;  break;
   case 'l' : ___동작 명령___ ;  break;    // 다음 쪽 계속
```

```
25     }
26 }
27 void loop()
28 {
29     if( BTRs.available() )
30     {
31         char chData=BTRs.read();
32         Doing(chData);
33
34         lcd.setCursor(11,2);    lcd.print(chData);
35     }
36     delay(300);
37 }
```

블루투스 직렬통신 예제 Project320에서 주요 코드의 기능은 다음과 같다.

1	소프트웨어 직렬통신 사용 등록
2	I2C 라이브러리 사용 등록
3	I2C 제어용 text LCD 라이브러리 사용 등록
5	소프트웨어 직렬통신을 위한 객체 생성 후 생성자 초기화 2번 핀 수신, 3번 핀 송신으로 핀 사용등록
6	text LCD 객체 생성, 20 x 4 라인 LCD 사용 초기화
10	블루투스 객체 BTRs의 통신속도 설정(기본 통신속도)
11	객체 BTRs의 통신 가능 확인
13~16	I2C LCD 초기화
17	I2C 통신 허용

19~26	블루투스로 문자가 수신되면 문자별로 동작하는 기본 함수 구현
29	문자가 수신되었는지 확인(return 수신 byte 수)
31	블루투스 직렬통신으로 수신된 문자 읽기
32	수신된 문자를 사용자 정의 함수 Doing()의 매개변수에 전달
34	수신된 문자를 I2C LCD 출력

다음은 Capstone Design에서 많이 사용하는 스마트폰을 이용하여 블루투스로 Arduino와 통신하면서 작품을 제어하는 예를 보여준다. 먼저 안드로이드 방식의 스마트폰을 이용하여 classic 방식의 블루투스 통신을 위한 응용 프로그램을 스마트폰에 설치한다. 설치 방법은 Google play에서 "Arduino bluetooth controller"를 입력하여 "Giristudio"사가 개발한 그림 3-65의 블루투스 앱을 설치한다. 이를 블루투스 통신을 이용한 RC카 제어에 응용하는 동작 사례를 설명한다.

| 그림 3-65 | Arduino Bluetooth controller

소형 RC카는 DC 모터로 구동하며, 그림 3-66과 같이 DC모터 구동을 위한 드라이버 쉴드(shield)[16]가 Arduino에 장착되었다고 가정하자. 이 소형 RC카를 안드로이드 폰으로 제어하기 위하여 Software 직렬통신 방식으로 블루투스 통신을 구현하고자

16) Arduino의 핀을 확정하여 사용할 수 있도록 만들어진 것으로 Arduino 외부 핀과 연결된 핀 모듈을 shield라고 부름.

한다. 이를 위하여 Arduino의 임의의 핀 A4번 핀과 A5번 핀에 +5[V]로 동작하는 H06의 블루투스 모듈을 앞서 설명한 결선방식으로 접속하고 전원을 인가한다.

RC카

배선핀맵

모터 드라이버 쉴드 (L293D)	블루투스 모듈 (HC06)
A4	RX
A5	TX
GND	GND
VCC	VCC

모터드라이버쉴드 (L293D)

블루투스모듈 (HC06)

| 그림 3-66 | 블루투스 모듈과 RC카 배선 핀맵

그리고 스마트폰에서 그림 3-67과 같은 순서로 스마트폰과 Arduino가 블루투스로 연결되도록 하는 페어링을 한다. 이어서 RC카 동작용 스마트폰 앱에서 그림 3-68과 같이 설정한다. 먼저, 그림 3-68(a)와 같이 허용을 누르고, (b)에서 페어링된 블루투스 HC-06을 선택한다. 만약 페어링된 블루투스가 스마트폰 화면에 없으면 그림 3-68(b)의 Reshuffle 또는 SCAN(②)을 누르고 페어링된 블루투스를 확인한다.

| 그림 3-67 | HC-06의 블루투스 모듈 페어링

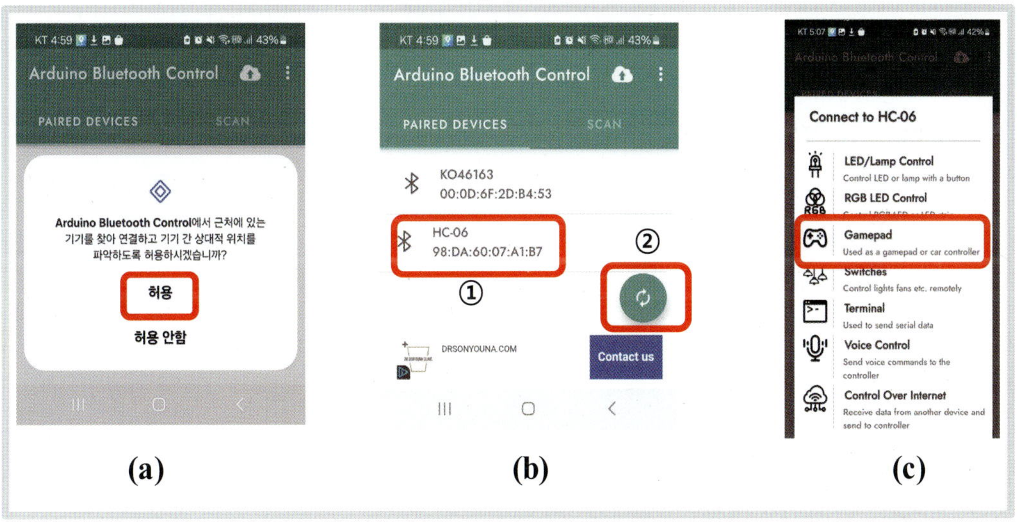

| 그림 3-68 | RC카 동작 앱의 설정

그림 3-68(c)에서 "Gamepad"를 누르면 그림 3-69와 같이 RC카의 동작 모드별 버튼이 나타난다.

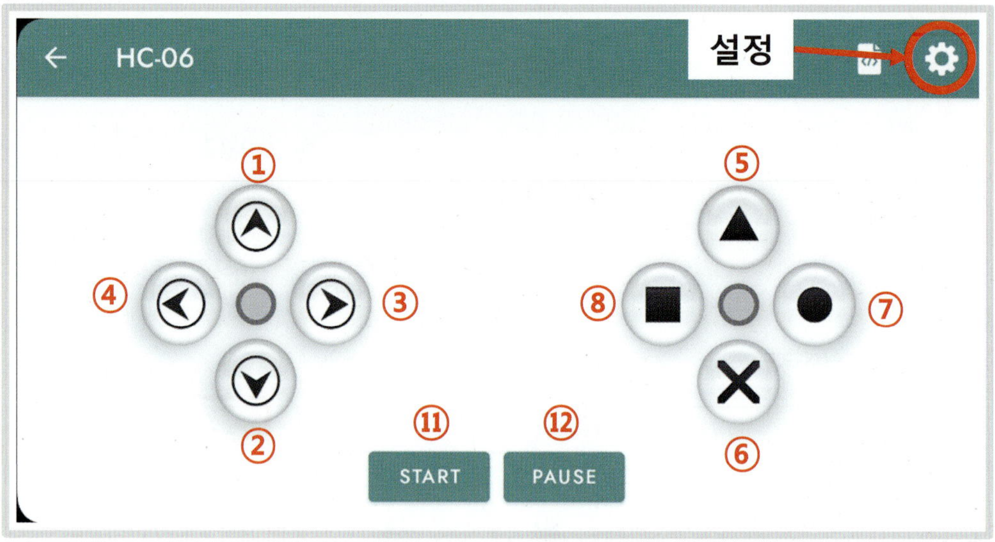

| 그림 3-69 | RC카의 동작 모드별 버튼

그림 3-69에서 설정을 누르게 되면 그림 3-70과 같이 RC카의 동작 모드별 버튼에 따른 키보드 판의 문자열을 할당할 수 있도록 설정 화면이 보일 것이다. 그림 3-68의 동작 모드별 버튼에 대한 번호는 각각 그림 3-70의 설정 번호에 대응한다. 예를 들어, 그림 3-69에서 RC카의 "전진" 동작 모드에 해당하는 ①버튼에 대한 문자열 할당 설정은, 그림 3-70에서는 번호 ①이 가르치는 Up 동작 모드에 대한 Press 및 Release의 문자 할당을 예시로 보였다. 그림 3-71과 같이 Up 동작 시작은 Press에 문자 "a"를 할당하였고, Up 동작 정지는 Release에 문자 "b"를 할당하였다.

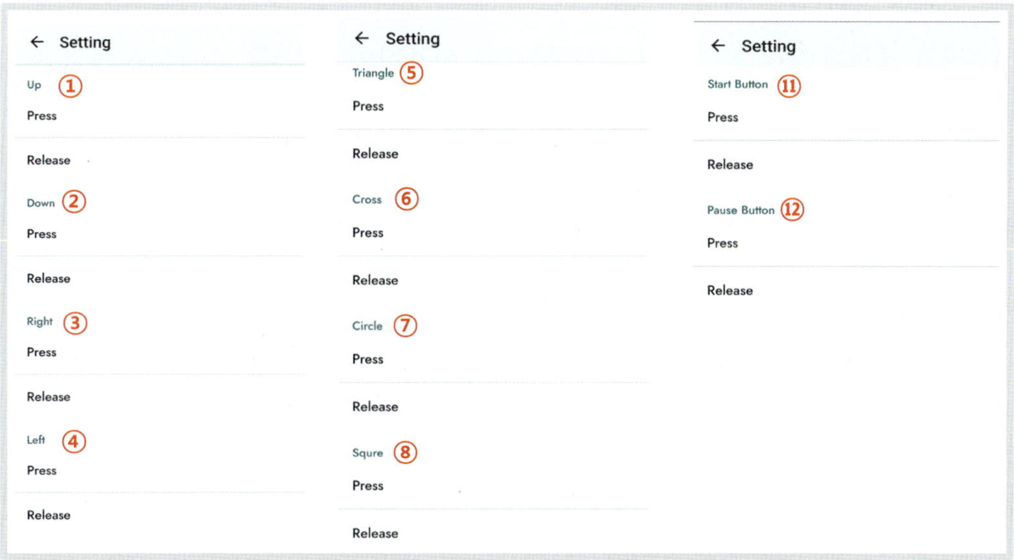

| 그림 3-70 | RC카의 동작 모드별 버튼에 대한 설정

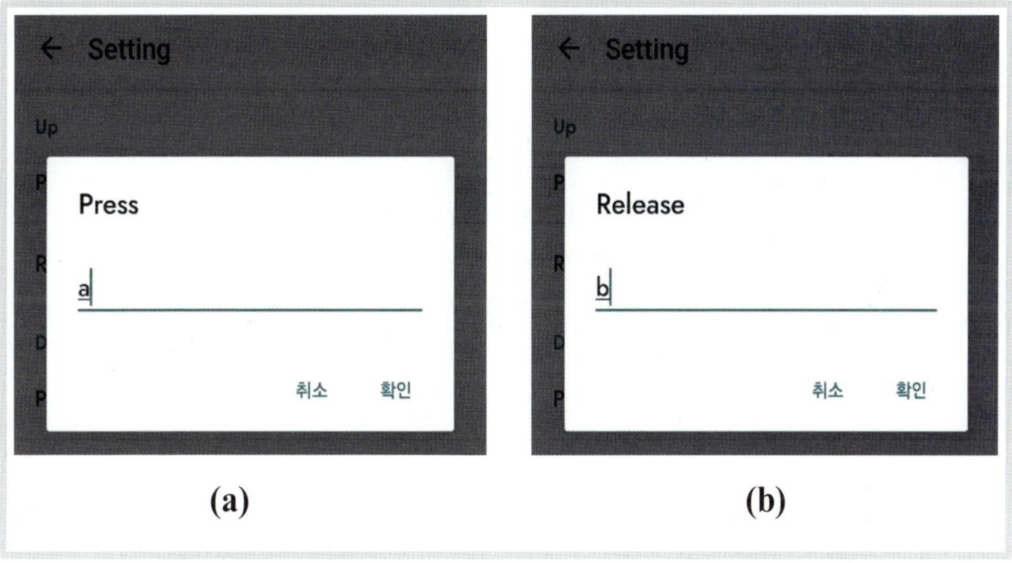

| 그림 3-71 | RC카의 Up(전진) 동작 모드에 대한 문자열 할당

그림 3-71에 대한 Up 동작 모드의 전진 및 정지에 대한 아두이노 스케치에서 코드를 구현한 일부 사례를 다음에 보인다. 같은 방법으로 그림 3-69의 후진, 좌회전 및

우회전 등과 같은 다양한 동작 모드에 대해 문자를 할당하고, 이를 아두이노 스케치에서 프로그램을 작성하고, 블루투스를 사용하여 RC카를 스마트폰에서 작동시킬 수 있다.

```
AF_DCMotor motor_L(1);
AF_DCMotor motor_R(2);

SoftwareSerial bluetooth(BT_RXD, BT_TXD);

void setup()
{
        Serial.begin(9600);
        bluetooth.begin(9600);
}

void loop()
{
        if (bluetooth.available())
  {
          char mode==(char)Bluetooth.read();
    if (mode=='a') // a를 입력받으면 (Up 동작모드) 전진 시작
    {
      motor_L.run(FORWARD);
      motor_R.run(FORWARD);
    }
    else if (mode=='b') //b를 입력받으면 정지
    {
      motor_L.run(RELEASE);
      motor_R.run(RELEASE);
    }
        }
}
```

3.15 PID 제어

학습목표

- 제어시스템의 구성요소를 설명할 수 있다.
- 정밀 제어를 위한 PID 제어 시스템을 구현할 수 있다.
- PID 3개 파라미터가 제어 시스템에 미치는 영향을 설명할 수 있다.
- Arduino와 같은 마이크로프로세서에 PID 제어기를 구현하기 위한 Digital control 시스템을 구현하고, 이를 프로그램에 적용할 수 있다.
- Arduino용 Digital PID 라이브러리를 이용하여 시스템을 제어할 수 있다.

학습내용

- Feedback 제어 시스템
- PID 제어 시스템 구조와 파라미터 특징
- Digital PID 구조 및 제어 수식
- Arduino용 Digital PID 라이브러리 사용법
- PID 온도제어 실습

열선을 이용하여 온도를 제어하는 Capstone Design 과제를 고려해 보자. 온도는 열량에 비례하고 열량은 열선에 인가되는 전류량의 제곱 또는 전압의 제곱에 비례하므로 전압을 가변하는 PWM 제어로 온도를 제어한다. 그림 3-72에는 일반적인 제어 시스템의 블록 다이어그램을 보였다. 여기서 r(t)는 목표 온도값(command input)을 전기신호인 "기준입력"(reference input)으로 바꾼 것이며 "Setpoint"라고도 부른다. c(t)는 시스템의 출력인 온도값이다. 이 출력값은 온도센서 등의 "궤환요소"(feedback element)에 의해 전기신호로 변환되어 기준 입력값과 비교한다. e(t)는 목표 온도와 실제 출력 온도가 각각 전기적 신호로 변환된 값의 편차인 error이다.

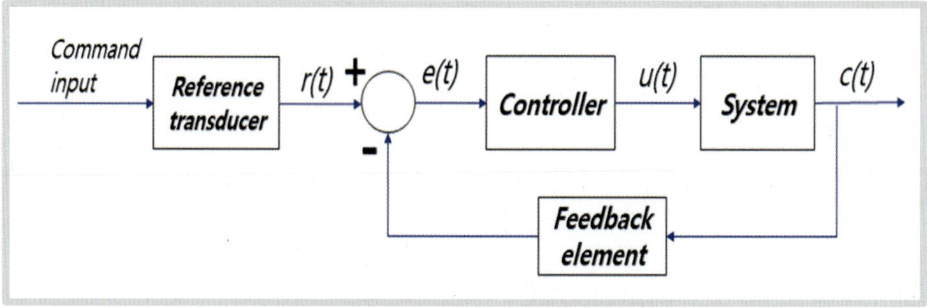

ㅣ그림 3-72ㅣ 제어 시스템 기본구조

일반적으로 Arduino를 이용하여 시스템을 제어하는 경우는 편차 error 양 e(t)가 (+)값이면 "**제어입력 조작량**" u(t)를 100[%] 인가하고, (-)이면 0[%] 인가하는 Bang-bang 제어 기법을 사용한다. 또는 편차 양에 단순히 비례하여 조작량을 인가하는 비례제어 방법을 사용한다. 이 방법들은 제어기 구현이 매우 단순하고 빠른 응답 특성을 가질 수 있는 장점이 있지만, 그림 3-73에 보인 바와 같이 조작량 u(t)가 지나치게 높아 정밀한 출력을 기대할 수 없다.

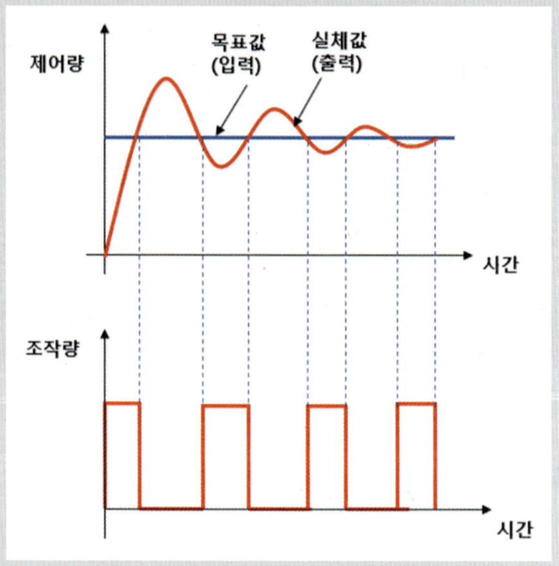

ㅣ그림 3-73ㅣ Bang-bang 제어

정밀한 제어를 위해서는 자동제어나 제어공학을 별도로 이수하여야 한다. 만약 이 과목들을 아직 이수하지 못한 학습자라면 본 단원을 건너뛰고 앞서 설명한 Bang-bang 제어 기법이나 비례제어 기법을 적용하기를 권장한다.

이제 학습자가 자동제어나 제어공학을 이수하였다고 가정하고 정밀제어기 구현 중의 하나인 PID 제어기에 대하여 살펴보자. 모터의 속도나 방향 제어와 같이 시스템을 구동시킬 때 동작 조건은 대부분 오버슈트나 정착시간과 같은 시간 영역의 과도응답 특성이다. 이러한 동작 조건을 만족시키려면 제어 시스템은 반드시 feedback 시스템이어야 하며 적절한 제어기를 추가하여야 한다.

이와 같이 제어기 설계에서 가장 기본적으로 고려하는 설계규격은 시간 영역의 과도응답 특성임에도 불구하고 폐 루프 전달함수가 3차 이상의 고차시스템에 대해서는 해석적인 표현 방법이 아직 알려지지 않았기 때문에 주로 2차 시스템으로 근사화하여 문제를 다루고 있다. 이러한 이유로 고전적 제어에서는 많은 경우, 주파수 영역으로 매핑하여 이득여유와 위상여유 그리고 대역폭 등을 고려함으로써 간접적으로 시간영영의 과도응답 특성을 해석하고 이를 이용하여 제어기를 설계하고 있다.

또한 현대 제어이론에서는 시스템의 강인성과 안정도와 성능을 동시에 고려할 수 있는 장점이 있는 다양한 최적제어 이론들이 등장했으나, 설계 방법이 이론적으로 매우 난해하고, 설계된 제어기의 차수가 시스템의 차수에 비해 지나치게 높을 수밖에 없는 구조적 결점이 있다.

이러한 사유로 아직도 산업현장에서 제어기 설계자들의 90% 이상은 PI 또는 PID 구조의 제어기를 선호하고 있으며, 난해한 제어이론과 고차의 제어기에 대하여 심한 거부감을 가지고 있다. PID 제어기의 주된 장점은 그 단순성과 그로 인한 물리적 강인성에 있다. 그러나 주된 제한성은 2개 혹은 3개의 파라미터만으로 시스템의 안정은 물론 성능 요구조건을 만족시켜야 한다는 것이다. 따라서 먼저 현대의 제어기 설계 이론은 PID 파라미터만으로 시스템을 안정하게 하는 모든 셋을 구하고, 그 셋 내에서 시간 영역의 성능 요구조건을 만족하는 부분 셋을 구하는 방법들이 제시되고 있다.

PID 제어기에서 P는 목표치와 실제값의 편차인 매 순간 편차 e(t), 즉 error에 대한 비례(증폭), I는 누적 error의 양을 구하는 적분 그리고 D는 error에 대한 변화율을 구하는 미분 등 3가지 연산의 합성으로 제어대상의 조작량을 출력하는 제어기 구현 방법이다. PID 제어기는 기본형과 I-PD형이 있는데 본서에서는 그림 3-74와 같은 PID 기본형 제어기를 중심으로 Arduino에서 디지털 프로그램 방식으로 구현하는 방법만을 기술한다.

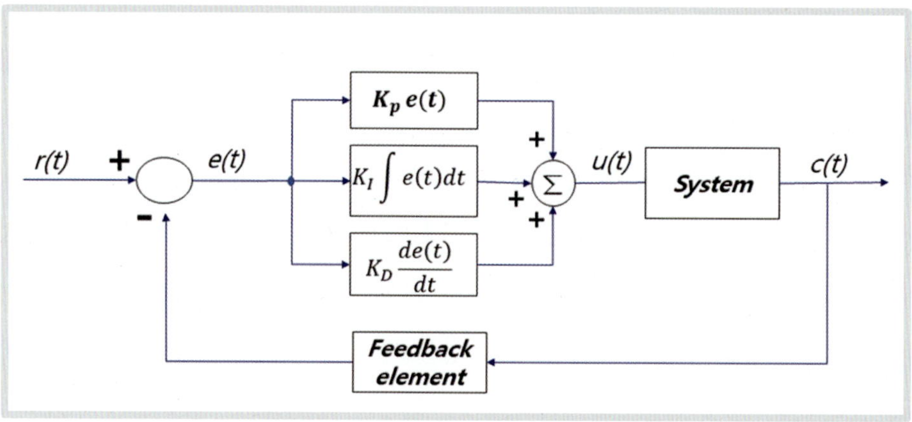

Ⅰ 그림 3-74 Ⅰ PID 제어기 기본구조

PID 제어기를 통해 출력되는 u(t)는 제어대상의 조작량으로 입력되어 시간 영역에서 성능 요구조건을 충족시키는 제어 입력값이다. 이때 조작량은 다음 식 (3.9)와 같이 비례, 적분, 미분 등 3가지 연산의 합으로 표현된다.

$$u(t) = K_p\, e(t) + K_I \int_0^{\tau} e(t)\, dt + K_D \frac{d\, e(t)}{dt} \quad \cdots\cdots \quad (3.9)$$

일반적으로 알려진 대략적인 PID 제어기의 특성은 다음과 같다. 각각의 특성을 고려하여 출력을 관찰하면서 3개의 파라미터값을 적절히 조절(tuning)하여야 한다. 여기서 3개의 파라미터(K_P, K_I, K_D)값을 정하는 방법은 여러 가지가 있지만, 본서에서는 각각의 특성을 고려한 파라미터 튜닝 방법을 적용한다.

① P 제어기($K_p e(t)$) : 편차량 e(t)에 비례하는 조작량을 가진다. 이는 편차가 큰 경우 대응하는 반응하는 속도가 빠르다. 즉, P 제어기는 오차가 존재하는 경우에만 제어입력인 조작량이 출력된다. 그러나 비례계수 K_p 가 커질수록 시스템이 불안정해지고 부족제동 특성으로 오버슈트가 발생할 수 있다. 또한 P 제어기만으로는 정상상태 오차를 개선하지는 못한다.

② I 제어기($K_I \int_0^T e(t)\,dt$) : 편차량을 누적하는 적분 I 제어기는 시간이 흐른 후에 특성인 정상상태 오차를 제거하는 역할을 한다. 적분 계수 K_I가 커질수록 정상상태 오차가 빠른 속도로 줄어들지만, 과도특성인 오버슈트가 증가하는 단점이 있다. 즉, I 제어기만을 단독으로 사용할 때는 누적된 편찻값 때문에 편찻값이 (+)에서 (-)로 달라질 때 이에 대응하는 속도가 빠르지 않다. 따라서 P 제어기와 I 제어기를 결합한 PI 제어기가 통상적으로 사용된다.

③ PI 제어기 : PI 제어기는 편차가 발생하면 P 제어로 즉시 조작량 u(t)가 변동되며, 편차가 0이 되더라도 I 제어기로 조작량이 남아있어 제어 동작을 계속하게 된다.

④ D 제어기($K_D \frac{de(t)}{dt}$) : Error의 변화량에 비례하는 D 제어기는 error의 급격한 변화에 대하여 응답속도가 매우 빠르게 감소할 수 있지만, 모터 제어 등에서는 급격한 토크 변동을 가져올 수 있으므로 주의가 요구된다.

⑤ PID 제어기 : 급격한 외란의 변동에 대하여 PI 제어기는 외란을 신속하게 추종할 수 없다. 이와 같이 PI 제어기와 D 제어기의 장점을 살리면서 급격히 발생하는 외란에 대해 그 편차의 기울기를 판단하여 조작량을 증가시켜 신속하게 반응하도록 하는 제어기로 사용한다.

식 (3-9)를 이용하여 제어기를 구현하는 방법은 연산증폭기(OP AMP)를 이용하여 Analog 방식으로 구현하는 방식과 마이크로컨트롤러 제어 프로그래밍으로 구현하는 Digital 방식이 있다. 본서는 대략적인 Digital 방식의 구현 중심으로 기술하며 보다 자세한 이론적 배경은 Digital control system을 다루는 전문 서적을 참고하기를 바란다. Digital 방식은 그림 연속적인 error 신호를 특정 시간 간격(sampling time)으로 분해하여 그때의 error 신호값을 제어기 데이터로 사용하는 방식이다. 그림 3-75에서 T는 error e(t)에 대하여 sampling time이며, e(k)는 현재 순간 error 크기, **e(k-1)**은 T 시간 이전 error 크기 그리고 **e(k-2)**은 $2T$ 시간 이전 error의 크기이다. 여기서 T 시간 동안 error의 양과 error의 변화량인 미분값은 다음 수식으로부터 구할 수 있다. 이때 sampling time T가 짧을수록 더 정밀한 제어가 가능하지만, 마이크로컨트롤러의 동작 속도 한계를 고려하여 선정하여야 한다.

- T시간 동안 error의 양 : $Te(k)$
- error의 변화량 : $\dfrac{e(k)-e(k-1)}{T}$ .... (3.10)

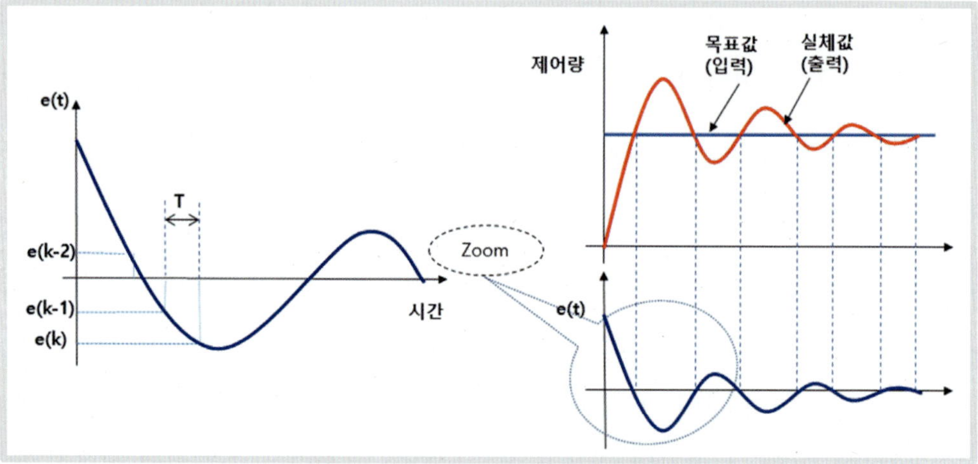

| 그림 3-75 | Digital 제어기 개념

이상에서 고려한 연속적인 analog error 신호를 AD 변환을 이용하여 sampling한 개별 데이터(discrete data)로부터 digital PID 제어기를 그림 3-76과 같이 구성할 수 있다.

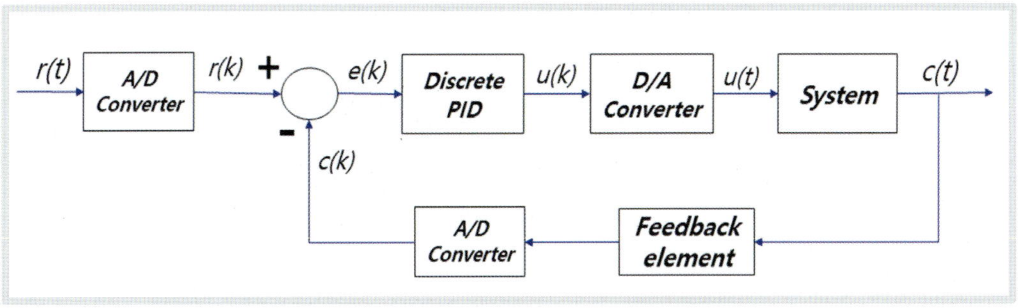

| 그림 3-76 | Digital PID 제어기 개념

Digital PID 제어기를 구현하는 방식은 크게 절대형과 증분형 등 2가지가 있다.[17] 절대형은 식 (3.10)을 이산신호 형식으로 표현한 것이며, 증분형은 절대형을 변형하여 직전 조작량을 대상으로 증감분을 반영하는 방식인데, 절대형과 비교하여 계산량이 적으며 적분 포화를 방지할 수 있다. 절대형은 다시 2가지로 분류할 수 있는데 이는 error의 양을 구하는 방법을 더 정확하게 하도록 평균값을 이용하여 구하는 방법이 보완되어 더해진다. 한편 증분형은 error 대신 출력 y(t)를 직접 이용하는 방법이 있어서 장점 중의 하나이다.

❶ 절대형(위치형) PID 제어식

① $$u(k) = k_p e(k) + K_i \sum_{n=k}^{0} T\, e(n) + K_d \frac{e(k) - e(k-1)}{T} \quad \cdots\cdots (3.11)$$

② $$u(k) = k_p e(k) + K_i \sum_{n=k}^{0} T \frac{e(n) + e(n-1)}{2} + K_d \frac{e(k) - e(k-1)}{T} \quad \cdots\cdots (3.12)$$

17) K. Asrtom and T. Hagglund, “PID Controllers : Theory, Design, and Tuning”

❷ 증분형(속도형) PID 제어식

① $u(k) = u(k-1) + K_1 e(k) + K_2 e(k-1) + k_3 e(k-2)$ .... (3.13)

여기서 $K_1 = K_p + TK_i + \frac{K_d}{T}$, $K_2 =- K_p - 2\frac{K_d}{T}$, $K_3 = \frac{K_d}{T}$

② $u(k) = u(k-1) - [K_p(y(k) - y(k-1)) + K_i T(e(k) - K_d \frac{y(k) - 2y(k-1) + y(k-2)}{2}]$

.... (3.14)

일반 마이크로컨트롤러는 이상에서 언급한 PID 제어기 설계 방법의 하나를 선택해서 프로그램으로 구현한다. 그런데 Arduino에서는 다행히도 PID controller 라이브러리를 제공하고 있어서 쉽게 사용할 수 있다. 이는 Arduino 홈에서 검색어 "PID"를 통해 라이브러리를 내려받아 추가하면 제어시스템 설계할 때 편리하게 응용할 수 있다. PID 라이브러리에서 제공하는 주요 멤버함수는 다음과 같다.

- 객체생성 초기화 :
  - PID 객체(&Input, &Output, &Setpoint, Kp, Ki, Kd, dirction);
  - Input **c(k)** : 제어대상 출력에 대한 feedback 물리량
  - Output **u(k)** : PID 제어기 duty 출력값
  - Setpoint **r(k)** : 목푯값(reference)
  - dirction : PID 방향, 순방향 "DIRECT"
- SetMode(int mode) : PID 제어기 enable
  - mode = 0(manual) : PID 제어 멈춤
  - mode ≠0(Automatic) : PID 제어기 허용
- SetTunings(Kp, Ki, Kd) : PID 파라미터 설정
- SetSampleTime(uint32_t us) : default 100,000[us]
- compute() : PID 출력량 계산, 전역변수로 선언한 output 계산
- SetOutputLimits(Min, Max) : PID output 출력값 제한 설정

예제를 통해 그림 3-77과 같은 PID 온도 제어시스템을 고려해 보자. Project321 예제에서 사용하는 Project Clip은 "I2C_LCD.pdsclip"을 이용하며 사용되는 부품과 측정 장비는 다음과 같다. 전기온수기는 500[W] 용량이며 주변 공기 온도를 0[℃]에서 동작하는 것으로 설정하였다. 온수기의 열이 공기 중으로 전달되는 열저항과 온수기 성능을 나타내는 시정수(time constant) 등은 Edit Properties를 통해 반드시 설정하여야 시뮬레이션이 가능하다.

표 3-20 부품 특성표(그림 3-77 회로)

부품명	Mode	Edit Properties	비고
온수기	• Component Mode - 검색 : oven	Advance Properties - Ambient Temperature : 0 - Thermal Resistance .. : 0.02 - Oven Time Constant : 1 - Heater Time Constant : 1 - Temperature coefficient : 0.05 - Heating Power : 500	
릴레이	• Component Mode - 검색 : relay	Component Value : 12V Coil resistance : 240	
가변저항	• Component Mode - 검색 : pot	R_REF 10k	
저항	• Component Mode - 검색 : RES	R6 1.8k : Coil 저항 240[Ω]을 이용하여 계산된 저항값	
Diode	• Component Mode - 검색 : 1N4148		
트랜지스터	• Component Mode - 검색 : 2N2222		
오실로스코프	• INSTRUMENTS Mode - OSCIILOSCOPE	Channel A On Trigger Auto(Source A) 전압 스케일 : 2V 시간 스케일 : 2ms	동작 시
DC전압계	• INSTRUMENTS Mode - DC VOLTMETER		

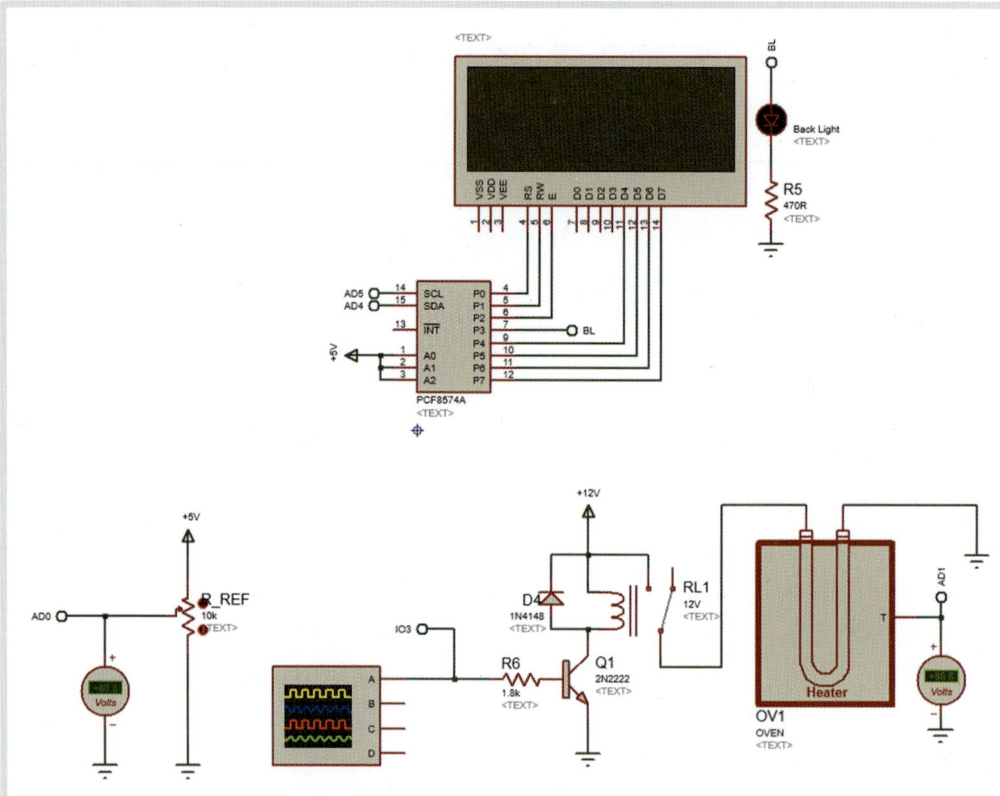

| 그림 3-77 | PID 온도제어 시스템

Project 321 PID 온도제어(라이브러리 응용)

```
#include <PID_v1.h>
#include <Wire.h>
#include <LiquidCrystal_I2C.h>

LiquidCrystal_I2C lcd(0x3f,20,4);

#define COMMAND      A0    // 목표값(명령) 입력 핀
#define FEEDBACK     A1     // 시스템 output Feedback
#define PID_OUTPUT   3     //   PID 제어기 출력(PWM duty)
```
// 다음 쪽 계속

```

double Setpoint, Input, Output;  //목푯값, feedback input, PID outpot
double Kp=2.0, Ki=10.0, Kd=1.0;  //PID 파라미터
double SAMPLE_TIME=500000;
//PID 개체 생성
PID TempControl(&Input, &Output, &Setpoint, Kp, Ki, Kd, DIRECT);

void setup()
{
  Wire.begin();
  lcd.init();
  lcd.backlight();
  lcd.setCursor(0,0);  lcd.print("Temporature Control ");

  lcd.setCursor(0,1);  lcd.print("Command  :  ");

  lcd.setCursor(0,2);  lcd.print("Measured :  ");
  lcd.setCursor(0,3);  lcd.print("Kp,Ki,Kd :  ");

  lcd.setCursor(11,3);
  lcd.print( String(Kp,0)+","+String(Ki,0)+","+String(Kd,0));

  TempControl.SetTunings(Kp, Ki, Kd);
  TempControl.SetSampleTime(SAMPLE_TIME);
  TempControl.SetMode(AUTOMATIC);
}
void loop()
{
    Setpoint = analogRead(COMMAND);
    Input = analogRead(FEEDBACK);    // 다음 쪽 계속
```

```

    TempControl.Compute();
    analogWrite(PID_OUTPUT, Output);

    float fTempCommand=5.0/1023*Setpoint;
    lcd.setCursor(11,1); lcd.print(String(fTempCommand*20,1)+"[C]");

    float fTempSensor=5.0/1023*Input;
    lcd.setCursor(11,2); lcd.print( String(fTempSensor*20,1)+"[C]");
}
```

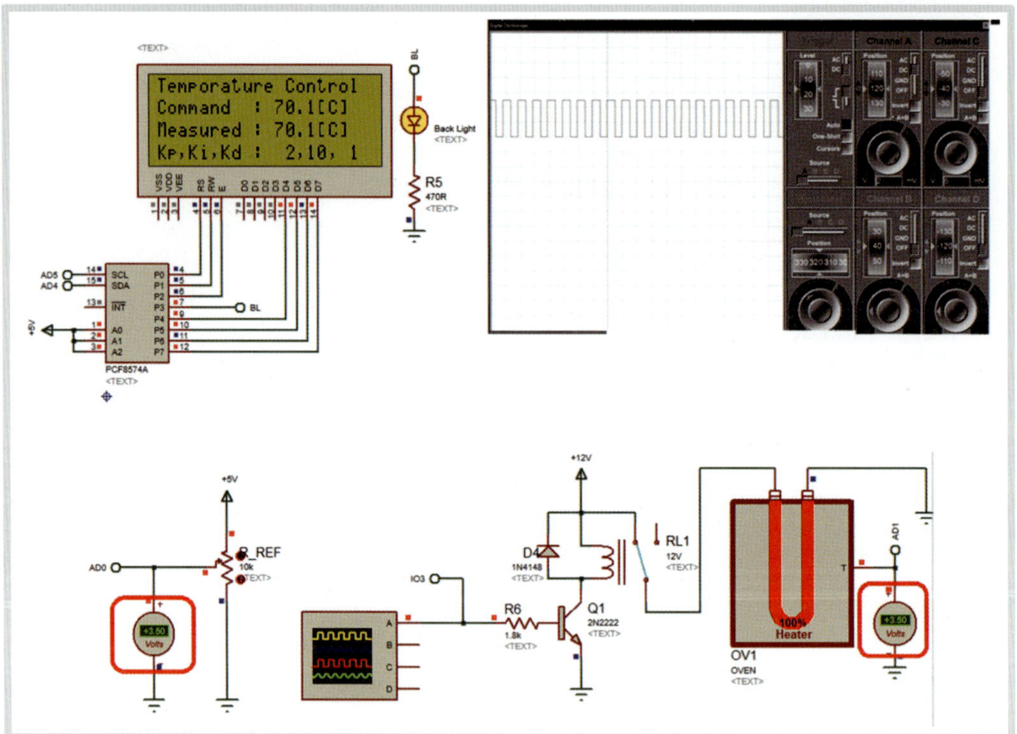

| 그림 3-78 | PID 온도제어 시스템 실행 결과

PID 온도제어 시스템의 예제 Project321에서 주요 코드의 기능은 다음과 같다.

1	PID 라이브러리 사용등록
2	I2C 라이브러리 사용등록
3	I2C 제어용 text LCD 라이브러리 사용등록
5	LCD I2C주소 및 사용핀 설정
7~9	제어시스템 입출력 핀 설정 - A0 : 목푯값(명령) 입력, **r(t)** (가변저항 활용) - A1 : 제어시스템 출력 feedback **c(t)** (온도--> 전압 변환) 3 : PID 제어기 출력(PWM duty), **u(t)**
11	변수선언 - Setpoint **r(k)**: 가변저항 목푯값 저장 - Input **c(k)** : 출력 feedback 저장 - Output **u(k)** : PID outpot
12	PID 파라미터 선정 : Kp=2.0, Ki=10.0, Kd=1.0
15	PID 객체 생성(TempControl) 및 생성자 초깃값 설정
19~30	LCD 설정 및 초기 문자열 표시
32	PID 파라미터값 설정
33	sampling time 50,000[us]= 50[ms]로 설정
34	PID 제어기 사용 허용(Enable)
38~39	Reference input과 output feedback에 대한 ADC 변환
41	PID 출력량 계산, 전역변수로 선언한 조작량 output 변수로 출력
42	계산된 output 조작량을 이용하여 PWM 출력
44~45	온도 기준전압 (0 ~ 5[V])를 온도 범위 (0 ~ 100[°C])로 환산하여 LCD에 출력
47~48	output feedback의 전압 (0 ~ 5[V])를 온도 범위 (0 ~ 100[°C])로 환산하여 LCD에 출력

일반 마이크로프로세서에 응용하는 기술을 익히기 위하여 Project321 예제를 PID라이브러리를 이용하지 않고 일반적인 PID 수식으로 제어기를 구현하는 프로그램으로 변형하여 실습하기로 한다. 우리는 digital PID 알고리즘 중에서 증분형 PID식 (3.13)을 이용하여 프로그래밍해보자. 이 결과를 Project322 예제에 보였다.

Project 322 PID 온도제어(증분형 수식 응용)

```
// #include <PID_v1.h>
#include <Wire.h>
#include <LiquidCrystal_I2C.h>
#include <SimpleTimer.h>

LiquidCrystal_I2C lcd(0x3f,20,4);
SimpleTimer timer;

#define COMMAND      A0     // 목표값(명령) 입력 핀
#define FEEDBACK     A1     // 시스템 output Feedback
#define PID_OUTPUT   3      //  PID 제어기 출력(PWM duty)
#define SAMPLE_TIME 0.05   // sampling time 50[ms]

double K1, K2, K3;
double Setpoint, Output, Input;

void setup()
{
    timer.setInterval(SAMPLE_TIME, PIDControl);

    double Kp=2.0, Ki=10.0, Kd=1.0;  // PID 파라미터    // 다음 쪽 계속
```

```
    K1=Kp + SAMPLE_TIME*Ki + Kd/SAMPLE_TIME;
    K2=-Kp - 2*Kd/SAMPLE_TIME;
    K3=Kd/SAMPLE_TIME;

    Wire.begin();
    lcd.init();
    lcd.backlight();
    lcd.setCursor(0,0);  lcd.print("Temporature Control ");

    lcd.setCursor(0,1);  lcd.print("Command  :  ");
    lcd.setCursor(0,2);  lcd.print("Measured :  ");

    lcd.setCursor(0,3);  lcd.print("Kp,Ki,Kd :  ");

    lcd.setCursor(11,3);
    lcd.print( String(Kp,0)+","+String(Ki,0)+","+String(Kd,0));
}

void PIDControl()
{
     static double prev_Output=0;
     static double prev_Error=0, prev2_Error=0;

     Setpoint = analogRead(COMMAND);
     Input = analogRead(FEEDBACK);
     double Error=Setpoint - Input;
         // 다음 쪽 계속
```

```
    Output= prev_Output+K1*Error + K2*prev_Error + K3*prev2_Error;

    prev_Output=Output;
    prev2_Error=prev_Error; prev_Error=Error;
}

void loop()
{
    timer.run();
    analogWrite(PID_OUTPUT, Output);

    float fTempCommand=5.0/1023*Setpoint;
    lcd.setCursor(11,1); lcd.print(String(fTempCommand*20,1)+"[C]");

    float fTempSensor=5.0/1023*Input;
    lcd.setCursor(11,2); lcd.print( String(fTempSensor*20,1)+"[C]");
}
```

Digital PID 식 (3.13)을 이용하여 온도 제어기를 구현하는 Project322 예제를 실행하면 라이브러리를 사용한 경우와 같게 동작할 것이다. 다음은 Project321과 달라진 부분 중심의 코딩에 대한 동작 설명이다.

1	PID 라이브러리 사용하지 않으므로 설명문 처리
4	sampling time 시간을 고려한 timer 라이브러리 등록
7	timer 라이브러리 객체 생성
12	sampling time 0.05[s]= 50[ms]으로 설정
19	timer 설정 및 실행함수 정의 - 타이머 시간 : 50[ms] - 50[ms] 간격으로 구동하는 timer 실행함수 : PIDControl() 선언
23~25	증분형 제어상수 K1, K2, K3 계산 : 수식 (3-13)
41~54	50[ms] 간격으로 자동 실행되는 Timer 사용자 정의 함수
43~44	정적변수 변수정의 - prev_Output : **u(k-1)** - prev_Error : **e(k-1)** - prev2_Error : **e(k-2)**
50	Output 계산 : **u(k)**
52	다음 계산을 위하여 사용한 Output 저장 : **u(k) → u(k-1)**
53	다음 계산을 위하여 사용한 Error 저장 : **e(k-1) → e(k-2), e(k) → e(k-1)**
58	Timer 동작 명령

4

직류 모터 제어

4 직류 모터 제어

4장에서는 자동차 등 모빌리티 분야에서 가장 많이 사용하는 직류 모터에 대하여 다룬다. 그리고 방향을 제어하는 Step 모터와 서보 모터 그리고 브러시가 없는 BLDC 모터 등을 제어하는 인터페이스 회로와 제어 프로그래밍을 구현하는 실습을 한다. 그러나 Capstone Design에서 사용 빈도가 적은 유도 모터와 동기 모터 등 교류 모터는 본서에서는 제외하였다. 교류 모터 제어에 관해서는 전문 서적을 참고하기를 바란다.

직류 모터 제어는 크게 방향 제어와 속도 제어로 구분하는데, 방향 제어는 주로 브릿지 회로를 사용하며 속도 제어는 PWM 제어를 사용한다. 만약 자동차 창문 여닫기와 같이 일정한 속도의 직류 모터에 대한 방향만 제어하고자 할 때는 릴레이 회로만으로 가능하므로 구현 방법을 기술하였다. 최종적으로 PWM 제어를 이용한 방향과 속도 제어 혹은 속도 제어 중심으로 학습한다.

4.1 일반 직류 모터 제어

학습목표

- 직류 모터의 구성요소와 동작원리를 설명할 수 있다.
- 권선형 직류 모터의 종류별 토크, 회전속도 등 구동 특성을 설명할 수 있다.
- 영구자석형 직류 모터의 토크와 회전속도와의 관계를 설명할 수 있다.
- 직류 모터의 속도와 방향을 제어하는 방법을 설명할 수 있다.
- 직류 모터 제어를 위한 드라이버 모듈의 기능을 이해하여 직류 모터 속도와 방향을 바꿀 수 있다.

학습내용

- 직류 모터 동작원리 및 구성요소
- 직류 모터 토크 특성
- 권선형 직류 모터 종류별 성능
- PWM 신호를 이용한 직류 모터 속도 제어
- H-bridge 회로를 이용한 직류 모터 방향 제어
- 직류 모터 제어를 위한 모터 드라이버 모듈 사용법

① 직류 모터 제어이론

브러시가 있는 일반적인 직류 모터는 그림 4-1과 같이 자기장의 환경을 만들어 주는 계자와 이 계자가 만들어 주는 자기장의 환경에서 직류 전류를 공급받아 회전하는 전기자(회전자) 그리고 전선 꼬임 없이 직류 전류를 공급해주기 위하여 고안된 정류자와 브러시로 구성된다. 모터는 구동전류를 공급하는 방식에 따라 브러시를 이용하는 브러시 직류 모터와 브러시가 없이 구동 드라이버 회로를 이용하는 BLDC 모터로 분류하기도 한다.

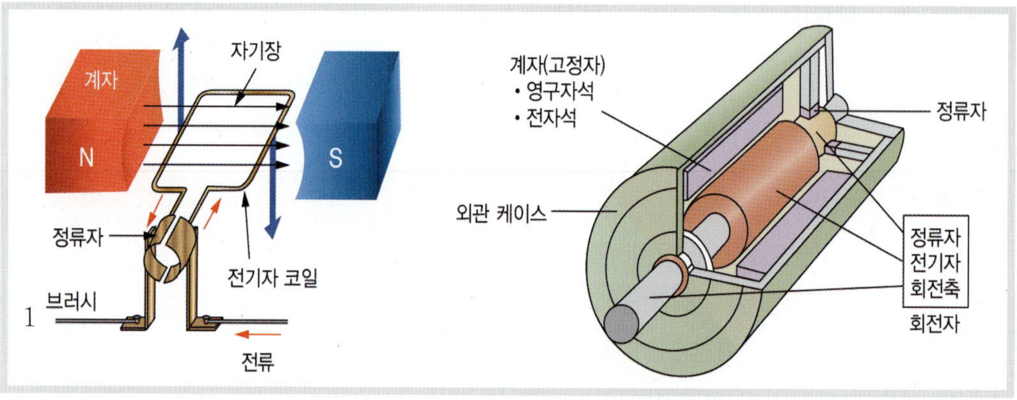

| 그림 4-1 | 직류 모터 기본 구성

특히 자기장을 만들어 주는 계자는 전자석을 이용하는 권선형 직류 모터와 영구자석을 이용한 영구자석형 직류 모터가 있다. 권선형 직류 모터는 그림 4-2에서 보인 바와 같이 직권방식과 분권방식 그리고 복권방식으로 분류한다. 권선형 직류직권 모터는 계자 코일과 정류자 코일을 직렬로 결선한 방식인데, 이는 주로 자동차 시동모터처럼 커다란 토크를 요구할 때 사용된다. 반면에 와이퍼 모터처럼 일정한 속도를 요구할 때는 계자 코일과 정류자 코일을 병렬로 연결한 권선형 직류 분권방식이 사용된다.

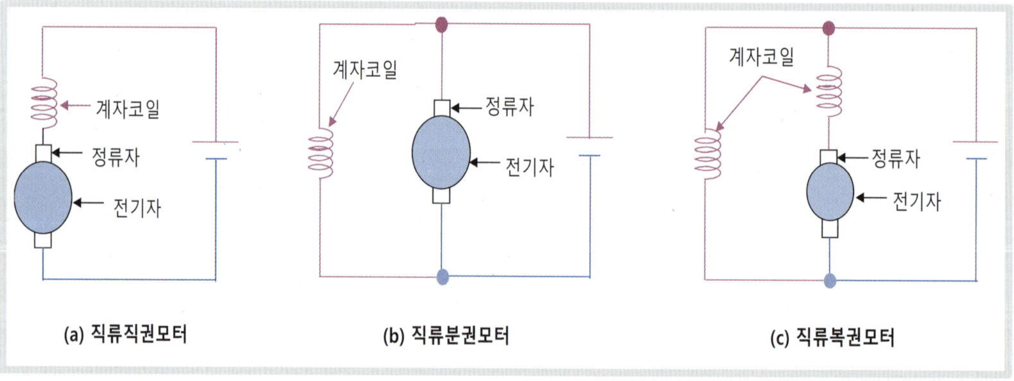

| 그림 4-2 | 권선형 직류 모터 결선도

권선형 직권 모터는 동일한 인가 전압에 대하여 모터에서 소비하는 전류가 증가할수록 토크는 증가하지만, 계자에 의한 자기장의 자속이 증가하여 속도를 감속시킨다. 반면에 분권형 모터에서는 부하가 증가하여 전기자 전류가 증가하면 따라서 토크가 증가하지만, 계자에 공급되는 전류가 변동이 없으므로 속도가 일정하게 유지된다. 이러한 특성을 고려하여 권선형 직류 모터의 결선방식에 따라 전기자 전류에 대하여 토크와 회전속도 특성을 그림 4-3에 보였다.

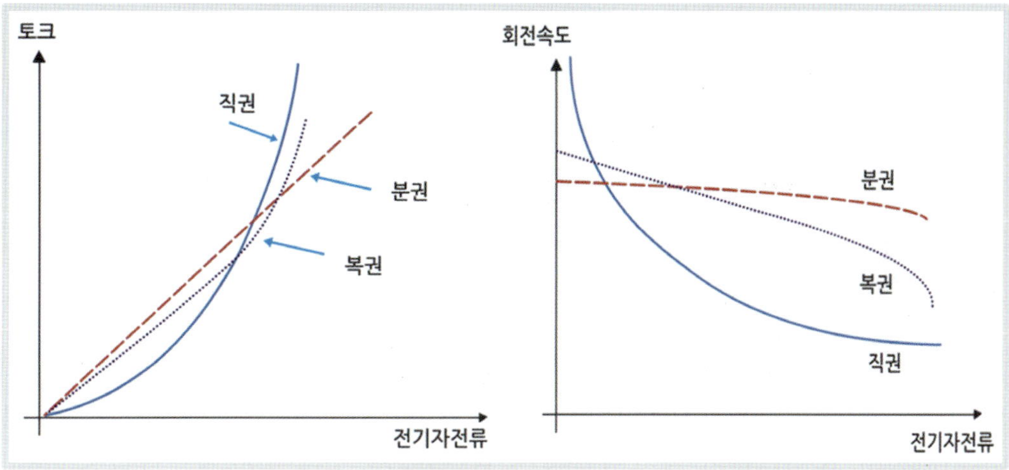

| 그림 4-3 | 권선형 직류 모터 토크와 속도특성

물체가 회전하는 힘을 토크(torque)라고 부르는데 영구자석형 직류 모터의 토크 특성을 그림 4-4에 나타내었다.

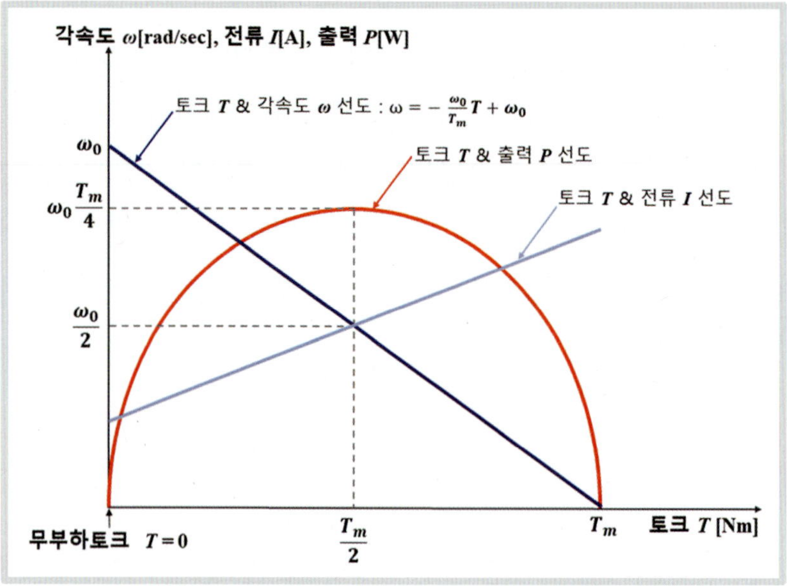

| 그림 4-4 | 영구자석형 직류 모터 토크특성

영구자석형 직류 모터의 회전속도는 공급되는 전기자 전류에 비례하고 토크와 회전속도에 반비례한다. 이러한 특성을 이용하여 전기에너지와 회전 운동에너지와의 일반적인 관계로부터 영구자석형 직류 모터의 최대 토크를 구할 수 있다.

$$P = I \times V = \omega \times T = (-\frac{\omega_o}{T_m}T + \omega_0)T = -\frac{\omega_0}{T_m}T^2 + \omega_0 T \quad \cdots\cdots (4.1)$$

$$\frac{dP}{dT} = -2\frac{\omega_0}{T_m}T + \omega_0 = 0 \quad \cdots\cdots (4.2)$$

식 (4-2)로부터 최대 토크는 $T = \frac{T_m}{2}$ 일 때 발생함을 알 수 있다. 이때의 출력은 다음과 같다.

$$P_{\max} = -\frac{\omega_o}{T_m}(\frac{T_m}{2})^2 + \omega_0\frac{T_m}{2} = \omega_0\frac{T_m}{4} \quad \cdots\cdots (4.3)$$

직류 모터를 사용함에 있어서 고려해야 할 점은 영구자석형 직류 모터는 인가되는 전류를 반대로 연결하면 회전 방향을 바꿀 수 있지만, 권선형 직류 모터는 계자전류 방향도 동시에 변하므로 전류의 방향을 바꾸어도 모터가 회전하는 방향은 바뀌지 않는다는 점이다. 이런 경우에는 계자 코일에 인가되는 전류의 방향은 일정하게 하고 별도로 전기자 코일에 인가되는 전류의 방향을 바꾸어서 운전하도록 권선형 직류 모터의 구조를 바꾸어야 회전 방향을 바꿀 수 있다. 이러한 방식을 타여자 방식이라고 부른다. 이상에서 언급한 직류 모터에 대하여 표 4-1에 각각의 특징을 기술하였다.

표 4-1 직류 모터의 분류와 주요 특징

분류형태		특징
계자 구성	영구자석형	인가전류를 바꾸어 회전방향 변경
	권선형	회전방향이 일정 타여자 방식 구조에서는 회전방향 가능
브러시	브러시 모터	정류자와 브러시 기계적 마모로 손상
	BLDC	비접촉식이지만, 별도의 제어회로를 추가하여야 함
계자 코일 ↔ 전기자 코일	직권(직렬연결)	토크가 큰 시동모터
	분권(병렬연결)	속도가 일정한 모터
	복권(직병렬 연결)	직권과 복권 혼합 형태

② 직류 모터 속도 제어

영구자석형 직류 모터의 속도는 전기자 전류에 비례한다. 전기자 전류는 인가되는 전압에 비례하므로 전압을 가변하여 직류 모터의 속도를 제어한다. 정격전압이란 모터 제조회사에 제시하는 최대 전압을 의미하며, 정격전압이 가해졌을 때 직류 모터는 최대의 회전속도가 출력되며 이를 정격 회전속도 또는 정격속도라고 부른다. 직류 모터의 전기자에 인가되는 평균 전압을 줄이는 방법은 3-4절 PWM 제어 단원에서 살펴보았듯이 PWM의 duty를 줄이는 방법이다. 따라서 영구자석형 직류 모터의 속도를 제어하는 방법은 PWM 제어이다. 영구자석형 직류 모터에 대하여 예제 Project401 실습을 통해 기본적인 속도 제어를 학습하기로 한다. 가변저항을 통해 속도 제어 신호 전압을 입력받아 5[V]를 duty 100[%]인 정격속도로 동작하게 하고, 0[V]를 duty 0[%]로 하여 입력 제어 전압에 따라 그에 상응하는 속도로 회전하도록 하는 실습이다. Project Clip은 기본적인 "VirtualTerminal.pdsclip"을 사용한다. PC화면에서 시뮬레이션 특성상 모터의 회전속도는 실제와는 달리 빠르게 반응하지는 않는다.

표 4-2 부품 특성표(그림 4-5 회로)

부품명	Mode	Edit Component	비고
직류 모터	• Component Mode - 검색 : MOTOR-DC	• Coil Resistance : 30 • Zero Load RPM : 500 • 나머지는 기본	
트랜지스터	• Component Mode - 검색 : 2N2222A		
다이오드	• Component Mode - 검색 : 1N4001		
저항	• Component Mode - 검색 : res	• **계산**	
가변저항	• Component Mode - 검색 : pot	• R6 : 10k	
전원	• Component Mode - 검색 : VSOURCE	• V1=5V, V2=12V	
접지	• TERMINALS - 검색 : GROUND		
오실로스코프	• INSTRUMENTS Mode - 검색 : OSCILLOSCOPE	• Channel A On • Trigger Auto(Source A) • 전압 스케일 : 2V • 시간 스케일 : 1ms	동작 시
DC 전류계	• INSTRUMENTS Mode - 검색 : DC AMMETER-V	• milliamps	
DC 전압계	• INSTRUMENTS Mode - 검색 : DC VOLTMETER		

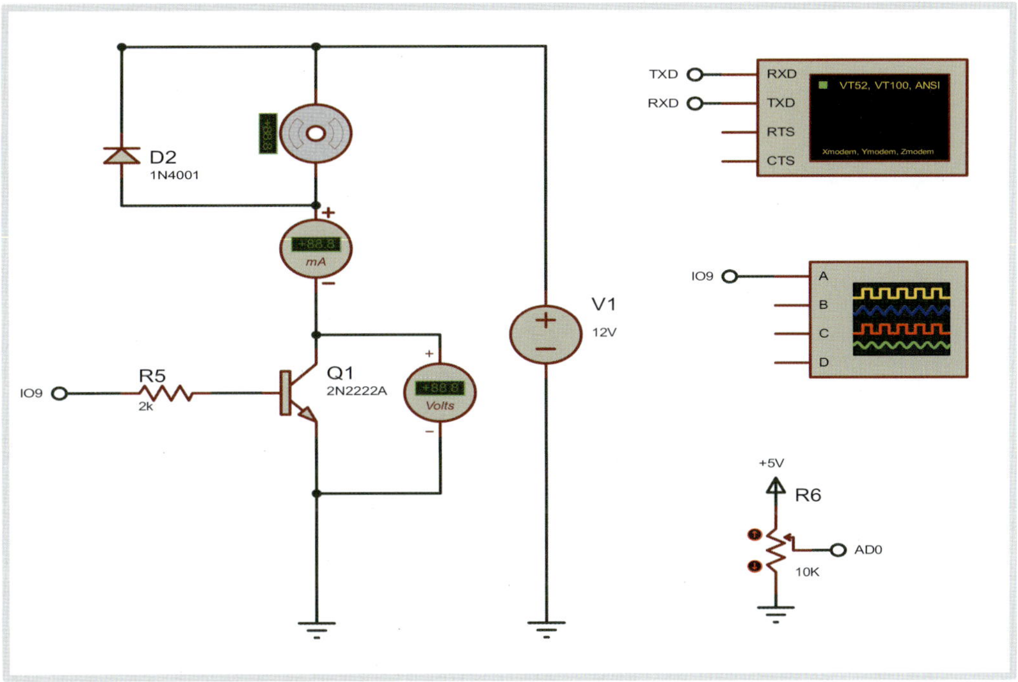

| 그림 4-5 | 영구자석형 직류 모터 속도 제어

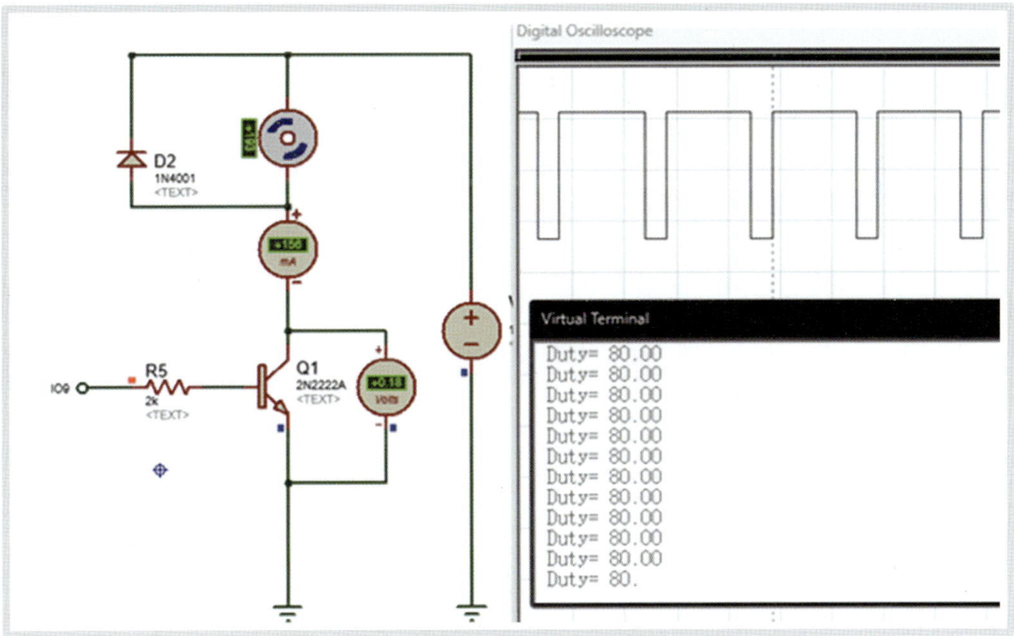

| 그림 4-6 | 영구자석형 직류 모터 속도 제어 결과

Project 401 직류 모터 속도 제어

```
1  void setup()
2  {
3      Serial.begin(9600);
4  }
5
6  void loop()
7  {
8      int nData=analogRead(A0);
9      nData=map(nData,0,1023,0,255);
10     analogWrite(9,nData);
11
12     float fDuty=nData/255.0*100;
13     Serial.println(" Duty= "+String(fDuty) );
14 }
```

영구자석형 직류 모터에 대한 기본 속도 제어 예제 Project401에서 주요 코드의 기능은 다음과 같다.

8	가변저항으로부터 직류 모터 속도 제어 기준 전압을 읽어온다.
9	기준전압 AD변환값 0~1023을 PWM 제어를 위해 0~255로 변환한다.
10	9번 PWM 핀에 duty 비에 대응하는 펄스를 출력하도록 한다.
12~13	duty를 계산하여 화면에 출력한다.

③ 직류 모터 방향제어

영구자석형 직류 모터는 인가되는 전류의 방향이 바뀌면 모터의 회전 방향이 바뀐다. 로봇이나 자동차 편의장치에서 가장 보편적으로 적용하고 있는 직류 모터의 방향을 제어하는 기본 개념을 그림 4-7에 도시하였다. 이는 차량에서 윈도우 혹은 선루프 등과 같이 영구자석형 직류 모터를 이용하여 문을 열거나 닫을 때 사용하는 방식이다. 그림 4-7에서 모터 전원을 인가한 후 방향제어 스위치를 On 또는 Off하면 +12[V] 전원에 의한 전류는 다음 순서에 따라 모터에 전원이 공급되며 모터의 방향을 바꿀 수 있다. 이 회로는 실제로 특장차와 같은 특수 목적용 차량에서 신규로 모터를 이용한 장치를 연결하고자 할 때 쉽게 적용할 수 있다.

1) 방향제어 SW Off :

- Relay1, Relay2 coil : 전원차단
- Relay1 접점 : COM↔NC, Relay2 접점 : COM↔NC
- 전원 공급 차단

2) 방향제어 SW CW :

- Relay1 coil : 전원 공급, Relay2 coil : 전원 차단
- Relay1 접점 : COM↔NO, Relay2 접점 : COM↔NC

12[V] 전원 Relay1 NO 접점을 통해 직류 모터에 전원 공급하고 Relay2 접점 NC를 통해 접지로 전류가 흘러 모터 회전

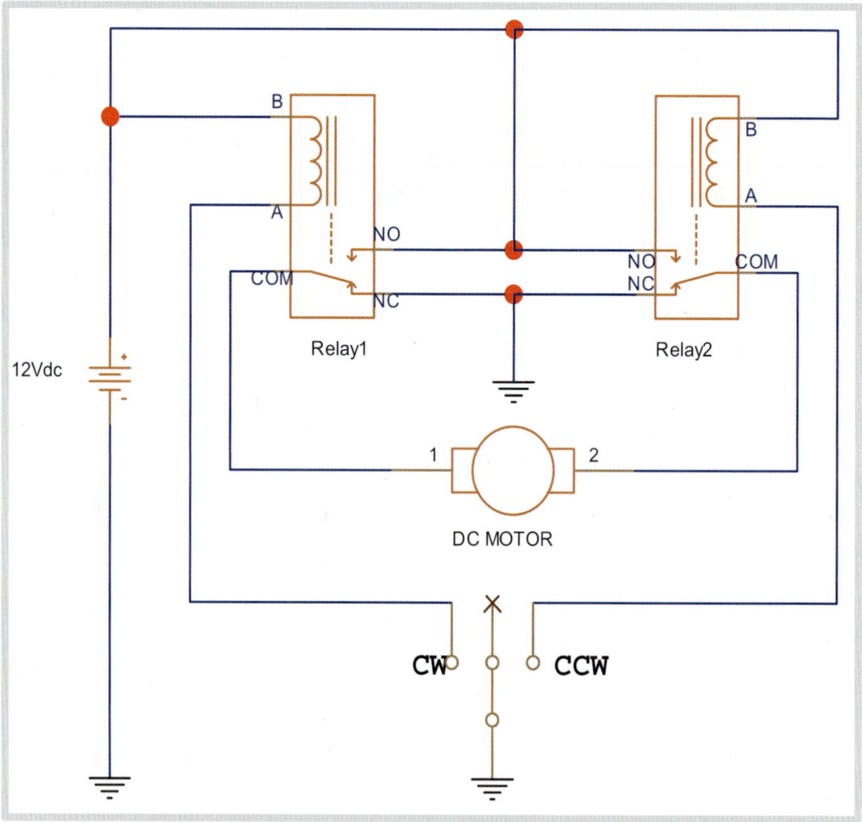

| 그림 4-7 | 영구자석형 직류 모터 기본 방향제어

이어서 반도체 소자를 이용하여 영구자석형 직류 모터의 회전 방향을 제어하는 방법을 소개한다. 앞서 언급한 바와 같이 영구자석형 직류 모터의 회전방향을 바꾸려면 전기자 코일에 인가되는 전류의 방향을 바꾸어 공급하여야 한다. 그림 4-8에 이를 실현하기 위하여 4개의 트랜지스터를 사용한 브릿지 모터 구동 회로 개념을 기술하였다.

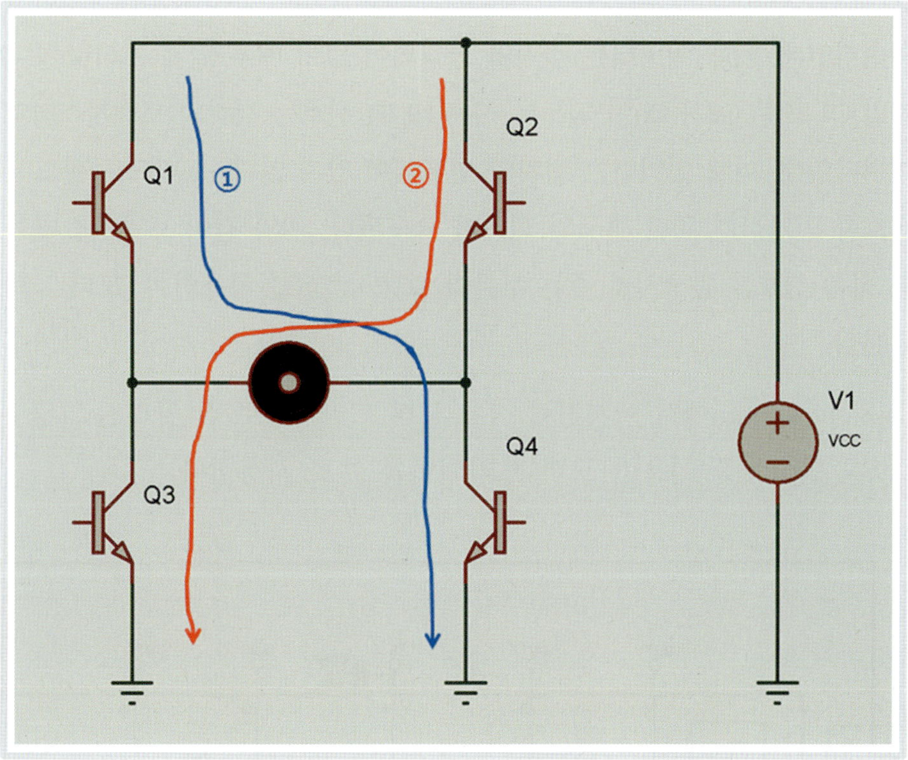

| 그림 4-8 | DC모터 방향제어 구동 기본 개념

트랜지스터 Q1과 Q4의 베이스에 동시에 HIGH를 인가하고, Q2, Q3의 베이스에 동시에 LOW를 각각 인가하면 Q1과 Q4의 C-E(컬렉터와 이미터 사이)가 On되고, Q2와 Q3가 Off되어 ①의 방향으로 전류가 흘러 모터가 정회전하며, 반대로 인가하면 ②의 방향으로 전류가 흘러 영구자석형 직류 모터는 역회전한다. 이러한 모터 구동회로에 사용하는 능동소자는 일반 트랜지스터는 물론 모터의 부하 용량에 따라 MOSFET 혹은 IGBT 소자를 사용하기도 한다.

여기서 주의할 점은 Q1과 Q3 혹은 Q2와 Q4의 베이스에 HIGH를 인가하면 전류는 모터를 경유하지 않고 상단의 트랜지스터에서 하단의 트랜지스터를 경유하여 수직 방향으로 매우 큰, 고전류가 흘러 트랜지스터들이 파괴되므로 각각 On, Off가 바뀔 때는 반드시 모든 트랜지스터가 OFF되도록 하는 시간 지연을 주어야 한다.

Q3 또는 Q4가 On이 되도록 인가하는 HIGH 신호는 각각의 트랜지스터의 베이스와 이미터인데, 이때 이미터는 접지와 연결되어 있어 매우 쉽게 처리할 수 있다. 그렇지만 Q1 또는 Q2가 On이 되도록 하는 HIGH 신호는 각각의 트랜지스터의 베이스와 이미터인데, 이때 이미터는 접지와 연결되어 있지 않다. 그러므로 반드시 베이스에 신호를 인가하기 위한 별도의 회로가 요구된다. 이와 같이 트랜지스터가 동작하도록 하는 신호를 발생시켜 주는 부분과 트랜지스터를 통칭하여 "모터 드라이버"라고 부른다.

Capstone Design에서는 저전력 직류 모터 드라이버로 잘 알려진 그림 4-9와 같은 L298N 반도체를 이용한 모터 드라이버를 주로 사용한다.

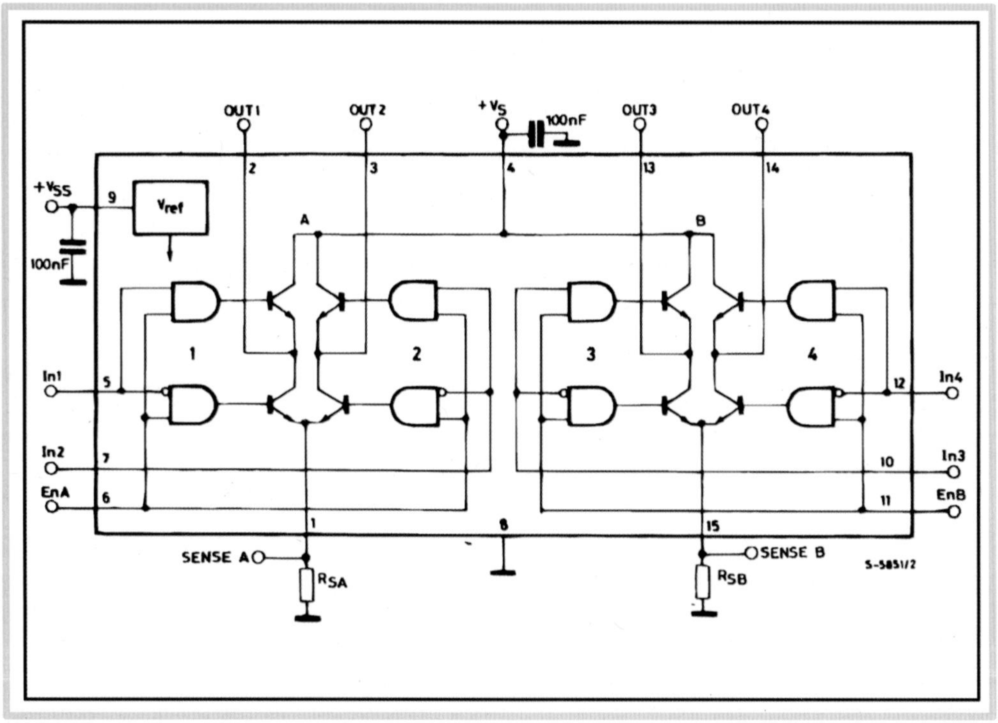

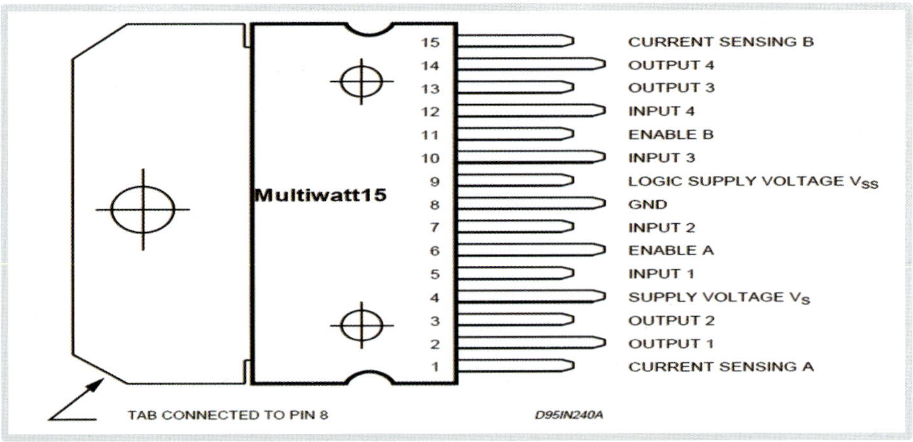

| 그림 4-9 | 저전력용 모터 드라이버 L298N

L298N의 특징을 요약하면 다음과 같으며 동작 알고리즘을 표 4-3에 요약하였다.

- 최대 부하전압 Vcc : 46[V]
- 최대 소모전류 : 4[A]
- 제어신호 : LOW 0 ~1.5[V], HIGH 4.5 ~ 7[V]

표 4-3 L298N 구동 진리표

	입력신호				파워출력				비고
EnA	IN1	IN2	IN3	IN4	OUT1	OUT2	OUT3	OUT4	
H	H	L			VCC	GND			모터A 순방향
	L	H			GND	VCC			모터A 역방향
	H	H			VCC	VCC			모터A 정지
	L	L			GND	GND			모터A 정지
L	X	X			NC	NC			모터A 자유구동
EnB	IN1	IN2	IN3	IN4	OUT1	OUT2	OUT3	OUT4	
H			H	L			VCC	GND	모터B 순방향
			L	H			GND	VCC	모터B 역방향
			H	H			VCC	VCC	모터B 정지
			L	L			GND	GND	모터B 정지
L			X	X			NC	NC	모터B 자유구동

이상에서 언급한 내용을 토대로 L298N을 Arduino용으로 사용하기 편리하도록 그림 4-10의 회로로 구성된 제품을 출시하고 있다.

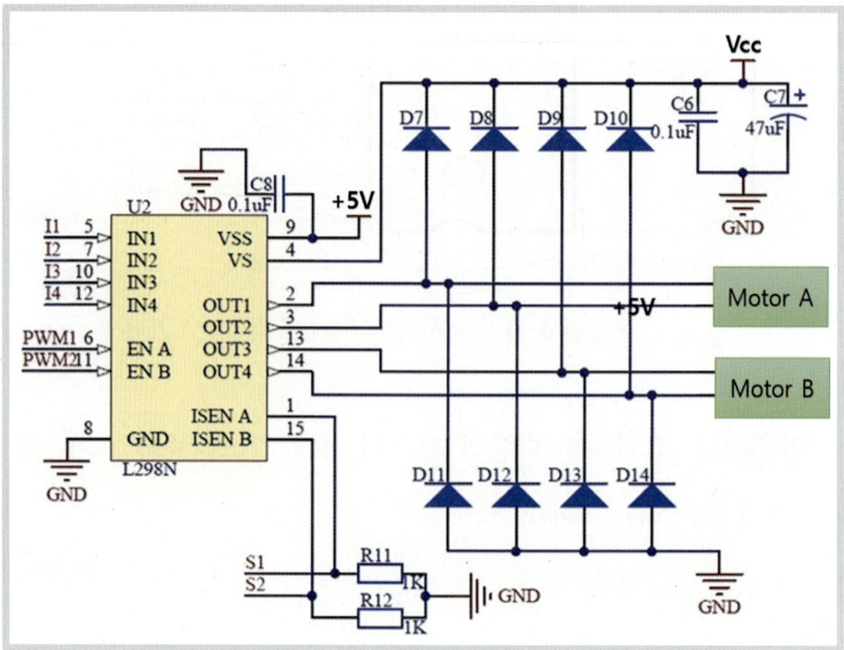

| 그림 4-10 | L298N DC모터 드라이버 모듈 내부 결선도

그림 4-11에 인터넷에서 쉽게 구매할 수 있는 L298N 모터 드라이버 하나의 제품을 보인다. 여기서 출력 A의 OUT1, OUT2는 Logic Input IN1, IN2에 의해 제어되는 출력 핀으로 직류 모터 A에 전류를 공급해주는 단자이며, 출력 B의 OUT3, OUT4는 Logic Input IN3, IN4에 의해 제어되는 출력 핀으로 직류 모터 B에 전류를 공급해주는 단자이다. Enable A, B의 ENA와 ENB는 각각 점프가 연결되어 있으면 각각 "HIGH"를 인가되는 경우이고, PWM 신호를 인가하여 속도를 제어하고자 하고자 하는 경우는 "Enable 선택단자"를 제거하고 PWM 신호를 인가하여야 한다. 이 모듈에서 부하의 전원은 "부하 구동전압" 또는 +12[V]라고 쓰여진 단자에 인가하여야 한다. 그렇지만 반드시 +12[V]가 아니라 모터가 구동되는 전원을 인가하여야 한다.

여기서 +5V는 모터 드라이버 반도체 부품들이 동작하도록 하는 전원인데, "5V선택

단자" 연결핀은 +5[V]를 출력하는 정 전원 소자인 7805 입력 핀과 연결되어 있어서 모터 구동전압이 +8[V] 이상이 경우에는 "5V선택단자" 연결핀을 연결하여 사용하며, 추가로 +5[V]를 입력하지 않아도 된다. 단, 전원의 안정을 위하여 모터의 구동전압이 +8[V] 미만인 경우에는 반드시 "5V선택단자" 연결핀을 제거하고, 별도로 모터 구동용 전원과 모듈 동작을 위한 +5[V] 전원을 별도로 인가해 주어야 한다.

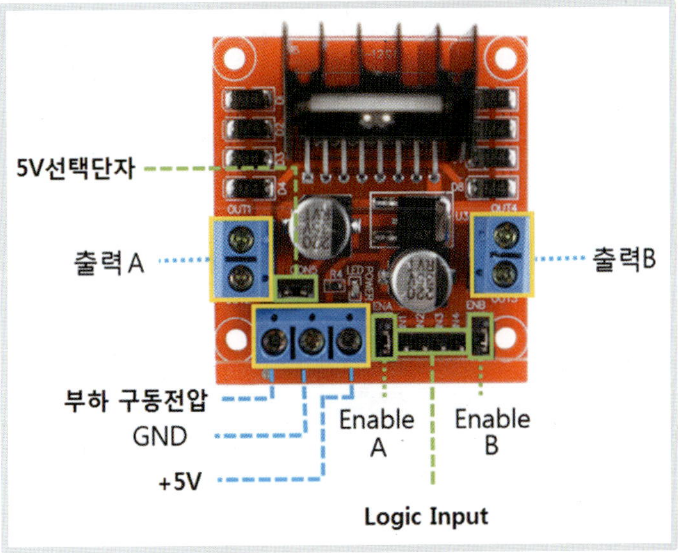

| 그림 4-11 | L298N 모듈

지금까지 살펴본 L298N 모터 드라이버를 이용하여 두 개의 영구자석형 직류 모터에 대한 방향과 속도를 제어하는 실습을 Project402를 통해 수행한다. Project Clip은 기본적인 "VirtualTerminal.pdsclip"을 사용한다.

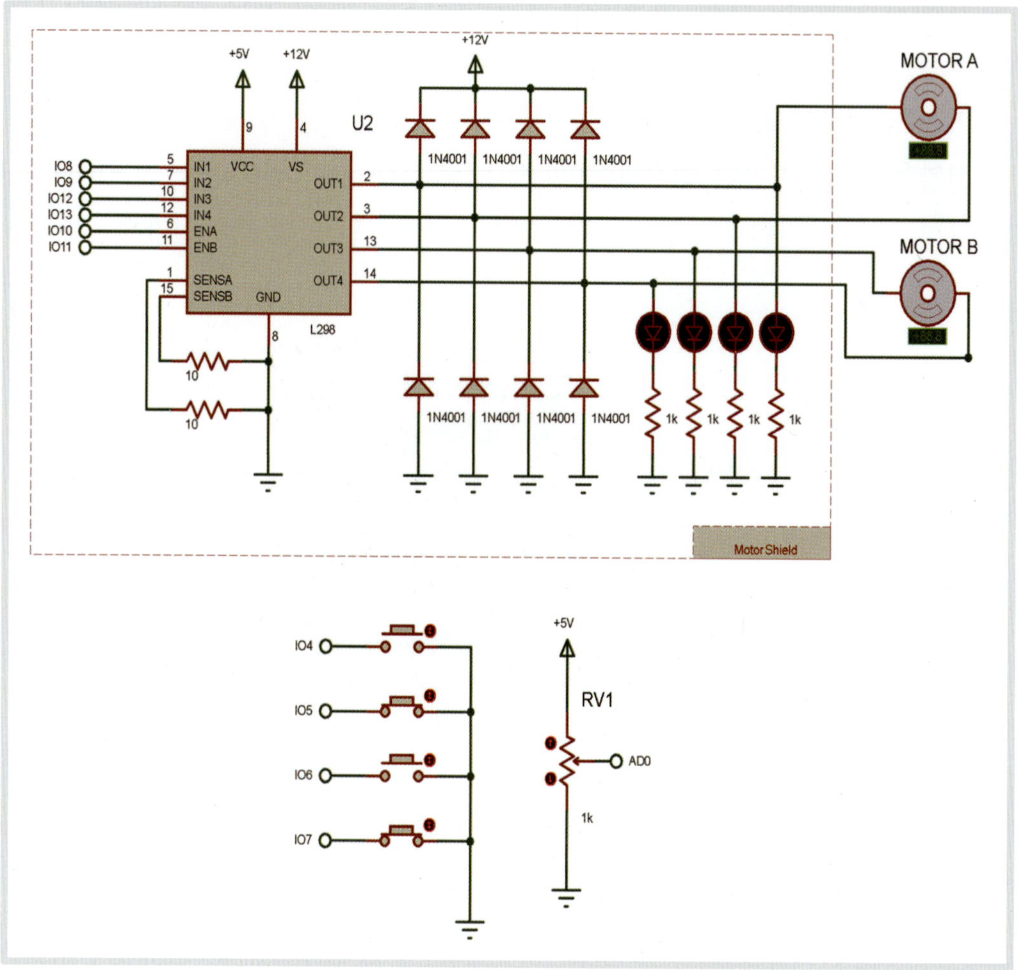

| 그림 4-12 | 직류 모터 방향 및 속도 제어

스위치에 따른 동작은 표 4-4와 같으며, 속도는 가변저항으로 가변하는 전압값으로 조절하여 PWM duty 제어를 통해 목적을 달성한다.

표 4-4 스위치에 따른 방향제어

IO4 SW	IO5 SW	동작	IO6 SW	IO7 SW	동작
ON	ON	MOTOR A STOP	ON	ON	MOTOR B STOP
OFF	OFF	MOTOR A STOP	OFF	OFF	MOTOR B STOP
OFF	ON	MOTOR A CW	OFF	ON	MOTOR B CW
ON	OFF	MOTOR A CCW	ON	OFF	MOTOR B CCW

그림 4-12 회로를 구현하기 위한 부품은 표 4-5와 같다.

표 4-5 부품 특성표(그림 4-12 회로)

부품명	Mode	Edit Component	비고
모터드라이버 IC	• Component Mode - 검색 : L298		
가변저항	• Component Mode - 검색 : POT	• 1k	
다이오드	• Component Mode - 검색 : 1N4001		
저항	• Component Mode - 검색 : res	• 10, 1k	
LED	• Component Mode - 검색 :LED-YELLOW		
직류 모터	• Component Mode - 검색 : MOTOR-DC	• Nominal Voltage=12V • Coil Resistance 12 • Zero Load RPM=500	
전원	• Component Mode - 검색 : VSOURCE	• V1=5V, V2=12V	
BUTTON SW	• Component Mode 검색 : BUTTON		

Project 402 직류 모터 방향 및 속도 제어

```
#define ENA 10
#define IN1 8
#define IN2 9

#define ENB 11
#define IN3 12
#define IN4 13

void setup()
{
    for(int i=8; i<14;  i++) pinMode(i, OUTPUT);
    for(int i=8; i<14;  i++) digitalWrite(i, HIGH);

    for(int i=4; i<8; i++) pinMode(i, INPUT_PULLUP);
    Serial.begin(9600);
}

void MotorControl(byte nPWM, byte *nKey )
{
  if(nKey[0]==1 && nKey[1]==0)
  {
        digitalWrite(IN1, HIGH);  digitalWrite(IN2, LOW);
        analogWrite(ENA, nPWM);
  }
  else if(nKey[0]==0 && nKey[1]==1)
  {
        digitalWrite(IN1, LOW);  digitalWrite(IN2, HIGH);
        analogWrite(ENA, nPWM);
  }   // 다음 쪽 계속
```

```
  else if(nKey[0]==nKey[1])
  {
        digitalWrite(IN1, LOW);  digitalWrite(IN2, LOW);
        digitalWrite(ENA, HIGH);
  }

  if(nKey[2]==1 && nKey[3]==0)
  {
        digitalWrite(IN3, HIGH);  digitalWrite(IN4, LOW);
        analogWrite(ENB, nPWM);
  }
  else if(nKey[2]==0 && nKey[3]==1)
  {
        digitalWrite(IN3, LOW);  digitalWrite(IN4, HIGH);
        analogWrite(ENB, nPWM);
  }
  else if(nKey[2]==nKey[3])
  {
        digitalWrite(IN3, LOW);  digitalWrite(IN4, LOW);
        digitalWrite(ENB, HIGH);
  }
}

void loop()
{
  int   nData, nPWM;
  byte nKeyValue[4];
  nData=analogRead(A0);
  nPWM=map(nData,0,1023,0,255);
  Serial.print("SW1 SW2 SW3 SW4 : ");
```

```
60    for(int i=0; i<4; i++)
61    {
62        nKeyValue[i]=digitalRead(i+4);
63        Serial.print(nKeyValue[i]);
64    }
65    Serial.println("");
66    MotorControl(nPWM, nKeyValue);
67  }
```

영구자석형 직류 모터에 대한 속도 및 방향을 동시에 제어하는 예제 Project402의 주요 코드의 기능은 다음과 같다.

1~7	L298N 모듈 연결 핀 정의
11	L298N 모듈 연결 핀 OUTPUT으로 정의
12	2개의 직류 모터 모두 정지 초기화
14	스위치 상태 입력 INPUT_PULLUP으로 설정
18~51	모터 방향 및 속도 제어 함수
18	PWM duty값과 스위치 4개 값을 매개변수로 전달받음.
20~24	IO4 SW Off, IO5 SW On : Motor A 시계방향(CW) 회전. 속도 제어
25~29	IO4 SW On, IO5 SW Off : Motor A 시계방향(CCW) 회전. 속도 제어
30~34	IO4 SW = IO5 SW : Motor A 정지
36~40	IO6 SW Off, IO7 SW On : Motor B 시계방향(CW) 회전. 속도 제어
41~45	IO6 SW On, IO7 SW Off : Motor B 시계방향(CW) 회전. 속도 제어
46~50	IO6 SW = IO7 SW : Motor B 정지

57	속도 제어를 위한 가변저항으로부터 기준 전압값 읽어오기
60~64	스위치값 읽어오기
66	PWM duty(0~255)와 스위치값을 MotorControl() 함수의 매개변수에 전달하여 속도 및 방향 제어 명령

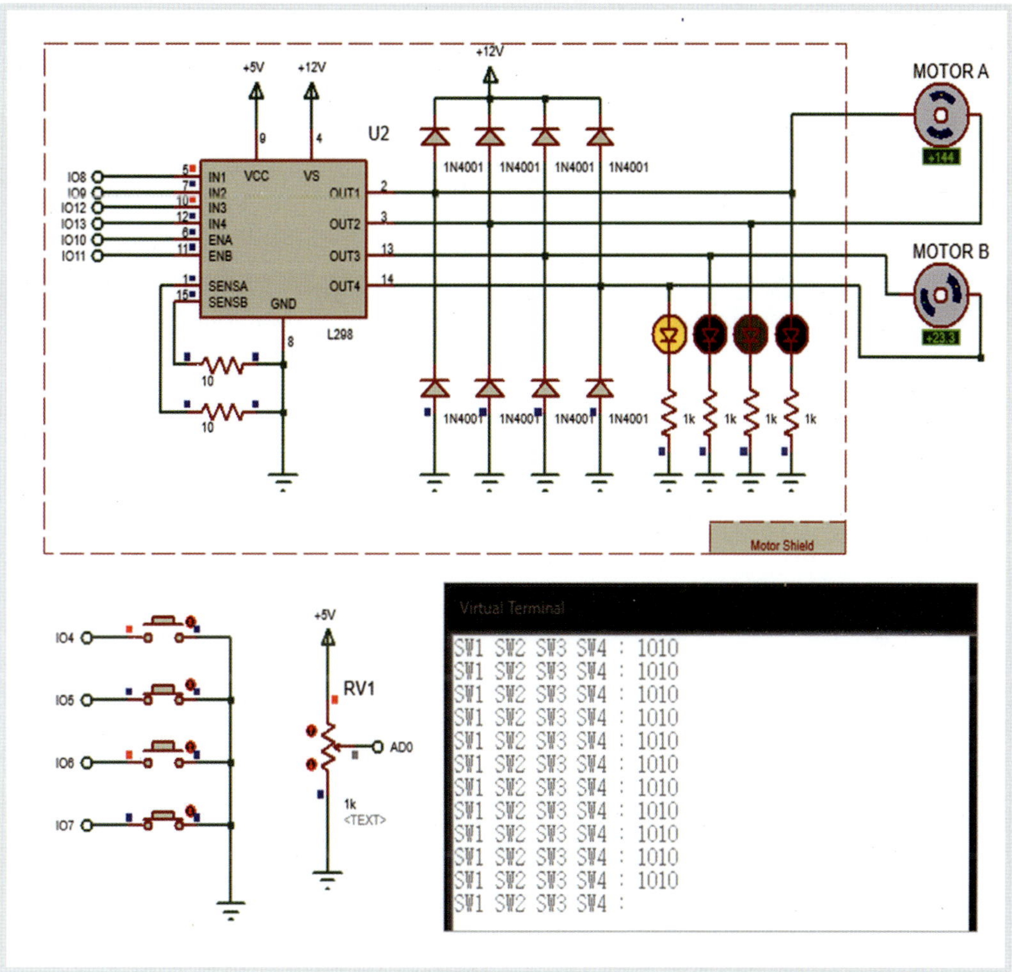

I 그림 4-13 I 직류 모터 방향 및 속도 제어 시뮬레이션 결과

4.2 Step 모터 제어

학습목표

- 외부 펄스 신호에 따라 주어진 각도를 회전하는 Step 모터의 동작원리를 이해할 수 있다.
- Step 모터 종류별 특징을 설명할 수 있다.
- Step 모터 구동 방식에 따른 동작 특성을 분별하여 적용할 수 있다.
- 주어진 특정 각도만 회전하는 Step 모터 제어 프로그래밍을 작성할 수 있다.
- Step 모터 전용 라이브러리를 이해하고, 이를 이용하여 Step 모터 각도를 제어하는 프로그램을 구현할 수 있다.

학습내용

- 3가지 유형의 Step 모터 구동원리와 성능
- Step 모터의 여자 (전자석) 생성 방식
- Step 모터 제어회로 설계 및 2상 제어 프로그래밍
- Step 모터 라이브러리 응용

① Step 모터 동작원리

Step 모터는 물체를 정교한 방향이나 특정 위치에 이동시키고자 할 때 주로 사용된다. 이는 회전 방향의 각도를 정확히 제어하도록 고안된 모터로서 Pulse motor, Stepper motor, Stepping motor 등으로도 불린다. Step 모터는 글자 그대로 pulse 단계별로 입력될 때마다 특정 각도를 회전하는 모터이다. Step 모터는 입력 pulse의 수에 비례하여 주어진 회전각도만큼 회전한다.

따라서 Step 모터의 장점은 정확한 각도로 회전한다는 점이며, 각 스텝당 오차가 누적되지 않는다는 것이다. 그러므로 회전각을 검출하기 위한 별도의 센서가 필요

하지 않아 제어 시스템을 비교적 저렴하게 구성할 수 있다. 단점으로는 특정 주파수에서 공진 현상이 일어나 관성이 있는 부하에 취약한 편이다. Step 모터는 고정자 코일로 전자석을 만들어 주는 극의 수에 따라 단상(1상), 2상, 3상, 4상, 5상, 6상 등의 종류가 있으며, 가장 많이 사용되고 있는 것은 4상 Step 모터이다. 또한 Step 모터는 그 구조에 따라 3가지로 다음과 같이 분류하기도 한다.

1) PM형(영구자석형)

PM(Permanent Magnet)형 Step 모터는 그림 4-14와 같이 회전자가 영구자석이며, 고정자 권선에서 만들어지는 전자력으로 영구자석이 회전하는 구조이다. 동작 순서는 고정자 권선 코일이 전자석으로 여자되면 (A-$\overline{A}$) → (B-$\overline{B}$) → ($\overline{A}$-A) → (B-$\overline{B}$)의 순서로 영구자석인 회전자가 고정자의 전자석 방향을 따라 회전하게 된다.

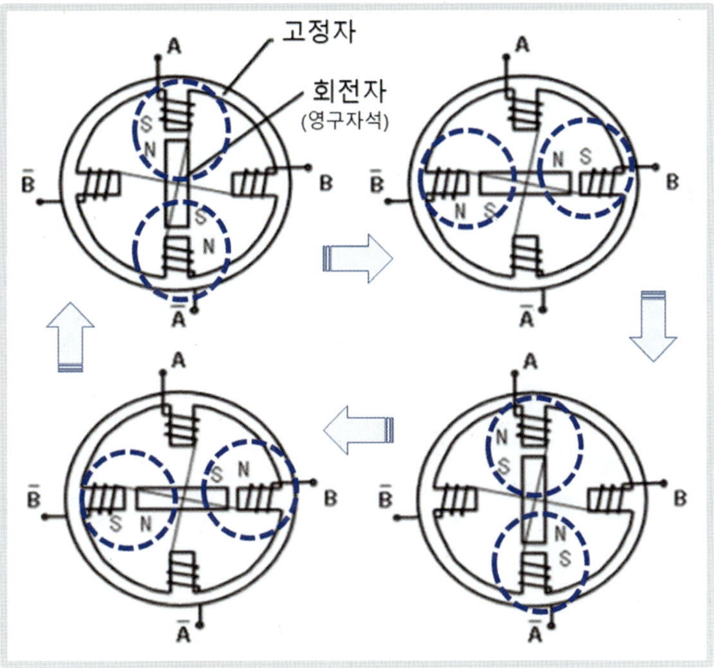

| 그림 4-14 | PM형 Step 모터

PM형의 특징으로는 고정자 코일에 전류가 흐르지 않은 정지 상태에서 강제로 외부에서 회전하도록 힘을 가하더라도 영구자석인 회전자에서 늘 존재하는 자력의 영향으로 억지 토크(Detent Torque)가 발생하여 정지 각도를 유지할 수 있다. 그렇지만 정밀성을 높이기 위해 회전각의 분해능을 높일 수 없는 단점이 있다. 이 단점을 개선하기 위하여 회전자의 영구자석을 여러 개의 톱니 구조로 개선한 톱니바퀴형(Claw pole) Step 모터가 사용되기도 한다.

2) VR형

VR(Variable Reluctance)형은 PM형과 유사하지만 그림 4-15와 같이 회전자에 돌극형 철심을 설치하여 자기력선이 투자율이 큰 돌극 철심 쪽으로 통과하려는 힘을 이용한다. 즉, 고정자 코일에 전류가 흘러 자화되면 돌극을 고정자 코일 방향으로 이동시키는 힘으로 바퀴형의 회전자가 회전한다. 일반적으로 Step당 회전 각도는 15°이지만, 회전자와 고정자를 톱니바퀴로 구성한 철심형을 사용하면 분해능을 더욱 높일 수 있다. VR형은 PM형과 비교하여 영구자석으로 인한 억지 토크가 없어 관성이 작아 고속의 Step 모터 구동에 유리한다.

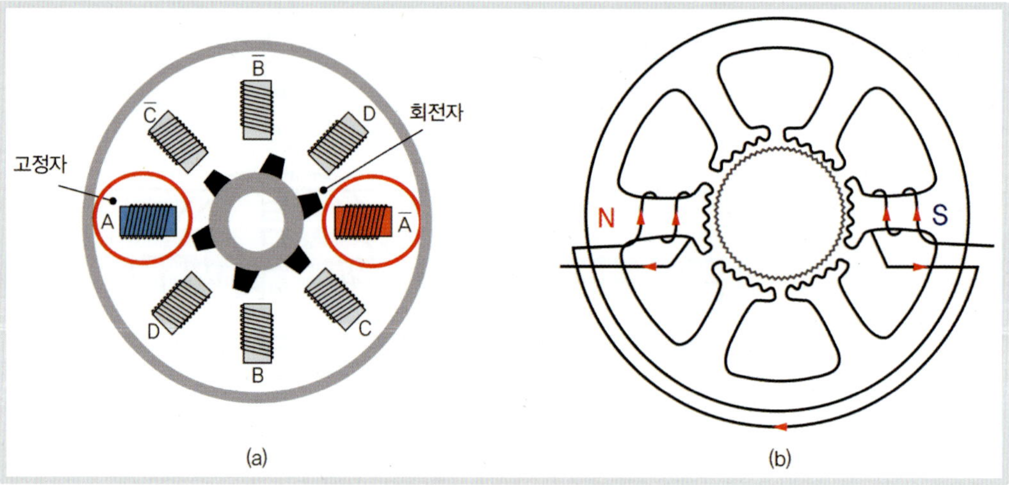

ㅣ그림 4-15ㅣ VR형 Step 모터

3) HB형

HB(Hybrid type)는 PM형과 VR형을 융합한 형태인데, 기본구조는 VR형의 톱니바퀴 철심형 Step 모터와 같다. 다만, 그림 4-16과 같이 회전자가 VR형과 비교하여 철심이 아니라 영구자석으로 구성되어 있어서 VR형에 비교하여 상대적으로 회전 토크가 크다. 그러므로 HB형은 분해능이 정밀하고 높은 정밀도가 요구되는 부하에 사용된다. 지금까지 설명한 3가지 구조 형태에 따른 Step 모터의 특징을 요약하면 표 4-6과 같다.

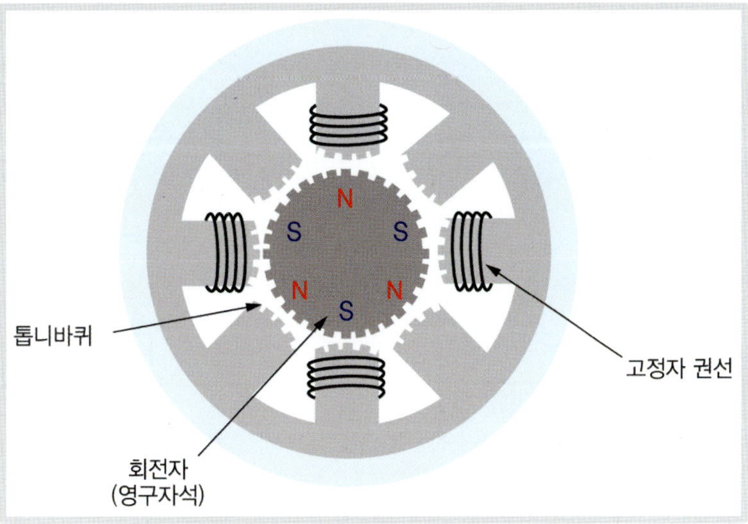

| 그림 4-16 | Hybrid형 Step 모터

표 4-6 Step 모터 구조별 특징

형태	PM형	HB형	VR형
Step각	7.5° ~ 15°	1.8° ~ 3.6°	1.8° ~ 15°
Torque	소	대	중 ~ 대
비용	저렴	고가	고가

❷ Step 모터 제어이론

Step 모터를 제어하는 방법은 고정자 권선 코일에 각각 전류를 흘려 몇 개의 전자석으로 만들어 회전자를 돌리느냐에 따라 1상, 2상, 1-2상 여자 방식으로 나눈다. 또한 그림 4-17과 같이 고정자 권선 코일에서 전자석(여자)을 만드는 방법에 따라 유비폴라 구동과 바이폴라 구동으로 나눈다. 유니폴라 방식은 고속 회전을 요하는 곳에 사용된다. 반면에 바이폴라 방식은 저속에서 큰 토크를 필요로 하는 곳에 적용하는 방식이며, 코일에 저장된 전류가 회생되어 에너지 효율이 높아지는 방식이다.

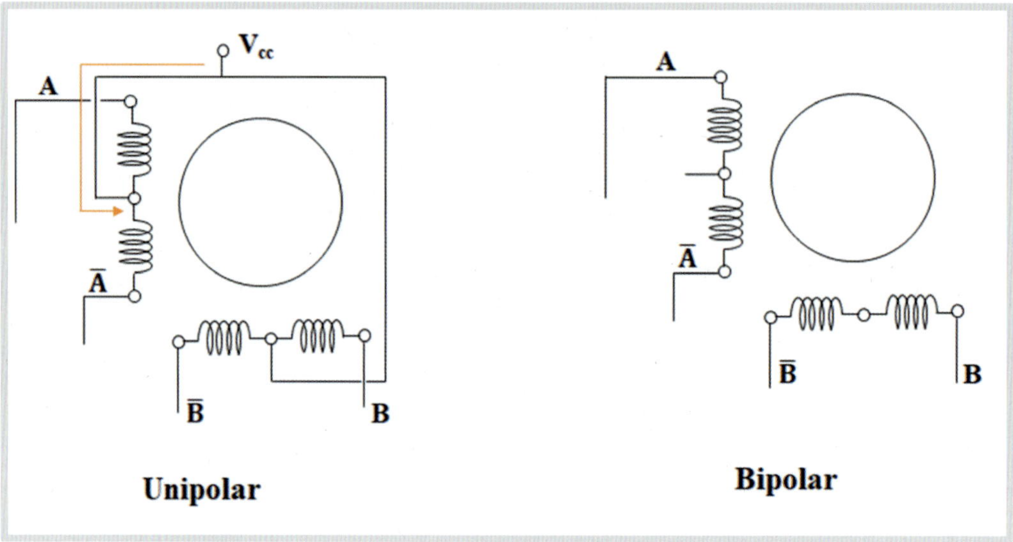

| 그림 4-17 | Step 모터 구동방식

그림 4-18에는 Step 모터의 유니폴라 제어방식을 보였다. 유니폴라 1상 제어방식은 고정자 권선 코일에 자화되는 상이 1개뿐 이므로 모터의 온도 상승이 적으며 저전압의 전원을 사용하여도 된다. 다만, 출력 토크는 크지만 회전할 때 감쇠 진동이 크고 난조를 일으킬 수 있으므로 Step 모터를 운전할 때는 주의하여야 한다.

유니폴라 2상 제어방식은 고정자 권선 코일에 여자되는 상이 2개이므로 기동 토크가 늘 존재하여 감쇠 진동이 적어 난조가 거의 안 일어나기 때문에 안정적이다. 따라서 일반적으로 Step 모터 제어방식으로는 유니폴라 2상 제어방식이 사용된다. 또한 이 방식은 상이 전환될 때도 반드시 1개의 상은 여자되어 있으므로 제동 효과가 크다. 그러나 2개의 상(코일)이 여자되어 있어야 하므로 모터의 온도 상승과 전류 소모를 고려하여야 한다. 한편 1-2상 여자 방식은 하나의 상과 2개의 상을 교대로 흐르게 하는 방식으로, 스텝 각은 1, 2상 여자 방식과 비교하여 1/2 정도 분해능이 좋아지므로 회전 각도를 보다 더 정밀하게 제어할 때 사용된다.

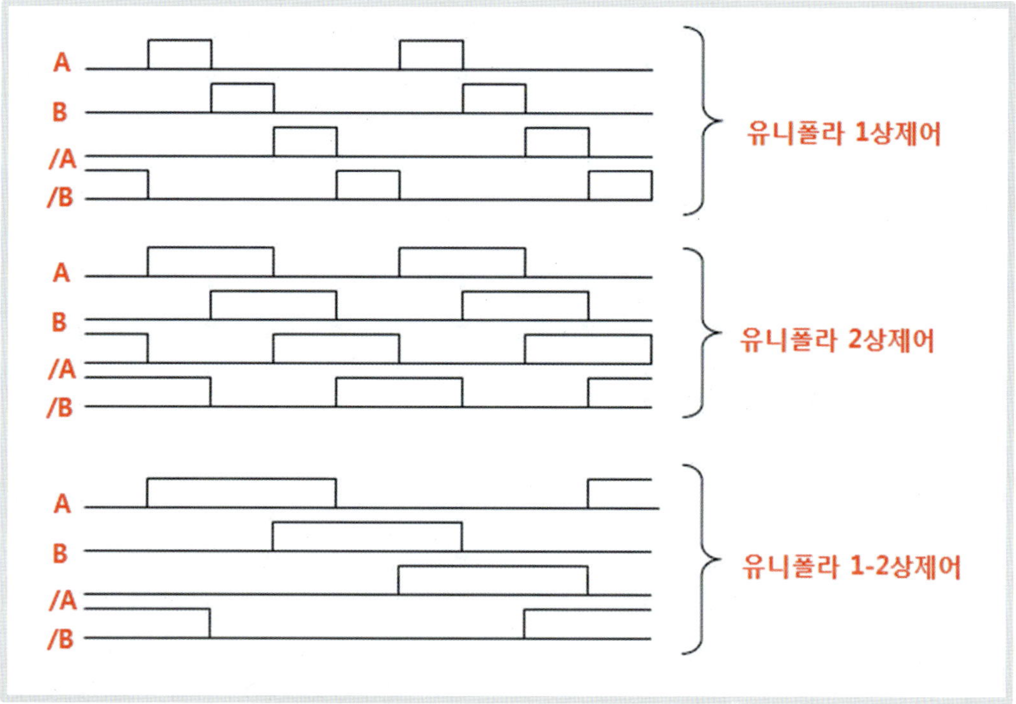

| 그림 4-18 | Step 모터 유니폴라 제어방식

Step 모터의 바이폴라 제어방식을 그림 4-19에 나타내었다. 순서도를 읽는 방식은 S1 Step에서 A→$\overline{A}$로 전류가 흐를 때 $\overline{B}$→ B로 전류가 동시에 흐르며, S2 Step으로 넘어가면 $\overline{A}$→A로 전류의 흐름이 바뀌고 $\overline{B}$→ B는 그대로 유지된다. 이와 같이 각 코일의 전류를 계속 공급하면서 전류의 공급 방향만을 바꾸는 제어방식이다.

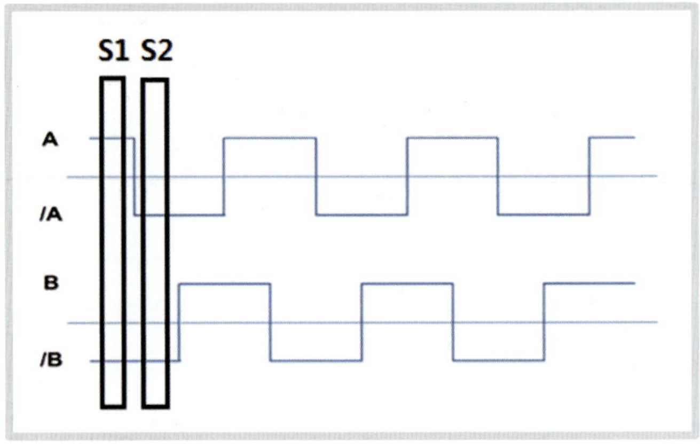

| 그림 4-19 | Step 모터 바이폴라 제어방식

❸ Step 모터 기본 동작 실습

가장 일반적인 유니폴라 2상 여자방식을 사용하여 Step 모터 구동실습을 하려고 한다. 표 4-7에 Step 모터를 2상으로 제어하는 순서도를 표시하였다.

표 4-7 2상 Step 모터 제어

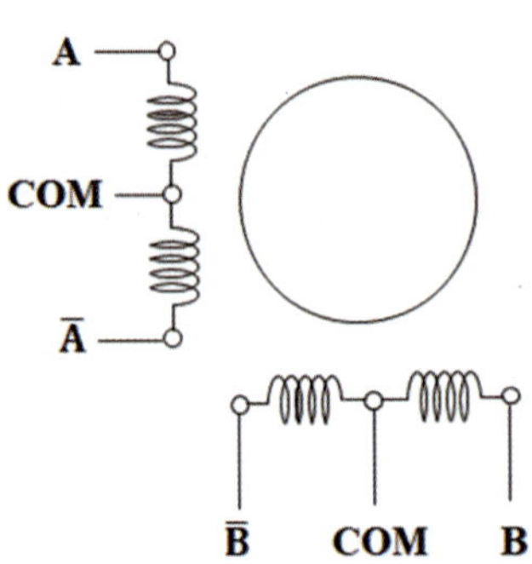

Clock	R	1	2	3	4	5	6	7	8
A	■	■			■	■			■
B		■	■			■	■		
/A			■	■			■	■	
/B	■			■	■			■	■

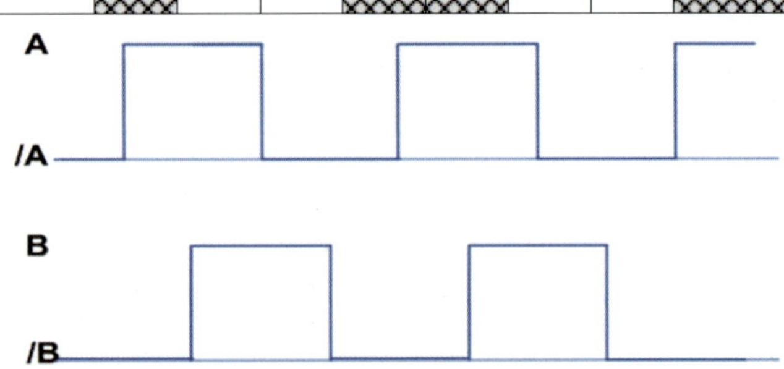

실습은 소형 Step 모터를 이용하며 모터를 제어하기 위하여 500mA까지 전류를 공급하는 ULN200X 트랜지스터 어레이 소자를 사용한다. ULN200X 트랜지스터 어레이는 X는 1~4까지 구분되며, 이는 부하의 전압에 따른 분류 번호이다. ULN2003 트랜지스터에 대한 내부 회로는 그림 4-20과 같다. ULN200x 시리즈는 반도체 회사마다 사용전압이 다르므로 반드시 규격을 숙지하여야 한다. 동작특성은 1B ~ 7B까지 트랜지스터 베이스 입력단자가 있으며 입력이 "LOW"일 때에는 출력이 Open되며 입력이 "HIGH"일 때에는 출력이 접지와 연결된다. 내부 다이오드는 외부전원과 연결되는데 이는 코일과 같은 과도특성인 역기전력(EMF)을 제거하기 위하여 설치한다.

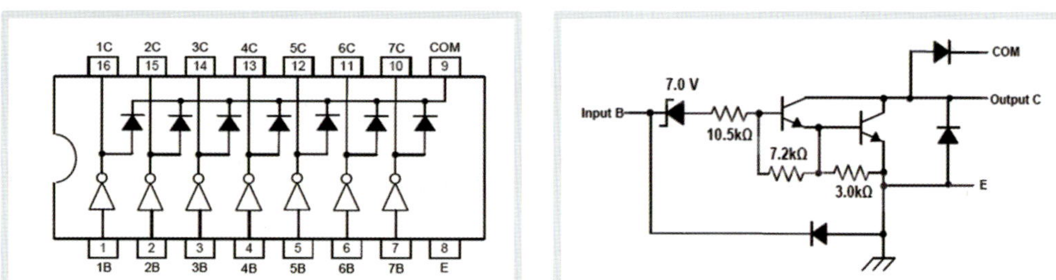

ULN2001A	General Purpose, DTL, TTL, PMOS, CMOS
ULN2002A	14-25V PMOS
ULN2003A	5V TTL, CMOS
ULN2004A	6–15V CMOS, PMOS

| 그림 4-20 | ULN200x Darlington 트랜지스터

예제 Project403 실습에서는 유니폴라 2상 Step 모터의 속도는 가변저항을 이용해 펄스시간 인가 시간을 설정하여 사용하고, 두 개의 스위치를 이용하여 구동 시작과 정지 그리고 회전 방향을 결정하도록 한다. Project Clip은 기본적인 "VirtualTerminal.pdsclip"만 사용한다. 표 4-7에 따른 2상 Step 모터 제어 명령은 IO11, IO10, IO9, IO8번 핀에 각각 {0,0,1,1}, {0,1,1,0}, {1,1,0,0}, {1,0,0,1}이 순서대로

반복적으로 입력되어야 한다. 예제에서는 회전각 시뮬레이션을 시각적으로 확인하기 위하여 펄스당 10° 각도를 갖도록 Step 모터를 설정한다.

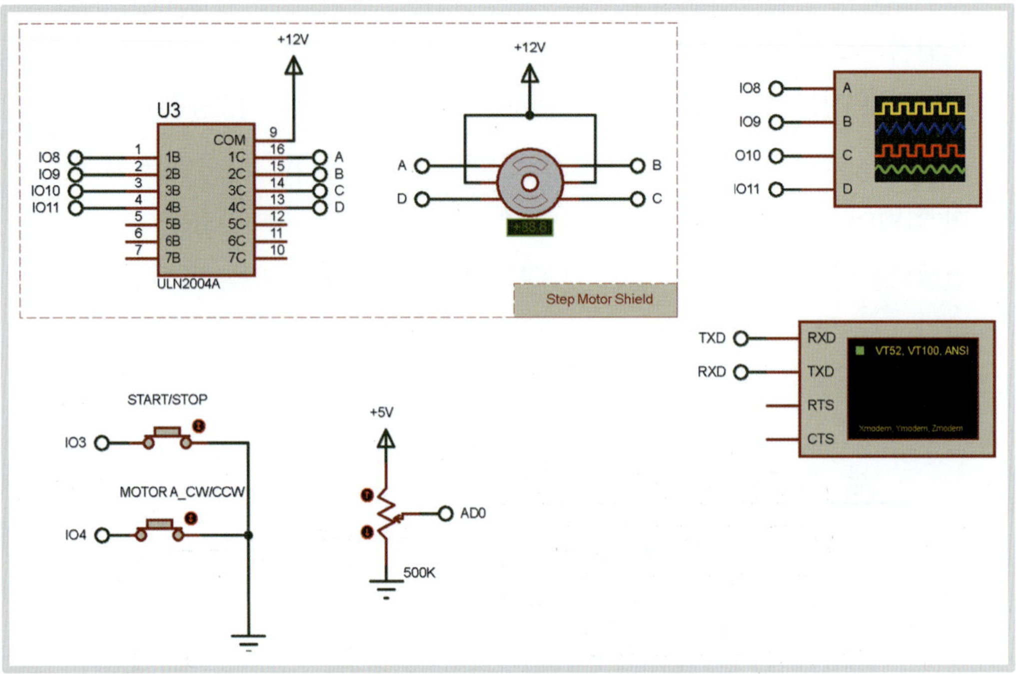

| 그림 4-21 | Step 모터 제어회로

그림 4-21의 Step 모터 제어회로는 표 4-8의 부품을 이용하여 구현한다. 여기서 부품 Step motor의 A 단자는 표 4-7의 Step 모터 회로에서 코일 A상, B 단자는 코일 B상 그리고 C 단자는 코일 $\overline{A}$상, D 단자는 코일 $\overline{B}$상에 해당한다.

표 4-8 부품 특성표(그림 4-21 회로)

부품명	Mode	Edit Component	비고
Step 모터	• Component Mode - 검색 : MOTOR-STEPPER	• Normal Voltage=12V • Step Angle=10	펄스당 10도
트랜지스터 어레이	• Component Mode - 검색 : ULN2004A		
가변저항	• Component Mode - 검색 : POT	• 500k	
전원	• Component Mode - 검색 : VSOURCE	• V1=5V, V2=12V	
BUTTON SW	• Component Mode - 검색 : BUTTON		
OSCILLOSCOPE	• INSTRUMENTS Mode - 검색 : OSCILLOSCOPE	• 4개 Channel DC에 설정 • 전압 스케일 : 5V • 시간 스케일 : 200ms	

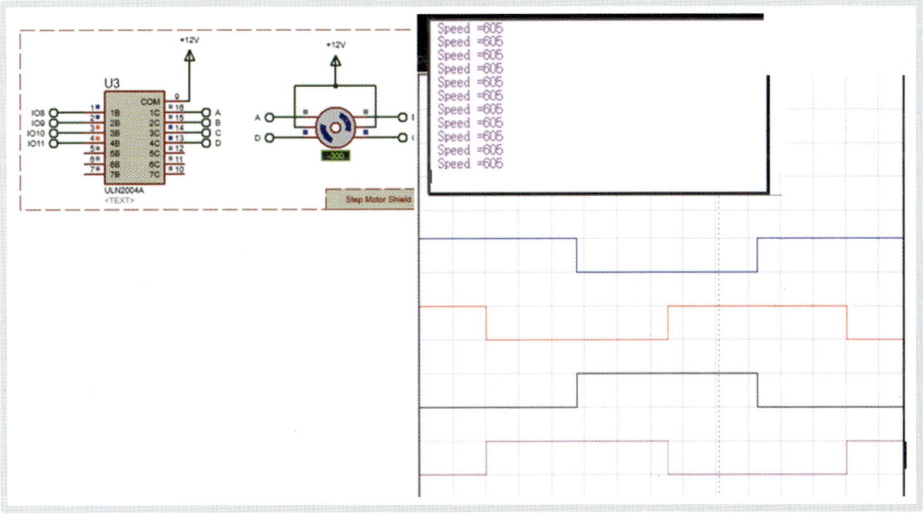

| 그림 4-22 | Step 모터 제어 실행 결과

Project 403 Step 모터 제어

```
#define START 3
#define CW 4
void setup()
{
    DDRB=0x0F;    PORTB=0x00; //Output for pin8,9,10,11
    pinMode(CW, INPUT_PULLUP); pinMode(START, INPUT_PULLUP);
    Serial.begin(9600);
}

void MotorControl(byte bCw)
{
  byte   nStepValue[4]={0x03, 0x06, 0x0c, 0x09};

  int nTime=analogRead(A0);
  nTime=map(nTime,0,1023,0,990);
  nTime=1000-nTime;         //최소 10 ~1000ms pulse/sec
  Serial.println(" Speed ="+String(nTime) );

  if(bCw)
  {
       for(int i=0; i<4; i++)
       {
         PORTB=nStepValue[i];   delay(nTime);
       }

  }
  else
  {       // 다음 쪽 계속
```

```
29          for(int i=3; i>-1; i--)
30          {
31                   PORTB=nStepValue[i];   delay(nTime);
32          }
33      }
34  }
35  void loop()
36  {
37     byte bStart=digitalRead(START);
38     byte bCw=digitalRead(CW);
39     if(!bStart) MotorControl(bCw);
40  }
```

Step 모터 제어를 위한 예제 Project403의 주요 코드에 대한 기능은 다음과 같다.

1~2	시작, 방향선택 스위치 핀 번호 정의
5	ULN2004에 연결된 PortB에 대한 OUTPUT 선언과 초기화
6	시작, 방향선택 스위치 핀 INPUT_PULLUP 선언
10~34	Step 모터 방향 및 각도 제어 함수
12	IO11, IO10, IO9, IO8번 핀에 순서대로 입력되는 제어값 {0,0,1,1}, {0,1,1,0}, {1,1,0,0}, {1,0,0,1}의 16진수
14~15	A0 핀으로 가변저항값을 입력받아 0 ~ 990으로 변환
16	펄스간 간격(시간), 클수록 속도가 느려짐 : 1000[ms] ~ 10[ms]
19~26	방향 스위치가 Off되어 있으면 시계방향으로 회전
27~34	방향 스위치가 On되어 있으면 반시계방향으로 회전
37	시작 선택 스위치 정보 입력
38	방향 선택 스위치 정보 입력
39	시작이면 MotorControl() 함수의 매개변수에 방향 제어 명령 전달

④ Step 모터 각도 제어 실습

Step 모터의 본래 기능인 각도 제어를 위해 그림 4-21의 Project403 회로를 그대로 사용하고 프로그램만 수정하기로 한다. Project403과 다른 점은 다음과 같다.

- 가변저항을 통해 0~360° 범위의 회전 각도 명령을 읽는다.
- Start 스위치를 누르면 정해진 각도까지 회전하도록 Toggle로 동작하며, Start와 Stop의 기능이 반복적으로 이루어지도록 한다.
- Start 스위치는 외부 interrupt 기능을 이용하여 Start Toggle 스위치의 동작 여부를 감시
- Step 모터의 회전 각도를 펄스당 2°도로 설정
  (Step 모터의 Edit Properties에서 Step Angle=2로 수정)
  예를 들어, 각도 명령이 80° 이동이라면 펄스마다 2°씩 회전하는 실습에 적용하고 있는 Step 모터는 80°까지 회전하기 위하여 80/2번의 펄스를 순차적으로 인가한다.
- 각도 명령 완료 후 Step 모터는 자동 정지

Project 404 Step 모터 각도 제어

```
#define START 3
#define CW 4
volatile byte bStart=0;

void setup()
{
    DDRB=0x0F;    PORTB=0x00; //Output for pin8,9,10,11
    pinMode(CW, INPUT_PULLUP); pinMode(START, INPUT_PULLUP);

    attachInterrupt(digitalPinToInterrupt(START), StartStop, FALLING);
    Serial.begin(9600);    // 다음 쪽 계속
```

```
}
//Interrupt 실행함수 추가
void StartStop()
{
  if(bStart) bStart=0;
  else bStart=1;
}

void MotorControl(byte bCw)
{
   byte  nStepValue[4]={0x03, 0x06, 0x0c, 0x09};
   static int nRightCount=0, nLeftCount=0;

   if(!bStart) return;  //정지 신호 감시
   int nDegreeCount=analogRead(A0);
   nDegreeCount=map(nDegreeCount, 0, 1023, 0, 360);
   Serial.println(" Degree ="+String(nDegreeCount) );

   if(bCw) // 시계방향 회전
   {
      PORTB=0x09; delay(50);
      for(int i=0; i<nDegreeCount/2; i++)
      {
         if(!bStart) return;  //정지 신호 감시
             PORTB=nStepValue[nRightCount++] & 0x0F;  delay(50);
             if(nRightCount>3) nRightCount=0;
      }
   }   // 다음 쪽 계속
```

```
40      else  //반시계방향
41      {
42          PORTB=0x06; delay(50);
43          for(int i=nDegreeCount/2; i>-1; i--)
44          {
45              if(!bStart) return;  //정지 신호 감시
46                  PORTB=nStepValue[nLeftCount--] & 0x0F;  delay(50);
47                  if(nLeftCount<0)  nLeftCount=3;
48          }
49      }
50      bStart=0;
51  }
52  void loop()
53  {
54      byte bCw=digitalRead(CW);
55      if(bStart) MotorControl(bCw);
56  }
```

Step 모터를 이용하여 주어진 명령 각도만을 회전하도록 하는 예제 Project404의 주요 코드에 대한 설명은 다음과 같다.

3	외부 interrupt에 의해 Start/Stop toggle S/W 정보 변수 선언
10	3번 핀에 대하여 외부 interrupt로 동작 interrupt는 스위치 Falling edge에서 작동 interrupt가 발생하면 StartStop() 함수가 자동으로 실행
14~18	외부 interrupt로 동작하는 실행함수 toggle 기능 부여
26~27	A0 핀으로 가변저항값을 입력받아 0 ~ 360까지 각도 명령으로 변환

30~39	시계방향일 때 2°씩 펄스가 인가되도록 명령 각도를 2로 나누어 순차적으로 PORT_B에 펄스 인가
32	시계방향으로 첫 번째 값 입력을 위한 이전 상태 초기화
37	Step 모터에 인가되는 제어값을 4개씩 반복 처리하기 위한 명령
40~49	반시계 방향일 때 2°씩 펄스가 인가되도록 명령 각도를 2로 나누어 역순으로 PORT_B에 펄스 인가
42	반시계 방향으로 첫 번째 값 입력을 위한 이전 상태 초기화
50	각도 이동 명령 완료 후 Step 모터 정지
55	Toggle S/W 작용으로 Start 신호이면 MotorControl()함수 호출

우리는 이 단원에서 Step 모터 동작원리를 이용하여 직접 제어하는 명령으로 프로그래밍 코드를 작성하였다. Arduino에서는 Step 모터를 제어하기 편리하도록 전용 라이브러리를 제공해 주고 있다. 이는 #include 〈Stepper.h〉를 이용하여 라이브러리를 불러들이고 생성자를 생성하여 몇 개를 사용하면 된다. 추가적인 내용은 인터넷 키워드 "Arduino Stepper.h"를 검색하여 학습하기를 권장한다.

#include 〈Stepper.h〉

① **객체 생성 :** Stepper 객체명(steps, pin1, pin2, pin3, pin4);

- steps : 360 기준 펄스 스텝 수 : 예) 스텝당 각도 2°인 경우 180
- pin_n : 모터와 연결된 핀 지정, 2개 또는 4개
- pin1=코일 A상, pin2=코일 B상, pin3=코일 $\overline{A}$상, pin4=코일 $\overline{B}$상,

② setSpeed**(rpms) :** 회전 속도 rpm값 설정

③ step**(long steps) :** step 수에 비례하는 각도만큼 회전

Capstone Design 용으로 시중에서 쉽게 구매할 수 있는 아두이노 전용 Step 모터는 28BYJ-48이다. 그림 4-23에 보인 이 Step 모터는 +5[V]에서 동작하며 구동 주파수는 100[Hz]까지이다. 즉, 1초에 100번 펄스 인가가 가능하며 분당 최대 6,000개의 펄스 인가가 가능하다. 회전 각도는 제조사마다 360° 구동할 때 2,048개 혹은 4,096개의 펄스가 필요하므로 먼저 규격을 읽어보기를 권장한다.

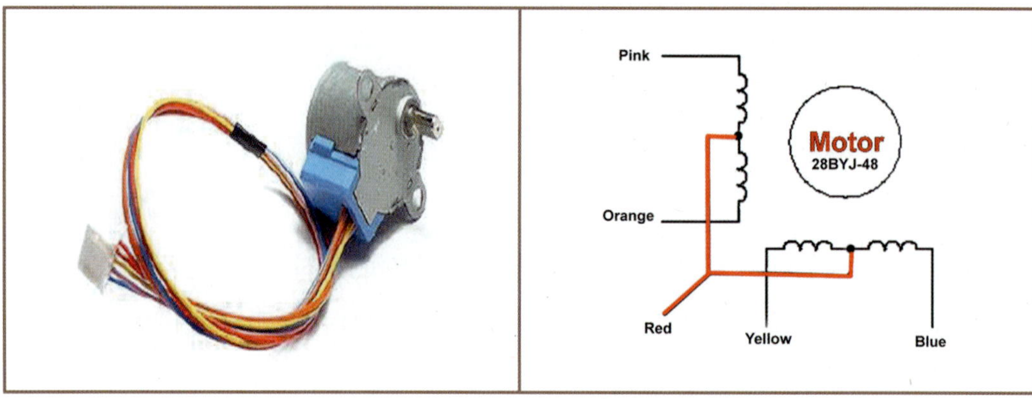

| 그림 4-23 | Step 모터(28BYJ-48)

스테핑모터 28BYJ-48에 대한 일반적인 규격은 다음과 같다.

- 동작전압 : 5VDC
- 상의 수 : 4
- 기어비 : 1/64
- 기어비를 고려한 펄스당 회전 각도 : 5.625°/64
- 최대 동작 주파수 : 100[Hz]
- Torque : 34.3[mN.m]

실습용 Step 모터 모델 28BYJ-48은 360° 회전하는데 2048개의 펄스가 요구되는 Step 모터를 구매하였다고 가정하자. 다시 말해 펄스 1개당 0.1756°, 1° 회전을 위한 펄스는 2048/360개가 필요한 구조로 내부 기어비가 구성되어 있다. 또한 이 Step 모터는 최대 100[Hz]로 동작하므로 1분에 6000번이므로 6000/2048=최대 2.93[rpm] 회전속도를 갖는다.

28BYJ-48 Step 모터는 Arduino용 ULN2003 드라이버와 함께 판매되고 있다. 이때 결선은 커넥터로 연결되어 있어서 사용자가 손쉽게 결선할 수 있도록 구성되어 있다. 대부분의 이 제품들은 Step 모터 코일과 Step 모터 외부선 간에 다음과 같이 연결되어 있다. 이 순서는 회전 방향이 관계되는데 실제 동작에는 모터 초기 방향을 바꾸면 되므로 차이가 없다.

- 코일 A상 : Step 모터 Blue 선,
- 코일 B상 : Pink 선,
- 코일 $\overline{A}$상 : Step 모터 Yellow 선,
- 코일 $\overline{B}$상 : Step 모터 Orange 선

이 경우에는 예제 Project404의 프로그래밍을 다음과 같이 수정하면 Step 모터의 각도를 제어할 수 있다. 그리고 그림 4-21 Step 모터 제어회로에서 Step 모터에 대한 Edit Properties에서 펄스 1개당 0.1756°의 값을 [Step Angle: 0.1756]으로 변경하여야 한다.

```
DegreeCount=map(nDegree, 0, 1023, 0, 2048); // 1바퀴 회전
//각도 모니터링
Serial.println(" Degree ="+String(360/2048.0*nDegreeCount);
delay(10); //10[ms] 이상이어야 탈조가 일어나지 않는다.
for(int i=0; i<nDegreeCount; i++)
for(int i=nDegreeCount; i>-1; i--)
```

만약 <Stepper.h> 라이브러리를 이용하면 프로그램이 더욱 단순해질 수 있다. 이때 주의 사항은 객체 생성 후 초기 핀 설정이다. 즉, ULN2003을 사용할 때 다음 순서대

로 핀을 설정하여야 한다.

```
Stepper 객체명(steps, IN1, IN3, IN2, IN4);
```

다음은 예제 Project404를 〈Stepper.h〉 라이브러리를 이용하여 ULN2003 또는 ULN2004 드라이버를 이용하여 실제의 Arduino용 28BYJ-48 Step 모터를 각도 제어하는 프로그램으로 변형하였다. Capstone Design에서 응용할 때 활용하기 바란다.

Project 405 28BYJ-48 Step 모터 각도 제어

```
#include 〈Stepper.h〉
Stepper stepmotor(2048, 8,10,9,11);

#define START 3
#define CW 4
volatile byte bStart=0;

void setup()
{
    stepmotor.setSpeed(2);
    DDRB=0x0F;    PORTB=0x00; //Output for pin8,9,10,11
    pinMode(CW, INPUT_PULLUP); pinMode(START, INPUT_PULLUP);

    attachInterrupt(digitalPinToInterrupt(START), StartStop, FALLING);
    Serial.begin(9600);
}
// 다음 쪽 계속
```

```
void StartStop()
{
  if(bStart) bStart=0;
  else bStart=1;
}
void MotorControl(byte bCw)
{
    if(!bStart) return;

    int nDegreeCount=analogRead(A0);
    nDegreeCount=map(nDegreeCount, 0, 1023, 0, 360);
    Serial.println(" Degree ="+String(nDegreeCount) );

    int nSteps=2048/360.0*nDegreeCount;
    if(bCw)   stepmotor.step(nSteps);
    else      stepmotor.step(-nSteps);
    bStart=0;
}
void loop()
{
    byte bCw=digitalRead(CW);
    if(bStart) MotorControl(bCw);
}
```

예제 Project 404와 달라진 부분 중심으로 Project405를 설명하면 다음과 같다.

1	step motor 라이브러리 등록
2	객체 생성 step motor 360도 회전에 필요한 step 수, 드라이버 사용 핀 등록
10	회전속도 rpm 설정
31	기준 회전 각도에 대하여 펄스의 수 계산
32	정회전을 위한 계산된 펄스 입력
33	역회전을 위한 계산된 펄스 입력

4.3 서보 모터 제어

학습목표

- 서보 모터와 step 모터의 용도와 성능 차이를 설명할 수 있다.
- 표준형 서보 모터의 제어 특성을 이해하고 각도 제어 방법을 표현할 수 있다.
- Arduino용 서보 모터 라이브러리를 활용하여 모터의 회전을 제어할 수 있다.

학습내용

- 서보 모터 특징과 용도
- 표준형 서보 모터의 각도 제어 특성
- Arduino용 서보 모터 라이브러리 멤버함수 기능

① 서보 모터 동작원리

서보(Servo) 모터는 Servant(하인)이란 단어에서 기인한 것으로, 주어진 명령을 수행하는 모터라는 의미이다. 이는 위치와 회전 속도 명령에 대응하여 동작하는데 Step 모터와는 다르게 빈번하게 변화하는 위치나 속도 명령을 정확하게 추종할 수 있도록 고안된 모터이다. 서보 모터의 전원 공급에 따라 DC/AC 서보 모터가 있다.

서보 모터는 Step 모터 등과 비교하여 토크가 크고 빠른 응답을 위해 회전자의 작은 관성 모멘트를 갖는다. 이를 위해 서보 모터의 회전자는 일반적으로 가늘고 긴 구조를 갖는다. 이에 대한 특징을 표 4-9에 기술하였다.

표 4-9 서보 모터 특징

특징	DC서보 모터	AC서보 모터	Step 모터
용 량	~ 수 kW	~ 수십 kW	~수십 W
최대속도	5,000rpm	10,000rpm	1,000rpm
구 조	증폭기 구성 간단	증폭기 구성 복잡	가격 저렴
브러시	있음	없음	없음

본 절에서는 무선 자동차나 드론에 사용하는 RC(Radio Control) 서보 모터를 통해 서보 모터의 일반적인 동작원리를 이해하기로 한다. Arduino를 사용하는 경우 학습용으로 제공하는 대표적인 서보 모터는 그림 4-24에 보인 SG90으로 DC 모터와 제어기 그리고 기어로 구성되어 있다.

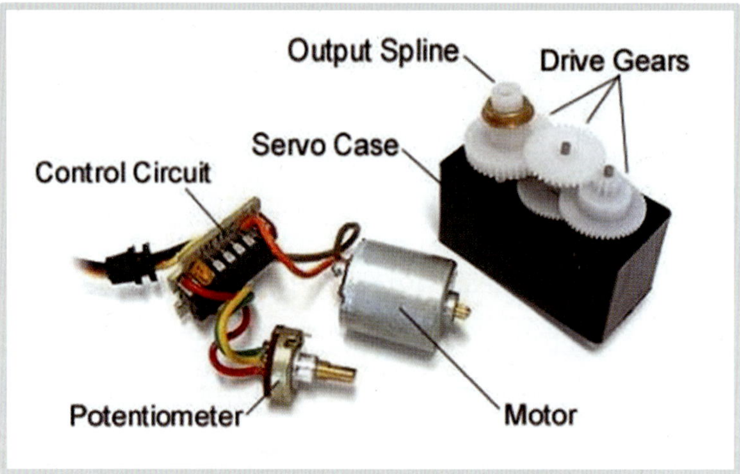

| 그림 4-24 | RC 서보 모터 구성

표준 서보 모터는 PWM으로 제어하는데 그림 4-25와 같은 제어 특성을 갖는다. 서보 모터의 제어기는 위치 명령과 출력으로부터 Feedback 받은 물리량과 비교하여 편차만큼 위치를 비례 제어하는 P 제어기로 구성되어 있다.

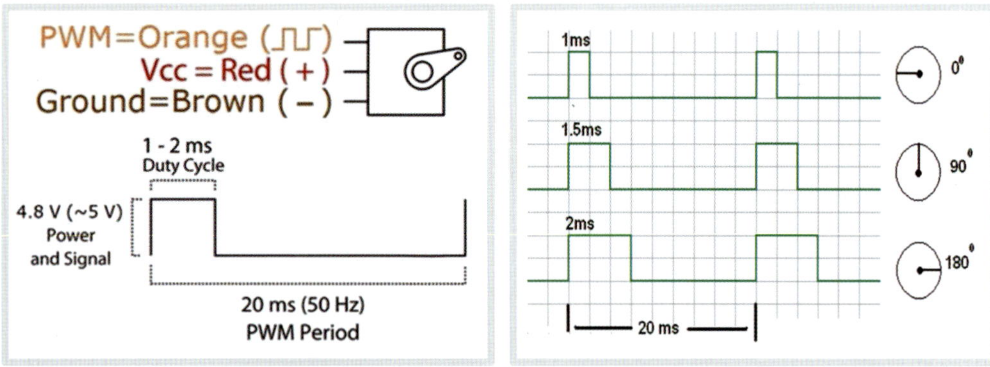

| 그림 4-25 | 표준형 서보 모터 제어 특성

표준 서보 모터의 회전 제어는 50[Hz]의 PWM 신호를 서보 모터의 제어 핀에 입력하여 0 ~ 180° 사이의 회전 각도를 제어한다. 기준 위치는 왼쪽이며 제어 각도는 High 시간인 duty를 조절하여 오른쪽 180°까지 제어한다.

예를 들어, PWM 신호에서 "High" 상태 시간이 1[ms], 즉 duty 5[%]이면 서보 모터는 제자리인 0° 위치에 머물고 1.5[ms], duty 50[%]이면 90° 위치로 이동하므로 10° 위치로 이동하기를 바란다면 1ms+0.5[ms]/90° × 10° =1.055[ms] 동안 "High" 상태로 PWM 신호를 계속해서 인가하면 된다. Arduino에서는 이러한 계산 과정이 포함된 전용 Header 파일을 제공하여 각도 단위 혹은 시간 단위로 입력하여 서보 모터의 회전각을 제어할 수 있도록 한다.

Arduino용 서보 모터 제어 라이브러리의 멤버함수에 대한 주요 기능을 다음에 요약 정리하였다. 이 라이브러리를 Arduino Uno에 적용하는 경우, 임의의 입출력 핀을 사용하여 서보 모터를 제어할 수 있다. 그렇지만 3-4절의 표 3-8에서 언급한 바와 같이 내부적으로는 9번 또는 10번 핀을 사용하므로 이 핀을 다른 용도의 PWM 신호 출력으로 사용하면 충돌이 일어날 수 있으므로 주의하여야 한다. 참고로 SG90과 같은 RC 서보 모터는 명령 후 15[ms]의 여유를 두어 모터가 안정하도록 한다.

#include <Servo.h>

① **객체 생성 :** Servo 객체명;

② attach**(pin) 또는 attach(pin, min, max)**

- 주어진 pin에 연결하여 PWM 출력 허용
- min(int) : 표준 서보 모터가 아닌 경우 최소 0°에서 펄스폭 지정
- max(int) : 표준 서보 모터가 아닌 경우 최대 180°에서 펄스폭 지정
- write(angle) : 0° ~ 180° 각도 회전 제어 명령

③ writeMicroseconds**(uS)** : 시간 단위로 회전 제어 명령

③ read() : 현재 위치 서보 모터 각도 반환

❷ 서보 모터 기본 동작 실습

Project406에서는 임의의 IO 핀에 서보 모터 제어용 PWM 신호를 출력할 수 있는 Arduino 전용 서보 모터 라이브러리를 이용하여 주어진 각도만큼 서보 모터가 이동하도록 하는 실습을 한다. 실습은 각도를 입력하는 경우와 시간으로 환산하여 입력하는 경우로 나누어 실습하며 두 가지 경우를 비교해 본다. 입력은 가변저항을 사용하여 제어각을 0 ~ 180°로 환산하여 사용한다. 시간으로 환산하여 입력하는 방식은 정확하게 시뮬레이션이 이루어지지만 아쉽게도 각도를 직접 입력하는 방식은 Proteus VME 시뮬레이션의 한계로 오차가 발생한다. 이는 파형으로 관찰하면 쉽게 오차의 원인을 쉽게 확인할 수 있다. Capstone Disign 작품에 서보 모터를 응용하는 경우 실제의 표준 서보 모터에 예제의 시뮬레이션 코드를 적용하면 정확히 동작하는지 각자 확인해 보기 바란다. Project Clip은 기본적인 "VirtualTerminal.pdsclip"만 사용한다.

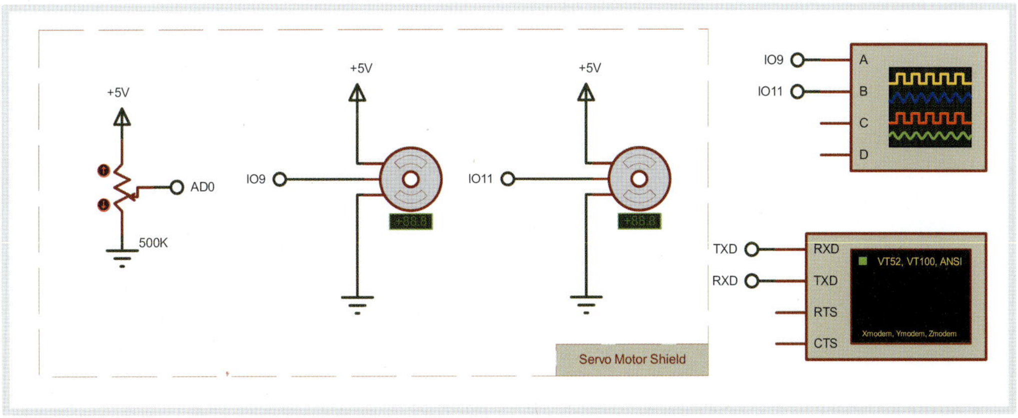

| 그림 4-26 | 서보 모터 각도 제어 실습

그림 4-26 회로 구성은 표 4-10을 이용하여 완성한다.

표 4-10 부품 특성표(그림 4-26 회로)

부품명	Mode	Edit Component	비고
서보 모터	• Component Mode - 검색 : MOTOR-PWMSERVO	• Min. Angle : 0 • Max. Angle : 180	
가변저항	• Component Mode - 검색 : POT	• 500k	
OSCILLOSCOPE	• INSTRUMENTS Mode - 검색 : OSCILLOSCOPE	• 2개 Channel DC 설정 • 전압 스케일 : 5V • 시간 스케일 : 2ms	

Project 406 서보 모터 각도 제어

```
1  #include <Servo.h>
2  Servo Aservo, Bservo;
3
4  void setup()
5  {
6      Aservo.attach(9);      Bservo.attach(11);
7      Serial.begin(9600);
8  }
9
10 void loop()
11 {
12     int nAngle=analogRead(A0);
13     nAngle=map(nAngle,0,1023,0,180);
14
15     Aservo.write(nAngle);
16     Bservo.writeMicroseconds(1000+500/90.0*nAngle);
17
18     Serial.println("Command Angle : "+ String(nAngle));
19     delay(200);
20 }
```

Project406 예제에서 사용한 서보 모터 제어 프로그램의 주요 코드는 다음과 같다.

1	서보 모터 전용 라이브러리 include
2	2개의 객체 생성 : Aservo, Bservo
6	Aservo에 9번 핀 연결, Bservo에 11번 핀 연결
12~13	A0 핀으로 가변저항값을 입력받아 0 ~ 180까지 각도 명령으로 변환

15	Aservo에 서보 모터 제어 PWM duty에 대응하는 각도 입력
16	Bservo에 서보 모터 제어 PWM duty에 각도 대응하는 시간[us] 입력 계산식에서 분모는 반드시 소수점 포함하여 계산

실습 결과를 그림 4-27에 나타내었다.

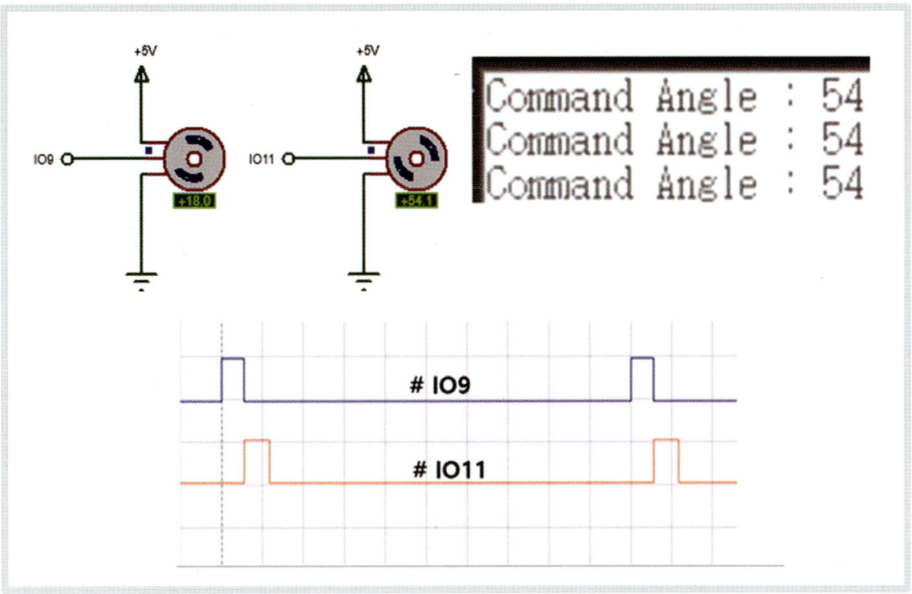

| 그림 4-27 | 서보 모터 각도 제어 실습 결과

참로로 Proteus는 버전에 따라 프로그램을 Compile할 때 서보 모터 프로그램이 구동되지 않을 수 있다. 이러한 경우가 발생할 때는 그림 4-48과 같이 설정을 추가하여야 한다.

• Source Code 화면 : Project → Project Settings → Options

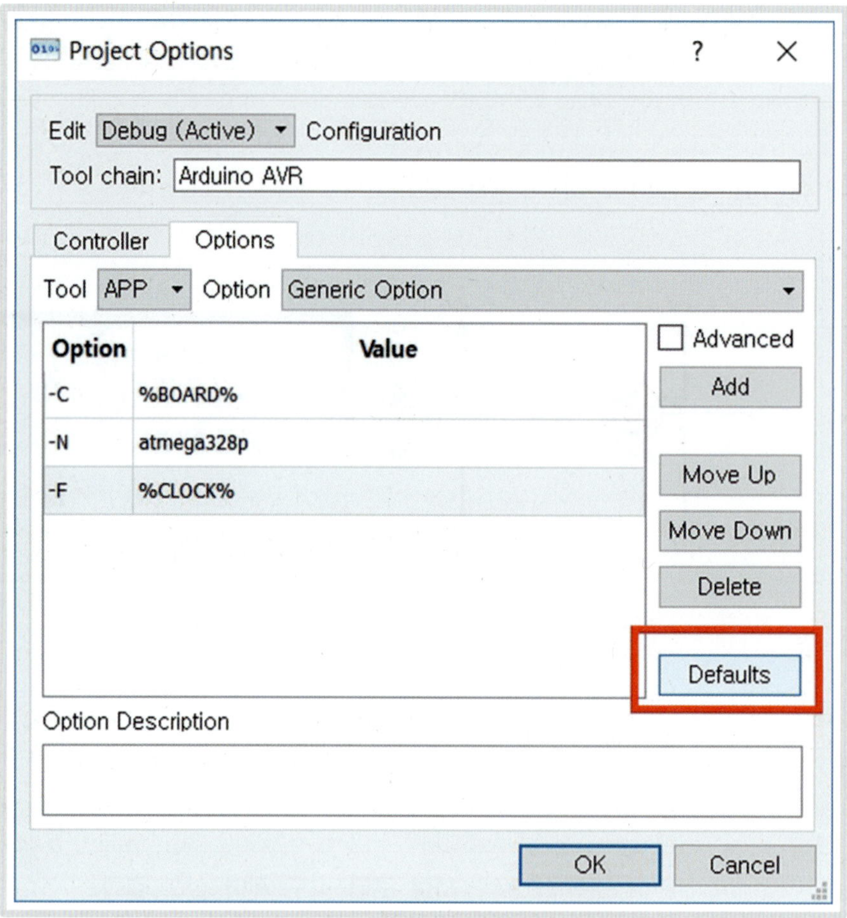

| 그림 4-28 | Option 설정 변경

4.4 BLDC 제어

학습목표

- 브러시가 없는 BLDC 모터의 동작원리를 설명할 수 있다.
- BLDC 모터 제어 신호를 이해하고 프로그램에 적용할 수 있다.
- 회전하는 영구자석의 위치를 검출하는 방법을 설명할 수 있다.
- 위치 센서 신호와 제어 신호의 상호 관계로부터 BLDC 모터의 제어 원리를 이해할 수 있다.
- BLDC 모터 드라이버 회로를 구현할 수 있다.
- 드라이버 내장형 BLDC의 속도와 방향을 프로그램으로 제어할 수 있다.

학습내용

- BLDC 모터 종류와 동작원리
- BLDC 모터 드라이버 제어원리
- BLDC 모터 드라이버 회로설계 및 프로그래밍
- 드라이버 내장형 BLDC 사용법

① BLDC 모터 동작원리

일반적으로 직류 모터는 그림 4-29(a)와 같이 자계의 환경에서 전기자에 직류 전류를 공급하면 전류를 공급받은 전기자가 회전하는 구조이다. 전기자가 회전하기 때문에 전류를 공급하는 부분의 전선이 꼬이지 않도록 정류자와 브러시가 설치되어 있다. 이러한 구조는 브러시가 마모되고 전기적인 노이즈를 발생시킬 수밖에 없는 구조적인 문제를 내포하고 있다. 이러한 문제를 해결하기 위하여 브러시 없이 회전력을 얻도록 고안된 직류 모터를 BLDC(Brushless DC) 모터라고 부른다.

브러시와 정류자가 있는 일반 직류 모터와 비교하면, BLDC 모터는 그림 4-29(b)와 같이 전류를 공급받아 회전하는 전기자는 고정시키고, 반대로 고정시켰던 영구자석인 계자 부분은 반대로 회전시키는 원리이다. 다시 말해 전류의 방향을 가변하면서 전자석을 생성하는 전기자는 고정시키고, 이 전자석의 전자력을 받은 영구자석인 계자가 회전하도록 하는 직류 모터가 BLDC 모터이다.

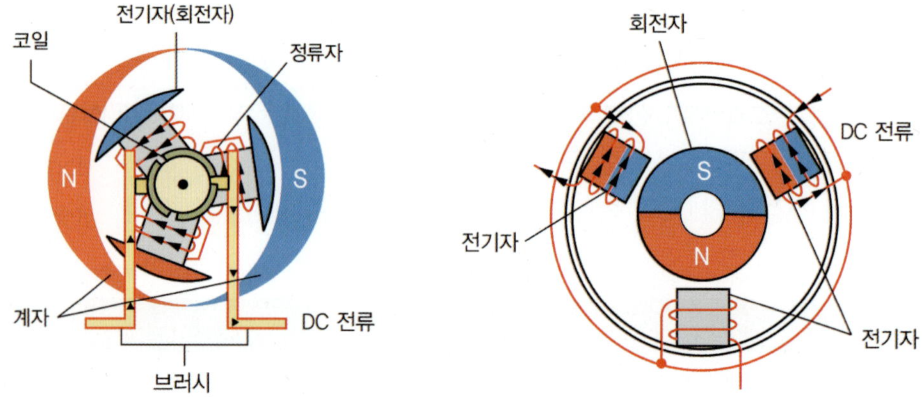

(a) 일반 직류모터 구조 (b) BLDC 모터 구조

| 그림 4-29 | 일반 DC 모터와 BLDC 모터의 구조

브러시로 인하여 발생하는 기계적인 마모 등의 문제를 해결하기 위해 고안된 BLDC 모터는 고정자 계자 코일에서 전류를 공급하여 전자석을 만들기 때문에 모터 외부에 별도로 고정자 전류를 제어하는 BLDC 모터 제어기가 별도로 설치되어 있어야 한다. 또한 BLDC 모터는 기본적으로 모터의 위치를 검출하여 계자 코일의 전류를 공급하는 시기를 결정하기 때문에 위치를 검출하는 HALL 센서가 추가로 부착되어 있다. BLDC 모터는 그림 4-30과 같이 회전자의 위치에 따라 내부 회전과 외부 회전 방식의 제품들이 출시되고 있다.

BLDC 모터의 동작원리는 일반 모터 관련 전문 서적을 참고해 보기 바라며, 초보자는 서적 "모터의 테크놀로지"의 브러시리스 모터편을 공부하기를 추천한다. 아울러 Google 검색을 통해 BLDC의 애니메이션을 살펴보면 BLDC 동작원리를 이해하는데 많은 도움을 받을 수 있을 것이다.

추천 검색어 :

1. Brushless DC Motor, How it works?
2. Automobile BLDC Blower

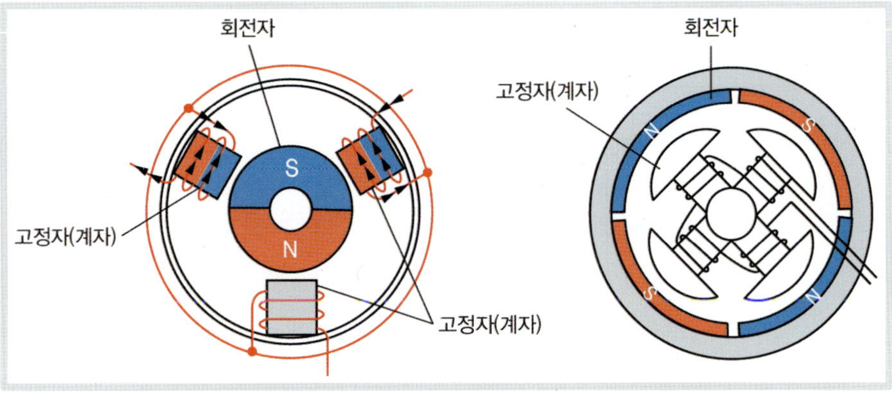

Ⅰ그림 4-30Ⅰ 회전자 위치에 따른 BLDC 모터

이어서 BLDC 모터를 동작시키기 위한 제어신호에 대하여 고찰해 보기로 한다. BLDC 모터 제어는 그림 4-31과 같이 자기 센서인 HALL 센서로부터 회전자의 위치에 대한 정보를 받아 회전자가 회전할 수 있도록 제어기에서 연산하여 제어 신호를 발생하고, 이 신호를 받아 모터의 각상에 전류를 공급하여 계자를 만드는 과정이다.

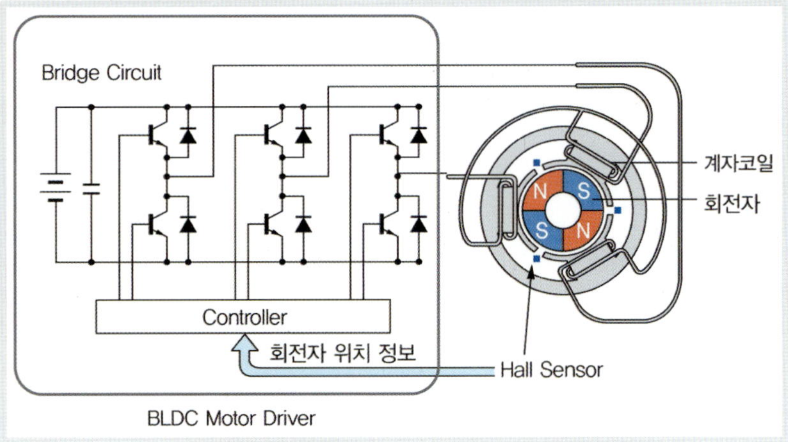

Ⅰ그림 4-31Ⅰ BLDC 모터 드라이버

그림 4-32에는 3상 Outer Rotor형 BLDC 모터에 대한 HALL 센서 신호와 동작 신호를 보여준다. 이를 표 4-11에 Hall 센서와 제어신호와의 관계를 나타내었다.

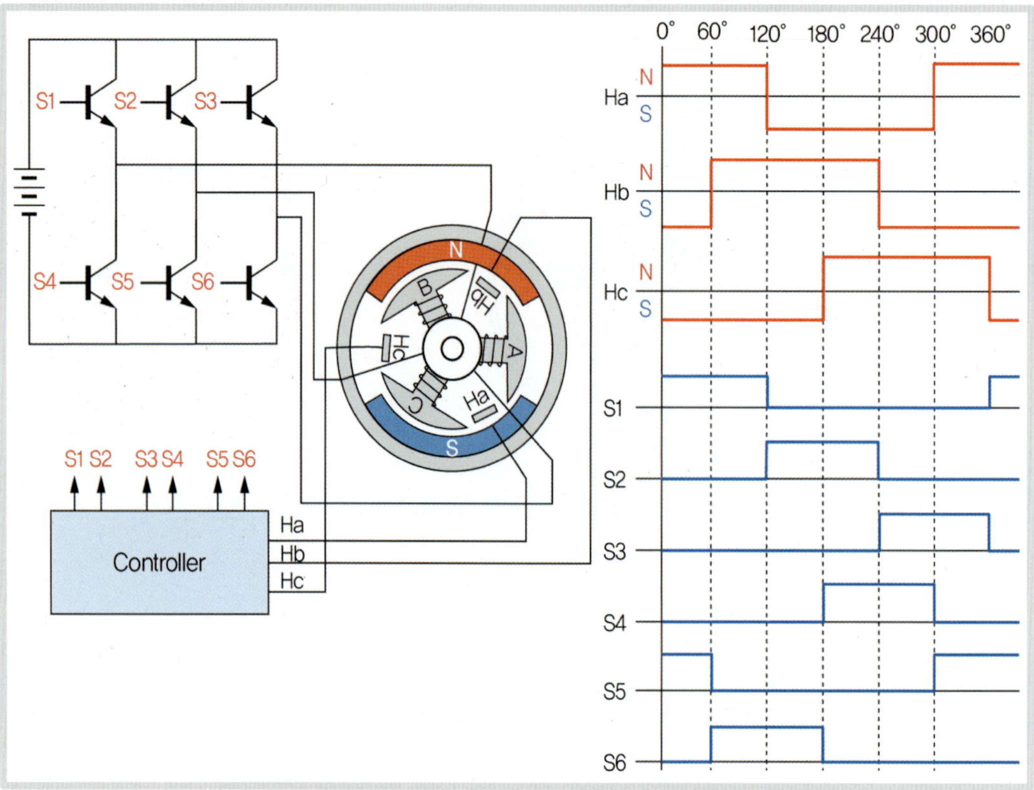

| 그림 4-32 | 3상 BLDC 모터 제어 신호

표 4-11 모드별 Hall 센서와 제어 신호

mode	HALL Sensor 변동			제어신호					
	Ha	Hb	Hc	S1	S2	S3	S4	S5	S6
0	1	0	0	1	0	Off	0	1	Off
1	1	1	0	1	Off	0	0	Off	1
2	0	1	0	Off	1	0	Off	0	1
3	0	1	1	0	1	Off	1	0	Off
4	0	0	1	0	Off	1	1	0*	0
5	1	0	1	Off	0	1	Off	1	0

주) Off 표시는 상하 트랜지스터 한 쌍 모두 OFF 조건 표시

표 4-11의 모드별 동작 상태를 좀 더 정밀하게 살펴보면 3상 BLDC 모터의 각 계자에 공급되는 전류의 폐회로는 {S1, Motor, S5}, { S2, Motor, S6}, {S3, Motor, S1}이다. 여기서 6개의 트랜지스터 중 위쪽에 1개와 아래쪽에 1개로 트랜지스터 쌍이 순서대로 Turn on이 이루어지면 고정자의 계자 코일 3개 중 1개의 코일에 전류가 공급된다. 이때 어느 한 트랜지스터 상하 열(column)을 구성하는 쌍은 동작에서 제외이므로 표 4-8에 OFF라고 표현하였다. 예를 들어, 모드 0에서는 S1과 S5 열 트랜지스터가 Turn on되어야 하므로 S1, S5 열 트랜지스터의 베이스 신호는 상하 반대의 신호가 입력되어야 하지만, S3과 S6의 열에 위치한 트랜지스터는 상하 모두 Off 상태로 있어야 한다.

여기서 주의점은 BLDC 모터의 스위칭 회로에서 상단 부분인 S1, S2, S3 트랜지스터에 대한 제어 신호는 접지에 대하여 상대적으로 전위가 다르므로 반드시 접지와 분리된 신호를 사용하여야 한다. 이를 구현하기 위한 전용 소자는 앞서 공부한 L298N 모듈을 응용할 수 있지만, 부하의 구동전압이 높은 경우에 사용하는 Half Bridge Driver인 IR2104를 본서에서 소개하기로 한다. IR2104 BLDC 모터 드라이버의 최대 부하 전압은 최대 600[V]까지이며, 제어부의 공급전압 VCC는 최대 25[V]까지다. 그림 4-33과 표 4-11에 이 소자의 입출력 관계를 나타내었다.

앞서 고찰했듯이 {S1, S2, S3} 제어 신호로부터 반대의 {S4, S5, S6} 제어 신호를 얻는 방법은 IR2104 소자의 HO와 LO 출력으로부터 쉽게 구할 수 있다. 한 예로 S1과 S4의 조합은 각각 하나의 IR2104 소자의 HO, LO 출력 핀과 연결하여 하드웨어로 해결할 수 있다는 뜻이다. 그러나 표 4-11 제어 신호 진리표에서 OFF 표시부분에서 제어 순서일 때는 해당 트랜지스터가 모두 OFF되어 있어야 하므로, 출력은 반드시 0(Ground)으로 설정되어야 한다. 그러므로 OFF 표시 대응하는 IR2104의 출력이 무조건 0(LOW)이 되도록 $\overline{SD}$ 입력을 0으로 처리하면 만족하는 조건을 구현할 수 있다.

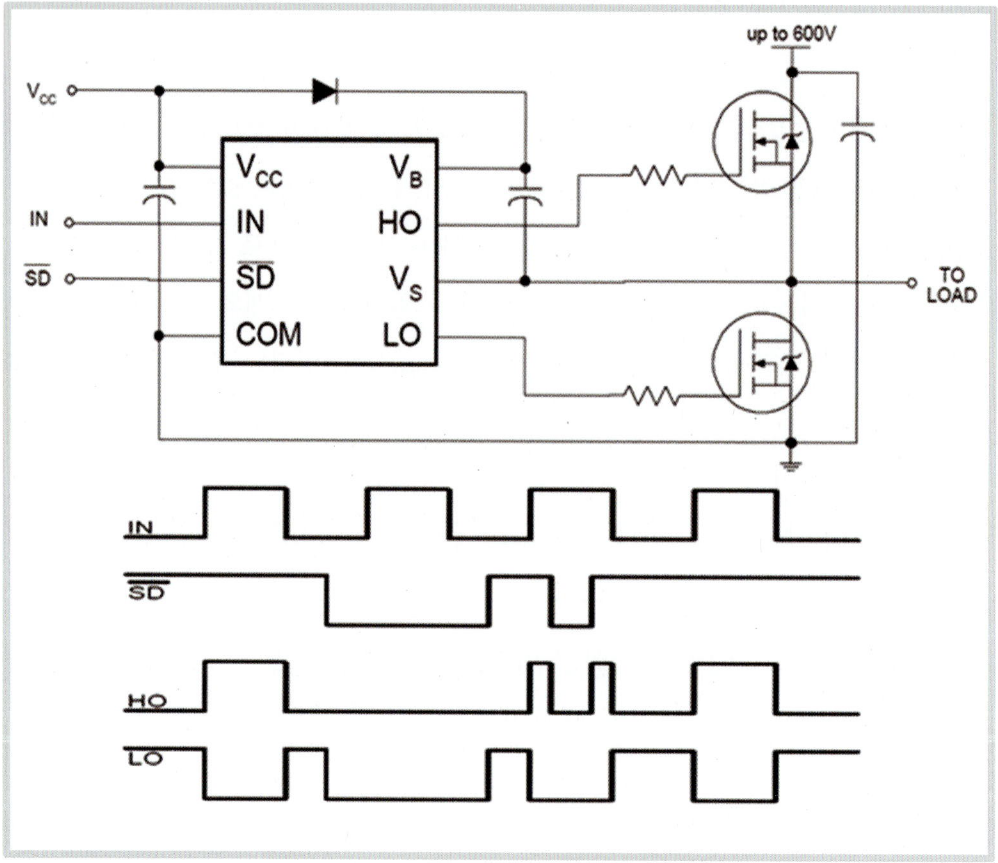

| 그림 4-33 | IR2104 기본 응용 회로도

표 4-12 IR2104 입출력

입력		출력		비고
$\overline{SD}$	IN	HO	LO	
H	H	VCC	GND	
	L	GND	VCC	
L	X	GND	GND	동작정지

이상에서 언급한 대로 IR2104 소자를 사용하여 BLDC 모터를 제어하는 경우 IR2104 소자의 신호 입력 핀 IN과 $\overline{SD}$와 관계를 표 4-13에 정리하여 나타내었다. 참고로 트랜지스터 상하 열의 쌍이 동시에 Off되는 경우 프로그램에서는 0 신호를 인가하면 된다. 속도 제어는 $\overline{SD}$단자에 0이 입력되면 출력이 정지 모드이므로 아래쪽 $\overline{SD}$=1에 PWM 신호를 인가하여 얻을 수 있다.

표 4-13 3상 BLDC 모터 제어 신호 진리표

mode	BLDC Driver Control Signal						IR2104 제어 신호					
	S1	S2	S3	S4	S5	S6	IN1	IN2	IN3	$\overline{SD1}$	$\overline{SD2}$	$\overline{SD3}$
0	1	0	Off	0	1	Off	1	0	0	*1	1	Off
1	1	Off	0	0	Off	1	1	0	0	*1	Off	1
2	Off	1	0	Off	0	1	0	1	0	Off	*1	1
3	0	1	Off	1	0	Off	0	1	Off	1	*1	0
4	0	Off	1	1	0*	0	0	Off	1	1	0	*1
5	Off	0	1	Off	1	0	Off	0	1	0	1	*1

주) *1 : PWM 신호 입력

② BLDC 모터 제어 실습

Project407에서 3상 BLDC 모터의 속도를 PWM으로 제어하는 프로그램을 구현해보자. BLDC 모터 드라이버는 앞 단원에서 공부한 IR2104를 적용하고 Hall Sensor로 BLDC 모터 내부의 회전자의 위치 정보를 얻는다. 그리고 표 4-14와 같이 모드로 표현된 위치정보를 표 4-13 진리표에 근거하여 프로그래밍한다. BLDC 모터가 동작하는 순서는 모드가 변경되는지를 검출하여 모드가 변경되면 반복적으로 다음 모드에 대하여 IR2104로부터 제어신호를 얻는 과정이다.

Project Clip은 기본적인 "VirtualTerminal.pdsclip"만 사용한다. 오실로스코프 2개를 사용하여 Hall Sensor 신호와 IR2104에 인가되는 신호를 관찰한다.

표 4-14 부품 특성표(그림 4-34 회로)

부품명	Mode	Edit Component	비고
BLDC Motor	• Component Mode - 검색 : MOTOR-BLDCM	• 24V • 나머지 기본설정 사용	
드라이버 IC	• Component Mode - 검색 : IR2104S		
트랜지스터	• Component Mode - 검색 : 2N2222A		
다이오드	• Component Mode - 검색 : 1N4148		
전해 커패시터	• Component Mode - 검색 : CAP-POL		
세라믹 커패시터	• Component Mode - 검색 : CAP		
저항	• Component Mode - 검색 : RES	• 1k	
가변저항	• Component Mode - 검색 : POT	• 500k	

부품명	Mode	Edit Component	비고
HALL pattern 생성	• GENERATOR - 검색 : DPATTERN		아래 설명 참조
전원	• TERMINALS - 검색 : POWER	• +5V, +12V, +24V	
오실로스코프	• INSTRUMENTS - 검색 : OSCILLOSCOPE	• Channel A,B,C On • Trigger Auto(Source A) • 전압 스케일 : 2V • 시간 스케일 : 10ms	동작 시

3상 BLDC 모터는 3개의 고정자 코일에 입력되는 전원선 3개와 Hall Sensor 출력 신호선 3개가 있다. 시뮬레이션을 위해서는 Hall Sensor 신호를 가상으로 입력하여야 한다. 회로 설계 화면에서 좌측 Generator Mode 를 클릭하면 패턴을 생성하는 [DPATTERN]이 보인다. DPATTERN을 BLDC의 우측 3개 연결선에 가져가면 x 표시가 나타나는데, 이때 마우스로 클릭하여 연결선에 붙일 수 있다. 3개를 반복하여 붙인 후 마우스로 두 번 클릭하여 이름을 각각 H1, H2, H3로 수정한다. 신호는 그림 4-32의 Hall 센서 신호를 정리한 표 4-14를 이용하여 Ha, Hb, Hc 각각에 대하여 30° 간격으로 2등분하여 나누어 입력 데이터를 변경하여야 한다. 예를 들어, 표 4-8에서 Ha(H1)이 모드 순서대로 110001이며 각각 2등분하여 [HH LL LL LL HH] 변환하여 입력하면 된다. 마찬가지로 Hb(H2)=011100과 Hc(H3)=0000111에 대하여도 같은 방법으로 입력한다. 이러한 Hall Sensor 출력 신호선 패턴은 DPATTERN을 마우스로 더블클릭하면 입력할 수 있다. 입력하는 예를 그림 4-35에 나타내었다.

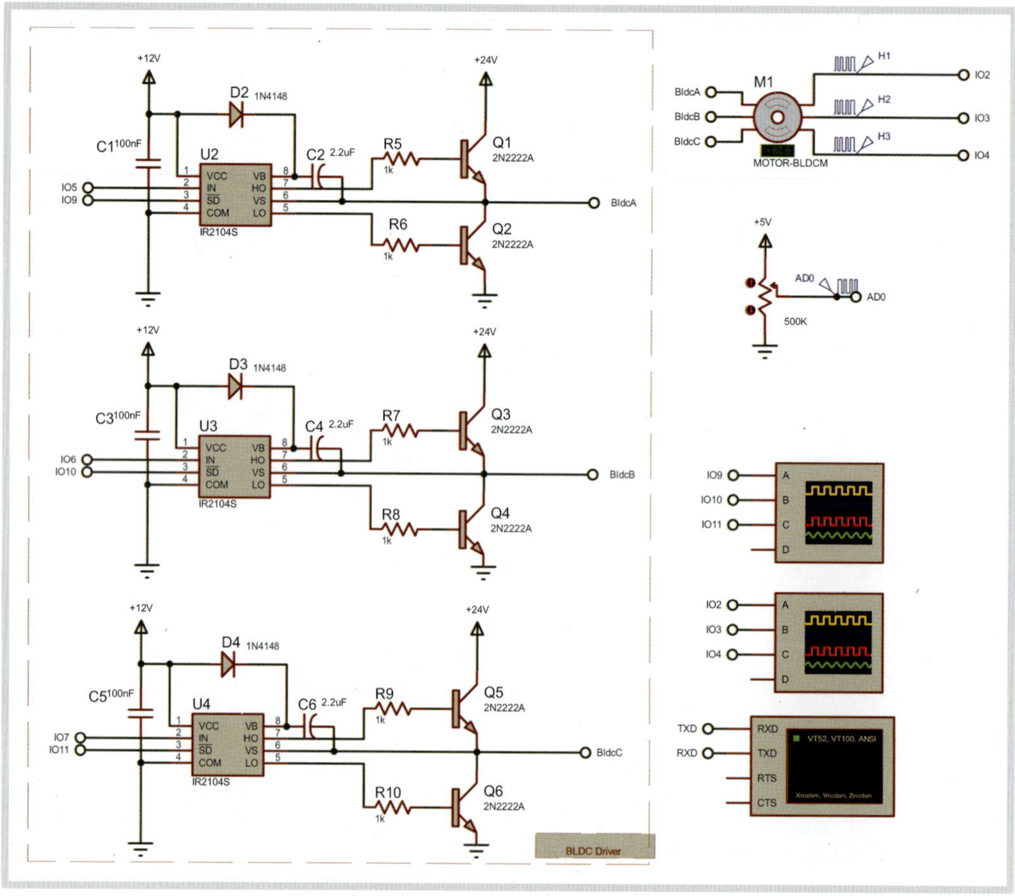

| 그림 4-34 | BLDC 모터 제어 회로도

이 시뮬레이션은 HALL 센서값을 가상으로 입력한 결과이므로 BLDC 모터의 회전자가 실제 위치와 정확히 일치하지 않을 수 있다. 단지 BLDC 모터의 동작 원리를 이해하는 용도로 사용한다. 이를 위해 Duty는 최소 30% 이상을 적용하기를 권장한다.

Project 407 BLDC 모터 속도 제어

```
const byte IN1=5, IN2=6, IN3=7, SD1=9, SD2=10, SD3=11;

void setup()
{
    byte pin;
    for(pin=2; pin<5;  pin++) pinMode(pin,INPUT);  // Hall Sensor 신호
    for(pin=5; pin<12; pin++) pinMode(pin, OUTPUT); //Driver
    InitialDriver();

    Serial.begin(9600);
}

void InitialDriver()
{
    // IR2104 초기화
    for(int pin=0; pin<3; pin++)
    {
        digitalWrite(IN1+pin, 0); //IN1~IN3= 0
        digitalWrite(SD1+pin, 0); //SD1~SD3 = 0
    }
}

byte FindMode(byte *nSensor)
{
   if(nSensor[0]==1 && nSensor[1]==0 && nSensor[2]==0 )   return 0;
   else if(nSensor[0]==1 && nSensor[1]==1 && nSensor[2]==0 )  return 1;
   else if(nSensor[0]==0 && nSensor[1]==1 && nSensor[2]==0 )  return 2;
// 다음 쪽 계속
```

```
    else if(nSensor[0]==0 && nSensor[1]==1 && nSensor[2]==1 )  return 3;
    else if(nSensor[0]==0 && nSensor[1]==0 && nSensor[2]==1 )  return 4;
    else if(nSensor[0]==1 && nSensor[1]==0 && nSensor[2]==1 )  return 5;
}

void MotorControl(byte nMode, byte nPwm)
{
    InitialDriver();
    if(nMode==0 || nMode==1)
    {
        digitalWrite(IN1, 1); analogWrite(SD1, nPwm);
        if(nMode==0) digitalWrite(SD2, 1);
        else         digitalWrite(SD3, 1);
    }
    else if(nMode==2 || nMode==3)
    {
        digitalWrite(IN2, 1); analogWrite(SD2, nPwm);
        if(nMode==2) digitalWrite(SD3, 1);
        else         digitalWrite(SD1, 1);
    }
    else if(nMode==4 || nMode==5)
    {
        digitalWrite(IN3, 1); analogWrite(SD3, nPwm);
        if(nMode==4) digitalWrite(SD1, 1);
        else         digitalWrite(SD2, 1);
    }
}

// 다음 쪽 계속
```

```
57 void loop()
58 {
59     byte i, nPWM, oldMode=10, newMode, nHoleSensor[3];
60     while(1)
61     {
62         for(i=2; i<5; i++) nHoleSensor[i-2]=digitalRead(i);
63         nPWM=map(analogRead(A0), 0,1023, 0,255);
64 
65         newMode=FindMode(nHoleSensor);
66         if(oldMode==newMode) continue;
67         MotorControl(newMode, nPWM);
68 
69         oldMode=newMode;
70         Serial.println("Mode="+ String(newMode)+", duty=" +String(nPWM));
71      }
72 }
```

BLDC 모터 드라이버를 포함한 Project407 예제의 BLDC 프로그램의 주요 코드에 대한 설명은 다음과 같다.

2	BLDC 드라이버 IC 입출력 핀 설정
7	Hall 센서 핀 입력 설정
8	BLDC 제어 핀 출력 설정, PWM 출력으로 혼용 사용
10	BLDC 정지 초기화 실행함수 호출
14~22	드라이버 IC 모든 입력 0, 출력 0으로 BLDC S1-S6 신호 차단(정지)
24~32	Hall Sensor 정보로부터 동작모드 결정, 표 4-10 참조
34~55	주어진 동작모드와 PWM duty를 이용하여 BLDC 모터 회전
36	모터 일단 정지
37~42	mode 0 또는 1에 대한 모터 속도 제어

39	표 4-12에 의거 S1 PWM 제어신호 생성
40	mode 0을 위한 S5=HIGH 신호 생성
41	mode 1을 위한 S6=HIGH 신호 생성
43~48	mode 2 또는 3에 대한 모터 속도 제어
45	표 4-12에 의거 S2 PWM 제어신호 생성
46	mode 2를 위한 S6=HIGH 신호 생성
47	mode 3을 위한 S4=HIGH 신호 생성
43~48	mode 4 또는 5에 대한 모터 속도 제어
51	표 4-12에 의거 S3 PWM 제어신호 생성
52	mode 4를 위한 S4=HIGH 신호 생성
53	mode 5를 위한 S5=HIGH 신호 생성
63	Hall Sensor Ha, Hb, Hc 신호 읽기와 저장
64	속도 제어를 위해 가변저항으로 duty 값 0 ~255 사이 가변
66	Hall 센서값으로부터 mode 판별
67	mode가 변했는지 검증, 변하지 않았으면 반복문 처음 61에서 다시 시작
68	mode가 변했으면 BLDC motor 제어 실행함수 호출

시중에서 구매할 수 있는 대부분의 BLDC 모터는 지금까지 시뮬레이션에 사용한 BLDC 모터 드라이버가 모터 내부에 내장되어 출시되고 있다. 본서에서는 시중에서 구매가 가능한 제어기 내장형 BLDC 모터의 예시로 BL2419(12V)를 중심으로 사용 방법과 제어 프로그램을 소개하고자 한다.

이 모터에 대한 기본적인 규격은 다음과 같다.

- 정격 전압 : DC 12V±10%
- 정격 출력 및 토크 : 1.6W, 53gf-cm
- 형식 : 3상 12극, 3Hall Sensor

• 정격 전류 및 무부하 전류 : 0.44A, 0.12A
• 무부하 회전수 : 6,200rpm

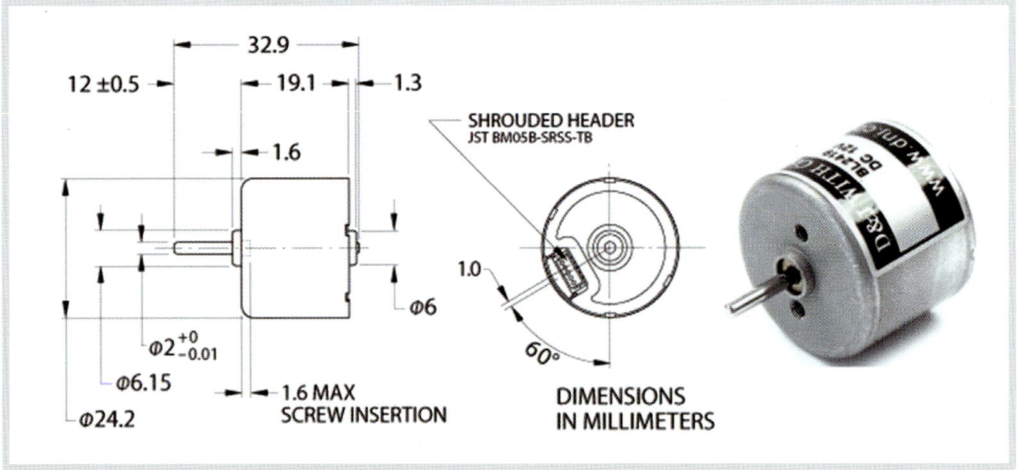

| 그림 4-36 | BL2419(12V) BLDC 모터

표 4-15 BL2419 핀 설명

핀번호	색깔	기능	입출력	설명
1	검정	GND	전원	접지
2	빨강	12V	전원	구동전압 : 8V ~15V
3	노랑	1FG	출력	1회전당 6 Pulse 출력, Open Drain Type, 4.7[kΩ] 풀업 저항 필요
4	흰색	PWM	입력	High 2.5V ~ 5V, LOW 1V 이하 , 최대 60[kHz] PWM Duty 역으로 속도 구동
5	주황	CW/CCW	입력	High 2.5V ~ 5V(CW), LOW 0.8V 이하 또는 Open

3번 핀을 통해 BLDC 모터의 회전수를 측정할 수 있으므로 3-4절에 학습한 파형 Capture 기능인 pulseIn() 함수를 적용한다. 만약 BL2419(12V) BLDC 모터를 구입하였다면 그림 4-37과 같이 실제의 Arduino Uno와 결선하고 프로그래밍한다. 구입하

지 않은 경우는 전체적인 프로그램 중심으로 학습하기 바란다.

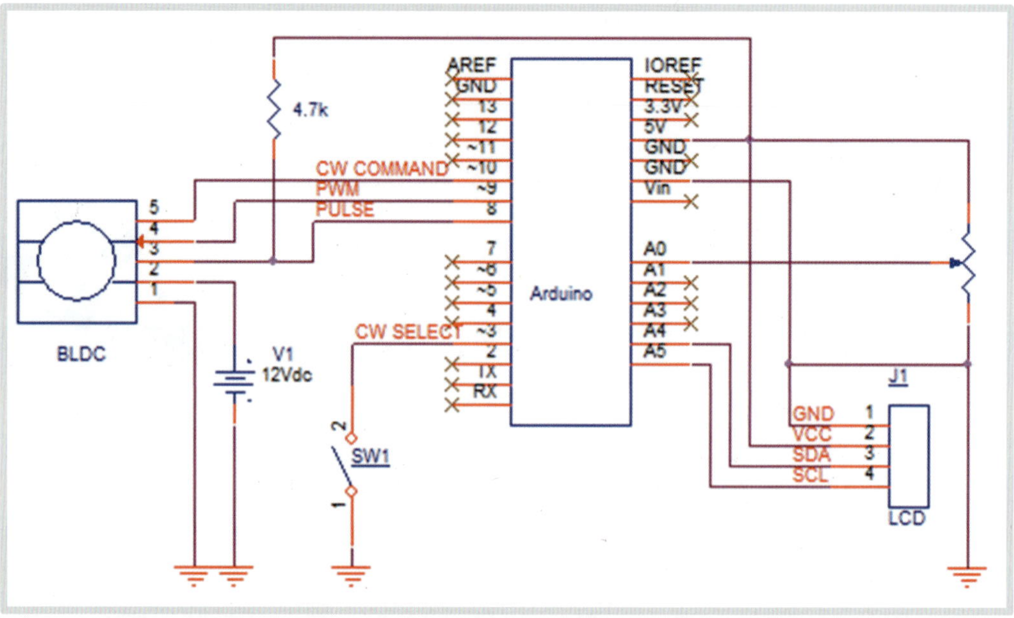

| 그림 4-37 | BL2419(12V) BLDC 모터 구동 결선도

| 그림 4-38 | 제어기 내장형 BLDC 모터 구동 결과 화면

Project 408 제어기 내장형 BLDC 모터 속도 제어

```
#include <Wire.h>
#include <LiquidCrystal_I2C.h>
LiquidCrystal_I2C lcd(0x3F,16,2);

const byte pinPulse=8, pinPwm=9, pinCWCommand=10;
const byte pinCWSelect= 3;

volatile byte bCW_CCW=1;
byte nNewPWM;  //방향 바꾸고 정지한 후 다시 모터 속도 설정하기 위함.

void setup()
{
    pinMode(pinPulse, INPUT_PULLUP);
    pinMode(pinCWSelect, INPUT_PULLUP);
    pinMode(pinCWCommand, OUTPUT);

    //외부 인터럽트 사용, 함수명 CWSelect, FALLING
    attachInterrupt(digitalPinToInterrupt(pinCWSelect), CWSelect, FALLING);

    digitalWrite(pinCWCommand, bCW_CCW); //초기 CW 방향
    analogWrite(pinPwm,255);             // BLDC 정지(255)

    lcd.begin();     // 유사한 라이브러리에서는 lcd.init(); 사용
    lcd.backlight();     InitialLCD();
    Serial.begin(9600);
}
    // 다음 쪽 계속
```

```
void CWSelect()
{
  bCW_CCW=!bCW_CCW;

  analogWrite(pinPwm, 255);    // BLDC 정지
  delay(10);
  digitalWrite(pinCWCommand, bCW_CCW); // 회전 방향 전환

  analogWrite(pinPwm, nNewPWM);  // PWM 파형 출력
}
//100%일 때 자리수 문제로 lcd 재설정
void InitialLCD()
{
   lcd.clear();    lcd.home();
   lcd.print("BLDC, Duty =    %");

   lcd.setCursor(0,1);  lcd.print("Speed rpm = ");
}

unsigned int MeasureRpm()
{
   uint32_t nPulseHighTime, nPulseLowTime, nPulseTime;
   uint16_t nRpm=0;

   nPulseHighTime=pulseIn(pinPulse,HIGH);
   nPulseLowTime=pulseIn(pinPulse,LOW);
   nPulseTime=nPulseHighTime+nPulseLowTime;
   if(nPulseTime!=0) nRpm=1e6/nPulseTime * 60; //rmp 계산
   return nRpm;
}
   // 다음쪽 계속
```

```
void loop()
{
    byte nOldPWM=0, nDuty;
    uint16_t nRpm;
    while(1)
    {
        //A0에서 가변저항값을 읽어서 PWM값으로 변환
        nNewPWM=255-map(analogRead(A0),0,1023,0,255);
        if(nOldPWM!=nNewPWM)
        {
         //PWM 파형 출력
          analogWrite(pinPwm, nNewPWM);
          nOldPWM=nNewPWM;
        }
        nDuty=nNewPWM /255.0*100;       //PWM Duty 계산
        Serial.print("Duty = " + String(nDuty)); //PWM Duty PC 화면출력
        nRpm=MeasureRpm();
        Serial.println(", Rpm = "+String(nRpm));  //PWM Duty PC 화면출력
        InitialLCD();
        lcd.setCursor(12, 0);   lcd.print(nDuty);    //LCD Duty 표시
        lcd.setCursor(11,1);     lcd.print(nRpm);     //LCD rpm 표시
        delay(100);
    }
}
```

모터 드라이버 내장형 BLDC 모터의 속도 제어를 위한 Project408 예제는 실제의 BLDC 모터에 대한 속도 제어이다. 실습 여건이 주어지면 직접 실습해 보기를 권장한다. 이에 대한 주요 코드의 기능은 다음과 같다.

5~6	BLDC 모터 제어 핀 설정
8	외부 인터럽트 처리를 위한 volatile 변수 선언
9	토글 스위치에 의해 외부 인터럽트에 의해 방향 변경 시 모터 속도 재설정을 위한 설정하기 전역변수
13~15	BLDC 모터 제어 핀 입출력 사용 선언
18	방향 전환 신호 감시를 위한 외부 인터럽트 함수 설정
20	초기 회전 방향 설정
21	BLDC 모터 정지 : 제품에서 duty값 반대
23~24	I2C LCD 초기화
28~37	외부 인터럽트 함수
30	toggle 스위치 동작 감지
32	BLDC 모터 정지
34	회전 방향 반대로 전환
36	새로운 PWM duty 입력
39~45	데이터 수정을 위한 I2C LCD 글자 초기화 함수
47~57	RPM 정보를 pulseIn() 함수를 사용하여 계산
52	pulseIn() 함수를 이용하여 1주기 펄스에서 HIGH 유지 시간 반환[us]
53	pulseIn() 함수를 이용하여 1주기 펄스에서 LOW 유지 시간 반환[us]
54	주기 계산[us]
55	rpm= rps x 60(60초간 회전수)
66	PWM duty값 계산
67~72	PWM duty값 변동이 있으면 새로운 PWM duty 적용